CONSTITUCIONALIZAÇÃO DAS RELAÇÕES PRIVADAS

FUNDAMENTOS DE INTERPRETAÇÃO DO DIREITO PRIVADO BRASILEIRO

MARCOS EHRHARDT JÚNIOR
FABÍOLA LÔBO
Coordenadores

Paulo Lôbo
Apresentação

CONSTITUCIONALIZAÇÃO DAS RELAÇÕES PRIVADAS

FUNDAMENTOS DE INTERPRETAÇÃO DO DIREITO PRIVADO BRASILEIRO

Belo Horizonte

2023

© 2023 Editora Fórum Ltda.

É proibida a reprodução total ou parcial desta obra, por qualquer meio eletrônico, inclusive por processos xerográficos, sem autorização expressa do Editor.

Conselho Editorial

Adilson Abreu Dallari
Alécia Paolucci Nogueira Bicalho
Alexandre Coutinho Pagliarini
André Ramos Tavares
Carlos Ayres Britto
Carlos Mário da Silva Velloso
Cármen Lúcia Antunes Rocha
Cesar Augusto Guimarães Pereira
Clovis Beznos
Cristiana Fortini
Dinorá Adelaide Musetti Grotti
Diogo de Figueiredo Moreira Neto (*in memoriam*)
Egon Bockmann Moreira
Emerson Gabardo
Fabrício Motta
Fernando Rossi
Flávio Henrique Unes Pereira

Floriano de Azevedo Marques Neto
Gustavo Justino de Oliveira
Inês Virgínia Prado Soares
Jorge Ulisses Jacoby Fernandes
Juarez Freitas
Luciano Ferraz
Lúcio Delfino
Marcia Carla Pereira Ribeiro
Márcio Cammarosano
Marcos Ehrhardt Jr.
Maria Sylvia Zanella Di Pietro
Ney José de Freitas
Oswaldo Othon de Pontes Saraiva Filho
Paulo Modesto
Romeu Felipe Bacellar Filho
Sérgio Guerra
Walber de Moura Agra

FÓRUM
CONHECIMENTO JURÍDICO

Luís Cláudio Rodrigues Ferreira
Presidente e Editor

Coordenação editorial: Leonardo Eustáquio Siqueira Araújo
Aline Sobreira de Oliveira

Rua Paulo Ribeiro Bastos, 211 – Jardim Atlântico – CEP 31710-430
Belo Horizonte – Minas Gerais – Tel.: (31) 99412.0131
www.editoraforum.com.br – editoraforum@editoraforum.com.br

Técnica. Empenho. Zelo. Esses foram alguns dos cuidados aplicados na edição desta obra. No entanto, podem ocorrer erros de impressão, digitação ou mesmo restar alguma dúvida conceitual. Caso se constate algo assim, solicitamos a gentileza de nos comunicar através do *e-mail* editorial@editoraforum.com.br para que possamos esclarecer, no que couber. A sua contribuição é muito importante para mantermos a excelência editorial. A Editora Fórum agradece a sua contribuição.

Dados Internacionais de Catalogação na Publicação (CIP) de acordo com ISBD

C758	Constitucionalização das relações privadas: fundamentos de interpretação do direito privado brasileiro / Marcos Ehrhardt Júnior, Fabíola Lôbo. Belo Horizonte: Fórum, 2023. 432p. 14,5x21,5cm ISBN 978-65-5518-564-5 1. Direito civil constitucional. 2. Constitucionalização das relações privadas. 3. Interpretação. 4. Nova hermenêutica constitucional. 5. Fundamentos de interpretação jurídica. 6. Direito civil. I. Ehrhardt Júnior, Marcos. II. Lôbo, Fabíola. III. Título. CDD: 342.085 CDU: 347

Ficha catalográfica elaborada por Lissandra Ruas Lima – CRB/6 – 2851

Informação bibliográfica deste livro, conforme a NBR 6023:2018 da Associação Brasileira de Normas Técnicas (ABNT):

EHRHARDT JÚNIOR, Marcos; LÔBO, Fabíola (Coord.). *Constitucionalização das relações privadas: fundamentos de interpretação do direito privado brasileiro*. Belo Horizonte: Fórum, 2023. 432p. ISBN 978-65-5518-564-5.

SUMÁRIO

NOTA DOS COORDENADORES
Fabíola Lôbo, Marcos Ehrhardt Jr. 13

APRESENTAÇÃO
Paulo Lôbo 15

ORDEM JURÍDICA PRIVADA E CONSTITUIÇÃO
Paulo Lôbo 17
1. Incorporação da ordem privada na Constituição 17
2. Estado social como parâmetro de conformação das normas infraconstitucionais 18
3. Sentido de unidade hermenêutica na aplicação do direito privado ...20
4. Esclarecendo o alcance da constitucionalização dos direitos 22
5. Constituição como núcleo fundamental do sistema de direito privado 23
6. Força normativa da Constituição nas relações privadas 24
7. Aplicabilidade dos princípios constitucionais nas relações privadas 25
8. Aplicabilidade direta dos princípios é predominante na jurisprudência brasileira 27
9. A constitucionalização do direito privado é perene e necessariamente inconclusa 30
   Referências 31

PARTE I
DIREITO EXISTENCIAL

AS ACEPÇÕES DA VULNERABILIDADE: UM DESAFIO INTERPRETATIVO
Maria Carla G. Moutinho 35
1. Introdução 35
2. Vulnerabilidade existencial 37

3	Vulnerabilidade contratual	40
4	Conclusão	45
	Referências	47

A CRISE DO DIREITO DE FAMÍLIA CODIFICADO NO BRASIL, OS ESPAÇOS DO "NÃO DIREITO", A "FAMÍLIA EM DESORDEM" E A TENDÊNCIA DE CONTRATUALIZAÇÃO DAS RELAÇÕES FAMILIARES

Dimitre Braga Soares de Carvalho 49

1	A crise do Direito de Família codificado no Brasil	49
2	A família "em ordem", a família "em desordem" e o "não direito" na perspectiva do Direito de Família codificado em crise	53
3	Brevíssimas conclusões: cada família pode criar seu próprio Direito de Família	60
	Referências	61

REFLEXÕES ACERCA DA PATRIMONIALIZAÇÃO DAS RELAÇÕES PARENTAIS PARA A CONCRETIZAÇÃO DE DIREITOS FUNDAMENTAIS DE CRIANÇAS E ADOLESCENTES NO PODER FAMILIAR

Catarina Almeida de Oliveira 65

1	Breve contextualização	65
1.1	Direitos fundamentais na sociedade patriarcal	68
1.2	Direitos subjetivos no poder familiar	70
1.3	Obrigações civis também podem ter conteúdo existencial	74
1.4	Convivência familiar como direito fundamental	75
1.5	Responsabilidade civil por descumprimento de obrigações parentais	76
2	Novos questionamentos para velhos problemas	77
	Referências	79

SHARENTING: ASPECTOS JURÍDICOS DA SUPEREXPOSIÇÃO DE CRIANÇAS E ADOLESCENTES *ONLINE* NA PERSPECTIVA CIVIL CONSTITUCIONAL

Camila Sampaio Galvão 81

1	Introdução	81
2	A superexposição de crianças e adolescentes *online: sharenting* ou *(over)sharenting*	82

3	A proteção constitucional à criança e ao adolescente como norte hermenêutico às reflexões sobre a superexposição infantojuvenil online	86
4	Algumas ameaças às crianças e adolescentes advindas de sua superexposição nas redes sociais	91
5	Considerações finais	93
	Referências	94

A MONOGAMIA E SUA REFLEXÃO NAS FAMÍLIAS SIMULTÂNEAS NO BRASIL
Luciana Brasileiro 97

Referências 106

MULTIPARENTALIDADE E SUA INTERSEÇÃO COM O DIREITO DAS SUCESSÕES: UMA ANÁLISE DOUTRINÁRIA SOBRE O EFEITO SUCESSÓRIO DECORRENTE DO SEU RECONHECIMENTO E SUAS REPERCUSSÕES
Karina Barbosa Franco 109

1	Introdução	109
2	Multiparentalidade e a análise legal e doutrinária do efeito jurídico sucessório	111
	Considerações finais	125
	Referências	126

PROJETO MONOPARENTAL E GÊNERO
Maria Rita de Holanda 129

1	Projeto parental	129
2	Controvérsia doutrinária sobre a monoparentalidade	133
3	(Des) igualdade material de gênero	143
4	Notas conclusivas	148
	Referências	149

PLANEJAMENTO FAMILIAR E FAMÍLIAS ECTOGENÉTICAS LGBT: UM DIÁLOGO (AINDA) EM ABERTO
Manuel Camelo Ferreira da Silva Netto 153

	Introdução	153
1	O direito ao planejamento familiar na Constituição de 1988: liberdade fundamental?	155

2   O planejamento familiar nas famílias ectogenéticas LGBT: desafios e conquistas..................158
Considerações finais..................165
Referências..................166

O PRINCÍPIO JURÍDICO DA PRESERVAÇÃO DA DIVERSIDADE NO PATRIMÔNIO GENÉTICO HUMANO COMO UM LIMITADOR DA AUTONOMIA NO PLANEJAMENTO FAMILIAR

Carlos Henrique Félix Dantas..................169
Introdução..................169
1   Planejamento familiar: o futuro da governabilidade genética e a revolução da biotecnociência no processo reprodutivo humano..................171
2   Fundamentos jurídicos que facilitam a proteção da diversidade no patrimônio genético humano..................178
Considerações finais..................181
Referências..................182

A CONSTRUÇÃO DO CONCEITO JURÍDICO DE CONCEPÇÃO: UMA ANÁLISE DA LEGITIMIDADE SUCESSÓRIA A PARTIR DA REPRODUÇÃO HUMANA ASSISTIDA *POST MORTEM*

Patrícia Ferreira Rocha..................185
Introdução..................185
1   Considerações iniciais sobre a reprodução humana assistida..................186
2   Os limites ao uso da reprodução humana assistida *post mortem*..................188
3   O conceito jurídico de concepção e a legitimidade sucessória do filho *post mortem*..................193
Conclusão..................199
Referências..................200

EXEMPLO REAL DE DANO EXISTENCIAL: O CASO DA ESCOLA BASE INFANTIL, O MAIOR ERRO DE IMPRENSA DA HISTÓRIA DO BRASIL

Elaine Buarque..................203
1   Introdução..................203
2   Direito à privacidade *versus* o direito à liberdade de expressão: (im)possibilidade de sua violação..................204
3   Não recepção de todo o conjunto de dispositivos da Lei Federal nº 5.250 (Lei de Imprensa)..................206
4   Revisitação do Caso da Escola Base..................208

5	O Caso da Escola Base e a mídia como mecanismo de lesão aos direitos existenciais: hipervalorização da liberdade de expressão ou jornalismo de mercado?..	210
6	Os inocentados...	214
7	Primeira vez que os inocentes têm lugar de fala na imprensa: o arrependimento do primeiro repórter a noticiar o caso............	216
8	Conclusão...	217
	Referências...	217

DO MODELO SUBSTITUTIVO AO APOIO AO EXERCÍCIO DA CAPACIDADE CIVIL: BREVES DIAGNÓSTICOS DE UMA CONSTITUCIONALIZAÇÃO INACABADA

Hilbert Melo Soares Pinto..219

1 Introdução...219
2 Uma nova moldura para a Teoria Geral do Direito Civil a partir do sistema de apoio ao exercício da capacidade..............221
3 As resistências e tensões para a superação do modelo de substituição de vontade no âmbito judicial................................226
4 Um breve estudo comparado entre o sistema de apoio brasileiro e o peruano em relação à desestigmatização do apoio e vontade.....228
5 Considerações finais...233
   Referências..234

PARTE II
DIREITO PATRIMONIAL

O DIREITO DAS OBRIGAÇÕES NA LEGALIDADE CONSTITUCIONAL E O FAVORECIMENTO DO DEVEDOR

Gustavo Henrique Baptista Andrade..239

Princípio e prólogo..239
Introdução..242
A vulnerabilidade jurídica e o favorecimento do devedor..........243
O *favor debitoris* e o diálogo das fontes......................................248
O favorecimento do devedor e a jurisprudência do STJ............251
Conclusão..257
Referências..259

DELINEAMENTOS CONCERNENTES À MODULAÇÃO DO CONTEÚDO DA APLICAÇÃO DA BOA-FÉ OBJETIVA AOS CONTRATOS
Geraldo Frazão de Aquino Júnior 261
 Referências 277

BOA-FÉ OBJETIVA COMO FUNDAMENTO JURÍDICO DA OBRIGAÇÃO PRÉ-CONTRATUAL
Eroulths Cortiano Junior, Vivian Carla da Costa 279
1 Introdução 279
2 A obrigação como processo 280
3 Confiança pré-contratual 284
4 Boa-fé objetiva pré-contratual 288
5 Conclusão 292
 Referências 293

RELAÇÃO OBRIGACIONAL COMO PROCESSO NA CONSTRUÇÃO DO PARADIGMA DOS DEVERES GERAIS DE CONDUTA
Marcos Ehrhardt Júnior 297
1 Considerações iniciais: a relação jurídica obrigacional em sua perspectiva tradicional 297
2 A relação jurídica obrigacional como processo 301
3 A complexidade e a evolução dogmática dos deveres laterais de conduta no plano da eficácia da relação jurídica obrigacional 304
4 Deveres laterais ou deveres gerais de conduta? 307
 Referências 310

INCUMPRIMENTO DAS OBRIGAÇÕES
Marcos Catalan 313
 Referências 321

ADIMPLEMENTO SUBSTANCIAL E SUA INTERLOCUÇÃO COM A CONSTITUCIONALIZAÇÃO DO DIREITO PRIVADO
Fabíola Lôbo 325
1 Considerações iniciais 325
2 O adimplemento substancial na perspectiva da relação jurídica de cooperação entre as partes 327

3	A mitigação da cláusula resolutiva ante o adimplemento substancial	328
4	Os princípios sociais do contrato como fundamento de aplicação do adimplemento substancial	330
5	A configuração do adimplemento substancial	333
6	Parâmetros objetivos de aplicação e afastamento do adimplemento substancial na jurisprudência	337
7	Conclusão	343
	Referências	345

POR UM DIREITO EMPRESARIAL (RE)PERSONALIZADO PARA O SÉCULO XXI
José Barros Correia Junior 349

Introdução 349

Ampliação das crenças individuais e a (re)personalização do Direito Empresarial 350

Para além do *homo economicus* e do autointeresse 356

a) Teoria do valor do sócio ou acionista (*shareholder*) 357
b) Teoria do valor *stakeholder* 361

É possível a convivência entre o mercado e a teoria dos *stakeholders*? 367

Referências 373

A SOCIEDADE COMO SUJEITO DE DIREITO NA DEFESA DE DIREITOS DIFUSOS: UMA REFLEXÃO A PARTIR DAS TITULARIDADES
Everilda Brandão Guilhermino 375

1 De interesses difusos a direitos difusos 375
2 Existência de uma nova titularidade para o ordenamento jurídico: a titularidade de direitos difusos 378
3 A sociedade como sujeito de direito titular de direitos difusos 381
4 A legitimidade processual do cidadão na proteção de direitos difusos 384

Referências 387

A ASSOCIAÇÃO CIVIL E A REALIZAÇÃO DE DIREITOS FUNDAMENTAIS: NOVOS RUMOS PARA O ACESSO AOS BENS COMUNS?
Tatiane Gonçalves Miranda Goldhar 389

Introdução 389

1	A associação civil, movimentos associativos e a construção de novos espaços sociais	390
2	A associação civil e a vinculação a direitos fundamentais para garantia de direitos dos associados	395
3	A associação civil e a realização de direitos fundamentais coletivos através do acesso aos bens comuns	398
	Conclusão	402
	Referências	404

HERANÇA DIGITAL: A TRANSMISSIBILIDADE DOS BENS DIGITAIS E A POSSÍVEL VIOLAÇÃO DO DIREITO À PRIVACIDADE – DESAFIOS DA COMPLEXIDADE CONTEMPORÂNEA

Bárbara Sauzem da Silva, Simone Tassinari Cardoso Fleischmann.........407

1	Introdução	407
2	A transmissibilidade dos bens digitais	409
2.1	A natureza dos bens e a fase "um" dos temas de herança digital	409
2.2	Transmissibilidade dos bens digitais: a fase "dois" dos temas de herança digital	412
3	O direito à herança e o direito à privacidade: possível colisão entre direitos fundamentais	416
3.1	Da chamada a herança digital e sua possibilidade de tutela	416
3.2	O direito à privacidade e o direito à herança: uma mudança no formulário de contratação com alto impacto jurídico sucessório	419
4	Notas conclusivas	422
	Referências	424

SOBRE OS AUTORES..................429

NOTA DOS COORDENADORES

Em setembro de 2023, completam-se 50 anos do exercício ininterrupto das atividades de docência do Professor Paulo Luiz Neto Lôbo, desde o início de suas atividades como professor na Universidade Federal de Alagoas.

Sua vasta e importante contribuição para o ensino jurídico em nosso país pode ser facilmente evidenciada pelos diversos cargos que ocupou durante sua trajetória: o hoje Professor Emérito da UFAL (2006) foi Diretor do Centro de Ciências Sociais Aplicadas da UFAL (1984-1988) e do Centro de Ciências Jurídicas (setembro 1995-agosto 1999) e Consultor do CNPq e da CAPES, na área de Direito. Ex-Conselheiro do Conselho Nacional de Justiça, Presidente e Relator da Comissão do Conselho Federal da OAB que elaborou o projeto do Estatuto da Advocacia e da OAB (1991-1992), Paulo Lôbo foi presidente da Associação Brasileira de Ensino do Direito (2001-2002) e o orientador de mais de 50 mestres e doutores, ajudando a consolidar uma verdadeira escola de pensamento no campo do Direito Privado em nosso país.

Desde 2012, atua como líder do Grupo de Pesquisa Constitucionalização das Relações Privadas (CONREP/UFPE), que congrega pesquisadores de diversos estados, constituindo uma verdadeira rede de pesquisa sobre o Direito Civil e seus desafios contemporâneos.

Esta ocasião merece o registro e a homenagem de todos que participam desse projeto, como expressão de sua gratidão pelo jubileu de ouro das atividades acadêmicas do professor Paulo Lôbo, marcado por sua vasta produção científica e sua contribuição na formação de gerações de civilistas brasileiros.

Recife/Maceió, 23 de junho de 2023.

Fabíola Lôbo
Marcos Ehrhardt Júnior

APRESENTAÇÃO

Em 2012, alguns de nossos melhores civilistas, das novas gerações, me convidaram para coordenar um grupo de discussões sobre as transformações do direito privado, para interlocução de ideias e estudos. Pela qualidade e intensidades delas e deles, logo se institucionalizou junto ao CNPq, como grupo formal de pesquisa, em torno da linha "Constitucionalização das relações privadas", abreviadamente "CONREP", formalmente vinculado à UFPE.

O núcleo inicial era composto majoritariamente por professores, pesquisadores e alunos de programas de pós-graduação em direito (mestrado e doutorado), principalmente na UFPE, por mim orientados ou influenciados pela linha de pesquisa que dá título a este livro, cuja disciplina tive oportunidade de ministrar a partir de 1996, incluindo na Universidade de Brasília, durante o período em que atuei como Conselheiro do CNJ.

As atividades regulares do grupo atraíram a participação de colegas de programas de pós-graduação de outras instituições brasileiras e estrangeiras, que delas passaram a participar ativamente como convidados, máxime nas reuniões virtuais – intensificadas durante a pandemia da COVID-19 – com apresentação e debates de temas atuais e instigantes, em torno do direito civil e de suas transversalidades com outras áreas do direito privado.

A Constituição de 1988 estimulou a reorientação da interpretação e aplicação do direito privado segundo seus fundamentos da ordem social e da ordem econômica, inclusive do Código Civil de 2002, que se lhe seguiu.

Este livro é fruto desses estudos e pesquisas coletivas, ao longo de mais de uma década. Seus preciosos capítulos tratam de temas que fazem ressaltar o direito privado, notadamente o direito civil, em movimento, na sociedade em mudança, na perspectiva do pré-socrático Heráclito.

Paulo Lôbo

ORDEM JURÍDICA PRIVADA E CONSTITUIÇÃO

PAULO LÔBO

1 Incorporação da ordem privada na Constituição

A concepção de ordem jurídica que integre tanto a ordem pública como a ordem privada, sob o fundamento comum da Constituição, é recente na história do direito.

Pouco mais de dois séculos atrás, o advento do constitucionalismo no mundo ocidental introduziu a cisão entre ambas as ordens jurídicas. Coube à Constituição regular a ordem pública ou política e à codificação regular a ordem privada.

A regulação fundamental da ordem pública pela Constituição era inspirada no propósito de controle dos poderes políticos, de modo a permitir a máxima autonomia individual dos cidadãos. Por sua vez, a codificação teve por finalidade afastar ou reduzir o controle dos poderes privados, que foram os grandes beneficiários da ampliação da autonomia individual. Consequentemente, houve a regulação com controle dos poderes políticos e a regulação sem controle dos poderes privados.

Esse arcabouço legal, tendo a Constituição de um lado e a codificação de outro para proteção dos interesses privados, repercutiu o individualismo ou liberalismo individualista da burguesia, classe triunfante sobre o regime anterior da aristocracia e da monarquia absolutista. Pode-se qualificá-lo como uma constitucionalização negativa dos direitos privados, pois estes foram excluídos da ordem constitucional, salvo quanto aos tênues laços com os direitos fundamentais individuais, que surgiram ao lado dela.

Nessa primeira fase do constitucionalismo, de padrão individualista, que atravessa o século XIX e se prolonga até as primeiras décadas do século XX, era impensável a interpretação da ordem privada a partir da Constituição. O divórcio entre as duas ordens legais era quase total. As tímidas incursões de intervenção legislativa na ordem econômica eram excepcionais e tiveram fundamento fora das constituições liberais e individualistas. Exemplos foram a legislação *anti-trust* norte-americana, ao final do século XIX, e a lei brasileira de responsabilidade civil das empresas ferroviárias, no início do século XX (1912).

A inserção ou não dos fundamentos da ordem privada social e econômica nas constituições acompanha o trânsito histórico do Estado Moderno, em suas três fases: o Estado absolutista, o Estado liberal, o Estado social. Essa classificação é adotada por simplificação do discurso, mas é muito difundida entre nós, a exemplo do publicista Paulo Bonavides.[1]

2 Estado social como parâmetro de conformação das normas infraconstitucionais

O Estado social é a terceira e atual fase do Estado Moderno, que despontou e se consolidou nos últimos cinco séculos, máxime nos países ocidentais.

O Estado absolutista, que se formou ao final da Idade Média, concentrou na figura do monarca a produção ilimitada do direito, sem demarcação clara dos âmbitos público e privado, eliminando ou reduzindo as antigas fontes locais de poder legislativo (feudos, burgos, corporações de ofício, Igreja). Tudo dependia da vontade do soberano. As Ordenações do Reino de Portugal são exemplo dessa concentração e indistinção do direito público e direito privado.

As revoluções burguesas e liberais do final do século XVIII e início do século XIX, cujos exemplos marcantes são a norte-americana

---

[1] BONAVIDES, Paulo. *Do Estado liberal ao Estado social*. São Paulo: Malheiros, 2004.

e a francesa, descentralizam o poder estatal em três poderes distintos, para melhor controle de seus agentes, separando o direito público do direito privado, com diferentes fundamentos de interpretação.

O Estado social adveio no século XX como reação ao excesso de individualismo do Estado liberal, fazendo incluir na Constituição, além dos controles dos poderes políticos, os controles dos poderes privados. Mantém a distinção da ordem jurídica pública e da ordem jurídica privada advinda do Estado liberal, mas com interlocução necessária entre elas sob fundamento constitucional comum.

Sob o ponto de vista da dialética histórica, o Estado absolutista foi a tese, o Estado liberal foi a antítese e o Estado social contemporâneo pretende ser a síntese.

O Código Civil de 1916 surgiu no momento do trânsito do Estado liberal vindo do século XIX, e inspirado nos valores deste, mas quando já despontava a transformação para o Estado social, inaugurado pela Constituição brasileira de 1934, a primeira a disciplinar a ordem econômica e social. Esse código de inspiração liberal gerou dificuldades para sua interpretação, exigente de adaptação às Constituições sociais que advieram após seu início de vigência. Esta é a razão de sua fraca aplicação e rápido declínio, sendo substituído progressivamente pela legislação surgida à sua margem e que repercutiam os novos valores constitucionais.

Assim, entende-se por Estado social, no plano do direito – máxime do direito privado – todo aquele que é regido por uma Constituição que regule a ordem econômica e social, diferentemente do Estado liberal que lhe antecedeu, cuja Constituição atribuía a ordem econômica à "mão invisível" do mercado. Como salienta Stefano Rodotà,[2] é seguramente caracterizado pela inovação representada pelo reconhecimento pleno dos direitos fundamentais, que compreendem os direitos sociais, e por sua substancial irredutibilidade à lógica do mercado.

O Estado social identifica-se por estabelecer mecanismos jurídicos de intervenção nas relações privadas econômicas e sociais, nas dimensões legislativa, administrativa e judicial, para a tutela dos vulneráveis, tendo por objetivo final a realização da justiça social (Constituição, art. 170), com inegáveis reflexos nas dimensões materiais do direito privado.

A Constituição brasileira de 1988 consagra o Estado social, que tem como objetivos fundamentais (art. 3º, I) "constituir uma sociedade livre, justa e solidária", com redução das desigualdades sociais (art. 3º. III).

---

[2] RODOTÀ, Stefano. *Solidarietà*: un'utopia necessaria. Roma-Bari: Laterza, 2014, p. 39.

A ordem jurídica infraconstitucional deve concretizar a organização social e econômica eleita pela Constituição, não podendo os juristas desconsiderá-la, como se os fundamentos do direito civil permanecessem ancorados no modelo individualista das duas Constituições liberais brasileiras do século XIX.

As constituições posteriores à Segunda Guerra Mundial, principalmente da Alemanha, da França e da Itália e as de Portugal e Espanha – estas últimas na década de setenta do século XX –, propiciaram idêntico interesse pela constitucionalização do direito civil, com produção doutrinária sistemática. Muitos estudos foram alimentados pelas decisões das cortes constitucionais desses países, que se depararam com frequentes conflitos de direitos fundamentais entre os particulares.

3 Sentido de unidade hermenêutica na aplicação do direito privado

Do modelo constitucional de Estado social, adotado pela Constituição de 1988, decorre a unidade hermenêutica, tendo a Constituição como ápice conformador da elaboração e da aplicação da legislação civil. A mudança de atitude é substancial: deve o jurista interpretar o Código Civil (apesar do nome é um código de direito privado, ainda que parcialmente) segundo a Constituição e não a Constituição segundo o Código Civil como ocorria com frequência.

Como disse Karl Larenz,[3] as leis ordinárias que estejam em contradição com um princípio de nível constitucional carecem de validade, tanto quanto não possam ser interpretadas "conforme a Constituição"; se é factível uma interpretação em conformidade com a Constituição, aquela tem preferência sobre qualquer outra modalidade de interpretação.

Não foi fácil essa interlocução, com resistências que persistem. Segundo Couto e Silva,

> Por um lado, porque o direito constitucional e o direito civil eram considerados territórios autônomos, incomunicáveis, consequência natural da separação nítida entre o Estado e a sociedade, própria à

---

[3] LARENZ, Karl. *Derecho civil*: parte general. Tradução de Miguel Izquierdo y Macías-Picavea. Madrid: Edersa, 1978, p. 96.

concepção liberal então dominante; por outro lado, porque vigorava uma neutralidade valorativa que definia o direito privado.[4]

O direito civil sempre forneceu as categorias, os conceitos e classificações que serviram para a consolidação dos vários ramos do direito público, inclusive o constitucional, em virtude de sua mais antiga evolução (o constitucionalismo e os direitos públicos são mais recentes, não alcançando um décimo do tempo histórico do direito civil romano-germânico). Agora, ladeia os demais na mesma sujeição aos valores, princípios e outras normas consagrados na Constituição. Daí a necessidade do manejo das categorias fundamentais da Constituição. Sem elas, a interpretação do Código e das leis civis desvia-se de seu correto significado.

Quando falamos da Constituição devemos aludir à Constituição hoje, ou no momento de sua aplicação, e não tal como era em 1988. De lá para cá, ela incorporou outros valores e modificações havidas em emendas constitucionais, convenções internacionais com força de emendas e interpretações definitivas do STF sobre temas nela não claramente explicitados.

É certo que os fundamentos do ordenamento jurídico civil foram absorvidos pela Constituição, na medida em que diferentes conceitos do direito constitucional como propriedade, família e contrato só são explicáveis se considerarmos a prévia definição jusprivatista de seu conteúdo.

Mas, por outro lado, essa "inelutabilidade hermenêutica não pode conduzir a uma contestação da autonomia da Constituição ou da relatividade dos conceitos jurídicos",[5] inclusive porque a visão orientadora do constituinte brasileiro, como os de outros países após a Segunda Guerra Mundial, não foi apenas do direito civil tradicional, mas também das declarações e tratados internacionais de direitos humanos individuais e sociais.

A plena vinculação e aplicabilidade direta dos princípios e outras normas constitucionais nas relações privadas são tônicas da constitucionalização do direito privado no Brasil, que abandonou os efeitos simbólicos das chamadas "normas programáticas".

---

[4] FRADERA, Véra Maria Jacob de (Org.). *O direito privado brasileiro na visão de Clóvis do Couto e Silva*. Porto Alegre: Livraria do Advogado, 1997, p. 21.
[5] NEUNER, Jörg. O Código Civil da Alemanha (BGB) e a Lei Fundamental. *Revista Jurídica*, Porto Alegre, v. 52, n. 326, p. 7-26, dez. 2004, p. 10.

4 Esclarecendo o alcance da constitucionalização dos direitos

A constitucionalização do direito civil é o processo de elevação ao plano constitucional dos fundamentos do direito civil, que passam a condicionar a observância pelos cidadãos, e a aplicação pelos tribunais, da legislação infraconstitucional pertinente. No plano teórico, é a interlocução do direito civil com a teoria da Constituição e com os fundamentos do constitucionalismo social e econômico, que nossa Constituição consagra.

É importante observar que o fenômeno da constitucionalização dos direitos não se confunde com o que no Brasil se denominou publicização. Esta é entendida como supressão de matérias tradicionais de direito privado trasladadas para o âmbito do direito público.

O direito privado não é absorvido ou capturado pela Constituição. O processo de constitucionalização não faz migrar o direito privado nem para o âmbito da Constituição nem, muito menos, para o do direito constitucional. Resulta, sim, no reconhecimento de que o ordenamento jurídico é um todo unitário e não fragmentado, cujas normas inferiores são conformadas pelas normas superiores e estas pelas que lhes são superiores. Não são apenas as matérias explicitadas na Constituição que sofrem seu influxo, mas todas as demais que compõem o ordenamento jurídico privado.

A velha dicotomia direito público e direito privado tem sido objeto de críticas que prognosticaram seu desaparecimento, mas permanece exercendo função prestante de classificação prática das matérias, à falta de outro critério mais adequado, ainda que não devamos esquecer que ela é, como diz Pontes de Miranda, de origem histórica e não lógica.[6]

Não é a cogência da norma ou o maior grau de intervenção legislativa que torna pública uma relação jurídica, pois são justamente da natureza do Estado social essas características. Apenas durante o liberalismo jurídico é que se podia cogitar da autonomia – no sentido de espaço de não intervenção – como elemento de discrime. A substancial redução de autonomia individual, a exemplo do direito de família ou do direito de consumidor, não torna pública a relação entre privados, que continua assim.

---

[6] PONTES DE MIRANDA, F. C. *Tratado de direito privado*. São Paulo: Revista dos Tribunais, 1974. v. 1, p. 71.

O critério do interesse também perdeu consistência, uma vez que há interesse público na regulação das relações privadas materialmente desiguais, quando uma das partes é considerada juridicamente vulnerável, o que no Estado liberal era considerado domínio exclusivo do mercado ou da vida privada. Portanto, é pública a relação jurídica na qual a desigualdade é predeterminada pelo necessário império do Estado, de um lado, e da submissão do cidadão, do outro (direito financeiro, direito administrativo, direito penal, direito processual etc.). Mas as relações entre familiares e parentes, entre contratantes, entre titular de domínio e os demais sujeitos de direito, entre o causador do dano e a vítima, entre herdeiros, por mais que sejam constitucionalizadas, não perdem sua natureza estritamente civil.

Os postulados principais da constitucionalização do direito civil concernem: a) à natureza normativa da Constituição e de suas normas, libertando-se do preconceito de seus fins meramente programáticos; b) à complexidade e à unidade do ordenamento jurídico, ante a pluralidade das fontes de direito, segundo os princípios e outras normas constitucionais fundamentais; c) a uma renovada teoria da interpretação jurídica não formalista, tendo em vista os fundamentos constitucionais explícitos ou implícitos.

5 Constituição como núcleo fundamental do sistema de direito privado

O sistema de direito privado brasileiro é composto, no plano legislativo, pelas normas constitucionais, como núcleo ou centro; gravitando em torno estão o Código Civil, a legislação especial e o direito material das relações privadas dos microssistemas jurídicos (por exemplo, os estatutos da pessoa idosa, da pessoa com deficiência, da criança e adolescente, do consumidor). É a Constituição, e não mais o Código, que dá unidade ao sistema. Mas é importante notar que a via é de mão dupla, pois a aplicação das normas constitucionais entre os particulares é alimentada pelos conteúdos dos princípios de direito privado que se consolidaram na sociedade, os quais, por sua vez, são conformados aos valores constitucionais.

A interlocução entre as fontes normativas infraconstitucionais se dá pela mediação dos princípios e outras normas constitucionais. Esse modo dinâmico e harmonioso das fontes legais dispensa a exclusividade do reenvio aos tradicionais meios de superação das antinomias, a saber, a da preferência da norma superior sobre a inferior hierárquica, ou da norma posterior sobre a anterior, ou da norma especial sobre a geral.

Às vezes o intérprete terá de harmonizar o Código Civil e o Código de Defesa do Consumidor, cujas relações interprivadas são reguladas pelo princípio da proteção; ou o Código Civil e o Estatuto da Criança e do Adolescente, interpenetrando suas regras, para aplicação sobre a mesma situação.

Como diz Luiz Edson Fachin,

> se a abstração constitutiva do modelo de relação jurídica é o elemento unificador da racionalidade do Código Civil, o único modo de se operar uma "correção hermenêutica" da codificação [permitindo a efetividade dos direitos fundamentais nas relações interprivadas, com o repúdio ao estatuto da exclusão operado pela fetichização dos modelos] é a sua interpretação não à luz dessa mesma racionalidade, mas, sim, da ordem principiológica constitucional.[7]

6 Força normativa da Constituição nas relações privadas

A compreensão que se tem atualmente do processo de constitucionalização do direito civil não o resume à aplicação direta dos direitos fundamentais às relações privadas, que é um de seus aspectos. Vai muito além. O significado mais importante é o da aplicação direta das normas constitucionais, máxime os princípios, quaisquer que sejam as relações privadas, particularmente de duas formas: a) quando inexistir norma infraconstitucional, o juiz extrairá da norma constitucional o conteúdo necessário para a resolução do conflito; b) quando a matéria for objeto de norma infraconstitucional, esta deverá ser interpretada em conformidade com as normas constitucionais aplicáveis. Portanto, as normas constitucionais sempre serão aplicadas em qualquer relação jurídica privada, seja integralmente, seja pela conformação das normas infraconstitucionais.

No que concerne à interpretação em conformidade com a Constituição, destaca-se o entendimento do tribunal constitucional da Alemanha nos seguintes termos:

---

[7] FACHIN, Luiz Edson. Constituição e relações privadas: questões de efetividade no tríplice vértice entre o texto e o contexto. *Revista do Instituto dos Advogados Brasileiros*, Rio de Janeiro, v. 35, n. 95, p. 5-23, jan./jun. 2007, p. 20.

Se a norma contrariar um princípio, seja qual for a interpretação possível, considerar-se-á inconstitucional. Mas se a norma admitir várias interpretações, que em parte conduzem a uma conclusão de inconstitucionalidade, e que por outra parte se compatibilizam com a Constituição, é a norma constitucional, e como tal se aplicará de acordo com a Constituição.

Os civilistas brasileiros, estudiosos do processo de constitucionalização, nunca tiveram dúvidas sobre a força normativa da Constituição; nunca incorporaram os questionamentos de algumas correntes de constitucionalistas, preocupados com o alcance que os primeiros têm dado às normas constitucionais. Assim foi, por exemplo, com o princípio da igualdade entre cônjuges e entre filhos de qualquer origem, estabelecido nos arts. 226 e 227 da CF, que representou verdadeira revolução no direito de família, consequentemente revogando a legislação civil anterior. Essa orientação restou dominante na jurisprudência dos tribunais, de 1988 até 2003, quando entrou em vigor o novo Código Civil. Se prevalecesse a tese tradicional da conservação da legislação anterior até que a norma constitucional fosse regulamentada por nova legislação infraconstitucional, então não se teria emprestado força normativa real à Constituição, que restaria com efeito meramente simbólico, permanecendo as desigualdades jurídicas nesse período.

Notou-se que as forças vivas da sociedade influíram efetivamente nas opções do constituinte de 1988, muito mais que na elaboração de códigos, cuja natureza técnica inibe a participação até mesmo dos parlamentares. Por essa razão, a Constituição, além de ser a norma hierarquicamente superior a todas as outras, determinante do sentido do ordenamento jurídico, absorveu de fato os valores que a sociedade conseguiu veicular para servir de fundamentos ou bases à organização social, vertendo-os em normas jurídicas, inclusive as de princípio.

7 Aplicabilidade dos princípios constitucionais nas relações privadas

O conceito de princípio constitucional não se confunde com o de "princípio geral de direito" empregado pela LINDB. O art. 4º dessa lei estabelece a regra de *non liquet*, proibindo o juiz de não julgar quando a lei for omissa, determinando que, se não houver costumes, devem ser aplicados os princípios gerais de direito. Estes têm, consequentemente, função supletiva, ou seja, primeiro a lei, depois os costumes, e por fim os princípios, como normas de clausura ou de completude do sistema jurídico.

Ao contrário, os princípios constitucionais explícitos ou implícitos não são supletivos. São normas jurídicas fundamentais que informam e conformam a legislação infraconstitucional. A operação hermenêutica que estava invertida foi devidamente reposicionada: em primeiro lugar o princípio ou outra norma constitucional, depois a lei fundamentada neles.

Como adverte Jürgen Habermas,[8] as normas de princípio, que perpassam a ordem jurídica do Estado social, exigem uma interpretação construtiva do caso concreto, que seja sensível ao contexto e referida a todo o sistema jurídico. É pertinente a distinção que faz esse autor mais adiante entre princípios, como normas mais elevadas, e valores: os princípios têm sentido deontológico (agir obrigatório), sendo válidas ou inválidas, enquanto os valores têm sentido teleológico e são entendidos como preferências compartilhadas intersubjetivamente.

Longe no tempo ficou a antiga concepção do princípio constitucional como "norma programática", ou de eficácia contida, dependente de interposição do legislador infraconstitucional. Essa concepção atribuía aos princípios e às demais normas constitucionais, em relação ao direito privado, efeitos meramente simbólicos, sem qualquer força normativa direta. Operava-se verdadeira inversão da força normativa, pois era a norma infraconstitucional que tinha prevalência sobre a norma constitucional.

No Brasil, ao contrário de outras ordens constitucionais, não pode haver dúvida de sua aplicabilidade imediata e direta, em virtude, principalmente, da ocorrência de norma expressa na Constituição de 1988, assim disposta (art. 5º, §1º): "As normas definidoras de direitos e garantias fundamentais têm aplicação imediata". A aplicabilidade imediata dos direitos fundamentais – muitos dos quais relativos às relações privadas – abrange não apenas as liberdades públicas em face do Estado, mas igualmente as relações jurídicas entretecidas entre os particulares, pois a Constituição não faz qualquer restrição. O sentido de aplicação imediata inclui a aplicação direta, razão por que não depende de interposição do Estado, que não é necessariamente parte,

---

[8] HABERMAS, Jürgen. *Direito e democracia*: entre facticidade e validade. Tradução de Flávio Beno Siebeneichler. Rio de Janeiro: Tempo Brasileiro, 2003. v. I, p. 306.

quando a violação de direito fundamental for imputada a particular contra particular. Em razão da abrangência da norma constitucional brasileira, não vemos como aproveitável a discussão em torno da denominada eficácia externa dos direitos fundamentais, oriunda principalmente do enunciado do art. 1º, 3, da Constituição alemã, o qual prevê que os direitos fundamentais "vinculam, como direito diretamente aplicável, os poderes legislativo, executivo e judicial", parecendo limitar sua aplicabilidade direta aos particulares.

8 Aplicabilidade direta dos princípios é predominante na jurisprudência brasileira

A aplicabilidade direta dos princípios e dos direitos fundamentais nas relações privadas é uma experiência bem-sucedida na jurisprudência dos tribunais brasileiros, desde o advento da Constituição de 1988.

As cortes constitucionais aumentaram seu protagonismo nas diretrizes hermenêuticas das relações jurídicas privadas, impulsionadas pela necessidade de sentido unitário às ordens econômica e social absorvidas pelas constituições do Estado social. Esse protagonismo é indispensável, apesar da crítica dos tradicionalistas ao que denominam "ativismo judicial". Diretrizes diferenciadas de interpretação se consolidaram, para além do clássico conflito entre o cidadão e os poderes políticos, na resolução de temas relevantes nos conflitos entre poderes privados, quase sempre assimétricos.

Uma das diretrizes mais influentes, aqui e alhures, além da franca adoção da força normativa e supremacia da Constituição e de seus princípios, é a da proporcionalidade – que alguns autores atribuem a natureza de princípio fundamental –, notadamente a que leva em conta, além da relação adequada de meios e fins da norma, as circunstâncias de cada situação de fato. A proporcionalidade é também atraída nos conflitos privados com esteios aparentemente colidentes na Constituição, como o direito de propriedade (art. 5º, XXII) e direito à moradia (art. 6º).

A nossa Corte Constitucional (STF) não faltou ao enfrentamento dos temas, como se vê em algumas decisões paradigmáticas a seguir:

Na ADI nº 319, interpretando a Constituição de 1988, o STF decidiu que a lei que dispôs sobre critérios de reajuste das mensalidades escolares era constitucional, devendo-se conciliar o fundamento da livre-iniciativa e do princípio da livre concorrência com os da defesa do consumidor e da redução das desigualdades sociais, em conformidade com os ditames da justiça social.

O Código Civil apenas trata da presunção de concepção em relação ao embrião que tiver sido introduzido no útero da mulher, silenciando quanto ao destino dos demais que permanecem na condição de excedentários. O STF, na Ação Direta de Inconstitucionalidade nº 3.510, considerou constitucional o art. 5º da Lei de Biossegurança, permitindo a utilização dos embriões inviáveis em pesquisas e tratamentos médicos com as células embrionárias.

Na ADI nº 4.275 (tema 761 de repercussão geral), o STF julgou procedente a ação para dar interpretação conforme a Constituição e o Pacto de São José da Costa Rica ao art. 58 da Lei nº 6.015/1973 (lei dos registros públicos), de modo a reconhecer às pessoas transexuais que assim o desejarem, independentemente da cirurgia de transgenitalização, ou da realização de tratamentos hormonais ou patologizantes, o direito à substituição de prenome e sexo, diretamente no registro civil.

Pode haver a incidência conjunta e harmônica de princípios jurídicos, sem colisão, como se deu no julgamento pelo STF em 2011, na ADI nº 4.277, que decidiu, em caráter vinculante, que a união homoafetiva é entidade familiar, tutelada pelos princípios jurídicos da igualdade, da laicidade, da não discriminação em razão do sexo, da vedação do preconceito, da liberdade de realização do projeto de comunhão de vida, da busca da felicidade.

O STF passou a admitir a multiparentalidade, consolidando seu entendimento, como Tema nº 622 de repercussão geral, em decisão de 2016. Como consequência, a pessoa pode ter contemplados em seu registro civil, além de dos pais registrais, os pais biológicos e vice-versa, com iguais efeitos jurídicos da relação paterno-filial, sem necessidade de cancelamento do registro anterior da parentalidade socioafetiva em prol da parentalidade biológica, como ocorria anteriormente.

Em relação aos animais, o STF, em decisões emblemáticas que os reconhecem como seres sencientes e não apenas coisas, com fundamento na vedação constitucional da crueldade (CF, art. 225, §1º, VII) proibiu a "farra do boi" (RE nº 153.531), a "rinha de galos" (ADI nº 1.856) e a vaquejada (ADI nº 4.983), apesar de suas tradições culturais. Igualmente, declarou a ilegitimidade de interpretação de normas infraconstitucionais que autorizem o abate de animais apreendidos em situação de maus-tratos (ADPF nº 640) e a proibição do uso de animais para desenvolvimento de produtos cosméticos, de higiene pessoal e afins (ADI nº 5.995).

Quanto ao depositário infiel, após o início de vigência da Convenção Americana de Direitos Humanos (Pacto de São José da Costa Rica), adotada formalmente pelo Brasil, cujo art. 7º apenas admite a prisão de inadimplente de obrigação alimentar, quando a lei nacional assim determinar, o STF editou a Súmula Vinculante nº 25, estabelecendo que "é ilícita a prisão civil do depositário infiel, qualquer que seja a modalidade do depósito".

No que concerne ao exercício da liberdade de expressão nos meios de comunicação, a responsabilidade civil preventiva ficou muito limitada, após a decisão do STF que declarou inconstitucional a Lei de Imprensa editada durante o período da ditadura militar. Entendeu o STF que a reparação de qualquer dano a direitos da personalidade, incluindo a intimidade e a vida privada – também garantidos na Constituição –, deveria ser pleiteada *a posteriori*, pois a prevenção poderia incorrer em censura à liberdade de expressão, ainda que o dano (evitável) seja certo e continuado.

No que concerne à livre iniciativa, como atividade econômica na qual se inserem os respectivos contratos, decidiu o STF em 2018 que: "O princípio da livre iniciativa, inserido no *caput* do artigo 170 da Constituição nada mais é do que uma cláusula geral cujo conteúdo é preenchido pelos incisos do mesmo artigo. Esses princípios claramente definem a liberdade de iniciativa não como uma liberdade anárquica, mas social, e que pode, consequentemente, ser limitada" (ARE nº 1.104.226 AgR).

O STF reconheceu ser constitucional a penhorabilidade de bem de família pertencente ao fiador em contrato de locação residencial ou não residencial (Tema 1.127 de repercussão geral – RE nº 1.307.334). Prevaleceu o entendimento da maioria de ser respeitada a autonomia privada do fiador, que, de forma livre e espontânea, garantiu o contrato. Para a corrente minoritária do Tribunal, deve prevalecer o direito fundamental e existencial à moradia (CF, art. 6º), quando em colisão a com autonomia privada negocial.

Ante a inconstitucionalidade proclamada pelo STF do art. 1.790 do Código Civil (RE nº 878.694), as normas sobre os direitos sucessórios do cônjuge também se estenderam ao companheiro.

Decisões desse jaez, ao contrário dos que nelas enxergam decisionismo judicial e risco ao equilíbrio dos poderes, são respostas e orientações adequadas às grandes demandas sociais, além de afirmar a unidade do sistema jurídico e a força normativa e superior da Constituição e de seus princípios.

9 A constitucionalização do direito privado é perene e necessariamente inconclusa

A constitucionalização do direito privado, assim entendida como inserção constitucional dos fundamentos jurídicos das relações privadas, é mais do que um critério hermenêutico formal. Constitui a etapa mais importante do processo de transformação, ou de mudanças de paradigma, porque passou o direito privado, no trânsito do Estado liberal para o Estado social. É o que Habermas[9] denominou de dissolução do paradigma liberal do direito.

A constitucionalização dos direitos não é episódica, ou derivada de determinada Constituição, como a brasileira de 1988. É processo permanente em razão da natureza do Estado social. Significa dizer: enquanto houver Estado social, enquanto houver Constituição social e econômica, há constitucionalização dos direitos.

O conteúdo conceitual, a natureza, as finalidades dos institutos básicos do direito privado, nomeadamente a família, a propriedade e o contrato, não são mais os mesmos que vieram do individualismo jurídico e da ideologia liberal oitocentista, cujos traços persistem na legislação civil. Sai de cena o indivíduo proprietário para revelar, em todas as suas vicissitudes, a pessoa humana. Despontam a afetividade, como valor essencial da família; a função social, como conteúdo e não apenas como limite da propriedade, nas dimensões variadas; a eticidade, os princípios sociais e a tutela do contratante vulnerável, no contrato.

Assim, os valores decorrentes da mudança da realidade social, convertidos em normas constitucionais, devem direcionar a realização do direito privado, em seus variados planos. O Código e a legislação infraconstitucional ficam constantemente impregnados por esses fundamentos, que lhes infundem ductibilidade ante as transformações sociais.

Quando a legislação for claramente incompatível com as normas constitucionais, deve ser considerada revogada, se anterior à Constituição, ou inconstitucional, se posterior a ela. Quando for possível o aproveitamento, observar-se-á a interpretação conforme a Constituição.

A fundamentação constitucional do direito privado é constante na aplicação deste, cumprindo reagir à ilusão da aparente autossuficiência

---

[9] HABERMAS, Jürgen. *Direito e democracia*: entre facticidade e validade. Tradução de Flávio Beno Siebeneichler. Rio de Janeiro: Tempo Brasileiro, 2003. v. I, p. 299.

da legislação infraconstitucional, tradicionalmente mais estável que a Constituição, sob risco de envelhecimento precoce.

A interpretação de norma infraconstitucional de direito privado que ignora os fundamentos constitucionais, nega a unidade do sistema jurídico e a força normativa da Constituição. Resulta em hermenêutica ideológica e não jurídica. Não se pode interpretar segundo a preferência pessoal do intérprete por menos Estado e mais mercado, ou o contrário, mas segundo o sistema jurídico adotado na Constituição, tal como nela se contém.

Em sociedades marcadas por grandes desigualdades sociais, como a brasileira, quando o Estado recua, crescem na mesma proporção as demandas por regulação estatal, para proteção dos mais vulneráveis. Tem sido demonstrado que o mercado é incapaz de autorregulação que contemple o equilíbrio de interesses opostos, em virtude das assimetrias dos poderes privados, impondo-se os dos mais fortes.

Impõe-se ao intérprete e aos aplicadores do direito a imensa tarefa de interpretar o direito privado em conformidade com as normas constitucionais fundamentais, com os olhos postos na complexidade da vida social contemporânea.

Referências

BONAVIDES, Paulo. *Do Estado liberal ao Estado social*. São Paulo: Malheiros, 2004.

FACHIN, Luiz Edson. Constituição e relações privadas: questões de efetividade no tríplice vértice entre o texto e o contexto. *Revista do Instituto dos Advogados Brasileiros*, Rio de Janeiro, v. 35, n. 95, p. 5-23, jan./jun. 2007.

FRADERA, Véra Maria Jacob de (Org.). *O direito privado brasileiro na visão de Clóvis do Couto e Silva*. Porto Alegre: Livraria do Advogado, 1997.

HABERMAS, Jürgen. *Direito e democracia*: entre facticidade e validade. Tradução de Flávio Beno Siebeneichler. Rio de Janeiro: Tempo Brasileiro, 2003. v. I.

LARENZ, Karl. *Derecho civil*: parte general. Tradução de Miguel Izquierdo y Macías-Picavea. Madrid: Edersa, 1978.

NEUNER, Jörg. O Código Civil da Alemanha (BGB) e a Lei Fundamental. *Revista Jurídica*, Porto Alegre, v. 52, n. 326, p. 7-26, dez. 2004.

PONTES DE MIRANDA, F. C. *Tratado de direito privado*. São Paulo: Revista dos Tribunais, 1974. v. 1.

RODOTÀ, Stefano. *Solidarietà*: un'utopia necessaria. Roma-Bari: Laterza, 2014.

Informação bibliográfica deste texto, conforme a NBR 6023:2018 da Associação Brasileira de Normas Técnicas (ABNT):

LÔBO, Paulo. Ordem jurídica privada e Constituição. *In*: EHRHARDT JÚNIOR, Marcos; LÔBO, Fabíola (Coord.). *Constitucionalização das relações privadas*: fundamentos de interpretação do direito privado brasileiro. Belo Horizonte: Fórum, 2023. p. 17-32. ISBN 978-65-5518-564-5.

PARTE I

DIREITO EXISTENCIAL

AS ACEPÇÕES DA VULNERABILIDADE: UM DESAFIO INTERPRETATIVO

MARIA CARLA G. MOUTINHO

1 Introdução

A pós-modernidade e o Estado Social permitiram o nascimento de um arcabouço principiológico hábil a servir como base ao intérprete para a solução do caso concreto. Ao lado da boa-fé, da função social, da solidariedade, da dignidade da pessoa humana e da equivalência material, a vulnerabilidade tem ampla aplicabilidade em todos os ramos do Direito.

Sistematizar a vulnerabilidade não é tarefa fácil ao jurista e o tema é objeto da minha tese de doutoramento. No entanto, em comemoração aos 10 anos do nosso grupo de pesquisa Constitucionalização das Relações Privadas (CONREP), esta obra traz a pesquisa mais significativa da vida acadêmica de cada pesquisador do grupo. Assim, não poderia tratar de outro tema senão o que tira as minhas noites de sono.

O texto, portanto, visa trazer, de forma breve, alguns aspectos a respeito da concepção da vulnerabilidade. Isso se justifica em razão da dissonância acerca do reconhecimento da vulnerabilidade, vista tanto como princípio autônomo, como subprincípio do princípio da equivalência material ou, ainda, como característica própria do sujeito, a exemplo, o consumidor, o idoso, a criança, o adolescente, a mulher, o trabalhador, o que trouxe um microssistema normativo para cada sujeito vulnerável. Cada um desses sujeitos, em seu contexto jurídico próprio, apresenta um ambiente de vulnerabilidade jurídica no qual está inserido e obteve um amparo legal mais contundente, em razão dessa característica.

Não existe uma conceituação estanque da qual se possa extrair objetivamente e em poucas palavras o significado do termo vulnerabilidade e, por consequência, a sua aplicação. Estar mais vulnerável em uma determinada hipótese não quer dizer que, necessariamente, o sujeito de direito será sempre o mais vulnerável em todas as demais situações.[1]

Da análise semântica do termo, pode-se dizer que a vulnerabilidade, sob o aspecto denotativo, é uma "qualidade ou estado do que é vulnerável" e tem por sinônimos a "suscetibilidade de ser ferido ou atingido por uma doença; fragilidade".[2] Nesse sentido, Maria do Céu Patrão Neves destaca: "Vulnerabilidade é uma palavra de origem latina, derivando de *vulnus (eris)*, que significa ferida. Assim sendo, ela é irredutivelmente definida como susceptibilidade de se ser ferido".[3]

Sob esse aspecto pragmático, a vulnerabilidade busca conferir a uma das partes o reconhecimento jurídico da fragilidade para, por meio de normas protetivas, trazer aos institutos uma interpretação que vise garantir os interesses dos vulneráveis. Nesse contexto, é possível encontrar uma distinção entre a vulnerabilidade existencial e a vulnerabilidade contratual, cujos conceitos se verão a seguir com mais profundidade.

Além dessa acepção, o Prof. Paulo Lôbo classifica, ainda, a vulnerabilidade contratual em espécies: (i) vulnerabilidade estrutural, quando há a presunção jurídica desta fragilidade, a exemplo dos contratos de consumo, e a (ii) vulnerabilidade circunstancial, que depende da ocorrência de particularidades específicas para ser reconhecida, como ocorre na frustração da base do negócio jurídico.[4]

---

[1] A tese defende a vulnerabilidade de forma ampla, abrangendo todos os sujeitos de direitos, de modo que, para ser efetiva, ela deve ser analisada objetivamente e em graus, abandonando o subjetivismo de categorias de vulneráveis para que, assim, não se demande do legislador um estatuto para cada categoria e sim um princípio hábil a atender a coletividade.

[2] VULNERABILIDADE. *Dicionário Michaelis de Português*. Disponível em: https://michaelis.uol.com.br/busca?id=w4yE7. Acesso em: 17 jan. 2023.

[3] PATRÃO NEVES, Maria do Céu. Sentidos da vulnerabilidade: característica, condição, princípio. *Revista Brasileira de Bioética*, Brasília, v. 2, n. 2, p. 157-172, 2006, p. 158.

[4] LÔBO, Paulo Luiz Neto. Vulnerabilidade Jurídica do Contratante. *In*: EHRHARDT, Marcos; LÔBO, Fabíola Albuquerque (Coord.) *Vulnerabilidade e sua compreensão no Direito brasileiro*. Indaiatuba: Foco, 2021, p. 1-15.

2 Vulnerabilidade existencial

Tomando por base a primeira metade do século XX, a vulnerabilidade foi identificada em certos grupos de pessoas em situação de total desamparo, a exemplo de grupos étnicos vulneráveis como as pessoas pretas e os judeus, considerados, em certo momento histórico da humanidade, grupos sub-humanos.[5] Nesse contexto, a autora Maria do Céu Patrão Neves defende a existência da vulnerabilidade, sob o viés da bioética, como sendo uma característica do sujeito:

> Em síntese, a noção de vulnerabilidade é introduzida e persiste no vocabulário bioético numa função adjectivante, como uma característica, particular e relativa, contingente e provisória, de utilização restrita ao plano da experimentação humana, tornando-se cada vez mais frequente na constatação de uma realidade que se pretende ultrapassar ou mesmo suprimir por meio da atribuição de um poder crescente aos vulneráveis.[6]

No Brasil, a vulnerabilidade existencial é vista como uma característica inerente ao sujeito, por ser este, em princípio, mais susceptível de sofrer danos à sua personalidade, razão pela qual a pessoa humana faria *jus* a uma tutela diferenciada, como meio de concretização dos princípios estruturantes do ordenamento jurídico brasileiro como o da equivalência material, o da dignidade da pessoa humana e o da solidariedade.

A vulnerabilidade existencial, portanto, está voltada para o sujeito em si, visto como protagonista das relações jurídicas e, portanto, como o bem maior a ser protegido pelo Direito enquanto pessoa. Nessa perspectiva, a vulnerabilidade deve ser aplicada na proteção dos direitos da personalidade e da pessoa sob o prisma da sua existência, como, por exemplo, a dignidade e a privacidade. Nesse sentido, Carlos Konder:

> A partir dessas premissas, a vulnerabilidade existencial seria a situação jurídica subjetiva em que o titular se encontra sob maior suscetibilidade de ser lesionado na sua esfera extrapatrimonial, impondo a aplicação de

---

[5] PATRÃO NEVES, Maria do Céu. Sentidos da vulnerabilidade: característica, condição, princípio. *Revista Brasileira de Bioética*, Brasília, v. 2, n. 2, p. 157-172, 2006.

[6] PATRÃO NEVES, Maria do Céu. Sentidos da vulnerabilidade: característica, condição, princípio. *Revista Brasileira de Bioética*, Brasília, v. 2, n. 2, p. 157-172, 2006 p. 163.

normas jurídicas de tutela diferenciada para a satisfação do princípio da dignidade da pessoa humana.[7]

Sob esse prisma, a mulher grávida, por exemplo, tem reconhecida não só a sua proteção contra práticas invasivas que resultem em violência obstétrica, como também deve receber tratamento prioritário em filas e estacionamentos de estabelecimentos comerciais. Aqui se preserva a existência dela e do nascituro.

Já a criança e os adolescentes são vulneráveis por excelência, pois necessitam de apoio material e suporte afetivo para os seus desenvolvimentos enquanto pessoa, garantidos desde a Constituição Federal até o Estatuto da Criança e do Adolescente.

Ao final da linha da existência, o idoso tem, em decorrência do envelhecimento natural, a diminuição da sua capacidade motora e, em algumas situações específicas, pode ocorrer a diminuição da sagacidade cognitiva inerente à juventude. Essas características, por consequência, o tornam mais vulnerável. Questões relativas à senilidade, porém, por si só não transmudam essa categoria de vulneráveis em pessoas incapazes ou portadores de deficiência, devendo ser tratados como o devido respeito e dignidade. O legislador brasileiro, ao reconhecer a vulnerabilidade dos idosos, concedeu a estes prioridade nas filas de bancos, nos embarques e desembarques de transportes, na aquisição de imóvel para moradia, no desempate de concurso público, além de gratuidade em transporte coletivo público.

Apesar disso, recentemente, durante os períodos mais graves da pandemia da COVID-19, o sentido semasiológico dado à vulnerabilidade, vista como via legal para dar prioridade de vacinação aos idosos, foi oscilante. No Brasil, por exemplo, os idosos figuraram como lista de prioridade na vacinação; já na Indonésia o primeiro grupo de vulneráveis para a vacinação foram os jovens trabalhadores, por ter sido levado em consideração a utilidade laboral como critério prioritário, ficando os idosos para o final da fila de vacinação.[8]

---

[7] KONDER, Carlos Nelson. Vulnerabilidade patrimonial e vulnerabilidade existencial: por um sistema diferenciador. *Revista de Direito do Consumidor*, São Paulo, v. 99, ano 24, p. 105, maio/jun. 2015.

[8] Na Indonésia, o grupo prioritário eleito pelo governo foi o de trabalhadores mais jovens com idade entre 18 e 59 anos, antes do grupo de idosos. HENSCHKE, Rebecca; ANUGRAH, Pijar. Vacina contra COVID-19: a estratégia do país que decidiu vacinar os jovens antes dos idosos. *BBC News Brasil*, 15 jan. 2021. Disponível em: https://www.bbc.com/portuguese/internacional-55664307. Acesso em: 17 jan. 2023. Já no Brasil, o plano nacional de vacinação optou por eleger como prioritários os idosos. *Gov. br*. Disponível em:

Durante o período pandêmico, evidenciou-se um preconceito velado ante a menor viabilidade de sobrevivência em relação à distribuição de leitos nos hospitais superlotados. A sofrida "escolha de Sofia" colocou os mais velhos no fim da fila das vagas dos leitos em UTIs, tendo sido muitos os esquecidos mortos em casas e asilos.

Diante desse contexto, o critério de prioridade para o elenco de vulneráveis é extremamente díspar, a depender da seletividade dada pelo intérprete. Ora viu-se o idoso vulnerável ser priorizado para receber a vacinação contra a COVID-19, ora se utilizou dessa mesma vulnerabilidade para eleger os mais jovens como grupo prioritário a receber os respiradores nos hospitais em detrimento dos idosos, que já não teriam tanta chance de sobrevivência.

Outras categorias de vulneráveis são: pessoas com deficiência, pacientes em estágio terminal, analfabetos, empregados, negros, pobres, homossexuais etc. Cada um recebe o tratamento diferenciado competente, conferido pelo ordenamento jurídico, em respeito ao seu aspecto de vulnerável no meio social. Existe, ainda, a vulnerabilidade combinada, isto é, a reunião de mais de uma categoria de vulnerabilidade em uma mesma pessoa como, por exemplo, a mulher grávida portadora de deficiência ou o homem preto analfabeto.

Avaliando a diversidade de categorias pergunta-se: existe alguma categoria livre de ser vulnerável? Em uma análise apressada, a resposta mais imediata seria o homem branco.

Diante disto, pergunta-se: existe alguma possibilidade desse homem branco ser reconhecidamente vulnerável sob o aspecto existencial pelo ordenamento jurídico? Sim. No contexto pandêmico, esse homem branco pode ter comorbidades e, portanto, passar na frente na fila de vacinação em relação a outras categorias de vulneráveis. Fora deste contexto, o homem branco é vulnerável quando se trabalha a proteção de dados, por exemplo. Aliás, todo usuário da *internet* é existencialmente vulnerável e propenso a ter seus dados sensíveis devassados. Esse mesmo homem branco será vulnerável, ainda, quando exposto às práticas abusivas do mercado de consumo como, por exemplo, a uma publicidade de cunho discriminatório, maculando o sujeito em sua existência.

Ora, se todos – em certa medida – são vulneráveis, o reconhecimento legal dessa fraqueza perde a razão de ser, esvaziando a essência

---

https://www.gov.br/saude/pt-br/coronavirus/publicacoes-tecnicas/guias-e-planos/plano-nacional-de-vacinacao-covid-19. Acesso em: 17 jan. 2023.

garantista, objeto de tantas conquistas sociais. Esse é um primeiro aspecto pelo qual se justificaria a necessidade do reconhecimento da vulnerabilidade como princípio de natureza objetiva e não como qualidade do sujeito.

Há um segundo aspecto a ser considerado: quando o vulnerável é preterido por imposição legal. Imagine-se a herança a ser partilhada entre a companheira supérstite, saudável e em idade laboral, e um herdeiro, oriundo de outro relacionamento vivido pelo *de cujus*, com deficiência mental severa. O falecido deixou como bem partilhável um único imóvel onde foi estabelecida a residência do casal.

Na hipótese, a companheira sobrevivente tem reconhecida a sua vulnerabilidade pela Lei nº 9.278/1996, fazendo jus ao direito real de habitação, enquanto viver ou não constituir nova união ou casamento, relativamente ao imóvel destinado à residência da família. Já o filho com deficiência cujo grau de vulnerabilidade em relação ao da companheira é bem maior, não faz jus a esse direito real de habitação por falta de previsão legal para tanto.

Na hipótese acima descrita, caso houvesse um princípio de ordem constitucional da vulnerabilidade objetiva, caberia ao julgador identificar quem seria o vulnerável em maior grau e, portanto, merecedor de proteção jurídica. Uma vez reconhecida a vulnerabilidade deste, deveria o julgador aplicar a proteção necessária para ampará-lo, independentemente de estatuto protetivo específico para tanto, pois, em um litígio entre dois vulneráveis, deve-se proteger o vulnerável de maior grau.

3 Vulnerabilidade contratual

A vulnerabilidade contratual, por sua vez, é vista como uma peculiaridade do sujeito nas suas relações negociais. Nesse contexto, ao fazer a distinção entre a vulnerabilidade existencial e a patrimonial, Carlos Konder pondera:

> Diferencia-se da vulnerabilidade patrimonial, que se limita a uma posição de inferioridade contratual, na qual o titular fica sob a ameaça de uma lesão basicamente ao seu patrimônio, com efeitos somente indiretos à sua personalidade. Diante disso, a intervenção reequilibradora do ordenamento no caso de vulnerabilidade patrimonial costuma ser viabilizada com recurso aos instrumentos jurídicos tradicionalmente

referidos às relações patrimoniais, como a invalidade de disposições negociais e a responsabilidade, com imposição da obrigação de indenizar.[9]

O consumidor é, por exemplo, presumidamente tido como vulnerável em relação ao fornecedor por imposição legal, ou seja, há uma fragilidade contratual previamente estabelecida pelo Código de Defesa do Consumidor daquele em relação a este. Uma vez reconhecida essa vulnerabilidade do consumidor, o Estado Juiz tem o dever de intervir, por meio de incidência de norma protetiva no caso concreto, para garantir a efetividade da justiça social, vista como transformadora e promocional na redução das desigualdades sociais.[10]

No Brasil, a Constituição Federal, não positivou o termo "vulnerabilidade", tendo o constituinte se limitado a reconhecer a proteção ao consumidor como direito fundamental (art. 5º, XXXII) e a estabelecer o princípio da defesa do consumidor como reitor da Ordem Econômica e Financeira. Por outro lado, o Código de Defesa do Consumidor positivou o princípio da vulnerabilidade do consumidor, no artigo 4º, inciso I, no qual ao tratar da Política Nacional das Relações de Consumo, o legislador presume a vulnerabilidade do consumidor no mercado de consumo.[11] Nesse contexto, o conceito de consumidor foi "pensado constitucionalmente para uma relação entre diferentes, para a proteção dos diferentes",[12] levando-se em consideração a necessidade deste sujeito de direito de receber do ordenamento a proteção necessária para blindá-lo de eventuais práticas abusivas do fornecedor.

Essa presunção de reconhecimento da vulnerabilidade do consumidor, adotada pela Lei nº 8.078/1990, foi uma forma de ir além do que prega o princípio da equivalência material por meio da positivação de um princípio autônomo, o da vulnerabilidade. Isso porque tratar

---

[9] KONDER, Carlos Nelson. Vulnerabilidade patrimonial e vulnerabilidade existencial: por um sistema diferenciador. *Revista de Direito do Consumidor*, São Paulo, v. 99, ano 24, p. 105, maio/jun. 2015.

[10] Segundo o Professor Paulo Lôbo: "a justiça social implica transformação, promoção, mudança, segundo o preciso enunciado constitucional: "reduzir as desigualdades sociais" (arts. 3º, III, e 170, VII, da Constituição brasileira). Com efeito, enquanto as justiças comutativa e distributiva qualificam as coisas como estão, a justiça social tem por fito transformá-las, de modo a reduzir as desigualdades."

[11] CDC Art. 4º A Política Nacional das Relações de Consumo tem por objetivo o atendimento das necessidades dos consumidores, o respeito à sua dignidade, saúde e segurança, a proteção de seus interesses econômicos, a melhoria da sua qualidade de vida, bem como a transparência e harmonia das relações de consumo, atendidos os seguintes princípios: I - reconhecimento da vulnerabilidade do consumidor no mercado de consumo.

[12] BENJAMIN, Antônio Herman V.; MARQUES, Cláudia Lima; BESSA, Leonardo Roscoe. *Manual de Direito do Consumidor*. 6. ed. São Paulo: Revista dos Tribunais, 2014, p. 97.

os desiguais na medida de suas desigualdades não é o bastante para livrar o consumidor das práticas abusivas do mercado de consumo.

Sob esse prisma, a presunção de vulnerabilidade do consumidor é imposta por norma cogente e, portanto, *juris tantum*, inadmitindo prova em sentido contrário, ainda que, ocasional e aparentemente, o consumidor não se apresente como vulnerável, conforme destaca o Prof. Paulo Lôbo:

> A vulnerabilidade contratual independe de aferição real ou de prova. A presunção legal absoluta não admite prova em contrário ou considerações valorativas, até porque a presunção é consequência que a lei deduz de certos fatos, às vezes prevalecendo sobre as provas em contrário. A presunção é o meio de prova pressuposta que dispensa a comprovação real. Qualifica-se como prova indireta. Tem natureza de ficção jurídica, pois é juízo fundado em aparências, como instrumento operacional para resolução de conflitos, substituindo os demais meios de prova. A presunção simplifica a prova, pois a dispensa.[13]

No entanto, a já alertada falta de estruturação do bom uso da vulnerabilidade finda por vincular a utilidade desta aos aspectos subjetivos da relação jurídica, quando, ao considerar características especiais do sujeito de direito, viabiliza uma proteção do legislador apenas para determinadas categorias.

O legislador brasileiro já havia dado sinais de inversão dos papéis de vulnerabilidade quando positivou a Lei dos Distratos (Lei nº 13.786/2018) e estabeleceu a retenção, por parte da Construtora, da totalidade da comissão de corretagem e do percentual de 25% do valor pago pelo consumidor adquirente, nas hipóteses de distrato ou de resolução por inadimplemento daquele em relação a esta.[14] Pergunta-se: ao assim proceder o legislador subverteu a presunção constitucional *juris tantum* da vulnerabilidade do consumidor? Sim. No entanto, não se questionou a inconstitucionalidade da lei porque havia uma necessidade

---

[13] LÔBO, Paulo Luiz Neto. Vulnerabilidade Jurídica do Contratante. *In*: EHRHARDT, Marcos; LÔBO, Fabíola Albuquerque (Coord.) *Vulnerabilidade e sua compreensão no Direito brasileiro*. Indaiatuba: Foco, 2021, p. 5.

[14] Lei nº 13.786/2018. Art. 67. A. Em caso de desfazimento do contrato celebrado exclusivamente com o incorporador, mediante distrato ou resolução por inadimplemento absoluto de obrigação do adquirente, este fará jus à restituição das quantias que houver pago diretamente ao incorporador, atualizadas com base no índice contratualmente estabelecido para a correção monetária das parcelas do preço do imóvel, delas deduzidas, cumulativamente: I - a integralidade da comissão de corretagem; II - a pena convencional, que não poderá exceder a 25% (vinte e cinco por cento) da quantia paga.

de proteção do setor da construção civil como alternativa viável para evitar a quebra deste segmento econômico.

O mesmo movimento legislativo ocorreu pouco mais de um ano depois, quando a maior crise econômica e sanitária dos últimos anos, suportada por todos os países do mundo, teve início no ano de 2020, em virtude da pandemia da COVID-19, cujos efeitos ainda estão sendo suportados. Sob o viés pandêmico, é possível visualizar o desequilíbrio desenfreado das contratações, fazendo aflorar a quebra de sinalagma em vários campos, a exemplo dos setores imobiliários, aéreos, turísticos, de eventos e de educação.

Nesse contexto, várias medidas provisórias foram editadas (e convertidas em lei), com o objetivo de preservar as contratações e diminuir os danos provenientes da pandemia, regulando a crise contratual vivenciada por todo o mundo. O impacto econômico das medidas de fechamento das atividades, apesar de necessário, foi muito nocivo para a saúde financeira das empresas.

O setor aéreo foi um dos mais impactados pela pandemia, o que levou o Governo Federal a tomar medidas emergenciais no sentido de preservar as companhias aéreas em detrimento da presunção de vulnerabilidade do consumidor. Isso porque a Medida Provisória nº 925 de 18.03.2020 previu o parcelamento dos valores a serem reembolsados aos consumidores pela compra de passagens aéreas, suavizando o desembolso de valores vultosos por parte das companhias aéreas em um momento de crise. Nesse sentido:

> Houve uma repartição de prejuízos com os consumidores, tendo o prazo para o reembolso do valor relativo à compra de passagens aéreas, contratadas até 31.12.2020, sido fixado em 12 meses, a partir da data do voo cancelado, observadas as multas previstas no contrato e a manutenção da assistência material, nos termos Resolução n. 400 da ANAC. Além disso, em respeito à solidariedade social e ao esforço mútuo de repartição dos prejuízos, houve a possibilidade de isenção das penalidades contratuais, caso os consumidores optassem por ficar com o crédito da passagem a ser utilizado no período de 18 meses, a contar do recebimento do referido crédito (art. 3º, §1º).[15]

---

[15] MOUTINHO, Maria Carla. Voar é preciso, viver é essencial: notas sobre o setor aéreo e a Lei n. 14.034/2020. In: MONTEIRO FILHO, Carlos Edison; GUEDES, Gisela Sampaio da Cruz (Coord.). *Regime jurídico da pandemia e relações privadas*. Rio de Janeiro: Processo, 2022, p. 446.

A referida MP foi convertida na Lei nº 14.034/2020 e, depois, alterada pela Lei nº 14.174/2021 que se limitou a prorrogar os prazos de reembolso para 31.12.2021.

Em uma situação extrema, como a ocorrida na pandemia da COVID-19, houve a necessidade de se manter a diversidade produtiva em funcionamento sob pena de todos virem a sofrer as consequências da recessão que poderia chegar, inclusive, ao encerramento do fornecimento do serviço. No entanto, importa registrar que essa vulnerabilidade ocasional não deve servir de escudo para práticas abusivas. Assim, importante registrar que:

> [...] o esforço mútuo para minorar os danos provocados pela pandemia no setor aéreo terá sido em vão em caso de abuso de tarifas por parte da companhia aérea ou mesmo desassistência ao passageiro que desejar cancelar a passagem aérea adquirida. A excludente de responsabilidade lastreada na força maior, na hipótese, a pandemia, não implica em autorização para práticas abusivas por parte dos fornecedores.
> O espírito colaborativo aliado à interpretação conjunta dos princípios da solidariedade social, da vulnerabilidade do consumidor e da função social da empresa não autorizam a "super tarifação" por parte da companhia aérea de modo a inviabilizar a utilização do crédito para compra de passagens.
> Assim, ressalvadas as situações de alteração do câmbio, a utilização do crédito para o mesmo trecho deve corresponder, ao menos, a 80% do preço da passagem para os consumidores que optaram por utilizar o crédito, diminuindo o prejuízo da companhia aérea. Pensar de modo diverso é permitir o repasse integral de todo o prejuízo causado pela pandemia ao consumidor.
> Nesse contexto, é essencial a compreensão de todos no sentido da repartição de prejuízos e não o repasse desmedido deles apenas para o passageiro que se solidarizou com a companhia aérea, pois os efeitos da pandemia, na hipótese, devem ser repartidos entre todos, inclusive, com o Poder Público. Cabe às operadoras, portanto, reunir esforços para viabilizar a utilização do crédito por parte do passageiro sem onerar demasiadamente o custo da viagem para o consumidor final.[16]

Diante disso, quando o sujeito se utiliza da vulnerabilidade para abusar de uma proteção a ele conferida ele renuncia esta proteção, devendo ser tratado dentro da seara da igualdade formal, isto é, de

---

[16] MOUTINHO, Maria Carla. Voar é preciso, viver é essencial: notas sobre o setor aéreo e a Lei n. 14.034/2020. In: MONTEIRO FILHO, Carlos Edison; GUEDES, Gisela Sampaio da Cruz (Coord.). *Regime jurídico da pandemia e relações privadas*. Rio de Janeiro: Processo, 2022, p. 448.

forma paritária e sem qualquer intervenção, pois a vulnerabilidade deve caminhar em harmonia com a boa-fé. Por outro lado, no âmbito do Poder Judiciário, a vulnerabilidade se evidenciou até mesmo nos contratos paritários por excelência. Na locação residencial, por exemplo, o direito de despejo por inadimplemento foi retirado provisoriamente do proprietário, tanto por uma questão sanitária, ante o risco de contaminação, como na questão humanitária de se preservar a moradia do locatário em um momento de crise.[17] Já nas relações entre lojistas e *shopping centers*, reduziu-se o valor da taxa condominial, diante das ordens de *locdown*.[18] Nos contratos de fornecimento de energia elétrica por demanda, a concessionária foi obrigada se abster de realizar o corte mesmo diante do inadimplemento das empresas em funcionamento.[19]

Com isso, percebe-se que é crescente o reconhecimento de categorias de vulneráveis o que, ironicamente, finda por enfraquecer a aplicação protetiva à qual ela se destina, razão pela qual a vulnerabilidade deve deixar de ser subjetiva como via adequada para a solução de conflitos. Nota-se, portanto, que o reconhecimento da vulnerabilidade, independentemente dos sujeitos das relações, corrobora a aplicação da vulnerabilidade objetiva no caso concreto.

4 Conclusão

A doutrina está longe de chegar a um consenso acerca da plurivocidade de sentidos dados ao termo vulnerabilidade, pois não se tem uma concordância quanto à existência (ou não) de um princípio da vulnerabilidade ou se esta se resumiria apenas a uma peculiaridade de alguns sujeitos.

O advento do Estado Social, a assunção do indivíduo como protagonista das relações jurídicas e todo o contexto histórico vivenciado pelo país e pelo mundo, ao tempo da promulgação da Constituição Federal de 1988, gerou a necessidade de imputar às categorias de vulneráveis a condição de parte mais frágil da relação, evidenciando a natureza subjetivista da vulnerabilidade. Naquele momento, era o que tinha a ser

---

[17] TJSP processo n. 2058175-55.2020.8.26.0000; TJPE processo n. 0005970-98.2020.8.17.9000.
[18] TJPE processo n. 0038555-88.2019.8.17.2001; TJDFT processo n. 0707596-27.2020.8.07.0000; TJSP processo n. 2065372-61.2020.8.26.0000; TJSP 2122657-12.2020.8.26.0000.
[19] TJPE processo n. 0005381-09.2020.8.17.9000; TJPR processo n. 0001494-66.2010.8.16.0004.

feito, pois consumidores, trabalhadores, mulheres, crianças, adolescentes, idosos, pretos, homossexuais clamavam pelo reconhecimento do direito das minorias tanto em virtude da vulnerabilidade existencial como também em decorrência da vulnerabilidade patrimonial.

No entanto, 30 anos após a promulgação da Carta Constitucional e de outras codificações que a esta sucederam, a exemplo do Código de Defesa do Consumidor, do Estatuto da Criança e do Adolescente, do Estatuto do Idoso e, mais recentemente, do Estatuto da Pessoa com Deficiência, percebe-se a necessidade de volver um novo olhar para as relações entre vulneráveis.

O viés objetivista, utilizado, inclusive, pelos demais princípios balizadores do Estado Social, como por exemplo, a boa-fé objetiva, faz-se necessário para, assim, viabilizar o reconhecimento da vulnerabilidade no caso concreto como ferramenta de justiça social.[20]

É nesse contexto que se encontra a importância de a vulnerabilidade ser tratada como princípio jurídico de natureza objetiva (e não como característica do sujeito), pois permite a utilização de conceitos abertos para se adequar à realidade social do momento. Isso porque essa natureza aberta dos princípios permite ao operador do Direito uma maior liberdade interpretativa. Nesse sentido, a indeterminação das formas e o reconhecimento de graus de vulnerabilidade podem ser desejados pelo intérprete a fim de fazer surgir diversas soluções práticas e justas na solução do caso concreto.

Como se viu, o reconhecimento da vulnerabilidade de um dos sujeitos nem sempre traz a decisão mais justa ao caso concreto, tanto sob o aspecto existencial como sob o patrimonial.

Desse modo, assim como os demais princípios, o conceito de vulnerabilidade deve estar sempre em construção, pois o reconhecimento da vulnerabilidade de outrora, não é o mesmo dos dias atuais. Isso ficou ainda mais evidente com a pandemia da COVID-19: (i) sob a ótica existencial, as espécies de vulneráveis com prioridade para vacinação eleigas pelos órgãos públicos dos países variaram entre idosos e jovens; (ii) sob o viés patrimonial, em muitas situações houve a inversão de papéis dos sujeitos vulneráveis.

---

[20] Segundo o Professor Paulo Lôbo: "a justiça social implica transformação, promoção, mudança, segundo o preciso enunciado constitucional: "reduzir as desigualdades sociais" (arts. 3º, III, e 170, VII, da Constituição brasileira). Com efeito, enquanto as justiças comutativa e distributiva qualificam as coisas como estão, a justiça social tem por fito transformá-las, de modo a reduzir as desigualdades."

Cabe ao doutrinador apontar os parâmetros de construção e entendimento da vulnerabilidade enquanto princípio de natureza objetiva, para, assim, o julgador, em seu ato de vontade, trazer uma decisão responsável por dar efetividade ao Estado Social, visto como instrumento transformador da justiça.

Nesse contexto, tratar de vulnerabilidade como princípio e sob o prisma objetivo implica, portanto, em abandonar condição de "sujeito vulnerável" para avaliar o contexto de vulnerabilidade vivenciado no caso concreto e, assim, verificar quem faz jus à adequada proteção constitucional como via de equalizar os graus de vulnerabilidades presentes na sociedade.

É sob esse novo olhar que o legislador deve trilhar um caminho pelo qual se busca o reconhecimento da vulnerabilidade integral em graus para, com isso, evitar-se excessos de quaisquer dos lados, visando preservar a integridade das relações existenciais e negociais.

Referências

BENJAMIN, Antônio Herman V.; MARQUES, Cláudia Lima; BESSA, Leonardo Roscoe. *Manual de Direito do Consumidor*. 6. ed. São Paulo: Revista dos Tribunais, 2014.

BITTENCOURT, José Ozório de Souza. O princípio da vulnerabilidade: fundamento da proteção jurídica do consumidor. *Revista da EMERJ*, Rio de Janeiro, v. 7, n. 25, p. 248-265, 2004.

HENSCHKE, Rebecca; ANUGRAH, Pijar. Vacina contra COVID-19: a estratégia do país que decidiu vacinar os jovens antes dos idosos. *BBC News Brasil*, 15 jan. 2021. Disponível em: https://www.bbc.com/portuguese/internacional-55664307. Acesso em: 17 jan. 2023.

KONDER, Carlos Nelson. Vulnerabilidade patrimonial e vulnerabilidade existencial: por um sistema diferenciador. *Revista de Direito do Consumidor*, São Paulo, v. 99, ano 24, p. 101-123, maio/jun. 2015.

LÔBO, Paulo. Vulnerabilidade Jurídica do Contratante. *In*: EHRHARDT, Marcos; LÔBO, Fabíola Albuquerque (Coord.) *Vulnerabilidade e sua compreensão no Direito brasileiro*. Indaiatuba: Foco, 2021, p. 1-15.

MARQUES, Claudia Lima. *Contratos no código de defesa do consumidor*: o novo regime das relações contratuais. 7. ed. São Paulo: Revista dos Tribunais, 2014.

MIRAGEM, Bruno. *Direito do Consumidor*. 6. ed. São Paulo: Revista dos Tribunais, 2016.

MOUTINHO, Maria Carla. Voar é preciso, viver é essencial: notas sobre o setor aéreo e a Lei n. 14.034/2020. *In*: MONTEIRO FILHO, Carlos Edison; GUEDES, Gisela Sampaio da Cruz (Coord.). *Regime jurídico da pandemia e relações privadas*. Rio de Janeiro: Processo, 2022, p. 433-451.

PATRÃO NEVES, Maria do Céu. Sentidos da vulnerabilidade: característica, condição, princípio. *Revista Brasileira de Bioética*, Brasília, v. 2, n. 2, p. 157-172, 2006.

Informação bibliográfica deste texto, conforme a NBR 6023:2018 da Associação Brasileira de Normas Técnicas (ABNT):

MOUTINHO, Maria Carla G. As acepções da vulnerabilidade: um desafio interpretativo. *In*: EHRHARDT JÚNIOR, Marcos; LÔBO, Fabíola (Coord.). *Constitucionalização das relações privadas*: fundamentos de interpretação do direito privado brasileiro. Belo Horizonte: Fórum, 2023. p. 35-48. ISBN 978-65-5518-564-5.

A CRISE DO DIREITO DE FAMÍLIA CODIFICADO NO BRASIL, OS ESPAÇOS DO "NÃO DIREITO", A "FAMÍLIA EM DESORDEM" E A TENDÊNCIA DE CONTRATUALIZAÇÃO DAS RELAÇÕES FAMILIARES

DIMITRE BRAGA SOARES DE CARVALHO

1 A crise do Direito de Família codificado no Brasil

A necessidade de constantemente revisitar temas de Direito Civil é uma regra para o estudioso da nossa área. No Direito de Família, de modo ainda mais intenso, essa atitude é imposta através de uma postura de permanente inovação, a fim de compreender e dar o tratamento jurídico adequado às mudanças da sociedade.

Leciona o professor português António de Menezes Cordeiro sobre a consciência de que períodos de crises das instituições – sociais e jurídicas – são cíclicos, acompanhados de fases de retomadas e de grandes modernizações.[1]

---

[1] CORDEIRO, Antônio de Menezes. *Da modernização do Direito Civil*: aspectos gerais. Coimbra: Almedina, 2004.

Como bem demonstra a doutrina espanhola, o Direito de Família vem experimentando, desde a década de 1970 até os nossos dias, uma considerável mutação em seu conjunto teórico e também na sua aplicação prática, sem que haja indícios de que esse fenômeno tenha se estabilizado definitivamente.[2] Esse, provavelmente, é o elemento de transição do que passou de "Direito de Família tradicional" para o "Direito de Família contemporâneo".

Essa transformação se caracteriza tanto pela velocidade com que tem sido produzida, como também pela intensidade e extensão dos seus fundamentos. Em suma, podemos afirmar que se observou uma mudança radical.[3]

Como recorda Carlos Martinez de Aguirre, para um jurista de cem, ou mesmo 50 anos atrás, nosso moderno Direito de Família resultar-lhe-ia, provavelmente, irreconhecível por completo, seja em alguns de seus conteúdos mais técnicos, seja nos seus princípios inspiradores, seja em sua estrutura fundamental.[4]

Identicamente, para esse mesmo jurista, restar-lhe-ia tanto mais irreconhecível a percepção social que se tem de três aspectos fundamentais: do matrimônio, da família, e das relações entre os sexos, ou seja, da representação que se faz, no corpo social e na opinião pública, dessas três realidades.[5]

Por essas razões, já há alguns anos, vem sendo tratada pela doutrina de diversos países a discussão sobre a existência de uma

---

[2] "Family Law has undergone significant changes in the las few decades. These changes have affected not only marginal issues, but also the very heart of Family Law: marriage, filiation-relationship and parenting. On the other hand, these changes are not any legal: the social conception about marriage and family and the social configuration of family relationships Have also changed. To sum up, families have changed, the ideias about family and family relationship have changed, public policies relating family changed, and laws concerning families have changed too." AGUIRRE, Carlos Martínez. *The evolution of family Law*: changing the rules or changing the game. Disponível em: www.academia.edu. Acesso em: 12 fev. 2023.

[3] "El Derecho de Familia pareció constituir, tiempo atrás, una rama algo descuidada entre las varias del Derecho Civil. La bibliografía mundial sobre ella era en el siglo XIX inferior a la que la Codificación suscitó en materia de derechos reales, obligaciones y sucesiones. Los códigos occidentales, sensibles a la influencia del napoleónico, no incitaban a mayor reflexión sobre temas familiares. A lo largo del siglo XX, sin embargo, las reformas legislativas – generadas por los cambios sociales – impulsaron los estudios sobre el Derecho de Familia, que cuenta en estos albores del siglo XXI con una bibliografía extensa". VÁZQUEZ, José M. Castán. Prólogo. *In*: PERRINO, Jorge Oscar. *Derecho de Familia*. Buenos Aires: Lexis Nexis, 2006. t. I.

[4] AGUIRRE, Carlos Martínez. *Diagnóstico sobre el Derecho de Familia*. Madrid: Ediciones Rialp, 1996.

[5] AGUIRRE, Carlos Martínez. *Diagnóstico sobre el Derecho de Familia*. Madrid: Ediciones Rialp, 1996.

crise no Direito de Família, tomando por referência a já clássica obra da americana Mary Ann Glendon, *The Transformation of Family Law*.[6] Os principais elementos transformadores vêm sendo: as mudanças nas funções socioeconômicas da família; os avanços na tecnologia reprodutiva, possibilitando redimensionar o planejamento parental; a inclusão da mulher no mundo do trabalho; e, provavelmente, o mais importante de todos: fatores filosóficos e ideológicos que influenciaram decisivamente a evolução das ideias sobre casamento e família nas últimas décadas. Tais variáveis implicaram, lentamente, a migração de uma organização de família institucional para uma família contratual.

Paralelamente, do ponto de vista hermenêutico, impende afirmar que o Brasil trilhou um caminho bastante particular no que diz respeito aos aportes teóricos que servem de sustentáculo para tantas transformações. Uma espécie de caleidoscópio teórico foi formado a partir da reunião de várias ferramentas argumentativas, e possibilitou a vazão das necessidades transformativas do Direito de Família. Apoiado em tais premissas, o processo de subjetivação do matrimônio e da família, aliada à exaltação da vontade individual, resultou em um lento processo de crise do Direito de Família codificado e uma consequente judicialização das relações de afetivas.

A diminuição (que em muitos casos significou "perda") do parâmetro legislativo codificado, em termos de Direito de Família, na experiência brasileira, possibilitou a crescente atuação intervencionista do judiciário nas relações de família, procurando dar solução a problemas que sequer foram cogitados no Livro de Direito de Família do Código Civil.

Neste contexto, a vontade individual é apresentada como a "única" fonte possível de obrigações jurídicas relevantes. Resguardadas as devidas ponderações teóricas, parece plausível afirmar que o Direito de Família brasileiro tem se direcionado para um conteúdo jurisprudencializado, aproximando-se, no que é possível, do sistema da *Common Law*.

Cingida aos ditames dos Direitos Humanos, a formação jurídica da família atual passou a dar espaço a construções e estruturações inovadoras, distintas das tradicionais modalidades de organização familiar recebidas por herança do velho direito canônico. Talvez tenha chegado o momento, como pregava de maneira visionária San

---

[6] GLENDON, Mary Ann. *The transformation of family law*. Chicago: University of Chicago, 1989.

Tiago Dantas, da universalidade dos conceitos jurídicos, conduzindo, necessariamente, a um critério de interdisciplinaridade.[7]

Emerge, então, o tenso dilema que se apresenta diariamente ao estudioso da área, qual seja: a busca do ponto de equilíbrio entre a lei codificada e seus pontos de interconexão, dentre os quais o pluralismo das relações familiares, o relativismo dos institutos jurídicos e o respeito à vontade individual das partes.

A subjetivação extrema dos problemas emanados dos conflitos familiares tem produzido entendimentos cada vez mais casuístas. É possível recolher exemplos jurisprudenciais com plataformas idênticas e resoluções contraditórias. Em alguns casos, são aplicadas as mesmas regras, mas se chega a resultados diferentes, gerando certa insegurança jurídica.

É preciso, então, refletir, mais uma vez, como recomenda Jean Carbonnier, qual o lugar do direito e o do não direito nas relações de família, no sentido de que cada família tem seu próprio Direito de Família.[8]

O momento impende séria análise sobre os marcos existenciais e culturais da contemporaneidade, confluindo para uma tendência de crise do Direito codificado. A permeabilidade do Direito de Família às valorações sociais traduz-se, predominantemente, nos resultados da atividade legislativa. Essa mesma atividade vem perdendo, significativamente, seu valor simbólico diante da população, muitas vezes por conta da diminuição da legitimidade das normas que se distanciam do comportamento coletivo em voga.

O modelo brasileiro de Direito de Família, majoritariamente adotado pela doutrina nacional, caminha no sentido de abandono da maior parte da matéria estampada no Código Civil de 2002. Fruto do processo de constitucionalização do Direito de Família levado a extremos, tal fenômeno espelha a crise do Direito codificado.

Consolida-se, então, lentamente, uma tendência jurisprudencializante que, em virtude de prováveis equívocos teóricos, propicia um decisionismo de conteúdo solipsista no Direito de Família brasileiro.

---

[7] DANTAS, San Tiago. *Direitos de Família e das Sucessões*. Rio de Janeiro: Forense, 1991.
[8] CARBONNIER, Jean. *Derecho Flexible*: para una sociología no rigurosa del derecho. Madrid: Editorial Tecnos, 1974.

2 A família "em ordem", a família "em desordem" e o "não direito" na perspectiva do Direito de Família codificado em crise

A marcante questão levantada por Jean Carbonnier ("Para onde vai a família"?) é a tônica da discussão contemporânea sobre o papel do Direito de Família e, sobretudo, qual a exata relação entre o Direito de Família e a família de nossos tempos.[9] O crescente individualismo presente na família atual – que muitos autores utilizam para identificar que seria um fenômeno "pós-moderno" – estaria estabelecendo, progressivamente, o espaço do "não direito" na esfera das relações de família.

Nessa perspectiva, seria possível delimitar o ambiente do "direito" e o ambiente do "não direito" nas relações interpessoais, sendo o Direito de Família, por essência, nesta quadra histórica, o espaço do "não direito", posto que essa tendência estaria de acordo com a escala evolutiva que o ramo familiarista vem experimentando, no Brasil, desde a segunda metade da década de 1980.

A despeito das correntes em sentido contrário, sobretudo aquelas que negam, inclusive, a existência de uma "pós-modernidade", é necessário reconhecer que o Direito de Família codificado (assim como o conhecemos atualmente) valoriza a família como "instituição" ao passo que os avanços doutrinários e, sobretudo jurisprudenciais, denotam, agora, a valorização dos "sujeitos" que compõem a família, restando estampado o fenômeno do individualismo no Direito de Família. Esse é mais um fator que estampa a "crise" que o Direito de Família codificado vem enfrentando.

A força do desenvolvimento dos direitos subjetivos e o espaço que esses adquiriram nos últimos anos na jurisprudência denota a valorização do aspecto íntimo e individual da apreciação do Direito, sobretudo do Direito de Família.

Jean Carbonnier, quando da análise da transformação da família enquanto fenômeno dinâmico e mutável, estabelece como parâmetro para compreensão dos conflitos que acometem a estrutura familiar (e levam as pessoas a buscar o Poder Judiciário) o parâmetro da "família

---

[9] "Há cem anos, os cientistas perguntavam de onde vem a família; hoje eles perguntam para onde ela vai". CARBONNIER, Jean. *Derecho Flexible*: para una sociología no rigurosa del derecho. Madrid: Editorial Tecnos, 1974.

em ordem".[10] Ou seja: o célebre jurista francês aponta a conclusão lógica de que o Direito de Família passa a ser necessário apenas quando existem situações de "desconforto" entre os seus membros, assim reciprocamente considerados como integrantes do mesmo corpo de relações interpessoais.[11]

O Direito de Família codificado, ao longo do tempo, procurou estabelecer padrões de comportamento considerados "corretos" ou recomendáveis. Cria-se, assim, um paralelo entre as estruturas familiares que seguem os padrões estabelecidos na legislação e aqueles que assumem comportamentos dissonantes.

A despeito de existirem parâmetros de aferição de situações de família "em ordem", é imperioso reconhecer que determinadas organizações familiares estabelecem padrões de comportamento que regem suas organizações afetivas e interpessoais, mesmo estando à margem daquele padrão de conduta que a lei positivada elegeu como correto.

O reconhecimento da família "em ordem" conduz à reflexão sobre qual o real sentido das normas de Direito de Família na realidade fática de cada um dos seus membros. É possível, portanto, imaginar certas organizações de família na contemporaneidade que estabelecem regras próprias de convivência matrimonial, afetiva e familiar à margem das regras do Direito legislado. Essa seria a construção dos espaços do "não direito", ou seja: determinadas circunstâncias e situações em que cada família, dentro das suas escolhas e deliberações, estabelece suas próprias regras de convivência, a reger sua vida.

A ideia de flexibilização das normas jurídicas, já decantadas por Carbonnier e referendadas no Brasil pelo pensamento de Cláudio Souto, reforça a ideia de que o Direito precisa se adaptar às transformações sociais, e não o contrário. Do ponto de vista do Direito codificado, tal

---

[10] Jean Carbonnier associa a família "em ordem" à biologia. Segundo o jurista francês, a constituição dessa família fundamenta-se na conjugalidade – como expressão da sexualidade humana – e na filiação – como expressão da genética. CARBONNIER, Jean. *Droit Civil*: La Famille, Paris: PUF, 1997. t. 2.

[11] Nesse mesmo sentido as palavras de Gustavo Tepedino: "O Direito de família convive com inúmeros paradoxos. O primeiro deles é o fato de encontrar sua própria justificativa no desamor. E no cenário de antinomias, onde o amor se revela um encontro narcísico, em que cada qual ama o seu reflexo no outro, mostra-se impressionante como um estado laico, sob égide de uma Constituição promotora de liberdades fundamentais, a cultura jurídica das relações familiares seja impregnada pelo modelo institucional do matrimônio, tal qual desenhado pela Igreja Católica e difundido pela mídia como produto de consumo." TEPEDINO, Gustavo. Contratos em Direito de Família. *In*: PEREIRA, Rodrigo da Cunha (Org.). *Tratado de Direito de Família*. Belo Horizonte: Ibdfam, 2019.

reflexão se torna ainda mais apropriada. Ganha relevo discutir quais os limites da aplicação do Direito codificado para estruturas de família cada vez mais "livres" de amarras jurídicas ou de imposições sociais.[12]

Necessário reconhecer que existe certo percentual de contratualismo familiar nessa construção de família da contemporaneidade. Tal percentual, decerto, está diretamente vinculado à perda da simbologia que o Direito legislado impõe ao cidadão comum. Essa tendência encontra espaço diante do pluralismo e do reconhecimento de manifestações individuais de comportamento afetivo e familiar.

De outra senda, a reflexão feita por Elisabeth Roudinesco acerca das transformações pelas quais a família atravessa desde meados da segunda metade do século passado até os nossos dias coincide diretamente com a as crises paradigmáticas que o Direito de Família codificado vem enfrentando. Isto é, a "família em desordem" parece confluir para o mesmo ideal de "Direito de Família em desordem".

A elaboração do pensamento da respeitada professora francesa é construído tomando a família em perspectivas, a partir de um viés histórico e chegando a arremates de ordem psicanalítica, utilizando como elo entre esses campos de pensamento a literatura.

A revisitação, proposta por Roudinesco, dos papéis dos casais, do pai, da mãe e dos filhos dentro das relações familiares é emblemática, e se consubstancia na desconstrução das antigas "bases sólidas" sobre as quais foi pensada família, tanto quanto dado cultural, quanto instituição jurídica.

De outro lado, tem-se a influência profunda da tecnologia na realização de uma nova maneira de pensar a família, servindo também como elemento catalisador das transformações do núcleo familiar. Ao perder a essencialidade reprodutiva, a família passa a exercer outras funções que não perpassem necessariamente pela função procriacional e suas derivações.

Seus agentes, identicamente, são convertidos em atores que cumprem papéis distintos: uma "nova circunscrição da figura paterna", a "irrupção do feminino", o "filho culpado", o "patriarcal mutilado", o

---

[12] "O fenômeno social é, por sua natureza, dinâmico e, como tal, o Direito não pode fugir a essa regra, como de resto a vida é um constante movimento. Nesse processo dinâmico incluído necessariamente o Direito, não será possível entendê-lo a não ser como algo mutável e mutante que é preciso acompanhar imprescindivelmente, a fim de que se evite o descompasso entre uma realidade em mudança e um direito estático, conservador e irracional. É com razão que clama Claudio Souto por um direito mais flexível, mais adaptável às mudanças sociais (Claudio Souto, 1978, 18)." BAPTISTA, José Cláudio. *Dogmatismo jurídico em análise crítica*. João Pessoa: Empório dos Livros, 1993, p. 12.

reconhecimento de "poder das mães" e a "efervescência da sexualidade feminina" foram as linhas pensadas e elaboradas por Roudinesco para se atingir as reflexões finais acerca da "família do futuro".[13]

A confluência contemporânea de muitas variáveis sobre os conceitos de família que perduraram de maneira significativamente sólida por tanto tempo são demonstrações cabais de que a família mudou e continua em transformação. Cabe indagar se o Direito conseguiu acompanhar um pouco essas mudanças. Ao que parece, a resposta é pela negativa.

O declínio da figura paterna, paralelo ao fortalecimento da figura feminina e somada a uma intervenção significativa da tecnologia mudou em muitos aspectos o que se conheceu a formação familiar do contexto familiar. Assim, cumpre esclarecer: a codificação civil brasileira – seja a de 1916, seja atual – foi moldada em alicerce sólido dos parâmetros de uma organização de família que já não existe mais. A subjetivização dos laços familiares, o *quantum* de individualidade em cada arranjo afetivo e a pulverização do aspecto institucional da família favoreceram a perda do poder simbólico e representativo da legislação familiarista no Brasil.

O discurso da família parâmetro ou "família em ordem" (tratada ironicamente por Carbonnier) foi completado, mais modernamente, pelo seu oposto sociológico e psicanalítico, através da visão da "família em desordem" de Roudinesco. Provavelmente, a convergência desses dois aspectos significativos da análise do fenômeno do Direito de Família enquanto ciência seja a própria visão "futurista" do mestre francês acerca do "não direito". Entender que o futuro do Direito de Família pode se constituir na hipótese de diminuição da aplicação de normas legisladas confirma a linha de pensamento de Jean Carbonnier e induz a uma saída para a coexistência entre "famílias em ordem" e "famílias em desordem".

Colocadas estas questões, é necessário reconhecer que a relação contemporânea entre o Direito de Família e a aplicabilidade das normas codificadas é extremamente peculiar. Observa-se uma busca constante da manutenção de certos parâmetros legislativos pré-definidos, como se a utilização de dispositivos de lei fosse essencial para dar validade e legitimidade aos julgamentos em sentenças e acórdãos. Os advogados, por seu turno, servem-se das normas codificadas continuamente para dar valoração técnica às suas petições. Muitas vezes as normas

---

[13] Sob tais pilares foram construídos os "capítulos" do livro *A família em desordem*. ROUDINESCO, Elisabeth. *A família em desordem*. Rio de Janeiro: Zahar, 2003.

codificadas são utilizadas de maneira incorreta, descabida, e até mesmo desnecessária, mas são feitas com o intuito de dar "credibilidade legal" aos documentos construídos no dia a dia da prática judicante.

De lado outro, percebe-se, com perplexidade, no mesmo Direito de Família, o afastamento das normas legisladas e do direito positivado, sempre que se julga necessário o "desuso" de normas codificadas para dar vazão a um Direito de Família mais humano, mais solidário, mais baseado no afeto e na dignidade das pessoas envolvidas na relação familiar, ou mesmo a um "direito de família mínimo". Enfim: o operador do Direito, no Brasil, passou a se sentir extremamente confortável diante da hipótese/possibilidade de aplicar o Direito de Família sem que seja seguido o Direito de Família. Tornou-se verossímil aplicar Direito de Família fundado em outras razões que não sejam a lei em si, diante da farta justificativa disponível para fundamentar posicionamentos muitas vezes individualistas ou "avançados demais" para os limites da lei posta.

Tal contraste do Direito brasileiro – entre a necessidade de aplicação da lei familiarista, e a liberdade da não utilização – aponta ser um dos mais precisos exemplos da teoria do "não direito" de Jean Carbonnier. Singularmente, o Direito de Família pátrio desembocou em uma fase profundamente complexa e marcada pela inexistência de parâmetros exatos a serem seguidos, de forma que resta autorizado informar acerca da vigência de um largo espaço de "não direito" neste ramo do Direito privado.

As bases para este momento histórico ímpar estão fundadas nas transformações históricas da família brasileira, sobretudo nas últimas duas décadas e meia, com destaque para a repersonalização das relações de família, a constitucionalização das relações familiares, a aplicação da principiologia no Direito familiarista, o valor de super-princípio outorgado à afetividade, a subjetivação das relações de família, o pluralismo jurídico[14] e a complexidade das relações pós-modernas.

Desse caldeirão de influências, teorias e interpretações, surge um Direito de Família que transita entre a tradicional maneira de entender a aplicação do Direito codificado e um outro, bem mais aberto e livre de peias, que se sente completamente livre para, escancaradamente, desconsiderar a lei codificada e decretar, na atividade forense cotidiana, o desuso e a inaplicabilidade da lei que já não mais serve

---

[14] "O Pluralismo jurídico, florescendo com exuberância primaveril, atesta, igualmente, a existência de contradições agudas no processo evolutivo do Direito, como reflexo dos antagonismos que se desenrolam na estrutura da sociedade." GOMES, Orlando. *A crise no Direito*. São Paulo: Max Limonad, 1955, p. 11.

aos seus propósitos contemporâneos, sendo essa a porta aberta par a contratualização das relações de família.

Compreender que cada família pode construir seu próprio Direito de Família, é uma mudança radical no sistema jurídico brasileiro, que aponta a diminuição da importância estatal, desmascara a "inflação legal" (caracterizada pela produção cada vez maior de normas) e supervaloriza as convicções individuais/de grupos acerca das relações jurídicas.

Ensina, mais uma vez, Carbonnier, que o essencial para encontro com o "não direito" é o reconhecimento dos mecanismos e fenômenos segundo os quais o direito se retira, abandonando um terreno que ocupava, ou que seria de sua competência ocupar.[15]

A lógica do sistema do "não direito" é, de certo modo, a aplicação da máxima tradicional segundo a qual "tudo que não está proibido é permitido", traduzindo-se na seguinte ideia: tudo que não está expressamente jurisdificado é "não direito". Assim, toda a vasta construção social sobre as novas famílias e suas configurações contemporâneas poderiam ser enquadradas na órbita da teoria do "não direito". Dito de outra forma, lentamente, o Direito de Família codificado vai se transformando em exceção, enquanto o "não direito" passa a ser a regra.

O "não direito" no Direito de Família materializa-se, enfim, como o espaço fértil para construção de saberes jurídicos que não foram abarcados pela legislação, em "intervalos" onde o direito não existe, ou – o que é mais sintomático – mesmo existindo, não é aplicado (embora aplicável).[16]

O sistema jurídico, por sua vez, busca ampliar o escopo de "proteção" da lei, e produz novas normas, sempre no intuito de manter o padrão de influência do Direito codificado (e mesmo do Estado) sobre o cidadão. Trata-se, como já mencionado, no fenômeno da *inflação legal*, segundo o qual a crescente produção legislativa busca, ininterruptamente,

---

[15] "Si hay que estudiar el no-derecho, parece lógico dirigirse en primeira línea hacia el no, hacia el vacío, hacia la ausencia, dejando para más tarde el cuidado de descubrir qué es lo que se coloca en el lugar del derecho. Lo esencial de la hipótesis del no-derecho es el movimiento del derecho hacia el no-derecho, el abandono por el derecho de un terreno que ocupaba o que hubiera sido de su competencia ocupar. El no-derecho, en lo que tiene de más significativo, es la reducción o la retirada del derecho. Con una actitud muy sociológica pulvericemos el no-derecho abstracto de una multitud de fenómenos, y digamos que los fenómenos de no-derecho son los mecanismos por los cuales el derecho se retira". CARBONNIER, Jean. *Derecho Flexible*: para una sociología no rigurosa del derecho. Madrid: Editorial Tecnos, 1974, p. 35.

[16] "La autonomía de la voluntad no es sólo la libertad de crear derecho. Es también la libertad, ampliamente abierta a los hombres, de permanecer en la pura ausencia, que es el no-derecho". CARBONNIER, Jean. *Derecho Flexible*: para una sociología no rigurosa del derecho. Madrid: Editorial Tecnos, 1974, p. 47.

englobar as situações jurídicas moldadas pela criatividade social, ou mesmo para tentar solidificar certos posicionamentos consolidados na jurisprudência. Não se verifica, no contexto atual, uma discussão séria sobre a real necessidade do imenso volume de leis que estão sendo produzidas, no Brasil, em todas as esferas. Ou se a disciplina é de real importância, ou mesmo, finalmente, se as leis criadas em ritmo quase industrial, tem sido aplicadas a contento, ou minimamente aplicadas.[17]

Em outra perspectiva, questão de cunho filosófico tratada pelo próprio Jean Carbonnier, mas emblemática para essa discussão, é saber se o direito precede o "não direito", ou o contrário, isto é: se, no Direito de Família brasileiro, vamos do "não direito" para o "direito", ou se vamos do "direito" para o "não direito". O eminente autor francês reconhece a dificuldade em responder pergunta por ele próprio formulada. O descortinar dos tempos atuais vem demonstrando, salvo melhor juízo, que estamos enfrentando um período em que está a se sair do "direito" e partindo para o "não direito", como um caminho para solucionar questões complexas não enfrentadas pelo legislador, ou mesmo para dar vazão a uma espécie de "criatividade" jurídica que vem imperando no Direito de Família brasileiro. Criatividade esta que autoriza os julgadores (por exemplo) que, mesmo conhecendo a regra imposta, prefiram partir para outra resolução dos conflitos, muitas vezes sem a aplicação da lei, em posicionamentos apartados da norma codificada, construindo, assim, um "não direito de família".

Ainda, pertinente lembrar que o "não direito", por certo, não serviria, sozinho, para uma sociedade complexa, hiper-industrializada e hiper-tecnológica como que se vivencia. O "não direito de família" seria, assim, um contrapeso, uma espécie de equilíbrio para as pressões e necessidades da sociedade contemporânea, de um Direito de Família contratualizado,[18] que não se sente realmente à vontade com as

---

[17] "Se advierte así qué es lo que faltó para que la hipótesis del no-derecho pudiera tomar consistencia: una reflexión previa sobre el derecho. Es muy notable que durante aquellos meses, en que todas las cosas del derecho se criticaron de punta a cabo – las jerarquías profesionales, los exámenes, los estudios, etc. –, en ningún momento se preguntaron sobre la utilidad de su disciplina, aunque fuera en forma atenuada cuestionando se hay o no demasiadas leyes, lo cual no excluía, es verdad, el riesgo de otras preguntas más temibles, cuanto más personales, relativas a si hay o no demasiado juristas". CARBONNIER, Jean. *Derecho Flexible*: para una sociologia no rigurosa del derecho. Madrid: Editorial Tecnos, 1974, p. 60.

[18] "Desde que la familia se asemeja tanto a los contratos, también cabe vacilar sobre si no debería proponerse a la legislación contractual. La contratualización del derecho de familia no es asunto exclusivo del proyecto de Código Civil, es un asunto debatido en el derecho comparado (con reservas y explorando los límites). Consideramos que la familia carece de reaseguros que en cambio sí aparecen en materia contractual, por lo cual

transformações velozes dos tempos atuais, tampouco com suas normas codificadas, rígidas e "frias" demais para o pluralismo pós-moderno.

Assim, ainda na esteira de Carbonnier, cabe lembrar que o Direito, ao contrário de ser imutável, está permanentemente sujeito a transformações.[19] Cabe, portanto, ao jurista, buscar analisar e explicar as mudanças da Ciência Jurídica, no seu tempo.

3 Brevíssimas conclusões: cada família pode criar seu próprio Direito de Família

A crise do Direito de Família codificado, a judicialização das relações de família e a contratualização das relações de família são fenômenos jurídicos vinculados e interdependentes.

A judicialização, em grande parte, é decorrente da perda do poder simbólico e da franca diminuição do uso e da decrescente influência do Direito codificado no âmbito das relações de família. Desse modo, compreender que cada família pode construir seu próprio Direito de Família, é uma mudança radical no sistema jurídico brasileiro, que aponta a diminuição da importância estatal, desburocratiza a família, afasta a "inflação legal" (caracterizada pela produção cada vez maior de normas) e supervaloriza as convicções individuais acerca das suas próprias relações jurídicas.

Compreende-se que, dentre os valores básicos da pós-modernidade, destaca-se o reconhecimento do multiculturalismo, da pluralidade de estilos de vida, e a negação de uma pretensão universal à maneira própria de ser. Ou seja, é a aceitação do "não conciliável". Na perspectiva do Direito de Família, o pluralismo significa ter ao dispor alternativas, opções e possibilidades jurídicas para solucionar

---

bastaría con que esté precedida por el libro general de las obligaciones. Resta explicitar de qué naturaleza serán las obligaciones jurídicas familiares con la nueva regulación que prioriza la autonomía de la voluntad y los pactos tácitos entre cónyuges sobre cuestiones personales y patrimoniales. Si carecen de las seguridades de los contratos y sin embargo nacen de pactos, habría que ver si no se ha dado a luz un *tertium genusi* análogo al contractual, pero los contratos no resultaría tan desacertado, e incluso permitiría brindar una estructura supletoria legislativa". BASSET, Úrsula Cristina. Introducción y consideraciones generales sobre la estructura del libro II. *In*: Pontificia Universidad Católica Argentina. Facultad de Derecho. *Análisis del proyecto de nuevo Código civil Y Comercial de 2012*. Buenos Aires: El Derecho, 2010, p. 209.

[19] "Ahora bien, uno de los postulados de la sociología jurídica es que el derecho, lejos de presentar nada de imutable, está sujeto a trasformaciones". CARBONNIER, Jean. *Derecho Flexible*: para una sociología no rigurosa del derecho. Madrid: Editorial Tecnos, 1974, p. 17.

casos concretos que demandam intervenção do Poder Judiciário. A experiência brasileira da construção de direitos para as famílias é, por natureza, intrínseca, complexa e diversificada.

A identidade cultural que marca a história da formação da família brasileira apresenta características muito próprias e realça a intensa miscigenação de raças e culturas. Há direitos de ordens diversas, decorrentes das condições regionais, econômicas, climáticas e da sua formação sociocultural. Aliada à peculiar formação do povo brasileiro, se justapõe a influência dos fatores externos e estandartizantes que influenciam na construção de uma cultura de Direito de Família multicultural e pluralizada.

A par das transformações de ordem teórica e metodológicas, houve um lento e gradual processo de subjetivização das relações afetivas na sociedade ocidental e, de modo particular, na sociedade brasileira. Tal processo autorizou a criação de uma maneira particularizada de pensar as relações afetivas e de família, com uma liberdade jamais imaginada, relegando ao ostracismo, cada vez mais, as normas codificadas sobre Direito de Família que remanesceram focadas muito mais em aspectos patrimoniais que pessoais dos direitos resguardados.

Ato contínuo, a jornada evolutiva do Direito de Família brasileiro, alicerçada nas premissas que lhe moldam a forma e lhe atribuem cor especial, aponta para a contratualização plena das relações de família como sua próxima fronteira. Por óbvio, tal liberdade não é ilimitada, e precisa ser ungida de validade e de possibilidade de cumprimento contratual de forma legal, apostas que são cerceadas, rigorosamente, pelos princípios constitucionais do respeito à dignidade humana das pessoas, do culto à liberdade, da proibição de tratamentos discriminatórios, do respeito máximo à igualdade entre homens e mulheres, da supremacia do melhor interesse de crianças e adolescentes e da proteção aos vulneráveis e dos portadores de deficiências. Dentro desses padrões de limitação, não há dúvidas de que cada família pode, sim, construir seu próprio Direito de Família.

Referências

AGUIRRE, Carlos Martínez. *Diagnóstico sobre el Derecho de Familia*. Madrid: Ediciones Rialp, 1996.

AGUIRRE, Carlos Martínez. *The evolution of family Law*: changing the rules or changing the game. Disponível em: www.academia.edu. Acesso em: 12 fev. 2023.

ALOF, E.; VERBEKE, A.-L.; MORTELMANS, D.; DEFEVER, C. *Gender Inequalities and Family Solidarity in Times of Crisis (Decontractualisation of Family Law)*. Disponível em: https://s3-ap-southeast-2.amazonaws.com/resources.farm1.mycms.me/isflhome-org/Resources/PDF/Recife%20Congress%20Selected%20Papers.pdf. Acesso em: 23 out. 2019.

ALVES, Leonardo Barreto Moreira. *Direito de Família* mínimo. Rio de Janeiro: Lumen Juris, 2010.

BAPTISTA, José Cláudio. *Dogmatismo jurídico em análise crítica*. João Pessoa: Empório dos Livros, 1993.

BATISTA, Sílvio Neves. Contratos no Direito de Família. *In*: PEREIRA, Rodrigo da Cunha (Org.). *Família e Solidariedade*. Anais do VI Congresso Brasileiro de Direito de Família. Rio de Janeiro: Lumen Juris, 2008.

BECK, Ulrich; BECK-GERNSHEIM, Elisabeth. *El normal caos del amor*: Las nuevas formas de relación amorosa. Barcelona: El Roure Editorial, 2001.

BOTTON, Alain de. *O curso do amor*. São Paulo: Intrínseca, 2017.

CARBONNIER, Jean. *Derecho Flexible*: para una sociología no rigurosa del derecho. Madrid: Editorial Tecnos, 1974.

CARBONNIER, Jean. *Droit Civil*: La Famille, Paris: PUF, 1997. t. 2.

CORDEIRO, Antônio de Menezes. *Da modernização do Direito Civil*: aspectos gerais. Coimbra: Almedina, 2004.

DANTAS, San Tiago. *Direitos de Família e das Sucessões*. Rio de Janeiro: Forense, 1991.

GLENDON, Mary Ann. *The transformation of family law*. Chicago: University of Chicago, 1989.

JULES, Adrienne Hunter; NICOLA, Fernanda G. The Contractualization of Family Law in the United States. *American Journal of Comparative Law*, Forthcoming, American University, WCL Research Paper n. 2014-11, March 6, 2014. Disponível em: https://papers.ssrn.com/sol3/papers.cfm?abstract_id=2405518: Acesso em: 23 out. 2019.

LINS, Regina Navarro. *Novas formas de amar*. São Paulo: Planeta, 2017.

LÔBO, Paulo. *Direito Civil*: famílias. São Paulo: Saraiva, 2019.

MULTEDO, Renata Vilela. *Liberdade e família*: limites para a intervenção do Estado nas relações conjugais e parentais. Rio de Janeiro: Processo, 2017.

NERY, Rosa Maria de Andrade. Segurança patrimonial da família: institutos jurídicos a serviço da liberdade dos nubentes na confecção do pacto antenupcial. *In*: BASSET, Ursula Cristina; SILVA, Regina Beatriz Tavares (Orgs.). *Família e pessoa*: uma questão de princípios. São Paulo: Ed. YK, 2018.

GOMES, Orlando. *A crise no Direito*. São Paulo: Max Limonad, 1955.

ROUDINESCO, Elisabeth. *A família em desordem*. Rio de Janeiro: Zahar, 2003.

SWENNEN, Frederik (Coord.). *Contractualisation of Family Law*: Global Perspectives. Suíça: Stranger International Publishing, 2015.

SILVA, Marcos Alves da. *Da monogamia*: sua superação como princípio estruturante do Direito de Família. Curitiba: Juruá, 2013.

TARTUCE, Flávio. A contratualização do Direito de Família. *JusBrasil*, 2014. Disponível em: https://flaviotartuce.jusbrasil.com.br/artigos/143980650/a-contratualizacao-do-direito-de-familia. Acesso em: 23 out. 2022.

TEIXEIRA, Ana Carolina Brochado; RODRIGUES, Renata de Lima. *O Direito das Famílias entre a norma e a realidade*. São Paulo: Átlas, 2010.

TEPEDINO, Gustavo. Contratos em Direito de Família. *In*: PEREIRA, Rodrigo da Cunha (Org.). *Tratado de Direito de Família*. Belo Horizonte: Ibdfam, 2019.

VÁZQUEZ, José M. Castán. Prólogo. *In*: PERRINO, Jorge Oscar. *Derecho de Familia*. Buenos Aires: Lexis Nexis, 2006. t. I.

VENOSA, Sílvio de Salvo. Contratos afetivos: o temor do amor. *In*: PEREIRA, Rodrigo da Cunha (Org.). *Família*: entre o público e o privado. Porto Alegre: Lex Magister, 2012.

Informação bibliográfica deste texto, conforme a NBR 6023:2018 da Associação Brasileira de Normas Técnicas (ABNT):

CARVALHO, Dimitre Braga Soares de. A crise do Direito de Família codificado no Brasil, os espaços do "não direito", a "família em desordem" e a tendência de contratualização das relações familiares. *In*: EHRHARDT JÚNIOR, Marcos; LÔBO, Fabíola (Coord.). *Constitucionalização das relações privadas*: fundamentos de interpretação do direito privado brasileiro. Belo Horizonte: Fórum, 2023. p. 49-63. ISBN 978-65-5518-564-5.

REFLEXÕES ACERCA DA PATRIMONIALIZAÇÃO DAS RELAÇÕES PARENTAIS PARA A CONCRETIZAÇÃO DE DIREITOS FUNDAMENTAIS DE CRIANÇAS E ADOLESCENTES NO PODER FAMILIAR

CATARINA ALMEIDA DE OLIVEIRA

1 Breve contextualização

As reflexões apresentadas neste capítulo partem de um retorno aos resultados da Tese de Doutorado, defendida em 29 de junho de 2012, no Programa de Pós-Graduação em Direito da Universidade Federal de Pernambuco e orientada pela professora doutora Fabíola Albuquerque, para verificar seu sentido e evolução diante de novas reflexões surgidas ao longo dos anos.

Na época em que foi escrita, ainda não se tinha uma definição clara a respeito do que seriam responsabilidades existenciais parentais e abandono *afetivo* e também não havia o suporte de decisões por parte do Superior Tribunal de Justiça que, até maio de 2012, sempre tinha decidido por não reconhecer o direito à indenização por negligência parental durante a vigência do poder familiar. As decisões até então estavam fundamentadas na natureza jurídica dos atributos de pai e mãe, enquanto deveres jurídicos não obrigacionais e com consequentes

estavam previstos no Código Civil nos limites da perda ou suspensão do poder familiar.[1]

Na revisitação da tese defendida em 2012, resta o entendimento quanto a sua atual pertinência *qualitativa*. Não obstante, em análise prática, exatamente por trazer elementos do direito patrimonial tradicional para solucionar questões existenciais de família, não se mostra conveniente, pelo contexto econômico de um país muito pobre, necessitando, assim, de novos resultados para que suas conclusões razoáveis sejam também concretizáveis.

A teoria do abandono afetivo teve grande importância para trazer à tona reflexões acerca das funções parentais, sobretudo quanto à situação jurídica da figura do pai e das responsabilidades que consistem nos vários atributos do poder familiar. Como o objeto da pesquisa, na tese de doutorado analisada, era saber da possibilidade de incidência de normas do direito das obrigações nas relações de poder familiar, para atender o melhor interesse de crianças e adolescentes, concretizar o princípio da dignidade humana nos deveres de solidariedade, a teoria do abandono afetivo foi primordial para se chegar às conclusões, que ainda parecem acertadas.

Atualmente, existem muitos espaços de discussão a respeito do tema, principalmente após a ampliação do uso de meios digitais, popularizando a temática da maternidade/paternidade nas redes sociais, e, com isso, a sociedade começa a pensar em famílias de maneiras diferentes daquelas praticadas nos modelos tradicionais que foram naturalizados por narrativas patriarcais e religiosas, permitindo, então, que passassem a ser percebidas crianças e mulheres que antes eram invisíveis em seus interesses.

Revisitar os pontos centrais daquela tese, onze anos depois, ratificou a ideia de que no direito e na sociedade, nada é exato, e aquilo

---

[1] Como se verifica no trecho da primeira decisão do STJ, nos idos de 2005: "No caso de abandono ou do descumprimento injustificado do dever de sustento, *guarda e educação* dos filhos, porém, a legislação prevê como punição a perda do poder familiar, antigo pátrio-poder, tanto no Estatuto da Criança e do Adolescente, art. 24, quanto no Código Civil, art. 1638, inciso II. Assim, o ordenamento jurídico, com a determinação da perda do poder familiar, a mais grave pena civil a ser imputada a um pai, já se encarrega da função punitiva e, principalmente, dissuasória, mostrando eficientemente aos indivíduos que o Direito e a sociedade não se compadecem com a conduta do abandono, com o que cai por terra a justificativa mais pungente dos que defendem a indenização pelo abandono moral". O autor da tese apresentada é o Ministro Fernando Gonçalves que atuou como relator do Recurso Especial n. 757411-MG em 29 de novembro de 2005. O colegiado reuniu-se na 4ª Turma do Superior Tribunal de Justiça e era composto pelos Ministros Aldir Passarinho Junior, Jorge Scartezzini e César Asfor Rocha, que acompanharam o voto do relator. O voto vencido coube ao Ministro Barros Monteiro.

que parecia tão adequado já estava aquém da realidade, não obstante a importância da teoria para aquele momento e que segue mantendo sua relevância, mas clamando por ser útil, o que parece não caber em um Brasil tão imenso em território e desigualdades.

Como já exposto, o cerne daquela pesquisa consistiu em perquirir a possibilidade de incidência de normas jurídicas da parte geral dos direitos das obrigações, nas relações parentais durante o poder familiar, para produzir efeitos mais coerentes com os objetivos atuais do instituto que se voltam, principalmente, para a realização dos interesses dos filhos crianças e adolescentes.

Considerando que os atributos destinados aos pais durante a vigência do poder familiar, hoje, consistem mais em responsabilidades para viabilizar o crescimento saudável, em todos os níveis, de seus filhos e que, socialmente, não se percebe mais a hierarquia da figura paterna como no modelo da codificação anterior, que era assimétrica também, em relação à mãe, a perda do poder familiar não é mais um consequente que possa atingir os propósitos de antes, mas uma espécie de *alforria* da situação incômoda que já era descumprida quando era dever.

Na complexa situação jurídica do poder familiar, a principal dúvida se encontrava na gama de relações jurídicas possíveis que mesclavam relações obrigacionais em meio a outros deveres jurídicos que não comportavam as soluções patrimoniais próprias da noção de *obligatio*. Quanto ao direito a alimentos, pelo conteúdo econômico, nunca houve dificuldade em enxergar o alicerce obrigacional, mas, em outros comportamentos exigíveis, como dirigir a educação ou ter seus filhos em sua companhia, os interesses marcadamente existenciais afastavam a ideia de inadimplemento com consequente direito à indenização pelas perdas e danos por ele causados.

Para refutar a hipótese, o pressuposto de conteúdo econômico para as prestações debitórias se fragiliza diante das mudanças sociais que trouxeram relevância, por exemplo, aos direitos de personalidade que, lesados, motivam reparações civis por danos morais e, mesmo que as indenizações para esses danos sejam pecuniárias em quase todos os casos, já se abre espaço no direito para indenizações de outras naturezas.

Para poder apresentar as inquietações trazidas por novas reflexões sobre o tema, passa-se a apresentar, agora, os principais resultados e discussões da tese defendida em 2012, dividindo em cinco seções, que corresponderam aos cinco capítulos daquela pesquisa, apesar da dificuldade em garimpar, nas quase 200 páginas, o que seria relevante para este propósito, onze anos depois.

1.1 Direitos fundamentais na sociedade patriarcal

As relações jurídicas entre pais e filhos, como conhecemos no Brasil, sempre estiveram inseridas em um contexto herdado de parte de um mundo de raiz greco-romana. As relações parentais também foram influenciadas pelo modelo patriarcal que vigorou por quase toda a história e, por isso, a importância de conhecer o trânsito do modelo patriarcal para o democrático.

O Brasil nasce e se desenvolve sob a influência do europeu que o moldou através de sólidas bases patriarcais, importadas da cultura greco-romana e, ainda, da influência moura e cristocêntrica. Fátima Quintas aponta um Brasil colonial, essencialmente família e, assim, para entender a história brasileira, não se pode fazê-lo fora do ambiente doméstico, em um cenário que, inicialmente, era autocrático e oligárquico. Em relações que se interlaçavam, na família do Brasil nascente, "se processaram outros brasis: o político, o monárquico, o federativo e o republicano" (QUINTAS, 2007, p. 90).

A estrutura do Brasil colonial era a que melhor atendia às necessidades sociais e econômicas dos portugueses, ou seja, era uma sociedade baseada na agricultura, escravocrata e com condições pautadas na "estabilidade patriarcal da família" (FREYRE, 1980, p. 43).

As famílias, no Brasil do período colonial, eram assim hierarquizadas e à mulher portuguesa restava a sina do casamento adolescente, aos 13, 14, 15 anos, tornando-se mães logo e sucessivas vezes. A interrupção da adolescência e a agressão aos seus corpos ainda em formação, causada por várias gestações, impossibilita essas mães de exercerem a maternagem de seus filhos, que deveria ser realizada por uma pessoa *mais robusta*, surgindo então, a figura da *mãe preta* que aleitava e mimava, sendo então, responsável pelo lado mais afetivo da infância (FREYRE, 1980, p. 378).

Percebe-se a enorme diferença acerca do que se entende por cuidado com os filhos, ao comparar o Brasil nascente e o atual. A cultura da época permitia com naturalidade que algumas pessoas fossem *coisificadas* e legitimava o poder de homens adultos, brancos, portugueses. Não havia sentido dirigir atenção e cuidados diferenciados para os pequenos.

Vive-se hoje um momento de transição, quando se convive com valores novos e antigos, marcado pelo giro que se inicia com a perda de poder daquele que era o *chefe de família*, ao mesmo tempo que vão se tornando visíveis os que sempre lhes foram subordinados: mulheres, crianças e adolescentes. No gerúndio da passagem, ainda são frágeis as definições dos papéis sociais.

Os ideais contemporâneos de igualdade, dignidade e liberdade, contrapostos à memória registrada pela história, conduzem as famílias ocidentais a um remodelamento necessário, considerando ao mesmo tempo, o ideal democrático, os direitos humanos e, ainda, algumas tradições transmitidas ao longo das gerações.

Atualmente, o lugar social e jurídico da criança e do adolescente garante direitos que estão expressos, em linhas gerais, na Constituição Federal de 1988, em seu artigo 227:

> É dever da família, da sociedade e do Estado assegurar à criança e ao adolescente, com absoluta prioridade, o direito à vida, à saúde, à alimentação, à educação, ao lazer, à profissionalização, à cultura, à dignidade, ao respeito, à liberdade e à convivência familiar e comunitária, além de colocá-los a salvo de toda forma de negligência, discriminação, exploração, violência, crueldade e opressão.

O artigo 226 da Constituição Federal reconhece na família a base da sociedade, e o artigo acima transcrito reconhece nas duas a responsabilidade pelos principais interesses das crianças e adolescentes. A vulnerabilidade reconhecida na consciência do importante momento que vivem impõe para as relações parentais responsabilidades diferentes e maiores das que se voltam para as relações conjugais. Se entre cônjuges a liberdade vem alcançando relevo, nas relações sob o poder familiar ressaltam-se as responsabilidades.

Na esteira do conteúdo constitucional do poder familiar, pode-se dizer que, para o direito civil, ele consiste no "exercício da autoridade dos pais sobre os filhos no interesse destes" (LÔBO, 2008b, p. 268).

Para Paulo Lôbo, apesar de superados diversos paradigmas, o antigo dualismo (normas civis e constitucionais) continua seduzindo o senso comum de muitos juristas.

> Tem-se, ainda, a força da tradição, que alimenta o discurso do isolamento do direito civil, pois seria um conhecimento acumulado de mais de dois milênios, desde os antigos romanos, e teria atravessado as vicissitudes históricas, mantendo sua função prático-operacional, notadamente no campo do direito das obrigações. (LÔBO, 2008a, p. 19)

Fabíola Albuquerque (2004, p. 162), tratando especificamente do conteúdo constitucional de direito de família, explica que a resistência se dá pelo fato de que a interferência do legislador constitucional recai sobre o espaço mais íntimo da pessoa. No entanto, explica que o *leitmotiv* da intervenção estatal está no próprio dever do Estado de proteger a família, para viabilizar a realização e desenvolvimento de seus integrantes.

Muitos dos direitos fundamentais, presentes na Constituição Federal, se realizam principalmente (não exclusivamente) no ambiente familiar e direitos fundamentais, mesmo individuais, comportam importância que transcende seus titulares, por isso são protegidos, inclusive, de suas vontades.

No entanto, influências culturais e religiosas ainda são obstáculos à compreensão de que a direitos fundamentais se contrapõem deveres fundamentais e que o Estado pode interferir nas famílias.

Em Portugal, as relações parentais são tratadas como duas relações triangulares, sendo uma delas entre pai, mãe e filhos, e a outra entre Estado, pais e filhos, devendo o Estado exercer controle sobre a famílias, através dos Tribunais, buscando realizar os interesses dos menores. No entanto, a intervenção deve acontecer quando os pais agirem (ou deixarem de agir) manifestamente contra os interesses dos filhos ou quando não estiverem de acordo com questões relevantes de tais interesses (RODRIGUES, 2011, p. 29).

O Brasil mantém postura semelhante, confirmando a clara mudança de paradigmas no que tange às relações jurídica do poder familiar, ressaltando os interesses dos filhos crianças e adolescentes, até porque é interesse público que essas pessoas possam crescer com autonomia e capacidade para viver no coletivo.

1.2 Direitos subjetivos no poder familiar

Os resultados alcançados neste capítulo da tese partiram da análise da estrutura das relações jurídicas possíveis pelos atributos do poder familiar e que integram o artigo 1.634 do Código Civil, para saber se os direitos ali presentes poderiam ser considerados créditos nos moldes do direito obrigacional.

Na elaboração do pensamento, as contribuições escolhidas para esclarecer o termo *direito subjetivo* em suas variadas possibilidades partiu da pesquisa do professor norte-americano Wesley Newcomb Hohfeld que, no início do século passado, no ano de 1913, escreveu o artigo intitulado *Fundamental Legal Conceptions as apllied to Legal Reasoning*, para, de maneira analítica, afirmar precisamente todas as significações da palavra *direito*, separando aquilo que é termo de uso comum e aqueles utilizados por seus operadores.

O mérito de Hohfeld consistiu em distinguir, de maneira simplificada, quatro tipos de situações em que o termo *direito subjetivo* pode ser empregado: Direito (no sentido de pretensão), Privilégio, Poder (no sentido de direito potestativo) e Imunidade, cumprindo esclarecer que sua teoria se aplica apenas às situações jurídicas que correspondam a relações jurídicas, não dizendo respeito às situações simples ou complexas unilaterais.

Para Hohfeld (1918, p. 36), tais situações possíveis de se experimentar um direito subjetivo ficam bem definidas a partir de um esquema que as relacione tanto com suas correlações, como com seus termos opostos, da seguinte forma:

Correlações Jurídicas:
Direito (pretensão) ↔ Dever; Privilégio ↔ Não Direito; Poder ↔ Sujeição; Imunidade ↔ Incompetência.

Opostos Jurídicos:
Direito (pretensão) ↔ Não Direito; Privilégio ↔ Dever; Poder ↔ Incompetência; Imunidade ↔ Sujeição

O esquema de Hohfeld fica mais claro, na síntese feita por ele mesmo e Adrian Sgarbi, referindo-se ao campo das correlações, utilizando os símbolos X e Y, para significar os polos da relação jurídica, e *p* para determinar certo tipo de ato. Então, se tem:

a) (Direito-dever): se X tem um direito que Y deva *p*, o correlativo é que Y tem um dever de *p* diante de X;
b) (Privilégio-não direito): se X tem a permissão de Y de fazer *p*, Y não tem o direito de impedir *p*;
c) (Poder-sujeição): se X tem o poder de modificar a posição jurídica de Y quanto a *p*, a posição jurídica de Y é subordinada a de X quanto à *p*;
d) (Imunidade-incompetência): se Y tem uma imunidade diante de X, X não tem um poder de modificar a posição jurídica de Y quanto à *p*.

a) *Ter direito-pretensão* frente a alguém significa estar em posição de exigir algo de alguém.
b) *Ter um privilégio* frente a alguém significa não estar sujeito a qualquer pretensão sua. Privilégio expressa aqui *ausência de dever*.
c) *Ter um poder* frente a alguém significa possuir a capacidade jurídica (competência) de modificar a situação jurídica desse alguém.
d) *Ter uma imunidade* frente a alguém significa que esse alguém não tem o poder normativo de alterar-lhe a situação jurídica, pois é incompetente normativamente para isso. (SGARBI; HOHFELD, 2006, p. 445)

Ainda com base na doutrina de Hohfeld, interpretada por ele e Sgarbi (2006, p. 445) no viés da lógica jurídica, sendo as normas primárias normas de conduta sobre as quais se assentam as qualificações elementares dessas condutas, cumprindo suas funções de estatuir o *proibido*, o *obrigatório* e o *permitido*, os autores apresentam as seguintes representações para tornar evidentes tais inter-relações: O = Obrigatório; P = Permitido; Ph = Proibido; p = comportamento qualquer; ~ = negação. Assim, a) $Pp = \sim O \sim p = \sim Php$; b) $\sim Pp = O \sim p = Php$; c) $P \sim p = \sim Op = \sim Ph \sim p$; d) $\sim P \sim p = Op = Ph \sim p$

Utilizando o esquema lógico acima, com o elenco de correlações de Hohfeld, tomando por base de análise, os incisos do artigo 1.634 do Código Civil,[2] que elenca os atributos dos pais em relação à pessoa dos filhos, na vigência do poder familiar, para concluir que são direitos subjetivos do tipo Direito (pretensão), os seguintes:

Direito de ter a educação e a criação dirigida pelos pais (inciso I). Por não se tratar de mera permissão, mas de imposição de conduta que, se não for observada, poderá resultar em sanções civis e até penais, caso incida o tipo penal, por exemplo, de abandono intelectual, para o inciso I tem-se Op ou $\sim P \sim p$ ou $Ph \sim p$, restando claro estar-se diante de um *dever jurídico* que se correlaciona a direito/pretensão dos filhos.

O inciso II, à época, trazia a competência dos pais com relação a ter os filhos sob sua companhia e guarda; atualmente, a exercer a guarda unilateral ou compartilhada, em alteração por força da Lei nº 13.058/14. A conclusão permanece a mesma, sendo comportamento obrigatório, inexistindo a liberdade para agir de outro modo, sob pena, inclusive, de responder criminalmente, por abandono de incapaz (artigo 133 do Código Penal) ou, dependendo do caso, pelo fato de entregar filho menor a pessoa inidônea (artigo 245 do Código Penal). Assim, Op ou $\sim P \sim p$ ou $Ph \sim p$. Considerando ainda que a convivência familiar é direito fundamental de titularidade de pais e filhos, pelo fato da idade e do momento de vida que aponta uma necessidade de proteção e cuidado, além do direito, ressalta-se a natureza de dever para os pais, em prol dos interesses superiores de seus filhos. Aqui também então têm-se os correspondentes Direitos/pretensão dos filhos em face da conduta parental juridicamente *obrigatória*.

O inciso V (atualmente inciso VII) atribuía aos pais a representação legal e a assistência de seus filhos menores, nos atos da vida civil.

---

[2] A análise partiu da redação vigente à época, em 2012, antes das alterações promovidas pela Lei nº 13.058 de 2014 e como se está apresentando os resultados obtidos à época da elaboração da tese, repete-se o elenco pretérito.

Havendo interesses de menores em jogo, os pais não podem se furtar de representá-los ou assisti-los, evitando que, futuramente, respondam pelos prejuízos causados por suas desídias. Assim, na proteção dos legítimos interesses dos filhos menores, trata-se de verdadeira obrigação para cumprir a imposição legal, representando-se, mais uma vez por *Op* ou *P ~p* ou *Ph ~p* e então, *direito (pretensão)* dos filhos correspondendo a mais um *dever parental*.

O inciso VI (hoje no inciso VIII) pareceria, inicialmente, um direito dos pais que estariam autorizados a reclamar seus filhos de quem ilegalmente os detenha. Se estivéssemos no campo dos direitos reais, poderia se falar em direito de sequela, mas, no caso de filhos, são pessoas a merecerem a maior proteção possível. Assim, a conduta que a regra traça, não objetiva garantir unicamente, interesses dos pais, mas, antes, dos filhos reclamados. Ter os filhos em sua companhia e exercer a guarda, unilateral ou compartilhada são deveres dos pais no exercício do poder familiar. Dessa forma, note-se que o presente inciso complementa o inciso II já comentado, impondo assim uma obrigação dos pais de cuidado com seus filhos menores. Mais uma vez, será *Op* ou *P ~p* ou *Ph ~p*, assim a situação dos filhos será de titulares de *direito/pretensão*.

Direitos subjetivos são ficções jurídicas que permanecem, ainda, tabus quando envolve a família, afastando a interferência de terceiros, o que inclui o Estado e assim, observa-se a influência da tradição na utilização de alguns conceitos. Considerar direitos como direitos subjetivos, também implica admitir a pretensão em alguns momentos, trazendo o Estado para a intimidade do lar.

Esse raciocínio tradicional contraria normas explícitas da Constituição Federal, a exemplo do artigo 227 que também responsabiliza a sociedade e o Estado, na busca de realizar aqueles interesses fundamentais de crianças e adolescentes.

É inadmissível, no ambiente preparado pela Constituição Federal, afastar do âmbito do poder familiar, a titularidade dos filhos, de verdadeiros direitos subjetivos existenciais, sobretudo por serem interesses tão relevantes que são considerados prioritários, o que traduz da melhor maneira, a linha humanista do direito contemporâneo.

1.3 Obrigações civis também podem ter conteúdo existencial

Após verificar que existem no amparo da Constituição Federal e de leis civis interesses existenciais de filhos sob o poder familiar, que são fundamentais e só se realizam a partir de comportamentos dos pais, como na estrutura relacional que vincula credor e devedor, questiona-se a resistência de muitas pessoas em considerar tais deveres como obrigações em seu sentido restrito e as razões que apresentam se aproximam de tradições que não se encaixam mais na sociedade atual, que experimenta e reconhece outros valores.

O Brasil é um Estado laico, todavia a nação é marcadamente cristã e no âmbito das famílias a confusão entre sacramentos e instituições civis, entre objetos de interesses religiosos e jurídicos, ajudou a fortalecer a ideia de que ao direito competia se preocupar com os interesses patrimoniais, garantindo primeiro a continuidade da família matrimonializada e só depois os interesses patrimoniais de cada membro que a integrasse. Por fim, garantidos os interesses econômicos, poderia o direito se preocupar com outros interesses, ainda que puramente existenciais, desde que de maneira residual, afinal o Estado não poderia interferir naquilo que seria da competência de Deus.

O ordenamento jurídico está repleto de normas jurídicas que amparam diversos interesses existenciais de crianças e adolescentes, desde a Constituição Federal, passando pelo Código Civil até a Lei nº 8.069/90, Estatuto da Criança e do Adolescente que, inclusive, na redação de seu artigo 15, os nomina, expressamente, por sujeitos de direito.

Mais expressivos ainda, ficam os direitos existenciais, no capítulo II, título III do referido estatuto, ao trazer uma série de artigos referentes ao direito à convivência familiar e comunitária, principalmente por ser a convivência familiar direito e meio realizador da personalidade de seus membros. Para crianças e adolescentes, é na convivência familiar que a realização das personalidades ganha proporção maior por se tratar, mesmo, do momento de construção, no sentido de (a)firmá-la para que possa surgir o ser social que atuará de forma autônoma na comunidade.

Resta saber se tais normas são comandos ou meramente conselhos. Segundo análise de Bobbio (2010, p. 89) a respeito da distinção entre comandos e conselhos de Hobbes, verifica-se que, sendo comando, o sujeito ativo é dotado de autoridade para fazê-lo (autoridade do poder constituinte e do legislativo federal), ao passo que isso inexiste para quem aconselha.

Ainda quanto aos argumentos hobbesianos, afirma Bobbio: "os comandos vinculam pela vontade manifestada pela autoridade superior, já os conselhos vinculam pela sensatez de seu conteúdo, assim, só se destinam às pessoas de bom senso" (2010, p. 89).

Some-se ainda um outro argumento acerca do destinatário. A pessoa a quem se dirige o comando está obrigada a cumpri-lo, ao passo que no conselho não há coercitividade (BOBBIO, 2010, p. 90).

Em linhas gerais, não se pode refutar o caráter obrigatório dos deveres parentais no poder familiar.

1.4 Convivência familiar como direito fundamental

Se a família é o *lugar* de realização pessoal, o *meio* será pela convivência. Princípios constitucionais como solidariedade e afetividade, enquanto normas jurídicas a serem cumpridas, guardam sentido nas relações humanas. Como a maioria dos vínculos familiares, a exemplo dos laços de parentalidade, têm na permanência uma característica basilar que independe da vontade, a convivência parece ser, inicialmente, uma circunstância natural, no entanto sendo regulada pelo ordenamento jurídico, por sua importante função no equilíbrio social, passa a ser, também, uma imposição jurídica.

No modelo jurídico brasileiro, considerando o instituto do poder familiar, os pais são os primeiros responsáveis por garantir o direito à convivência, até porque não é possível cumprir os deveres parentais sem a proximidade necessária para tanto. Pai e mãe também são titulares do *direito* de conviver com seus filhos, até para que possam exercer suas responsabilidades, como também para realizar suas próprias personalidades.

Nem ao pai e nem à mãe será permitido afastar os filhos da convivência com o outro; pelo contrário, deverão ambos facilitar a aproximação habitual, inclusive com todas as pessoas de sua família estendida.

No conceito oferecido por Paulo Lôbo, a convivência familiar consiste na "relação afetiva diuturna e duradoura entretecida pelas pessoas que compõem o grupo familiar, em virtude de laços de parentesco ou não, no ambiente comum" (LÔBO, 2008b, p. 52). Além de identificar a convivência como *fato* de família, o autor também aponta a convivência como *direito* de família, lembrando que a Convenção dos Direitos da Criança, no artigo 9.3, nos casos em que os pais são separados, aponta o direito de "manter regularmente relações pessoais e contato direito como ambos, a menos que isso seja contrário ao interesse maior da criança" (LÔBO, 2008b, p. 52-53) – hoje como regra na guarda compartilhada, conforme artigo 1.584, §2º ,do Código Civil.

Não restam dúvidas, por muitos argumentos trabalhados na tese, de que a convivência familiar se trata de um direito de caráter fundamental com previsão normativa na Constituição Federal, artigo 227, no Estatuto da Criança e do Adolescente, especificamente no capítulo III do título II que, para não deixar dúvidas, recebe o título "Dos Direitos Fundamentais".

Após apresentar, na tese defendida, ampla argumentação doutrinária para reconhecer a eficácia horizontal dos direitos fundamentais, concluiu-se que a guarda compartilhada era a mais indicada para efetivar o direito à convivência. Anos depois, o legislador passou a reconhecer a modalidade em regra.

Como penúltimo bloco de resultados, antes de tratar das consequências mais graves, como a indenização por descumprimento absoluto de obrigações parentais, reconhece a essencial ajuda da mediação para viabilizar soluções pacíficas e que atendam o melhor interesse dos filhos, enquanto ainda vigorar o poder familiar.

1.5 Responsabilidade civil por descumprimento de obrigações parentais

Ao final da pesquisa, concluindo pela possibilidade de incidirem normas de direito das obrigações nas relações jurídicas do poder familiar, são apresentadas medidas consideradas adequadas para evitar ou reparar danos, sobretudo existenciais, como a aplicação de multas, na tutela inibitória, bem como a conversão das condutas descumpridas em obrigações de indenizar.

Finalizando a tese, foi realizada uma análise retórica no voto do ministro Fernando Gonçalves, no REsp. nº 757411-MG, contrário ao direito de ser indenizado por força do chamado *abandono afetivo* para mostrar que a fundamentação legal não se sustentava juridicamente, estando amparada em valores pessoais e de apego às tradições como tratado no início da pesquisa.

Próximo à data do depósito da tese, em maio de 2012, foi publicada a primeira decisão do Superior Tribunal de Justiça favorável à tese do abandono afetivo, conforme o voto da relatora Ministra Nancy Andrigui no REsp. nº 1159242/SP, ressaltado o trecho que reconhece que "amar é faculdade, cuidar é dever".

2 Novos questionamentos para velhos problemas

Revisitando a tese, onze anos depois de sua defesa, ainda parece atual e relevante, em teoria, mas pergunta-se: aplicada a quais famílias?

A possibilidade de exigir multas e indenizações pecuniárias para forçar o cumprimento de deveres fundamentais ou converter a prestação existencial em obrigação de reparar perdas e danos, habitualmente de maneira econômica, parece desconectada da realidade socioeconômica do país, problema que não fora ventilado quando a pesquisa foi elaborada.

Em uma sociedade capitalista, o consequente de responsabilidade patrimonial seria eficiente se não fosse distante da possibilidade de cumprir tais condenações, pela maioria dos brasileiros.

Considerando a situação econômica do país, que é um dos mais desiguais do planeta, conforme Garcia (2023), partindo de boletim produzido por pesquisadores do Observatório das Metrópoles, do Laboratório PUCRS-Data Social e da Rede de Observatórios da Dívida Social na América Latina (RedODSAL), a partir dos dados da Pesquisa Nacional por Amostra de Domicílios (PNAD) Contínua do IBGE, encontramos as seguintes informações sobre a renda mensal média dos brasileiros, ao final de 2022:[3]

- 40% mais pobres: R$ 253,95 *per capita*;
- 50% intermediários: R$ 1.530,96 *per capita*;
- 10% mais ricos: R$ 7.933,66 *per capita*.

Diante desses dados, chega-se em uma nova encruzilhada: concordando ainda, com a tese de que apenas os consequentes de perda e suspensão do poder familiar para quem descumpre deveres parentais não atende o melhor interesse de crianças e adolescentes; também não parece mais tão prático e eficaz que a aplicação de multas e indenizações pecuniárias sirvam para reparar danos existenciais por

---

[3] No índice de rendimentos, consideram-se apenas os valores percebidos pelo trabalho, não incluindo benefícios do governo como o Auxílio-Brasil, atual Bolsa-Família.

força de descumprimento de deveres parentais, porque dificilmente essas condenações vão poder ser cumpridas.

Diante disso, os resultados da tese defendida em 2012 ainda são importantes, mas é necessário ir além e pensar em soluções que contemplem a realidade das famílias brasileiras, tendo em vista que responsabilidades patrimoniais para solucionar problemas existenciais só serão cumpridas, possivelmente, em uma parcela quase irrelevante, considerando a quantidade de pessoas com patrimônio suficiente para garantir suas obrigações.

Não se pretende aqui concluir definitivamente por uma solução, até mesmo porque o objetivo era apresentar os atuais rumos daquele objeto de pesquisa de 2012, mas é possível apenas apresentar uma nova hipótese para ser ponto de partida de nova pesquisa para conferir praticidade e utilidade aos resultados atingidos onze anos atrás.

Com relação à reparação dos danos morais, em geral a doutrina tem buscado saídas mais adequadas para minimizar prejuízos não econômicos, considerando soluções que compensem melhor a perda sofrida, como as chamadas indenizações *in natura*.

Anderson Schreiber (2012, p. 191-192) inicia o debate sobre o tema ao tratar dos novos paradigmas de responsabilidade civil e na necessidade de, diante de novos danos, pensar em novas maneiras de reparação.

Por indenizações *in natura* pode-se pensar em comportamentos diferentes do pagamento de dinheiro e que compensem mais a vítima por serem mais viáveis ao sentido de retorno ao *status quo ante*, sentido das indenizações e tão complicado quando os interesses lesados não podem ser recompostos. A retratação pública seria um exemplo, mas os casos concretos e os contornos do direito deverão definir melhor as estratégias para serem aplicadas nas relações de família, sobretudo nas relações de poder familiar.

Os que resistem questionam a necessidade de uma normativa para fundamentar decisões judiciais que ordenem reparações *in natura*, afastando, ainda, o viés punitivista que possa levantar polêmicas no direito civil, mas isso não parece necessário, considerando que também não existem normas que limitem as indenizações a compensações financeiras e toda e qualquer condenação não deixa de ser um castigo, ainda que não se confunda com o sentido de pena.

Traçando diretriz interpretativa no sentido de conhecer as reparações não pecuniárias de danos morais no direito brasileiro, o enunciado 589 da VII Jornada de Direito Civil do CFJ dispõe que "a compensação pecuniária não é o único modo de reparar o dano extrapatrimonial, sendo admitida a reparação *in natura*, na forma de retratação pública ou outro meio."

Posto isso, parece que já se define no cenário jurídico que essa seja a solução mais viável para concretizar os resultados obtidos na tese de doutorado defendida em 2012, e que chega ao final desta apresentação como ponto de partida para novas e urgentes pesquisas.

Referências

ALBUQUERQUE, Fabíola Santos. Poder familiar nas famílias recompostas e o art. 1.636 de CC/2002. *In*: PEREIRA, Rodrigo da Cunha (Org.). *Afeto, ética, família e o Novo Código Civil*. Belo Horizonte: Del Rey, 2004. p. 161-179.

BOBBIO, Norberto. *Teoria Geral do Direito*. 3. ed. São Paulo: Martins Fontes, 2010.

FREYRE, Gilberto. *Casa grande & senzala*: formação da família brasileira sob o regime da economia patriarcal. São Paulo: Círculo do Livro, 1980.

GARCIA, Maria Fernanda. Brasil: 10% mais ricos ganham 31 vezes o salário dos mais pobres nas regiões metropolitanas. *Observatório do Terceiro Setor*, 13 abr. 2023. Disponível em: https://observatorio3setor.org.br/noticias/brasil-10-mais-ricos-ganham-31-vezes-o-salario-dos-mais-pobres-nas-regioes-metropolitanas/#:~:text=10%25%20mais%20ricos%3A%20R%24,%3A%20R%24%201.644%20per%20capita. Acesso em: 6 maio 2023.

HOHFELD, Wesley Newcomb. *Fundamental Legal Conceptions as apllied to Legal Reasoning-I*. New Haven: Yale University Press, 1918.

LÔBO, Paulo. A constitucionalização do Direito Civil brasileiro. *In*: TEPEDINO, Gustavo (Org.). *Direito Civil contemporâneo*: novos problemas à luz da legalidade constitucional. São Paulo: Atlas, 2008a. p. 18-28.

LÔBO, Paulo. *Direito Civil*: famílias. São Paulo: Saraiva, 2008b.

QUINTAS, Fátima. A família patriarcal. *In*: QUINTAS, Fátima (Org.). *A civilização do açúcar*. Recife: Sebrae; Fundação Gilberto Freyre, 2007. p. 85-123.

RODRIGUES, Hugo Manuel Leite. *Questões de particular importância no exercício das responsabilidades parentais*. Coimbra: Coimbra, 2011.

SCHREIBER, Anderson. *Novos paradigmas da responsabilidade civil*: da erosão dos filtros da reparação à diluição dos danos. São Paulo: Atlas, 2012.

SGARBI, Adrian; HOHFELD, Wesley Newcomb. 1879-1918. *In*: BARRETTO, Vicente de Paulo (Coord.). *Dicionário de Filosofia do Direito*. Rio Grande do Sul: Unisinos; Rio de Janeiro: Renovar. 2006. p. 443-448.

Informação bibliográfica deste texto, conforme a NBR 6023:2018 da Associação Brasileira de Normas Técnicas (ABNT):

OLIVEIRA, Catarina Almeida de. Reflexões acerca da patrimonialização das relações parentais para a concretização de direitos fundamentais de crianças e adolescentes no poder familiar. *In*: EHRHARDT JÚNIOR, Marcos; LÔBO, Fabíola (Coord.). *Constitucionalização das relações privadas*: fundamentos de interpretação do direito privado brasileiro. Belo Horizonte: Fórum, 2023. p. 65-80. ISBN 978-65-5518-564-5.

SHARENTING: ASPECTOS JURÍDICOS DA SUPEREXPOSIÇÃO DE CRIANÇAS E ADOLESCENTES *ONLINE* NA PERSPECTIVA CIVIL CONSTITUCIONAL

CAMILA SAMPAIO GALVÃO

1 Introdução

O florescimento do ambiente digital com suas singularidades traz à tona alguns fenômenos peculiares que merecem reflexão. Um dos mais marcantes e que levanta preocupação é a conduta dos sujeitos que optam por compartilhar aspectos íntimos de suas vidas na internet.

Com o surgimento das redes sociais, as pessoas são incentivadas a dividir suas vidas com uma infinidade de outros usuários, cuja interação gera o famigerado engajamento, que é a força motriz das redes sociais, impactando diretamente no crescimento do perfil dentro da rede e no retorno financeiro que ele trará.

De qualquer forma, o compartilhamento de fotos, vídeos e outros dados com detalhes da vida pessoal é feito tanto pelos usuários comuns, quanto pelos influenciadores. Estes, diferentemente daqueles, utilizam as redes sociais como fonte de renda, beneficiando-se do engajamento que conquistaram para fechar contratos e parcerias publicitárias que normalmente são extremamente rentáveis.

Essas publicações (os *posts*) envolvem conteúdos sobre as pessoas, e, muitas vezes, envolvem terceiros e não apenas os titulares das informações e direitos. É o que ocorre quando pais, mães ou responsáveis publicam informações, dados, fotos e vídeos de seus filhos nas redes sociais.

Encontra peculiar importância, destarte, a análise sobre o *sharenting*, fenômeno que vem sendo discutido na doutrina nacional e estrangeira e que será objeto de estudo ao longo deste artigo. Levanta-se o questionamento, de início, de se os pais devem ter autonomia irrestrita para controlar a vida *online* de seus filhos, especialmente nas situações em que esse controle poderá interferir na capacidade que o indivíduo terá de criar sua própria identidade.[1]

O sistema de proteção integral à criança e ao adolescente tem papel igualmente primordial na análise da situação posta em estudo, notadamente em conjunto com a autoridade parental e os limites de seu exercício, uma vez que é instrumento que se presta à realização do interesse do menor.

2 A superexposição de crianças e adolescentes *online*: *sharenting* ou *(over)sharenting*

No novel contexto das redes sociais, muito se tem visto superexposição de crianças e adolescentes *online*. Da preocupação com esse fenômeno e o início do debate acadêmico sobre o tema, surgiu o termo *sharenting*, cunhado pela doutrina estrangeira através da junção dos termos de língua inglesa *share*[2] e *parenting*,[3] consubstanciando, assim, o compartilhamento parental de informações dos filhos.

Segundo André Luiz Arnt Ramos, *sharenting* é "a publicação, por pais, de registros visuais, audiovisuais, sonoros ou escritos continentes de informações detalhadas ou potencialmente embaraçosas sobre seus filhos, em prejuízo à privacidade destes."[4]

---

[1] STEINBERG, Stacey. Sharenting: Children's Privacy in the Age of Social Media, *Emory Law Journal*, Atlanta, v. 66, n. 839, p. 840-884, 2017. Disponível em: https://scholarship.law.ufl.edu/cgi/viewcontent.cgi?article=1796&context=facultypub. Acesso em: 10 dez. 2022.

[2] Compartilhar.

[3] Exercer poder familiar.

[4] RAMOS, André Luiz Arnt. *Sharenting*: notas sobre liberdade de expressão, autoridade parenta, privacidade e melhor interesse de crianças e adolescentes. *In*: EHRHARDT

A prática consiste no hábito de pais ou responsáveis legais postarem informações, fotos e dados dos menores que estão sob a sua tutela em aplicações de internet. O compartilhamento dessas informações, normalmente, decorre da nova forma de relacionamento via redes sociais e é realizado no âmbito do legítimo interesse dos pais de contar, livremente, as suas próprias histórias de vida, da qual os filhos são, naturalmente, um elemento central.[5]

Da reflexão acima colacionada percebe-se que o compartilhamento de registros dos filhos pelos pais, por si só, não é necessariamente condenado. A questão primordial é, em verdade, o excesso abusivo desse compartilhamento que viola a privacidade e a intimidade dessas crianças e adolescentes. Por esse motivo, a doutrina começa a fazer uma distinção entre *sharenting* e *(over)sharenting*, justamente para sinalizar o abuso deste último,[6] a extrapolação do limite.

O fenômeno do *sharenting*[7] não é exclusivo dos influenciadores. Pode ser praticado por pais que são usuários comuns das redes sociais ou pelos que ganham a vida como personalidades *online*. Ainda, pode ocorrer quando os pais criam contas próprias em nome dos filhos, muitas vezes dando azo a outro fenômeno relevante, o dos influenciadores mirins.

Apesar de os influenciadores mirins não serem o objeto estrito deste artigo, lança-se mão brevemente da observação de Fernando Eberlin, por ser de grande valia:

> A ideia de *sharenting*, também, abarca as situações em que os pais fazem a *gestão da vida digital de seus filhos na internet, criando perfis em nome das crianças em redes sociais e postando, constantemente, informações sobre sua rotina*. É o caso da mãe que, ainda grávida, cria uma conta em uma rede social para o bebê que irá nascer. Tal rede social será alimentada com fotografias, recordações sobre aniversários, primeiros passos, primeiros dias escola, amigos, animais de estimação, relacionamento

---

JÚNIOR, Marcos; LÔBO, Fabíola Albuquerque; ANDRADE Gustavo. (Orgs.). *Liberdade de expressão e relações privadas*. Belo Horizonte: Fórum, 2021, v. 1. p. 336-379.

[5] EBERLIN, Fernando Büscher von Teschenhausen. *Sharenting*, liberdade de expressão e privacidade de crianças no ambiente digital: o papel dos provedores de aplicação no cenário jurídico brasileiro. *Revista Brasileira de Políticas Públicas*, Brasília, v. 7, p. 256-273, 2018, p. 265.

[6] AFFONSO, Filipe José Medon. *(Over)Sharenting*: a superexposição da imagem e dos dados da criança na internet e o papel da autoridade parental. In: TEIXEIRA, Ana Carolina Brochado; DADALTO, Luciana (Coord.). *Autoridade parental*: dilemas e desafios contemporâneos. Indaiatuba: Foco, 2021, p. 362.

[7] Apesar da distinção explanada no parágrafo antecedente, neste artigo utilizaremos as expressões *sharenting* e *oversharenting* como sinônimas.

com familiares e várias outras informações. *Nesse caso, os pais não estão tão somente administrando as suas próprias vidas digitais, mas também criando redes paralelas em nome de seus filhos.*[8]

O que se percebe com clareza é que, ao praticar o *(over)sharenting* os pais estão utilizando seu poder familiar de forma dissociada do melhor interesse dos filhos. "Trata-se, portanto, de exercício disfuncional da liberdade de expressão e da autoridade parental dos genitores, que acabam minando direitos da personalidade de seus filhos nas redes sociais."[9]

Ocorre que o compartilhamento excessivo de informações de crianças e adolescentes nas redes gera registros eternos e faz com que seja construída uma vida digital desses indivíduos, que trará reflexos até a maioridade, e que foi formada sem o consentimento e, muitas vezes, sem a participação do titular. Muitas vezes – provavelmente na maioria delas – os pais fazem essas publicações com o objetivo genuíno de celebrar a vida de seus filhos, mas não se atentam para as consequências futuras de sua prática.[10]

Através do compartilhamento excessivo, os pais traçam os contornos da identidade digital de seus filhos, de forma que as divulgações que os pais escolheram fazer vão acompanhar essa criança até a idade adulta.[11] Não se sabe ao certo os reflexos que advirão desse compartilhamento, mas certamente "os riscos da exposição dos dados e imagens das crianças justificam a importância da tutela mais intensa e de atuação mais atenta por parte dos juristas."[12]

Nesse sentido, é de se ressaltar que as crianças e adolescentes também têm a proteção constitucional e legal à privacidade e intimidade.

---

[8] EBERLIN, Fernando Büscher von Teschenhausen. *Sharenting*, liberdade de expressão e privacidade de crianças no ambiente digital: o papel dos provedores de aplicação no cenário jurídico brasileiro. *Revista Brasileira de Políticas Públicas*, Brasília, v. 7, p. 256-273, 2018, p. 265.

[9] AFFONSO, Filipe José Medon. *(Over)Sharenting*: a superexposição da imagem e dos dados da criança na internet e o papel da autoridade parental. *In*: TEIXEIRA, Ana Carolina Brochado; DADALTO, Luciana (Coord.). *Autoridade parental*: dilemas e desafios contemporâneos. Indaiatuba: Foco, 2021, p. 355.

[10] BROSCH, Anna. Sharenting: Why Do Parents Violate Their Children's Privacy? *The New Educational Review*, Toruń, v. 54, p. 75-85, 2018.

[11] STEINBERG, Stacey. Sharenting: Children's Privacy in the Age of Social Media, *Emory Law Journal*, Atlanta, v. 66, n. 839, p. 840-884, 2017. Disponível em: https://scholarship.law.ufl.edu/cgi/viewcontent.cgi?article=1796&context=facultypub. Acesso em: 10 dez. 2022.

[12] AFFONSO, Filipe José Medon. *(Over)Sharenting*: a superexposição da imagem e dos dados da criança na internet e o papel da autoridade parental. *In*: TEIXEIRA, Ana Carolina Brochado; DADALTO, Luciana (Coord.). *Autoridade parental*: dilemas e desafios contemporâneos. Indaiatuba: Foco, 2021, p. 357

Da mesma forma, têm um interesse pela privacidade,[13] mesmo que possam não ter sequer consciência do significado desses direitos.

Em verdade, a vulnerabilidade ínsita[14] que recai sobre crianças e adolescentes justifica inclusive todo o sistema de proteção especial (proteção integral, melhor interesse, prioridade absoluta, dignidade humana) que se está a discutir.

Os pais que compartilham a vida de seus filhos na internet "agem tanto como guardiões das informações pessoais de seus filhos como narradores de suas histórias pessoais",[15] trazendo à tona a reflexão quanto à responsabilidade parental desses pais que estão, potencialmente, violando a intimidade e privacidade das crianças, quando na realidade são os que têm obrigação de protegê-las.[16]

É ainda pertinente ponderar que a conduta parental em comento pode gerar conflitos com os interesses legítimos dos filhos, e esse conflito tanto pode ser contemporâneo às publicações quanto posterior, quando o indivíduo atingir a maturidade. Isso porque, quando os compartilhamentos estão sendo feitos, ou seja, quando está sendo violada a intimidade e a privacidade da criança ou adolescente, o lesado pode sequer ter noção de que está sofrendo um dano de autoria de seus pais. Não obstante, quando chegar à idade adulta o filho pode discordar das decisões que foram tomadas em seu nome por seus pais no sentido de compartilhar sua vida.[17]

Essa percepção traz consigo próprios e complexos problemas, eis que, depois de postadas nas redes sociais as informações, a volta ao

---

[13] STEINBERG, Stacey. Sharenting: Children's Privacy in the Age of Social Media, *Emory Law Journal*, Atlanta, v. 66, n. 839, p. 840-884, 2017. Disponível em: https://scholarship.law.ufl.edu/cgi/viewcontent.cgi?article=1796&context=facultypub. Acesso em: 10 dez. 2022.

[14] AFFONSO, Filipe José Medon. (Over)*Sharenting*: a superexposição da imagem e dos dados da criança na internet e o papel da autoridade parental. In: TEIXEIRA, Ana Carolina Brochado; DADALTO, Luciana (Coord.). *Autoridade parental*: dilemas e desafios contemporâneos. Indaiatuba: Foco, 2021.

[15] Em tradução livre. No original: "These parents act as both gatekeepers of their children's personal information and as narrators of their children's personal stories." STEINBERG, Stacey. Sharenting: Children's Privacy in the Age of Social Media, *Emory Law Journal*, Atlanta, v. 66, n. 839, p. 840-884, 2017. Disponível em: https://scholarship.law.ufl.edu/cgi/viewcontent.cgi?article=1796&context=facultypub. Acesso em: 10 dez. 2022.

[16] TEIXEIRA, Ana Carolina Brochado; MULTEDO, Renata Vilela. A responsabilidade dos pais pela exposição excessiva dos filhos menores nas redes sociais: o fenômeno do *sharenting*. In: TEIXEIRA, Ana Carolina Brochado; ROSENVALD, Nelson; MULTEDO, Renata Vilela. *Responsabilidade civil e Direito de Família*: o direito de danos na parentalidade e conjugalidade. Indaiatuba: Foco, 2021, p. 3-20, p. 4.

[17] STEINBERG, Stacey. Sharenting: Children's Privacy in the Age of Social Media, *Emory Law Journal*, Atlanta, v. 66, n. 839, p. 840-884, 2017. Disponível em: https://scholarship.law.ufl.edu/cgi/viewcontent.cgi?article=1796&context=facultypub. Acesso em: 10 dez. 2022.

status quo é quase impossível, uma vez que a internet tem o condão de perpetuar os dados ali compartilhados, agravando o potencial negativo, ainda desconhecido, do impacto que as informações compartilhadas em nome das crianças terão ao longo de seu desenvolvimento.[18]

3 A proteção constitucional à criança e ao adolescente como norte hermenêutico às reflexões sobre a superexposição infantojuvenil *online*

Compreendidas as questões que permeiam o *sharenting*, é essencial observar o sistema de proteção à criança e ao adolescente no ordenamento brasileiro. Destacam-se os princípios do melhor interesse, da proteção integral e as limitações quanto ao exercício da autoridade parental, que serão adiante discutidos.

Antes mesmo da consolidação do sistema brasileiro de proteção, a Declaração Universal dos Direitos das Crianças já dispunha sobre a "proteção especial" conferida à criança.[19] Posteriormente, ainda em âmbito internacional, a Convenção sobre os Direitos da Criança determinou, entre outras providências, que "todas as ações relativas à criança, sejam elas levadas a efeito por instituições públicas ou privadas de assistência social, tribunais, autoridades administrativas ou órgãos legislativos, devem considerar primordialmente *o melhor interesse da criança*."[20]

No ordenamento jurídico pátrio, a doutrina da proteção integral da criança e do adolescente foi consagrada com previsão expressa na Constituição Federal de 1988, no art. 227:

> Art. 227. É dever da família, da sociedade e do Estado assegurar à criança, ao adolescente e ao jovem, *com absoluta prioridade, o direito à vida,*

---

[18] TEIXEIRA, Ana Carolina Brochado; MULTEDO, Renata Vilela. A responsabilidade dos pais pela exposição excessiva dos filhos menores nas redes sociais: o fenômeno do *sharenting*. In: TEIXEIRA, Ana Carolina Brochado; ROSENVALD, Nelson; MULTEDO, Renata Vilela. *Responsabilidade civil e Direito de Família*: o direito de danos na parentalidade e conjugalidade. Indaiatuba: Foco, 2021, p. 3-20, p. 5.

[19] ONU. Declaração Universal dos Direitos da Criança. 1959. Disponível em: https://rondonia.ro.gov.br/wp-content/uploads/2018/02/Declara%C3%A7%C3%A3o-Universal-de-Direitos-da-Crianca-e-do-Adolescente.pdf. Acesso em: 24 mar. 2023.

[20] ONU. Assembleia Geral das Nações Unidas. Convenção das Nações Unidas sobre os Direitos da Criança. 1989. Disponível em: https://www.unicef.org/brazil/convencao-sobre-os-direitos-da-crianca. Acesso em: 10 abr. 2023.

à saúde, à alimentação, à educação, ao lazer, à profissionalização, à cultura, à dignidade, ao respeito, à liberdade e à convivência familiar e comunitária, além de colocá-los a salvo de toda forma de negligência, discriminação, exploração, violência, crueldade e opressão.

O advento do Estatuto da Criança e do Adolescente veio a fortalecer a referida doutrina, de forma que "crianças e adolescentes são considerados sujeitos de direitos humanos e fundamentais, destinatários de especial proteção, inclusive na esfera intrafamiliar."[21]

Na distinta reflexão de Paulo Lôbo,

A viragem copernicana da assunção de deveres fundamentais em face da criança resulta de seu reconhecimento como sujeitos de direito próprio. A responsabilidade com sua formação integral, em respeito à sua condição de pessoa em desenvolvimento, é muito recente na história da humanidade. A concepção então existente de pátrio poder era de submissão do filho aos desígnios quase ilimitados do pai [...]. No Brasil, a viagem decorrente da difusão internacional da doutrina de proteção integral da criança, concretiza-se com o advento da CF/1988 e do ECA de 1990. De objeto a sujeito, chega-se à responsabilidade e aos deveres fundamentais.[22]

Assim, a família, tal como posta pela CF/88 reveste-se do papel de funcionalizar o desenvolvimento da dignidade de seus membros,[23] inclusive – e sobretudo – as crianças e os adolescentes. Estes institutos jurídicos, juntamente com a mudança de paradigma instrumentalizada pela constitucionalização do Direito privado impõem a consideração da criança e do adolescente como seres objeto da proteção especial, inclusive no seio familiar, não podendo mais ser considerados como sujeitos meramente submissos ao poder patriarcal.

O princípio da dignidade da pessoa humana, inclusive, passa a ser aplicado diretamente sobre as crianças e adolescentes, protegendo-lhes no seio familiar e dos próprios integrantes de seu núcleo familiar. O

---

[21] MENEZES, Joyceane Bezerra de; MORAES, Maria Celina Bodin de. Autoridade parental e privacidade do filho menor: o desafio de cuidar para emancipar. In: ENCONTRO DE INTERNACIONALIZAÇÃO DO CONPEDI, I, 2015, Barcelona. João Marcelo de Lima Assafim, Monica Navarro Michel (Orgs.). Barcelona: Ediciones Laborum, 2015. v. 7. p. 163-196. Disponível em: http://repositorio.ufc.br/bitstream/riufc/55699/1/2015_eve_jbmenezes.pdf. Acesso em: 10 jun. 2021, p. 165.
[22] LÔBO, Paulo. Direito Civil: famílias. São Paulo: Saraiva, 2021, p. 72-73.
[23] LÔBO, Paulo. Direito Civil: famílias. São Paulo: Saraiva, 2021, p. 60.

referido princípio assume função estruturante nas relações de família,[24] devendo nortear a interpretação, juntamente com o melhor interesse e a proteção integral.

Nesse sentido, um dos principais reflexos da doutrina da proteção integral,[25] o princípio do melhor interesse da criança e do adolescente, consubstancia que estes seres devem "ter seus interesses tratados como prioridade, pelo Estado, pela sociedade e pela família, tanto na elaboração quanto na aplicação dos direitos que lhe digam respeito, notadamente nas relações familiares, como pessoa em desenvolvimento e dotada de dignidade."[26]

Já tendo havido algumas inovações legislativas que se atentam à problemática da tecnologia,[27] destaca-se que atualmente encontra-se em tramitação o projeto de Lei nº 2.628 de 2022, de autoria do Senador Alessandro Vieira, que "estabelece uma série de regras para aplicativos, jogos eletrônicos, redes sociais e outros produtos e serviços de tecnologia da informação dirigidos ao público infantil e infantojuvenil".[28]

O Projeto visa regulamentar, em especial, a presença infantojuvenil no mundo digital. Apesar de ainda estar em tramitação, não sendo possível antever se efetivamente virá a compor o ordenamento jurídico pátrio como lei, algumas de suas disposições são interessantes ao debate ora proposto. Convém destacar trecho da justificativa posta no texto do Projeto, com nossos grifos:

> O Projeto de Lei em questão busca a proteção integral de crianças e adolescentes em ambientes digitais. Para além da proteção em relação a crimes digitais, terreno já bem percorrido pelos legisladores e pela doutrina, o projeto pretende avançar *em relação à segurança do uso da rede respeitando a autonomia e o desenvolvimento progressivo do indivíduo*, de acordo com as melhores práticas e legislações internacionais e

---

[24] LÔBO, Paulo. Constitucionalização do Direito Civil. *Revista de Informação Legislativa*, Brasília, v. 141, p. 99-109, 1999, p. 105.
[25] LÔBO, Paulo. *Direito Civil*: famílias. São Paulo: Saraiva, 2021, p. 82.
[26] LÔBO, Paulo. *Direito Civil*: famílias. São Paulo: Saraiva, 2021, p. 81.
[27] A exemplo da Lei Geral de Proteção de Dados.
[28] PROJETO prevê proteção de crianças e adolescentes em ambientes digitais. *Agência Senado*. Brasília: Agência senado, 16 nov. 2022. 1 vídeo (2min56seg). Disponível em: https://www12.senado.leg.br/noticias/videos/2022/11/projeto-preve-protecao-de-criancas-e-adolescentes-em-ambientes-digitais?_gl=1*152xau*_ga*ODIyMTcyMzAyLjE2NTc2Mjc3N-Dc.*_ga_CW3ZH25XMK*MTY4MDc4NTg4NC4xLjEuMTY4MDc4NjQ1NS4wLjAuMA Acesso em: 5 maio 2023.

acompanhando o ritmo das inovações tecnológicas apresentadas ao público infantojuvenil.[29]

A perspectiva posta no Projeto de Lei, então, se coaduna com a proteção constitucional à criança e ao adolescente, colocando-lhes em posição de destaque para que a presença infantojuvenil *online* ocorra com o respeito à segurança e ao grau de desenvolvimento desses seres vulneráveis.

Por outro lado, o Projeto é interessante e transformador por adotar a postura proibitiva de perfis em redes sociais de titularidade das crianças, além de determinar o cuidado com conteúdos que sejam voltados a atrair as crianças e adolescentes para as redes sociais:

> Entre as inovações do Projeto está a determinação de que as aplicações, produtos e serviços considerem o melhor interesse de crianças e adolescentes desde a sua concepção, garantindo, por padrão, a configuração no modelo mais protetivo disponível em relação à privacidade e à proteção e privacidade de dados pessoais. [...]
> *As redes sociais devem proibir a criação de contas a crianças* (menores de 12 anos) e devem monitorar e vedar conteúdos que visem à atração evidente desse público, além de vedar publicidade infantil e estabelecer mecanismos de verificação de idade – podendo inclusive requerer dos usuários documento de identidade válido. Além disso, os provedores desses serviços devem prever regras específicas para o tratamento de dados de crianças e ou de adolescentes, definidas de forma concreta e documentada e com base no seu melhor interesse.[30]

Outra inovação importante diz respeito à prescindibilidade de ordem judicial para que conteúdos que violem os direitos de crianças e adolescentes sejam retirados de sua plataforma. Segundo o texto do projeto, "é dever dos produtos ou serviços de tecnologia da informação direcionados ou que possam ser utilizados por crianças e adolescentes

---

[29] BRASIL. Senado Federal. Projeto de Lei nº ° 2628, de 19 de outubro de 2022. Dispõe sobre a proteção de crianças e adolescentes em ambientes digitais. Brasília: Senado Federal, 2022. Disponível em: https://www25.senado.leg.br/web/atividade/materias/-/materia/154901?_gl=1*177opci*_ga*MTY1OTc1NzQ5NC4xNjgzMzgyMjQ2*_ga_CW3ZH25XMK*MTY4MzM4MjI0NS4xLjAuMTY4MzM4MjI0NS4wLjAuMA. Acesso em: 5 maio 2023.

[30] BRASIL. Senado Federal. Projeto de Lei nº 2.628, de 19 de outubro de 2022. Dispõe sobre a proteção de crianças e adolescentes em ambientes digitais. Brasília: Senado Federal, 2022. Disponível em: https://www25.senado.leg.br/web/atividade/materias/-/materia/154901?_gl=1*177opci*_ga*MTY1OTc1NzQ5NC4xNjgzMzgyMjQ2*_ga_CW3ZH25XMK*MTY4MzM4MjI0NS4xLjAuMTY4MzM4MjI0NS4wLjAuMA. Acesso em: 5 maio 2023.

proceder à retirada de conteúdo que viola direitos de crianças e adolescentes assim que forem comunicados do caráter ofensivo da publicação".[31]

Não é objetivo deste artigo analisar em pormenores o Projeto de Lei mencionado, porém, numa investigação inicial, parece-nos que a efetividade prática de alguns de seus dispositivos será desafiadora. É o caso da proibição dos perfis em nome de crianças. Com a quantidade enorme de influenciadores mirins,[32] que têm um número muito elevado de seguidores e efetivamente lucram com seus perfis nas redes sociais, é difícil conceber a hipótese desses perfis "desaparecerem" por completo, meramente por disposição legal.

Fica claro, assim, que o legislador brasileiro começa a ter noção da importância da regulamentação da presença infantil *online*. Não obstante, tudo o que foi exposto na parte inicial deste tópico deixa evidente, ainda, que a proteção integral à criança e ao adolescente, materializada na Constituição Federal, no Estatuto da Criança e do Adolescente e em instrumentos internacionais, sobretudo a Convenção sobre os Direitos da Criança e do Adolescente e a Declaração dos Direitos da Criança e do Adolescente fornecem os elementos necessários à proteção à criança *online*.

Isto porque a doutrina da proteção integral promoveu uma virada hermenêutica que centralizou os direitos da criança e do adolescente e seu melhor interesse como o norte que deve ser seguido nos conflitos relacionados a estes seres vulneráveis. Assim sendo, a própria interpretação constitucional já permite a proteção a crianças e adolescentes, o que, entretanto, não diminui a importância de iniciativas como a do Projeto de Lei supramencionado. Nesse sentido,

> os direitos à privacidade e imagem dos menores devem ser tutelados de forma a serem compatibilizados com o princípio do melhor interesse da criança e do adolescente, que serve de parâmetro interpretativo apto a

---

[31] BRASIL. Senado Federal. Projeto de Lei nº 2628, de 19 de outubro de 2022. Dispõe sobre a proteção de crianças e adolescentes em ambientes digitais. Brasília: Senado Federal, 2022. Disponível em: https://www25.senado.leg.br/web/atividade/materias/-materia/154901?_gl=1*177opci*_ga*MTY1OTc1NzQ5NC4xNjgzMzgyMjQ2*_ga_CW3 ZH25XMK*MTY4MzM4MjI0NS4xLjAuMTY4MzM4MjI0NS4wLjAuMA. Acesso em: 5 maio 2023.

[32] São inúmeros os influenciadores mirins famosos. No Brasil, destacam-se, no *Instagram*, os perfis verificados de @jujuteofilo (4.4 milhões de seguidores); @enricobacchioficial (3.3 milhões de seguidores); @valentinamunizreal (2.2 milhões de seguidores); @henrydinizof (1.3 milhão de seguidores); @zayadiniz (1 milhão de seguidores); e @clarinhajordaoreal, entre muitos outros.

identificar se aquela intromissão na vida privada do menor é merecedora de tutela pelo ordenamento.[33]

É possível afirmar, assim, que a publicação de fotos, vídeos e informações das crianças nas redes sociais – notadamente se ultrapassar o limite do esporádico e inserido no contexto normal familiar – só é permitida se for feita no sentido de materializar a concretização do melhor interesse do menor. Todavia, só será possível aferir isso no caso concreto, de forma que persistem os problemas ora debatidos.

4 Algumas ameaças às crianças e adolescentes advindas de sua superexposição nas redes sociais

É certo que na maioria dos casos, os pais que praticam o *sharenting* não o fazem de forma maliciosa, sem se importar com os prejuízos que trarão aos filhos e com os riscos aos quais estão expondo-os. Ao contrário, fazem-no por não perceber o perigo de sua conduta.[34] É em razão dessa percepção que se faz tão importante o estudo do fenômeno do *sharenting* e de suas consequências, especialmente voltado para a conscientização de pais e responsáveis.

Adultos publicam uma enormidade de fotos e histórias de seus filhos na internet todos os dias. A maior parte das crianças que nasceu nesse mundo digital tem compartilhadas com o mundo fotografias desde a gravidez, incluindo exames de ultrassom, por exemplo. Não surpreende, portanto, que todas as etapas das vidas dessas crianças sejam compartilhadas na internet, desde o nascimento, os primeiros passos, início da vida escolar[35] e dilemas cotidianos.

---

[33] AFFONSO, Filipe José Medon. Influenciadores digitais e o direito à imagem de seus filhos: uma análise a partir do melhor interesse da criança. *Revista Eletrônica da PGE-RJ*, Rio de Janeiro, v. 2, p. 01-26, 2019, p. 12.

[34] STEINBERG, Stacey. Sharenting: Children's Privacy in the Age of Social Media, *Emory Law Journal*, Atlanta, v. 66, n. 839, p. 840-884, 2017. Disponível em: https://scholarship.law. ufl.edu/cgi/viewcontent.cgi?article=1796&context=facultypub. Acesso em: 10 dez. 2022, p. 867.

[35] BROSCH, Anna. When the child is born into the Internet: Sharenting as a growing trend among parents on Facebook. *The New Educational Review*, Toruń, v. 43, n. 1, p. 225-235, March 2016 DOI:10.15804/tner.2016.43.1.19. Disponível em: https://depot.ceon.pl/bitstream/handle/123456789/9226/16.%20When%20the%20child%20is%20born%20into%20 the%20Internet.pdf?sequence=1&isAllowed=y. Acesso em: 10 nov. 2022.

Isso leva a diversos problemas – cuja análise não se pretende exaurir neste artigo – tais quais o sequestro digital, no qual indivíduos utilizam os registros compartilhados pelos pais para criar uma nova identidade digital[36] – em verdade um novo indivíduo digital.

Além disso, é frequente que as crianças superexpostas sejam vítimas de *bullying*, seja ele *online* ou refletido na realidade, eis que as pessoas que convivem com a criança no mundo *offline* podem vir a ter contato com o conteúdo – muitas vezes vexatório ou embaraçoso – compartilhado sobre aquele indivíduo.

Por fim, a reflexão mais instigante, para fins deste artigo, diz respeito ao rastro digital criado pelos pais através do *sharenting*. As crianças têm imagens e vidas digitais criadas por seus pais muito antes delas terem condições de usar elas mesmas as redes sociais, o que verdadeiramente molda a experiência que terão *online* no futuro.[37]

Isso pode ser algo bom ou algo prejudicial, a depender de como foi o comportamento dos pais em nome dos filhos e, principalmente, de como o filho quiser se relacionar com as redes sociais na idade adulta. Por exemplo, uma criança que foi criada como influenciadora mirim poderá crescer para se tornar um adulto que ressente essa exposição e deseja privacidade, de forma que preferia que nada tivesse sido compartilhado sobre si. Não obstante, como já dito, o retorno ao *status quo* é quase impossível. Muitos influenciadores mirins inclusive têm *status* de celebridades da internet. Da mesma forma, a criação dos menores inseridos precocemente no ambiente digital irá moldar inclusive sua percepção de privacidade.

Sendo certo que a autoridade parental – poder familiar, na dicção do Código Civil – é instrumentalizada à realização do melhor interesse do menor,[38] é preciso avaliar se a conduta dos pais que superexpõem seus filhos nas redes sociais se coaduna com esse melhor interesse. A

---

[36] BROSCH, Anna. When the child is born into the Internet: Sharenting as a growing trend among parents on Facebook. *The New Educational Review*, Toruń, v. 43, n. 1, p. 225-235, March 2016 DOI:10.15804/tner.2016.43.1.19. Disponível em: https://depot.ceon.pl/bitstream/handle/123456789/9226/16.%20When%20the%20child%20is%20born%20into%20the%20Internet.pdf?sequence=1&isAllowed=y. Acesso em: 10 nov. 2022.

[37] BROSCH, Anna. When the child is born into the Internet: Sharenting as a growing trend among parents on Facebook. *The New Educational Review*, Toruń, v. 43, n. 1, p. 225-235, March 2016 DOI:10.15804/tner.2016.43.1.19. Disponível em: https://depot.ceon.pl/bitstream/handle/123456789/9226/16.%20When%20the%20child%20is%20born%20into%20the%20Internet.pdf?sequence=1&isAllowed=y. Acesso em: 10 nov. 2022.

[38] PERLINGIERI, Pietro. *O Direito Civil na legalidade constitucional*. Rio de Janeiro: Renovar, 2008, p. 1002.

princípio, nos parece que a resposta é negativa, de forma que os pais, que têm o dever fundamental de proteger, acabam por lesar seus filhos.[39]

5 Considerações finais

A discussão proposta neste artigo tem infinitas possibilidades. Parece-nos possível encontrar formas de adequar a presença infantil *online* – seja através dos perfis de seus pais ou de um perfil próprio – ao seu melhor interesse, mediante a conscientização de pais e responsáveis, além das iniciativas legislativas já comentadas. Não obstante, trata-se de tarefa árdua, parecendo-nos, ainda, que apenas a minoria dos pais e mães conseguirá encontrar esse equilíbrio.

Assim, vemos o *sharenting*, a princípio, como um fenômeno com mais expressões negativas do que positivas. É dizer, os potenciais e eventuais benefícios não superam os riscos, uma vez que as crianças e adolescentes submetidas ao *sharenting* terão um relacionamento diferente com as redes sociais, muito próximo. Da mesma forma, aprenderão uma expressão diferente dos conceitos de privacidade e intimidade, perdendo a percepção da linha que separa o privado do público.

As crianças e adolescentes como seres humanos em desenvolvimento têm todos os direitos inerentes à pessoa humana, sendo notadamente relevante o respeito à sua dignidade. A prática do *sharenting*, introdutoriamente analisada neste artigo, consubstancia uma limitação, por parte dos pais ou responsáveis, a direitos da personalidade dos menores, que deveriam, ao contrário, receber proteção especial.

É temeroso, então, que se continue a permitir, na prática, uma gestão ilimitada de sua privacidade e intimidade dos menores por terceiros, mesmo (e especialmente) que seus pais, que têm o dever constitucional de zelar pelo melhor interesse de seus filhos, no exercício da autoridade parental que lhes é conferida pelo Código Civil e que só se justifica enquanto e na exata medida que realizar esse melhor interesse.

Por fim, observa-se que se faz necessária a adequação da conduta parental de compartilhar a vida dos filhos nas redes sociais com as disposições normativas que protegem as crianças e os adolescentes,

---

[39] AFFONSO, Filipe José Medon. Influenciadores digitais e o direito à imagem de seus filhos: uma análise a partir do melhor interesse da criança. *Revista Eletrônica da PGE-RJ*, Rio de Janeiro, v. 2, p. 01-26, 2019, p. 9.

notadamente os preceitos constitucionais do melhor interesse da criança e do adolescente e da proteção integral.

Referências

AFFONSO, Filipe José Medon. Influenciadores digitais e o direito à imagem de seus filhos: uma análise a partir do melhor interesse da criança. *Revista Eletrônica da PGE-RJ*, Rio de Janeiro, v. 2, p. 01-26, 2019.

AFFONSO, Filipe José Medon. (*Over*)*Sharenting*: a superexposição da imagem e dos dados da criança na internet e o papel da autoridade parental. In: TEIXEIRA, Ana Carolina Brochado; DADALTO, Luciana (Coord.). *Autoridade parental*: dilemas e desafios contemporâneos. Indaiatuba: Foco, 2021.

BRASIL. Senado Federal. Projeto de Lei nº 2628, de 19 de outubro de 2022. Dispõe sobre a proteção de crianças e adolescentes em ambientes digitais. Brasília: Senado Federal, 2022. Disponível em: https://www25.senado.leg.br/web/atividade/materias/-/materia/154901?_gl=1*177opci*_ga*MTY1OTc1NzQ5NC4xNjgzMzgyMjQ2*_ga_CW3ZH25XMK*MTY4MzM4MjI0NS4xLjAuMTY4MzM4MjI0NS4wLjAuMA. Acesso em: 5 maio 2023.

BROSCH, Anna. When the child is born into the Internet: Sharenting as a growing trend among parents on Facebook. *The New Educational Review*, Toruń, v. 43, n. 1, p. 225-235, March 2016 DOI:10.15804/tner.2016.43.1.19. Disponível em: https://depot.ceon.pl/bitstream/handle/123456789/9226/16.%20When%20the%20child%20is%20born%20into%20the%20Internet.pdf?sequence=1&isAllowed=y. Acesso em: 10 nov. 2022.

BROSCH, Anna. Sharenting: Why Do Parents Violate Their Children's Privacy? *The New Educational Review*, Toruń, v. 54, p. 75-85, 2018.

EBERLIN, Fernando Büscher von Teschenhausen. *Sharenting*, liberdade de expressão e privacidade de crianças no ambiente digital: o papel dos provedores de aplicação no cenário jurídico brasileiro. *Revista Brasileira de Políticas Públicas*, Brasília, v. 7, p. 256-273, 2018.

LÔBO, Paulo. Constitucionalização do Direito Civil. *Revista de Informação Legislativa*, Brasília, v. 141, p. 99-109, 1999.

LÔBO, Paulo. *Direito Civil*: famílias. São Paulo: Saraiva, 2021.

MENEZES, Joyceane Bezerra de; MORAES, Maria Celina Bodin de. Autoridade parental e privacidade do filho menor: o desafio de cuidar para emancipar. In: ENCONTRO DE INTERNACIONALIZAÇÃO DO CONPEDI, I, 2015, Barcelona. João Marcelo de Lima Assafim, Monica Navarro Michel (Orgs.). Barcelona: Ediciones Laborum, 2015. v. 7. p. 163-196. Disponível em: http://repositorio.ufc.br/bitstream/riufc/55699/1/2015_eve_jbmenezes.pdf. Acesso em: 10 jun. 2021.

ONU. Declaração Universal dos Direitos da Criança. 1959. Disponível em: https://rondonia.ro.gov.br/wp-content/uploads/2018/02/Declara%C3%A7%C3%A3o-Universal-de-Direitos-da-Crianca-e-do-Adolescente.pdf. Acesso em: 24 mar. 2023.

ONU. Assembleia Geral das Nações Unidas. Convenção das Nações Unidas sobre os Direitos da Criança. 1989. Disponível em: https://www.unicef.org/brazil/convencao-sobre-os-direitos-da-crianca. Acesso em: 10 abr. 2023.

PERLINGIERI, Pietro. *O Direito Civil na legalidade constitucional*. Rio de Janeiro: Renovar, 2008.

PROJETO prevê proteção de crianças e adolescentes em ambientes digitais. *Agência Senado*. Brasília: Agência senado, 16 nov. 2022. 1 vídeo (2min56seg). Disponível em: https://www12.senado.leg.br/noticias/videos/2022/11/projeto-preve-protecao-de-criancas-e-adolescentes-em-ambientes-digitais?_gl=1*152xau*_ga*ODIyMTcyMzAyLjE2NTc2M-jc3NDc.*_ga_CW3ZH25XMK*MTY4MDc4NTg4NC4xLjEuMTY4MDc4NjQ1NS4wLjAuMA Acesso em: 5 maio 2023

RAMOS, André Luiz Arnt. *Sharenting*: notas sobre liberdade de expressão, autoridade parenta, privacidade e melhor interesse de crianças e adolescentes. In: EHRHARDT JÚNIOR, Marcos; LÔBO, Fabíola Albuquerque; ANDRADE Gustavo. (Orgs.). *Liberdade de expressão e relações privadas*. Belo Horizonte: Fórum, 2021, v. 1. p. 336-379.

STEINBERG, Stacey. Sharenting: Children's Privacy in the Age of Social Media, *Emory Law Journal*, Atlanta, v. 66, n. 839, p. 840-884, 2017. Disponível em: https://scholarship.law.ufl.edu/cgi/viewcontent.cgi?article=1796&context=facultypub. Acesso em: 10 dez. 2022.

TEIXEIRA, Ana Carolina Brochado; MULTEDO, Renata Vilela. A responsabilidade dos pais pela exposição excessiva dos filhos menores nas redes sociais: o fenômeno do *sharenting*. In: TEIXEIRA, Ana Carolina Brochado; ROSENVALD, Nelson; MULTEDO, Renata Vilela. *Responsabilidade civil e Direito de Família*: o direito de danos na parentalidade e conjugalidade. Indaiatuba: Foco, 2021, p. 3-20.

Informação bibliográfica deste texto, conforme a NBR 6023:2018 da Associação Brasileira de Normas Técnicas (ABNT):

GALVÃO, Camila Sampaio. *Sharenting*: aspectos jurídicos da superexposição de crianças e adolescentes *online* na perspectiva civil constitucional. In: EHRHARDT JÚNIOR, Marcos; LÔBO, Fabíola (Coord.). *Constitucionalização das relações privadas*: fundamentos de interpretação do direito privado brasileiro. Belo Horizonte: Fórum, 2023. p. 81-95. ISBN 978-65-5518-564-5.

A MONOGAMIA E SUA REFLEXÃO NAS FAMÍLIAS SIMULTÂNEAS NO BRASIL

LUCIANA BRASILEIRO

> *Toda a noite é a mesma noite*
> *A vida é tão estreita*
> *Nada de novo ao luar*
> *Todo mundo quer saber*
> *Com quem você se deita*
> *Nada pode prosperar*
> (VELOSO, 2015)

O tema das famílias simultâneas é um dos pontos que, atualmente, ainda impactam no Direito de Família brasileiro, seja porque é uma realidade social, seja porque o julgamento dos Temas 526 e 529[1] de Repercussão Geral pelo Supremo Tribunal Federal trouxe uma abordagem conservadora para a interpretação da norma civil

---

[1] Tema 526 – Possibilidade de concubinato de longa duração gerar efeitos previdenciários. Recurso extraordinário em que se discute, à luz dos artigos 201, V, e 226, §3º, da Constituição Federal, a possibilidade, ou não, de reconhecimento de direitos previdenciários (pensão por morte) à pessoa que manteve, durante longo período e com aparência familiar, união com outra casada.
Tema 529 – Possibilidade de reconhecimento jurídico de união estável e de relação homoafetiva concomitantes, com o consequente rateio de pensão por morte. Recurso extraordinário com agravo em que se discute, à luz dos artigos 1º, III; 3º, IV; 5º, I, da Constituição Federal, a possibilidade, ou não, de reconhecimento jurídico de união estável e de relação homoafetiva concomitantes, com o consequente rateio de pensão por morte.

brasileira, dissociada, no entanto, da interpretação inclusiva proposta pela Constituição Federal.

Aqueles julgamentos, que aplicaram a monogamia como regra intransponível, lançaram luz ao tema e à reflexão acerca dos efeitos jurídicos de uma decisão que impacta diretamente na vida das pessoas, de famílias e, ainda, de uma jurisprudência fortalecida no âmbito de tribunais locais acerca de uma extensão dos direitos familiares e previdenciários às relações denominadas pelo Código Civil de concubinárias.

O Código Civil Brasileiro, apesar de datado de 2002, traz em seu bojo a expressão concubinato para aquelas relações não eventuais entre pessoas impedidas de casar e, do ponto de vista das relações conjugais, está inserida nesse conceito a família que se estabelece simultaneamente a outra.

A manutenção de uma expressão como esta parece ser herança do processo codificador do Brasil, que teve como base, em grande medida, as Ordenações Filipinas. Este fato nos remete à obra de Caenegem, que ao traçar a história do Direito privado, registra que o processo de codificação não pode ser inovador, mas, ao contrário, fazendo alusão às importantes obras de Portalis, deve ser agregador, de sorte que reúna a experiência vivenciada em sociedade para sua regulamentação, de forma tradicional.[2]

Para compreender a monogamia e seu impacto na sociedade brasileira, é bastante importante registrar que o longo processo de codificação civil, inicialmente aquele de 1916 e posteriormente o de 2022, sofreu influência direta de uma sociedade patriarcal, dominada pela burguesia proprietária.

O Código Civil Brasileiro de 1916, por exemplo, mencionava em seu original art. 233 ser o homem o chefe da família. O papel exercido pela mulher era secundário, de auxílio e de apoio do marido. Só havia o casamento como forma de constituição de família e, além disto, era ele indissolúvel, porque o divórcio era, até então, considerado uma ameaça à monogamia.

A esse respeito, em sua *Defeza do projecto do Codigo civil brazileiro*, Clóvis Beviláqua aponta como solução para os desgastes nos relacionamentos a separação de fato, o divórcio canônico, defendendo fervorosamente que o divórcio romano representaria o fim da monogamia, por ele utilizada como elemento sociológico:

---

[2] CAENEGEM, R. C. Van. *Uma introdução histórica ao Direito privado*. São Paulo: Martins Fontes, 2000, p. 11.

Si, porém, for concedido divorcio a vinculo, produzir-se-á a mesma sensação de allivio e desafogo, mas facilitar-se-á o incremento das paixões animaes, enfraquer-se-ão os laços da família, e essa fraqueza repercutirá desastrosamente na organização social. Teremos recuado da situação moral da monogamia para o regimen da polygamia sucessiva,[3] que, sob a fôrma da polyandria, é particularmente repugnante aos olhos do homem culto.[4]

Em relação ao casamento, Clóvis Beviláqua ressalta que ele existia em função da necessidade de procriação.[5] A mulher celibatária, no contexto da família patriarcal, estava fadada à infelicidade. Fátima Quintas cunhou de *síndrome do casamento* os esforços empregados pelas mulheres para casar: "Que tudo acontecesse, menos a recusa do macho a uma escolha conjugal".[6] Estes fatos e elementos forjaram a sociedade brasileira, sua cultura e a imposição de um comportamento, no mínimo, ostensivamente monogâmico.

Foram a Lei do Divórcio e a Constituição Federal de 1988 que inauguraram novas possibilidades. O Estado Social viabilizou a construção de bases protetivas para a família plural, afastando o patriarcalismo, ao menos do ponto de vista legal, da esteira jurídica.

Temos, então, uma nova perspectiva, de um Direito com lentes mais ampliadas, para contemplar as pessoas em suas individualidades, em suas existências e ainda, para contemplar novos formatos de famílias.

O Código Civil, no entanto, manteve em alguma medida esse descompasso, ao deixar à margem da proteção as relações menos convencionais, mesmo que inegavelmente existentes, como as relações concubinárias.

As regras relacionadas ao tema das relações simultâneas, ainda que não tratem propriamente delas, são encontradas no Livro de

---

[3] BEVILÁQUA, Clóvis. *Em defeza do projecto de Codigo civil brazileiro*. Rio de Janeiro: Livraria Francisco Alves, 1906, p. 98. Disponível em: http://www2.senado.leg.br/bdsf/handle/id/224223. Acesso em: 7 maio 2023.
[4] BEVILÁQUA, Clóvis. *Em defeza do projecto de Codigo civil brazileiro*. Rio de Janeiro: Livraria Francisco Alves, 1906, p. 97-98. Disponível em: http://www2.senado.leg.br/bdsf/handle/id/224223. Acesso em: 7 maio 2023.
[5] "Constituída a família pela associação do homem e da mulher, em vista da reprodução e da necessidade de criar os filhos, consolidada pelos sentimentos afetivos e pelo princípio da autoridade garantida pela religião, pelos costumes e pelo direito, é fácil de ver que se torna ela potente foco de onde irradiam múltiplas relações, direitos e deveres, que é preciso conhecer e firmar". BEVILÁQUA, Clóvis. *Direito de Família*. Campinas: Red Livros, 2001, p. 34.
[6] QUINTAS, Fátima. *A mulher e a família no final do século XX*. 2. ed. Recife: Massangana, 2005, p. 195.

Família do Código Civil de 1916. Além de impedir o casamento de pessoas casadas (art. 183, inciso VI), estabelecer como um dos deveres do casamento a fidelidade recíproca (art. 231, inciso I), assim como a proibição de doação (art. 1.177) ou deixa testamentária (art. 1.719, inciso III) à concubina, regras estas repetidas no Código Civil atual.

O que se diferencia é que o Código anterior trazia conceitos de filiação "ilegítima", superados após a Constituição Federal de 1988. Foi a nossa Lei Maior que trouxe ainda a União Estável para o rol de tipos familiares explícitos do art. 226. O termo e o conteúdo do concubinato foram explicados por Edgard de Moura Bittencourt como um fato social cujas origens seriam variadas:

> Uns se constituíram por ignorância ou displicência quanto à elevada utilidade dos laços matrimoniais. Outros, na errada concepção de que o casamento perante Deus lhes bastava, sem que a lei dos homens precisasse intervir. Outros, buscam a felicidade não encontrada no lar destruído ou abandonado, negligenciando, quanto ao futuro, desde que o presente lhes forneça sossego e tranquilidade sem ambição. Outros, na insaciabilidade do desejo e da luxúria, buscam a satisfação incontida dos instintos. Alguns, pela sedução da mulher e pelo temor do homem de sofrer penas criminais. Muitos, enfim, por causas próximas ou remotas várias, de ordem educacional, psicológica, econômica e social.[7]

É importante mencionar ainda que o concubinato, no processo de ocupação brasileira pelos colonizadores, era a única forma de constituição de família para aqueles que não estavam autorizados ao casamento, que era instituto restrito às pessoas com autorização legal. Igualmente, a necessidade de regulamentar a existência de uniões de fato surgiu a partir da constatação de sua existência. O concubinato, então, passou a ter uma designação de "puro", para se diferenciar das relações havidas em inobservância à regra da fidelidade.

Assim, a doutrina passou a se referir ao concubinato como "puro" e "impuro", a depender de sua formação. Seria "puro" quando se tratava de uma relação única e "impuro" quando simultâneo à outra relação.

O fato é que havia uma grande preocupação com as questões relacionadas à filiação oriunda de um relacionamento sem o signo do casamento. Foi talvez essa preocupação com as garantias para os filhos que levou a União Estável a ser reconhecida como tipo familiar no Brasil.

---

[7] BITTENCOURT, Edgard de Moura. *O concubinato no Direito*. Rio de Janeiro: Ed. Jurídica e Universitária., 1969. v. 1, p. 25.

Aos poucos o "concubinato puro" passou a ser aceito socialmente. Despido da obrigação de coabitação, ele apresentava requisitos como o de notoriedade, de fidelidade e de estabilidade. Socialmente, o concubinato muitas vezes era constatado por pessoas que desconheciam as regras do casamento, por exemplo, ou ainda, de pessoas que se recusavam a se submeter às regras impostas pelo Estado, qual seja, a constituição da família exclusivamente pelo casamento.

O fato é que houve um esforço retórico grande para o reconhecimento das relações fáticas como entidade familiar, o que veio a ocorrer com a Constituição Federal de 1988, mas as relações simultâneas sempre permaneceram à margem de toda e qualquer discussão legal sobre seus efeitos jurídicos e isto parece realmente estar relacionado com a monogamia.

Rodrigo da Cunha Pereira considera a monogamia como princípio jurídico *organizador das relações conjugais* e entende que ela funciona atualmente como um "interdito proibitório para viabilizar e organizar determinados ordenamentos jurídicos".[8] Contudo, ela não pode ser interpretada, ou não deve, de forma absoluta. Ela não pode, por exemplo, se sobrepor à dignidade humana, pois neste caso haveria descumprimento de uma das mais importantes premissas constitucionais.

Foi, aliás, a partir da dignidade humana que a ideia de excluir direitos de uma filiação fora de um casamento deixou de existir. Entre a proteção de um instituto jurídico e de uma pessoa, deve prevalecer a proteção da pessoa.

Segundo o autor, a monogamia não pode funcionar como uma mera orientação cultural (moral), porque a monogamia orienta, inclusive juridicamente, as relações conjugais: "é um sistema organizador das formas de constituição de famílias, que se polariza com o sistema poligâmico".[9]

É importante sempre compreender que o sistema legal do Brasil foi costurado para ser monogâmico, para ser casamentário e patriarcal. Essa questão é o ponto fulcral desse debate. Este problema é estruturalmente feminino. Ou melhor, afeta necessariamente as mulheres.

A cultura brasileira, assim como a de outras nações, é machista, heteronormativa e predominantemente formada para afirmação das pessoas brancas e privilegiadas.

---

[8] PEREIRA, Rodrigo da Cunha. *Dicionário de Direito de Família e sucessões ilustrado*. 2. ed. São Paulo: Saraiva, 2018, p. 515.

[9] PEREIRA, Rodrigo da Cunha. *Dicionário de Direito de Família e sucessões ilustrado*. 2. ed. São Paulo: Saraiva, 2018, p. 626.

O retrato do Brasil, no entanto, não cabe numa só moldura. Um país diverso, geograficamente enorme, com uma população que tem sotaques e dialetos próprios é, naturalmente, mais complexo. Passar pelas famílias simultâneas sem poder sequer quantificá-las, porque não há Censo capaz de identificar seus números, é mantê-las no manto do país monogâmico. Mas o que vem a ser a norma da monogamia?

No Brasil, necessário compreender de que maneira a monogamia se impôs e a quem ela interessa. Isso porque o processo de colonização do Brasil pelos portugueses ocorreu da acomodação dos colonos nas terras brasileiras. As regras próprias de formação dessa sociedade se distanciavam daquelas aplicadas em Portugal e, consequentemente, legitimaram circunstâncias próprias, como a formação de relações familiares entre mulheres nativas ou brancas pobres e colonos com famílias formadas em seu país de origem. Ali nasceram as famílias simultâneas. Para além desse cenário, como já mencionado, o casamento não era acessível a todos e todas, seja pelo custo, pela vedação legal, pela burocracia ou ainda pelo desconhecimento. Para Marcos Alves, o concubinato surge como meio de formação de famílias no Brasil colônia, preenchido da função social de "alternativa de inserção e constituição de grupo familiar".[10]

Não há dúvidas de que, àquela época, não interessava a legitimação de situações outras que não as formadas pelo casamento. Contudo, é imprescindível que se compreenda que as relações concubinárias fazem parte da formação da população brasileira e que o estágio atual dos direitos sociais não permite mais a aplicação acomodada de uma regra que existiu num contexto completamente diverso. Isso porque o concubinato do Brasil colônia, embora tivesse as mesmas características da família formada pelo casamento, era uma relação marginalizada e claramente destinada a pessoas de classes consideradas inferiores ou, ainda, entre pessoas de classes distintas, o que, segundo Fernando Torres-Lodoño, "não promovia a eliminação da desigualdade";[11] muito pelo contrário, lhe afirmava.

O concubinato, portanto, foi conveniente e preencheu função social própria de organização social, mantendo distantes dos costumes da Igreja as pessoas menos favorecidas, as relações entre classes distintas

---

[10] SILVA, Marcos Alves da. *Da monogamia*: a sua superação como princípio estruturante do Direito de Família. Curitiba: Juruá, 2013, p. 95.
[11] TORRES-LODOÑO, Fernando. *A outra família*: concubinato, Igreja e escândalo na colônia. São Paulo: Edições Loyola, 1999, p. 198.

e, ainda, assegurando a restrição de direitos. O concubinato havido no Brasil é o que hoje chamamos de família simultâneas, e ele foi construído a partir de um contexto, mas hoje tem um outro totalmente diferente, com uma estrutura constitucional ainda mais favorecedora de sua proteção. Por este motivo é tão assustador que o Brasil ainda não o tenha consagrado com efeitos jurídicos próprios.

Um claro exemplo desta mudança e evolução está no fato de o Brasil haver descriminalizado o adultério, importando numa desvalorização dessa infração para fins de sanção penal, o que certamente trará reflexo na conformação das relações familiares.

Enquanto princípio, portanto, a monogamia teria o condão de impor um comportamento de exclusividade relacional aos cônjuges e companheiros, e qualquer infração desse dever importaria na sanção cível do não reconhecimento do relacionamento enquanto entidade familiar.[12]

Carlos Eduardo Pianovski, por sua vez, analisa a monogamia como um padrão social, mas que não pode ser utilizado como argumento para deslegitimar situações não enquadradas nesse contexto, sob pena de se violar o exercício de liberdade.[13]

Torna ainda mais evidente a impossibilidade dessa imposição, quando, num outro flanco, não é possível identificar qual direito pessoal é violado. Se de um lado existe o exercício da liberdade (com a consequente incidência da solidariedade e da responsabilidade), do outro, existe a monogamia, como orientadora de um comportamento social imposto.

A imposição da monogamia como princípio jurídico absoluto desnatura, ainda, a noção de pluralidade das entidades familiares. É possível conceber que a monogamia foi um princípio fundamental num dado momento histórico do Brasil, no qual o casamento era a única forma de constituição de família, em face da proibição expressa da bigamia,

---

[12] BRASILEIRO, Luciana; HOLANDA, Maria Rita. A proteção da pessoa nas famílias simultâneas. In: MENEZES; Joyceane Bezerra de; RUZYK, Carlos Eduardo Pianovski; SOUZA, Eduardo Nunes de (Org.). *Direito Civil constitucional*: a ressignificação dos institutos fundamentais do Direito Civil contemporâneo e suas consequências. Florianópolis: Conceito, 2014, p. 500.

[13] Nessa toada, tomar um princípio jurídico da monogamia como um "dever ser" imposto pelo Estado a todas as relações familiares é algo que entra em conflito com a liberdade que deve prevalecer naquela que é uma das searas da vida na qual os sujeitos travam algumas das mais relevantes relações no tocante à formação de sua subjetividade e desenvolvimento de sua personalidade. RUZYK, Carlos Eduardo Pianovski. *Famílias simultâneas e monogamias*. Disponível em: file:///C:/Users/lubrasileiro/Dropbox/DOUTORADO/texto%20monogamia%20pianovsky.pdf. Acesso em: 7 maio 2023.

que criminaliza a multiplicidade registral. Contudo, a atual posição ocupada pelas entidades familiares no sistema jurídico brasileiro não é mais de privilégio a um instituto e, sim, de valorização de pessoas. A este respeito, Marcos Alves registra com precisão que a transição de Estados Liberal e Social foi fundamental para esta transformação na compreensão das famílias sob a perspectiva da pluralidade. Seja pela funcionalização da autonomia privada, que passa a ser reforçada e ressignificada, conforme a dignidade da pessoa humana; seja, ainda, pela garantia de preservação da vida privada, desenhada pelo art. 1.513 do Código Civil, que prevê que nenhuma pessoa de Direito público ou privado pode interferir na comunhão de vida instituída pela família.[14]

A família ocupa um lugar inversamente proporcional ao que ocupava. Se antes ela era fundamental para que as pessoas pudessem se inserir num contexto social, hoje ela é instrumento de realização pessoal, que sai da esfera pública e valoriza muito mais do que o privado: valoriza o pessoal. Por outro lado, se antes a família era válvula motora para organização patrimonial, atualmente ela deixa de enxergar como fundamental esta função patrimonial e a valoriza como consequência da existência do contexto familiar.

Contudo, surpreendentemente, ao julgar o Tema 529 de Repercussão Geral, o STF assim se pronunciou:

> A preexistência de casamento ou de união estável de um dos conviventes, ressalvada a exceção do artigo 1.723, §1º, do Código Civil, impede o reconhecimento de novo vínculo referente ao mesmo período, inclusive para fins previdenciários, em virtude da consagração do dever de fidelidade e da monogamia pelo ordenamento jurídico-constitucional brasileiro.

O Tema 526, por sua vez, julgado poucos meses depois, fixou a tese seguinte:

> É incompatível com a Constituição Federal o reconhecimento de direitos previdenciários (pensão por morte) à pessoa que manteve, durante longo período e com aparência familiar, união com outra casada, porquanto o concubinato não se equipara, para fins de proteção estatal, às uniões afetivas resultantes do casamento e da união estável.

---

[14] SILVA, Marcos Alves da. *Da monogamia*: a sua superação como princípio estruturante do Direito de Família. Curitiba: Juruá, 2013, p. 308-311.

A monogamia possui limites e não pode ser imposta de forma indistinta dentro do contexto plural e democrático atualmente assegurado à família. Muito embora deva ser respeitada, quando se vislumbra sua colisão com princípios como o da dignidade humana, ela não pode jamais se sobrepor.

Os julgamentos aqui mencionados previram o inimaginável: reconheceram as famílias simultâneas como entidades familiares não dotadas de efeitos jurídicos positivos. A justificativa estaria na intransponibilidade da monogamia enquanto norma orientadora das relações familiares.

Nesse sentido, é forçoso indagar a quem a monogamia atende. Marcos Alves enxerga na monogamia um forte traço de dominação masculina e a confronta com a liberdade, ocasião em que ela se apresentaria como espécie de intromissão da vida privada, que esbarra ainda no que prevê o art. 1.513 do Código Civil. O autor defende que a colisão da monogamia com a liberdade é uma ameaça à liberdade na esfera existencial, sendo dever do Estado assegurar às pessoas que estabeleçam suas conformações familiares, caso contrário a monogamia representa *regra de cerceamento inconstitucional da autonomia privada em situações subjetivas existenciais*.[15]

Mas não podemos ignorar também o valor jurídico da monogamia, uma vez que ela se aplica ao casamento. Paulo Lôbo reforça o entendimento de que a monogamia só se aplica ao casamento, por entender que ela representa interdição a outro casamento. Para exemplificar, esclarece que a bigamia é crime restrito, que não se pode aplicar às uniões estáveis.[16]

O reconhecimento da necessidade de proteção da pessoa, independentemente da sua escolha conjugal, relativiza a densidade normativa desse princípio em nome da proteção de um bem jurídico maior, a exemplo da própria subsistência.[17]

O fato é que a monogamia não poderia, jamais, ter sido usada como argumento para invalidar efeitos jurídicos às famílias simultâneas.

---

[15] SILVA, Marcos Alves da. *Da monogamia*: a sua superação como princípio estruturante do Direito de Família. Curitiba: Juruá, 2013, p. 309.

[16] LÔBO, Paulo. *Direito Civil*: famílias. 8. ed. São Paulo: Saraiva, 2018, p. 184.

[17] BRASILEIRO, Luciana; HOLANDA, Maria Rita. A proteção da pessoa nas famílias simultâneas. *In*: MENEZES; Joyceane Bezerra de; RUZYK, Carlos Eduardo Pianovski; SOUZA, Eduardo Nunes de (Org.). *Direito Civil constitucional*: a ressignificação dos institutos fundamentais do Direito Civil contemporâneo e suas consequências. Florianópolis: Conceito, 2014, p. 501.

Os julgamentos são questionáveis na medida em que reconhecem as famílias simultâneas como entidades familiares, mas impõem-lhes a interdição pela não observância da monogamia. Neste sentido, relevante questionar os critérios objetivos de escolha da família e da "não família". Pelos julgamentos, a primeira relação se sobrepõe às demais. Mas nos parece que a lógica aqui construída foi de que as famílias simultâneas estão sempre representadas por um casamento e uma união fática que lhe sucede. Isto porque no julgamento do Tema 529 o seu Relator, Min. Alexandre de Moraes, chega a equiparar a bigamia como um crime aplicável ao casamento e à união estável, quando sabemos que a união estável não altera o registro civil, portanto jamais poderia haver caracterização do crime de bigamia.

Assim, em havendo duas uniões fáticas simultâneas, mesmo não havendo vedação expressa na norma, estaremos diante de um futuro conflito judicial, onde o maior desafio será provar quem se configurou primeiro, para afastar os efeitos jurídicos da outra. E enquanto nos preocupamos com as instituições, esquecemos as pessoas.

Referências

BEVILÁQUA, Clóvis. *Direito de Família*. Campinas: Red Livros, 2001.

BEVILÁQUA, Clóvis. *Em defeza do projecto de Codigo civil brazileiro*. Rio de Janeiro: Livraria Francisco Alves, 1906. Disponível em: http://www2.senado.leg.br/bdsf/handle/id/224223. Acesso em: 7 maio 2023.

BITTENCOURT, Edgard de Moura. *O concubinato no Direito*. Rio de Janeiro: Ed. Jurídica e Universitária, 1969. v. 1.

BRASILEIRO, Luciana; HOLANDA, Maria Rita. A proteção da pessoa nas famílias simultâneas. *In*: MENEZES; Joyceane Bezerra de; RUZYK, Carlos Eduardo Pianovski; SOUZA, Eduardo Nunes de (Org.). *Direito Civil constitucional*: a ressignificação dos institutos fundamentais do Direito Civil contemporâneo e suas consequências. Florianópolis: Conceito, 2014.

CAENEGEM, R. C. Van. *Uma introdução histórica ao Direito privado*. São Paulo: Martins Fontes, 2000.

LÔBO, Paulo. *Direito Civil*: famílias. 8. ed. São Paulo: Saraiva, 2018.

PEREIRA, Rodrigo da Cunha. *Dicionário de Direito de Família e sucessões ilustrado*. 2. ed. São Paulo: Saraiva, 2018.

QUINTAS, Fátima. *A mulher e a família no final do século XX*. 2. ed. Recife: Massangana, 2005.

RUZYK, Carlos Eduardo Pianovski. *Famílias simultâneas e monogamia*. Disponível em: https://edisciplinas.usp.br/pluginfile.php/4630537/mod_resource/content/0/Texto%20Prof.%20%20Pianovski%20-%20aula%2027.03.19.pdf. Acesso em: 7 maio 2023.

SILVA, Marcos Alves da. *Da monogamia*: a sua superação como princípio estruturante do Direito de Família. Curitiba: Juruá, 2013.

TORRES-LODOÑO, Fernando. *A outra família*: concubinato, Igreja e escândalo na colônia. São Paulo: Edições Loyola, 1999.

A LUZ DE TIETA. Intérprete: Caetano Veloso e Gilberto Gil. Compositor: Caetano Veloso. *In*: DOIS Amigos. Rio de Janeiro: Sony Music, 2015. CD

Informação bibliográfica deste texto, conforme a NBR 6023:2018 da Associação Brasileira de Normas Técnicas (ABNT):

BRASILEIRO, Luciana. A monogamia e sua reflexão nas famílias simultâneas no Brasil. *In*: EHRHARDT JÚNIOR, Marcos; LÔBO, Fabíola (Coord.). *Constitucionalização das relações privadas*: fundamentos de interpretação do direito privado brasileiro. Belo Horizonte: Fórum, 2023. p. 97-107. ISBN 978-65-5518-564-5.

MULTIPARENTALIDADE E SUA INTERSEÇÃO COM O DIREITO DAS SUCESSÕES: UMA ANÁLISE DOUTRINÁRIA SOBRE O EFEITO SUCESSÓRIO DECORRENTE DO SEU RECONHECIMENTO E SUAS REPERCUSSÕES[1]

KARINA BARBOSA FRANCO

1 Introdução

O objetivo do presente estudo é abordar o instituto da multiparentalidade, que quebrou o paradigma da biparentalidade em nosso ordenamento jurídico, diante da possibilidade de coexistirem, sem haver, necessariamente, a exclusão ou substituição das parentalidades biológica e socioafetiva, cujo reconhecimento se deu em decisões de 1º e 2º graus, mas em 2016 ganhou contorno de precedente judicial diante da repercussão geral reconhecida sob o Tema 622 pelo Supremo Tribunal

---

[1] No presente estudo, a autora fez um corte para abordar e atualizar, especificamente, a delimitação do efeito sucessório decorrente do reconhecimento da multiparentalidade. A pesquisa completa que trata dos efeitos jurídicos no âmbito do Direito das Famílias e os limites que envolvem o referido instituto, vide a obra completa, fruto da dissertação de Mestrado, publicada pela Editora Fórum: FRANCO, Karina Barbosa. *Multiparentalidade*: uma análise dos limites e efeitos jurídicos práticos sob o enfoque do princípio da afetividade. Belo Horizonte: Fórum, 2021. v. 6.

Federal (STF), nos autos do Recurso Extraordinário (RE) nº 898.060/SC, reconhecendo a configuração da multiparentalidade.

O reconhecimento da multiparentalidade vem equiparar o vínculo familiar, seja ele derivado da consanguinidade ou da afetividade, cumulando-os, ensejando o exercício simultâneo dos direitos e deveres parentais por mais de um pai e/ou de uma mãe, cujo reconhecimento atribuirá ao filho não apenas mais um pai e/ou uma mãe, mas também todos os demais vínculos familiares da linha reta, bem como da colateral, além das repercussões quanto aos elos familiares que são formados pelo parentesco biológico ou pelo socioafetivo, quando constituídos de maneira exclusiva.

Como decorrência legal, são produzidos efeitos jurídicos, como corrobora a tese firmada pelo STF.

É essencial a averbação da nova filiação no assento de nascimento do filho para a segurança jurídica das partes e de terceiros, pois produz diversos efeitos, a exemplo dos impedimentos matrimoniais, restrições a doações, restrições relacionadas ao nepotismo etc.[2] Esse entendimento foi adotado pelo IBDFAM, que aprovou, no IX Congresso Brasileiro de Direito de Família, os "Enunciados Programáticos do IBDFAM". Consta no número 9: "A multiparentalidade gera efeitos jurídicos".

Diante da realidade vivenciada pelas famílias multiparentais, faz-se necessário analisar os efeitos jurídicos decorrentes do reconhecimento da multiparentalidade, cujo estudo perpassa por vários ramos do Direito; entretanto, o presente estudo limitar-se-á a analisar as discussões doutrinárias que envolvem o efeito sucessório e suas repercussões, justamente porque um dos aspectos que vem suscitando muitas indagações diz respeito ao direito sucessório dessas famílias múltiplas, considerando que o paradigma até então era biparental, ou seja, uma pessoa ter dois ascendentes, herdando, portanto, de duas pessoas, motivo pelo qual algumas regras do Direito Sucessório são colocadas em xeque, em face da situação inovadora que passa a se apresentar.

A pesquisa não tem o intuito de esgotar a investigação do referido efeito, mas os questionamentos pululam: Se uma pessoa pode receber herança de dois pais, o que ocorre caso o filho venha a falecer antes dos pais, sem deixar descendentes? Indaga-se como será feita a distribuição nessa hipótese.

---

[2] CALDERÓN, Ricardo. *Princípio da afetividade no Direito de Família*. 2. ed. Rio de Janeiro: Forense, 2017.

Há, também, a discussão em torno de situações nas quais o interesse exclusivamente patrimonial é o móvel que envolve o reconhecimento da multiparentalidade.

Desta forma, são questões levantadas e discutidas pela doutrina que merecem uma maior reflexão e um estudo mais detalhado considerando a tese de repercussão geral no RE nº 898.060 e as decisões posteriores a ela.

2 Multiparentalidade e a análise legal e doutrinária do efeito jurídico sucessório

O que vem suscitando indagações e causando discussões na doutrina diz respeito ao Direito Sucessório nas famílias múltiplas, cujo paradigma, como dito, até então era uma pessoa ter dois ascendentes, herdando, portanto, de duas pessoas. Diante do novel paradigma, o questionamento que vem à baila é a possibilidade ou não de uma pessoa herdar mais de uma vez de pais e mães diferentes, entretanto não há no ordenamento jurídico norma que inviabilize o recebimento de múltiplas heranças.

O direito constitucional à herança é cláusula pétrea (art. 5º, XXX) e decorre diretamente da filiação, não sendo diferente no caso da filiação múltipla, haja vista ser um "efeito natural e consequente de quaisquer dos ascendentes a favor do descendente de primeiro grau".[3]

Segundo Calderón, não se pode cogitar filho sem direito à herança no atual sistema civil-constitucional a partir de dois direitos de índole constitucional: o de herança e o de igualdade filial,[4] como também não existe limitação constitucional ao número de vezes que esse direito pode ser exercido.[5]

Neste sentido, o Enunciado nº 632, aprovado na VIII Jornada de Direito Civil, preconiza: "Art. 1.596. Nos casos de reconhecimento de

---

[3] CARVALHO, Luiz Paulo Vieira de; COELHO, Luiz Cláudio Guimarães. Multiparentalidade e herança: alguns apontamentos. *Revista IBDFAM*, Belo Horizonte, v. 19, p. 11-24, jan./fev. 2017, p. 20.
[4] CALDERÓN, Ricardo; GRUBERT, Camila. Projeções sucessórias da multiparentalidade. *In*: TEIXEIRA, Daniele Chaves (Coord.). *Arquitetura do planejamento sucessório*. 2. ed. Belo Horizonte: Fórum, 2020, p. 285-298.
[5] CALDERÓN, Ricardo. *Princípio da afetividade no Direito de Família*. 2. ed. Rio de Janeiro: Forense, 2017.

multiparentalidade paterna ou materna, o filho terá direito à participação na herança de todos os ascendentes reconhecidos".[6]

A justificativa é no sentido de aclarar que o filho terá direito à dupla herança perante esses ascendentes reconhecidos, isso porque, independentemente da forma de reconhecimento dos filhos, estes possuem os mesmos direitos, inclusive sucessórios, com espeque no art. 227, §6º, da CF/88 e art. 1.596 do CC/02.

Em que pese tenha o legislador do Código Civil tomado como referência a família nuclear para disciplinar a transmissão patrimonial *causa mortis*, com o advento da multiparentalidade a discussão na doutrina envolve os parâmetros a serem observados quanto à legitimidade sucessória e à delimitação dos quinhões hereditários.

É que o chamamento à sucessão legítima ocorre em decorrência dos vínculos familiares constituídos pelo *de cujus* e seus sucessores, qualquer que seja sua origem. Por essa razão, a ordem da vocação hereditária deverá ser seguida sem fazer distinção alguma entre o parentesco, seja ele biológico ou socioafetivo, ou ambos ao mesmo tempo, no caso da multiparentalidade.

O art. 1.829 do Código Civil, que serve de norte ao chamamento dos sucessores à sucessão legítima, estabelece que:

> Art. 1.829. A sucessão legítima defere-se na ordem seguinte:
> I - aos descendentes, em concorrência com o cônjuge sobrevivente, salvo se casado este com o falecido no regime da comunhão universal, ou no da separação obrigatória de bens (art. 1.640, parágrafo único); ou se, no regime da comunhão parcial, o autor da herança não houver deixado bens particulares;
> II - aos ascendentes, em concorrência com o cônjuge;
> III - ao cônjuge sobrevivente;
> IV - aos colaterais.[7]

Em primeiro lugar na ordem de vocação hereditária encontram-se os descendentes, que poderão concorrer com o cônjuge ou companheiro[8]

---

[6] BRASIL. Conselho da Justiça Federal. VIII Jornada de Direito Civil, 26 e 27/04/2018.

[7] BRASIL. *Código Civil Brasileiro de 2002*. Disponível em: http://www.planalto.gov.br/ccivil_03/leis/2002/L10406.htm.

[8] Não obstante não figurar entre os herdeiros elencados no art. 1.829 do Código Civil, por força do julgamento do RE nº 878.694, o Supremo Tribunal Federal equiparou os direitos sucessórios de quem vive em união estável àqueles decorrentes do matrimônio, e, para fins repercussão geral, aprovou a seguinte tese: "No sistema constitucional vigente é inconstitucional a diferenciação de regime sucessório entre cônjuges e companheiros devendo ser aplicado em ambos os casos o regime estabelecido no artigo 1829 do Código

sobrevivente, a depender do regime de bens adotado no relacionamento e, quanto ao regime de comunhão parcial de bens, à origem dos bens da herança.

Considerando exclusivamente a sucessão dos descendentes, é preciso atentar que no primeiro grau dessa classe de sucessores estão os filhos do *de cujus* aos quais, em vista da igualdade trazida pela Constituição Federal de 1988, em seu art. 227, §6º, e, no mesmo sentido, pelo art. 1.596 do Código Civil de 2002, fica proibido qualquer tratamento discriminatório. Na medida em que nenhuma filiação deve ser diferenciada das demais, a atribuição do *status* de filho independe do vínculo de filiação constituído, não podendo acarretar a privação de quaisquer efeitos decorrentes dessa relação de parentesco, razão pela qual não deve haver impedimento à sucessão na multiparentalidade; ao contrário, realiza-se a plena igualdade entre os filhos, assegurada na Constituição Federal.

Em consonância com a nova realidade das organizações familiares, o filho deverá figurar como sucessor de todos os pais/mães que possuir, reflexão que se estende aos demais descendentes de graus mais remotos. Assim, havendo relações parentais biológicas e afetivas concomitantes, será totalmente plausível a concessão de mais de duas heranças a uma mesma pessoa, em razão dos vínculos que a unem a seus diversos ascendentes.[9] Isso é ponto pacífico.

Para Lôbo, "a sucessão hereditária legítima é assegurada ao filho de pais concomitantemente biológicos e socioafetivos em igualdade de condições". Os limites dizem respeito às legítimas dos herdeiros necessários de cada sucessão e não ao número de pais autores das heranças.[10]

Quintana e Brandt concluem que pelo fato de não haver distinção jurídica sobre a forma de relação pai/filho ser biológica ou afetiva, estando reconhecida a multiparentalidade, no momento da transmissão da herança estaria criada a linha de chamamento sucessório de cada pai ou mãe que o filho tiver. Desse modo, o filho multiparental figura como herdeiro necessário de todos os pais que tiver.[11]

Civil". Disponível em: https://stf.jusbrasil.com.br/jurisprudencia/311628824/repercussao-geral-no-recurso-extraordinario-rg-re-878694-mg-minas-gerais-1037481-7220098130439/inteiro-teor-311628833.

[9] CASSETTARI, Christiano. *Multiparentalidade e parentalidade socioafetiva*: efeitos jurídicos. 3. ed. São Paulo: Atlas, 2017, p. 254.

[10] LÔBO, Paulo. *Direito Civil*: sucessões. 5. ed. São Paulo: Saraiva, 2019. v. 6, p. 92.

[11] QUINTANA, Julia Gonçalves; BRANDT, Fernanda. Os desafios da sucessão na multi-parentalidade. In: NARDI, Norberto Luiz; NARDI, Marília Possenatto; NARDI, Vinícius

Nesse mesmo sentido, assinala Schreiber que:

> Ainda que possa soar inusitado, o fato de uma pessoa ter direitos sobre heranças de diversos ascendentes em primeiro grau não encontra obstáculo na ordem constitucional vigente. Assim, independentemente da origem do vínculo, o filho será herdeiro necessário e terá direito à legítima. Ter direitos sucessórios em relação aos pais biológicos e, ao mesmo tempo, em relação aos pais socioafetivos não ofende qualquer norma jurídica, ao contrário, apenas realiza a plena igualdade entre os filhos assegurada pela Constituição. Ter um, dois, três ou até mais vínculos parentais decorre de contingências da vida, de modo que não há problema em haver irmãos legitimados a suceder em heranças distintas de seus respectivos ascendentes.[12]

Explica, contudo, Silva Pereira que a possibilidade de uma pessoa receber herança de dois pais e duas mães não seria ineditismo no nosso ordenamento jurídico, em decorrência da multiparentalidade, visto que na adoção simples, regulada pelo Código Civil de 1916, prevalecia o entendimento de que o adotado tinha direitos sucessórios em relação ao adotante, salvo quando este possuísse filhos legítimos, legitimados ou naturais reconhecidos ao tempo que se deu a adoção, sem prejuízo do direito à sucessão de seus parentes consanguíneos, na medida em que o parentesco civil não rompia os vínculos de filiação biológica.[13]

Quanto à divisão da herança, aplicar-se-ão as regras do art. 1.835 do Código Civil de 2002: "Na linha descendente, os filhos sucedem por cabeça, e os outros descendentes, por cabeça ou por estirpe, conforme se achem ou não no mesmo grau".[14] Ou seja, a herança será dividida entre os descendentes sem distinção alguma entre os biológicos, os socioafetivos ou os multiparentais.

Quanto à concorrência sucessória entre os descendentes e o cônjuge ou companheiro sobrevivente, esclarece Barros que a multiparentalidade em nada a afetará, sejam os descendentes comuns ou

---

Possenatto (Orgs.). *Direito acontecendo na união estável*. São Paulo: Ledriprint, 2017, v. 9, p. 313.

[12] SCHREIBER, Anderson; LUSTOSA, Paulo Franco. Efeitos jurídicos da multiparentalidade. *Pensar Revista de Ciências Jurídicas*, Fortaleza, v. 21, n. 3, p. 847-873, set./dez. 2016, p. 859.

[13] SILVA PEREIRA, Caio Mário da. *Instituições de Direito Civil*. 25. ed. Rio e Janeiro: Forense, 2017. v. 6, p. 98-99.

[14] BRASIL. *Código Civil Brasileiro de 2002*. Disponível em: http://www.planalto.gov.br/ccivil_03/leis/2002/L10406.htm. Acesso: 12 mar. 2018.

exclusivos do falecido, "na medida em que os vínculos parentais decorrem apenas da relação afetiva entre pais e filhos".[15]

Assim, segundo o art. 1.832 do Código Civil, "caberá ao cônjuge quinhão igual ao dos que sucederem por cabeça, não podendo a sua cota ser inferior à quarta parte da herança, se for ascendente dos herdeiros com que concorrer".[16] Em outras palavras, ao cônjuge ou companheiro sobrevivente será atribuído o mesmo quinhão dos descendentes do mesmo grau; entretanto, sendo todos os descendentes do falecido seus descendentes também, é garantido um quinhão mínimo referente a um quarto da herança, tenham ou não esses descendentes comuns múltiplos vínculos parentais.

A sucessão na classe dos ascendentes determina que a herança deverá ser partilhada em duas linhas,[17] a paterna e a materna, segundo a proximidade do parentesco desses familiares com o falecido. Caberá, nos termos do §2º[18] do art. 1.836 do Código Civil de 2002, 50% (cinquenta por cento) do montante hereditário para cada uma das linhas, dividindo-se o total entre os parentes ascendentes que a integrarem.

Simão exemplifica: "se o falecido deixou dois avós maternos e um avô paterno, a herança não se divide em três partes (por cabeça), mas sim por linhas (*in linea*): 50% para o avô paterno (linha paterna) e 50% para a linha materna: 25% para o avô e 25% para a avó".[19]

Neste ponto, consagrada a possibilidade da multiparentalidade, a indagação que se propõe é: qual a solução aplicada na hipótese de o filho falecer antes dos pais biológico ou socioafetivo? E se houver concorrência com o cônjuge supérstite?[20]

---

[15] BARROS, André Borges de Carvalho. Multiparentalidade e sucessão: aplicabilidade das regras sucessórias do código civil em face do reconhecimento da multiparentalidade pelo Supremo Tribunal Federal. *Revista Nacional de Direito de Família e Sucessões*, Brasília, v. 4, n. 23, p. inicial-final, mar./abr. 2018, p. 113.

[16] BRASIL. *Código Civil Brasileiro de 2002*. Disponível em: http://www.planalto.gov.br/ccivil_03/leis/2002/L10406.htm. Acesso em: 12 mar. 2018.

[17] Segundo Gramstrup e Queiroz, "a sucessão dos ascendentes foi concebida sob a premissa de existir *uma* linha paterna e *uma* linha materna. É conhecida sob a designação 'sucessão por linhas', admitindo-se que há apenas duas delas". GRAMSTRUP Erick Frederico; QUEIROZ, Odete Novais Carneiro. A socioafetividade e a multiparentalidade. *Revista Nacional de Direito de Família e Sucessões*, Porto Alegre, v. 11, mar./abr. 2016.

[18] Art. 1.836, parágrafo segundo: "Havendo igualdade em grau e diversidade em linha, os ascendentes da linha paterna herdam a metade, cabendo a outra aos da linha materna".

[19] SIMÃO, José Fernando. Multiparentalidade e a sucessão legítima: divisão da herança em linhas (art. 1836 do CC). 2 dez. 2016. Disponível em: http://www.cartaforense.com.br. Acesso em: 17 dez. 2018.

[20] GOZZO, Débora. Dupla parentalidade e direito sucessório: a orientação dos tribunais superiores brasileiros. *Civilística.com*, a. 6, n. 2, p. 1-23, 2017. Disponível em: http://www.

Calderón e Franco[21] sintetizaram o entendimento de como se daria esta divisão da herança do filho para três ascendentes de primeiro grau em duas correntes doutrinárias, a saber.

Uma primeira corrente entende que a herança deverá ser partilhada em duas linhas,[22] a paterna e a materna, segundo a literalidade da norma. Assim, nos termos do §2º do art. 1.836 do Código Civil de 2002, caberia 50% (cinquenta por cento) do montante hereditário para cada uma das linhas, dividindo-se o total entre os parentes ascendentes que a integrarem.[23]

Seguindo os termos desta primeira corrente, que seguiria a divisão por duas linhas, uma paterna e outra materna, havendo dois pais (biológico e socioafetivo) e uma mãe, a solução seria a seguinte: a mãe ficaria com 50% da herança e cada um dois pais receberia 25% da herança do filho. Como visto, haveria uma desigualdade entre os referidos ascendentes.

Luiz Paulo Vieira de Carvalho é um dos defensores de tal corrente, sustentando que ainda que não pareça a solução mais justa, no cenário atual é esta que deve ser adotada face a previsão legal do art. 1836 do Código Civil, que não poderia ser ignorada.

Sob o ponto de vista, de *lege data*, defende Carvalho, considerando a solução contida na norma cogente do art. 1.836 do CC, que a herança seja sempre dividida primeiramente em duas linhas, tendo em conta o gênero dos ascendentes: metade da herança seria destinada à linha materna e a outra metade à linha paterna. Em seguida, a divisão observaria o número de pais ou mães, ou seja, o patrimônio seria

---

civilistica.com/wp-content/uploads/2017/12/Gozzo-civilistica.com-a.6.n.1.2017.pdf. Acesso em: 20 out. 2018.

[21] CALDERÓN, Ricardo; FRANCO, Karina Barbosa. Multiparentalidade e direitos sucessórios: efeitos, possibilidades e limites. *In*: TEIXEIRA, Ana Carolina Brochado; NEVARES, Ana Luiza Maia. (Coord.). *Direitos das Sucessões*: problemas e tendências. Indaiatuba: Foco, 2022.

[22] Segundo Gramstrup e Queiroz, "a sucessão dos ascendentes foi concebida sob a premissa de existir *uma* linha paterna e *uma* linha materna. É conhecida sob a designação 'sucessão por linhas', admitindo-se que há apenas duas delas". GRAMSTRUP Erick Frederico; QUEIROZ, Odete Novais Carneiro. A socioafetividade e a multiparentalidade. *Revista Nacional de Direito de Família e Sucessões*, Porto Alegre, v. 11, mar./abr. 2016.

[23] José Simão ilustra que "se o falecido deixou dois avós maternos e um avô paterno, a herança não se divide em três partes (por cabeça), mas sim por linhas (*in linea*): 50% para o avô paterno (linha paterna) e 50% para a linha materna: 25% para o avô e 25% para a avó". SIMÃO, José Fernando. Multiparentalidade e a sucessão legítima: divisão da herança em linhas (art. 1836 do CC). 2 dez. 2016. Disponível em: http://www.cartaforense.com.br. Acesso em: 17 dez. 2018.

partilhado igualmente entre os integrantes de cada linha, ainda que houvesse mais de um ascendente do 1º grau em cada uma delas.

Nas palavras do citado autor:

> Em existindo dois pais, estes recolherão a metade da quota cabível aos ascendentes, na proporção de metade para cada um, e a mãe, integralmente, a outra metade; em existindo duas mães estas dividirão entre si a metade da parte cabível aos ascendentes, e o pai receberá a outra metade por inteiro, sem que se possa arguir qualquer inconstitucionalidade, pois a eventual discrepância de valores, só não pode ser permitida em se tratando de diferenciação entre filhos do falecido (art. 227 §6º da CRFB).[24]

Mas sob outra perspectiva, Carvalho extrai a seguinte interpretação teleológica: se por ocasião da edição dos Códigos Civis de 1916 e 2002 não era crível a admissão da multiparentalidade, diante do "novo horizonte sucessório" impõe-se a igualdade pretendida da *mens legislatoris* quanto aos quinhões dos sucessíveis, a ser calculada e atribuída de acordo com o número de efetivos beneficiados.

O autor sugere um acréscimo legislativo ao §2º do art. 1.836 nos seguintes termos:

> Art. 1.836 [...] Parágrafo único. Em caso de multiparentalidade, falecido o descendente sem deixar prole, o quinhão correspondente aos ascendentes, será dividido na mesma proporção do número de pais ou mães sobreviventes.[25]

Desta forma, diante da sugestão da referida alteração legislativa, em caso de multiparentalidade, falecido o filho sem deixar prole, o quinhão hereditário correspondente aos ascendentes seria dividido na mesma proporção do número de pais e mães sobreviventes.

Para Lôbo, seguindo a primeira corrente, "se o autor da herança não deixar descendentes, seus ascendentes biológicos e socioafetivos herdarão concorrentemente, de acordo com suas linhas (maternas e paternas), por força do CC, art. 1.836". E exemplifica: "se deixar dois

---

[24] CARVALHO, Luiz Paulo Vieira de; COELHO, Luiz Cláudio Guimarães. Multiparentalidade e herança: alguns apontamentos. *Revista IBDFAM*, Belo Horizonte, v. 19, p. 11-24, jan./fev. 2017.

[25] CARVALHO, Luiz Paulo Vieira de; COELHO, Luiz Cláudio Guimarães. Multiparentalidade e herança: alguns apontamentos. *Revista IBDFAM*, Belo Horizonte, v. 19, p. 11-24, jan./fev. 2017.

pais (um socioafetivo e outro biológico) e uma mãe, esta herda a metade da herança, e os pais a outra metade".[26]

Já para uma segunda corrente, a divisão deveria se dar de outra forma, com uma repartição igualitária entre os três ascendentes, com cada um recebendo um terço da herança, igualmente. Para os defensores deste entendimento, deve-se prestigiar a função da norma prevista no parágrafo segundo do art. 1.836 do Código Civil, que seria justamente igualar as participações sucessórias dos ascendentes. Logo, não faria sentido aplicar, nestes casos, a regra com um sentido diverso da sua função pretendida. Dentro os defensores desta corrente se encontram Ana Luiza Nevares, Anderson Schreiber e Débora Gozzo.

Gozzo defende que:

> Em se tratando de pais, o ideal parece ser que se divida a herança entre todos os aqueles que constarem da certidão de nascimento do filho, garantindo-se assim uma solução baseada na equidade. Isto porque, quando houver lacuna legal, uma forma de preenchê-la, é por meio do julgamento por equidade, ao lado da analogia, os costumes e os princípios gerais de direito (LINDB, art. 4°). Não parece que seja justo dividir a herança em linhas, uma vez que isto causaria um desequilíbrio, se em um dos lados houver mais de um pai ou mais de uma mãe. E assim por diante.[27]

O Enunciado nº 642 da VIII Jornada de Direito Civil traduz esta corrente:

> Art. 1.836 Nas hipóteses de multiparentalidade, havendo o falecimento do descendente com o chamamento de seus ascendentes à sucessão legítima, se houver igualdade em grau e diversidade em linha entre os ascendentes convocados a herdar, a herança deverá ser dividida em tantas linhas quantos sejam os genitores.[28]

A justificativa se baseia na *mens legis* do §2º do art. 1.836 do CC, cuja divisão se dá conforme os troncos familiares. Por conseguinte, para

---

[26] LÔBO, Paulo. *Direito Civil*: sucessões. 5. ed. São Paulo: Saraiva, 2019. v. 6, p. 93.
[27] GOZZO, Débora. Dupla parentalidade e direito sucessório: a orientação dos tribunais superiores brasileiros. *Civilística.com*, a. 6, n. 2, p. 1-23, 2017. Disponível em: http://www.civilistica.com/wp-content/uploads/2017/12/Gozzo-civilistica.com-a.6.n.1.2017.pdf. Acesso em: 20 out. 2018.
[28] BRASIL. Conselho da Justiça Federal. VIII Jornada de Direito Civil, 26 e 27/4/2018.

atingir o objetivo do legislador, nas hipóteses de multiparentalidade a herança deverá ser dividida em tantas linhas quantos sejam os genitores.[29]

Este também é o posicionamento de Simão, que defende a divisão da herança entre a família paterna e a materna em partes iguais. Se são duas famílias paternas, têm-se duas linhas paternas e uma materna, constando a divisão da herança em terços. Como o Código Civil não poderia prever a multiparentalidade como realidade jurídica, lança uma leitura atual do parágrafo segundo do art. 1.836: "Havendo igualdade em grau e diversidade em linha quanto aos ascendentes, a herança se divide igualmente entre tantas quantas forem as linhas maternas e paternas".[30]

Matos e Fagundes[31] entendem que a segunda interpretação é a mais adequada, afirmando que o §2º do art. 1.836 do Código Civil pretende a divisão igualitária entre os ascendentes e por não ser possível prever, na ocasião da edição da norma, a possibilidade da multiparentalidade, a literalidade do texto não se adapta aos casos que reconhecem este vínculo parental múltiplo, devendo ser seguida a finalidade da norma – a igualdade na partilha.

Por esse entendimento, com o qual se concorda e defende, sendo reconhecidos efeitos sucessórios à multiparentalidade, a herança deve ser dividida por tantas linhas quantos forem os pais ou mães do falecido, independentemente do gênero dos ascendentes de 1º grau e do número de sucessores em cada linha. Em sendo assim, a lei não deve permitir distinção entre os pais, sejam eles biológicos, socioafetivos ou múltiplos.[32] [33]

---

[29] BRASIL. Conselho da Justiça Federal. VIII Jornada de Direito Civil, 26 e 27/4/2018.
[30] SIMÃO, José Fernando. Multiparentalidade e a sucessão legítima: divisão da herança em linhas (art. 1.836 do CC). 2 dez. 2016. Disponível em: http://www.cartaforense.com.br. Acesso em: 17 dez. 2018.
[31] MATOS, Ana Carla Harmatiuk; FAGUNDES, João Paulo Lopes. Multiparentalidade e suas repercussões nas sucessões. *Revista IBDFAM*, Belo Horizonte, n. 53, p. 33-57, set./out. 2022, p. 45.
[32] SCHREIBER, Anderson. STF, Repercussão Geral 622: a multiparentalidade e seus efeitos. Disponível em: http://www.cartaforense.com.br/conteudo/artigos/stf-repercussao-geral--622-a-multiparentalidade-e-seus-efeitos/16982. Acesso: 15 dez. 2016.
[33] No mesmo entendimento: SHIKICIMA, Nelson Sussumu. Sucessão dos ascendentes na multiparentalidade: uma lacuna da lei para ser preenchida. *Revista Científica Virtual da Escola Superior da Advocacia da OAB/SP*, São Paulo, n. 18, p. 68-78, 2014, p. 75: "Observem que o §2º do artigo 1.836 menciona que, se houver igualdade em graus e diversidade de linhas, ou seja, linha paterna e materna, dividiria pela metade a herança. Ocorre que, se houver pais multiparentais, como por exemplo, dois pais e uma mãe, significa que a linha materna ficaria com a metade e a linha paterna (que neste caso são dois) ficaria com a outra metade, dividindo esta metade entre os dois pais. Não seria injusto? Pressupondo que o legislador naquela época, quando da elaboração do Código Civil de 2002 havia somente

Esta corrente, na posição aqui defendida,[34] parece traduzir um entendimento mais adequado ao nosso atual quadro civil constitucional, tanto é que está a receber aprovação da maior parte da doutrina.

A partir dessa interpretação, a divisão da herança se dá igualitariamente entre os ascendentes, seja qual for a origem do vínculo parental, dividindo-se a herança em tantos quantos forem os ascendentes.[35]

Um outro aspecto que emerge destas discussões é que, hodiernamente, não parece mais recomendável se falar em linha paterna e linha materna. Tanto o reconhecimento das uniões de pessoas do mesmo sexo, como as possibilidades atualmente reconhecidas para a pessoa trans não recomendam mais tal remissão. Atualmente, parece mais indicado se falar apenas de linhas ascendentes (sem distinção de gênero), ainda, ter em mente que se abrirão tantas linhas quantos forem os ascendentes de primeiro grau reconhecidos.[36]

Há, ainda, a problemática que trata da admissão da multiparentalidade quanto à sucessão dos ascendentes em concorrência sucessória com o cônjuge ou companheiro sobrevivente, haja vista o código civil delimitar determinadas regras distantes da nova realidade jurídica.

O art. 1.837 estabelece que se o cônjuge concorrer com ascendentes em primeiro grau, terá direito a um terço da herança; se concorrer com apenas um ascendente de primeiro grau ou ascendente de segundo grau ou mais, terá direito a metade da herança. Mas como serão aplicadas essas regras diante da multiparentalidade?

Tartuce acredita que deve ser preservada a quota do cônjuge ou companheiro, dividindo-se o restante, de forma igualitária, entre todos os ascendentes.[37]

Na esteira deste entendimento, Gozzo afirma que:

---

em sua mente dois pais, e inclusive de modo tradicional, um pai e uma mãe, entendemos que deveria ser preenchida esta lacuna para partes iguais, em caso de disputa em primeiro grau".

[34] Também defendida pela autora e Ricardo Calderón. FRANCO, Karina Barbosa. Multiparentalidade e direitos sucessórios: efeitos, possibilidades e limites. In: TEIXEIRA, Ana Carolina Brochado; NEVARES, Ana Luiza Maia. (Coord.). *Direitos das Sucessões*: problemas e tendências. Indaiatuba: Foco, 2022.

[35] MATOS, Ana Carla Harmatiuk; FAGUNDES, João Paulo Lopes. Multiparentalidade e suas repercussões nas sucessões. *Revista IBDFAM*, Belo Horizonte, n. 53, p. 33-57, set./out. 2022, p. 45.

[36] Por exemplo, uma pessoa deixa dois pais e duas mães, todos reconhecidos e registrados. Nesta hipótese, termos quatro linhas ascendentes.

[37] TARTUCE, Flávio. *Direito Civil*: Direito das Sucessões. Rio de Janeiro: Forense, 2018. v. 6, p 219.

A interpretação mais justa parece ser a que resguardaria a quota do cônjuge, que foi fixada pelo legislador de 2002 em um terço do patrimônio do *de cujus*. Os outros dois terços poderão ser partilhados da forma sugerida acima. O importante é que o cônjuge supérstite não seja prejudicado, em razão de o morto ter mais de um pai e/ou de uma mãe.[38]

Barros, acompanhando a pretensão do legislador em privilegiar o cônjuge, entende que caracterizada a multiparentalidade, deverão ser mantidas as proporções legais. Assim, "havendo multiparentalidade no primeiro grau da linha ascendente (três ou mais pais), o cônjuge terá direito a um terço da herança e os dois terços restantes serão divididos entre os pais", sendo proporcional esta divisão à quantidade de pais. E exemplifica: se uma pessoa falecer (F), deixando uma mãe (M1), dois pais (P1 e P2) e um cônjuge ou companheiro (C), caberá um terço ao cônjuge ou companheiro (C) e os dois terços restantes serão divididos entre os três pais (M1, P1 e P2) em três partes iguais.[39]

Para uma segunda corrente doutrinária, que se posiciona considerando que o objetivo da lei, à época, foi igualar os pais e cônjuge quanto aos direitos sucessórios, a herança deve ser partilhada em partes iguais.

Desta forma, Matos e Fagundes[40] levam em conta a *mens legis* do dispositivo de maneira que, "considerando o objetivo do artigo de igualar os quinhões hereditários deferidos aos pais e ao cônjuge supérstite, a solução mais adequada para os casos de multiparentalidade seria deferir iguais quinhões para todos os sucessores".

Defendendo a mesma interpretação, José Fernando Simão, citado por Matos e Fagundes,[41] afirma que "a locução 'tocará 1/3 da herança' indica um único objetivo: que o cônjuge, o pai e a mãe do falecido tivessem quinhão igual" e finaliza sustentando que "a divisão da herança se dará por cabeça, com grande facilitação do cálculo dos quinhões".

---

[38] GOZZO, Débora. Dupla parentalidade e direito sucessório: a orientação dos tribunais superiores brasileiros. *Civilística.com*, a. 6, n. 2, p. 1-23, 2017. Disponível em: http://www.civilistica.com/wp-content/uploads/2017/12/Gozzo-civilistica.com-a.6.n.1.2017.pdf. Acesso em: 20 out. 2018.

[39] BARROS, André Borges de Carvalho. Multiparentalidade e sucessão: aplicabilidade das regras sucessórias do código civil em face do reconhecimento da multiparentalidade pelo Supremo Tribunal Federal. *Revista Nacional de Direito de Família e Sucessões*, Brasília, v. 4, n. 23, p. inicial-final, mar./abr. 2018, p. 116.

[40] MATOS, Ana Carla Harmatiuk; FAGUNDES, João Paulo Lopes. Multiparentalidade e suas repercussões nas sucessões. *Revista IBDFAM*, Belo Horizonte, n. 53, p. 33-57, set./out. 2022, p. 51.

[41] MATOS, Ana Carla Harmatiuk; FAGUNDES, João Paulo Lopes. Multiparentalidade e suas repercussões nas sucessões. *Revista IBDFAM*, Belo Horizonte, n. 53, p. 33-57, set./out. 2022, p. 51.

Logo, a interpretação defendida por Matos e Fagundes[42] é no sentido de que "a herança se defere em partes iguais, uma vez que se apresenta como a mais alinhada ao objetivo do dispositivo. No caso da multiparentalidade com três vínculos, caberia 25% para cada um dos ascendentes e 25% para o cônjuge supérstite".

Para Schreiber, a melhor solução consiste em "repartir a herança em partes iguais, ficando o cônjuge, assim como os três ascendentes em primeiro grau, com um quarto cada".[43]

Paiano[44] propõe uma alteração legislativa para solucionar o problema: "Art. 1.837, §1º Concorrendo com ascendentes em primeiro grau, ao cônjuge casado com pessoa que tenha três genitores multiparentais, a divisão da herança será feita em quinhões iguais". Logo, defende-se que quando os ascendentes concorrerem com o cônjuge sobrevivente, "a divisão deverá ser feita por cabeça, em quatro partes".

Anteriormente, o posicionamento da presente autora era no sentido de que ao cônjuge ou companheiro sobrevivente deveria ser mantida a cota diferenciada prevista no art. 1.837 do Código Civil, mantendo-se as proporções legais estabelecidas naquele dispositivo diante da caracterizada a multiparentalidade, mas, acompanhando o mesmo raciocínio de se defender a isonomia na divisão da herança entre os ascendentes, defende-se, a partir de então, o entendimento para se aliar à segunda corrente doutrinária e entender que o sentido da norma é que a herança seja repartida, igualitariamente, entre os sucessores.

Uma outra questão diz respeito à concorrência entre cônjuge e companheiro com um só ascendente ou com ascendentes em segundo grau ou mais, incidindo a segunda parte do art. 1.837 do Código Civil, devendo ser atribuída ao cônjuge metade da herança.

Para Paiano,[45] em se tratando da parte final do dispositivo, defende "a manutenção do dispositivo que, na concorrência com ascendentes de grau mais remoto, o cônjuge receba a metade da herança", como

---

[42] MATOS, Ana Carla Harmatiuk; FAGUNDES, João Paulo Lopes. Multiparentalidade e suas repercussões nas sucessões. *Revista IBDFAM*, Belo Horizonte, n. 53, p. 33-57, set./out. 2022, p. 52.

[43] SCHREIBER, Anderson; LUSTOSA, Paulo Franco. Efeitos jurídicos da multiparentalidade. *Pensar Revista de Ciências Jurídicas*, Fortaleza, v. 21, n. 3, p. 847-873, set./dez. 2016, p. 862.

[44] PAIANO, Daniela Braga. *A família atual e as espécies de filiação*. Rio de Janeiro: Lumen Juris, 2017, p. 194.

[45] PAIANO, Daniela Braga. *A família atual e as espécies de filiação*. Rio de Janeiro: Lumen Juris, 2017, p. 194.

também entendem Matos e Fagundes,[46] presumindo uma maior proximidade e relação de solidariedade do *de cujus* com o cônjuge ou companheiro sobrevivente, reserva-se metade da herança ao cônjuge e o restante será dividido entre as linhas ascendentes, mantendo-se a literalidade do texto, posicionamento ao qual se filia, uma vez que a *ratio* do dispositivo é manter a proporcionalidade entre os ascendentes e o cônjuge ou companheiro sobrevivente. Se a norma busca a igualdade na herança percebida por cônjuge ou companheiro e ascendentes de primeiro grau, o mesmo não ocorre com os de segundo ou mais graus.

Por fim, na falta de descendentes, ascendentes, cônjuge ou companheiro sobrevivente, a sucessão será deferida aos colaterais até o quarto grau; os mais próximos excluem os mais remotos.[47] Neste caso, é preciso relembrar que, uma vez reconhecida a multiparentalidade, a parentalidade se estende a toda a árvore genealógica do indivíduo, o que também inclui o parentesco na linha colateral.

Acontece que em matéria sucessória, o legislador atribuiu tratamento diferenciado aos irmãos, conforme sejam eles bilaterais ou unilaterais. Prescreve o art. 1.841 do Código Civil de 2002: "concorrendo à herança do falecido irmãos bilaterais com irmãos unilaterais, cada um destes herdará metade do que cada um daqueles herdar".[48]

Em sede de multiparentalidade, contudo, é aberta a possibilidade da configuração de uma "irmandade múltipla", ou seja, além de irmãos unilaterais e bilaterais, os trilaterais, quadrilaterais e outros.[49]

A respeito dessa situação, ensina Barros que:

> Com a redação atual do Código Civil são defensáveis, ao menos, três orientações: a primeira no sentido de que os plurilaterais e os bilaterais devem ser equiparados, por não haver previsão legal para a hipótese. [...] Uma segunda orientação pode ser proposta no sentido de não aplicação das regras presentes nos §§2º e 3º do art. 1.843 do Código Civil, quando verificada a multiparentalidade na sucessão de irmãos e sobrinhos. Dessa forma, as quotas dos irmãos e sobrinhos unilaterais, bilaterais e

---

[46] MATOS, Ana Carla Harmatiuk; FAGUNDES, João Paulo Lopes. Multiparentalidade e suas repercussões nas sucessões. *Revista IBDFAM*, Belo Horizonte, n. 53, p. 33-57, set./out. 2022, p. 52.

[47] Art. 1.840 "Na classe dos colaterais, os mais próximos excluem os mais remotos, salvo o direito de representação concedido aos filhos de irmãos".

[48] BRASIL. *Código Civil Brasileiro de 2002*. Disponível em: http://www.planalto.gov.br/ccivil_03/leis/2002/L10406.htm.

[49] BARROS, André Borges de Carvalho. Multiparentalidade e sucessão: aplicabilidade das regras sucessórias do código civil em face do reconhecimento da multiparentalidade pelo Supremo Tribunal Federal. *Revista Nacional de Direito de Família e Sucessões*, Brasília, v. 4, n. 23, p. inicial-final, mar./abr. 2018, p. 117.

plurilaterais passariam a ser idênticas em todas as ocasiões possíveis. *Como terceira orientação, pode ser defendida a manutenção do espírito da norma, criando-se um escalonamento entre todos conforme a quantidade de pais em comum.* Deste modo, havendo irmãos ou sobrinhos trilaterais, bilaterais e unilaterais, cada um dos trilaterais terá direito a uma quota cheia, cada um dos bilaterais terá direito a uma quota equivalente à 2/3 daquela atribuída aos trilaterais, e cada um dos unilaterais terá direito a uma quota equivalente a 1/3 daquela atribuída aos trilaterais.[50] (grifos nossos)

Matos e Fagundes[51] entendem que a norma que defere quinhão dobrado ao irmão bilateral é regra cogente e não pode ser afastada sua incidência no caso concreto. A interpretação que vem a partir de um escalonamento dos quinhões é a mais adequada considerando a razão de ser da norma, uma vez que a *mens legis* do dispositivo legal parte do número de vínculos ascendentes em comum, seguindo o raciocínio desenvolvido por Zeno Veloso, cuja solução do referido artigo se justifica porque irmão bilateral, irmão duas vezes, e o vínculo parental que une os irmãos germanos é duplicado. Por esse fato, o irmão bilateral deve receber cota hereditária dobrada da que coube ao irmão unilateral.

Desta forma, os autores acima elencados entendem que "o irmão trilateral é irmão três vezes e, assim, o vínculo parental que os une é triplicado. Consequentemente, o irmão trilateral deve receber quota hereditária triplicada da que coube ao unilateral".[52]

Sobre a sucessão dos irmãos, extensível aos sobrinhos, adere-se à terceira corrente em uma outra mudança de entendimento, passando-se a sustentar o escalonamento dos quinhões a partir da quantidade de vínculos parentais.

---

[50] BARROS, André Borges de Carvalho. Multiparentalidade e sucessão: aplicabilidade das regras sucessórias do código civil em face do reconhecimento da multiparentalidade pelo Supremo Tribunal Federal. *Revista Nacional de Direito de Família e Sucessões*, Brasília, v. 4, n. 23, p. inicial-final, mar./abr. 2018, p. 117.

[51] MATOS, Ana Carla Harmatiuk; FAGUNDES, João Paulo Lopes. Multiparentalidade e suas repercussões nas sucessões. *Revista IBDFAM*, Belo Horizonte, n. 53, p. 33-57, set./out. 2022, p. 48.

[52] MATOS, Ana Carla Harmatiuk; FAGUNDES, João Paulo Lopes. Multiparentalidade e suas repercussões nas sucessões. *Revista IBDFAM*, Belo Horizonte, n. 53, p. 33-57, set./out. 2022, p. 49. Em relação ao escalonamento dos quinhões, exemplificam: "Falecendo pessoa que tenha irmão trilateral, bilateral e unilateral, o irmão trilateral receberá três vezes a quota que couber ao unilateral e o bilateral receberá duas vezes. O irmão trilateral receberá 50% da herança, o bilateral 33,3% e o unilateral 16,6%. O mesmo não se aplica para o caso de concorrência para irmão trilateral e bilateral. O irmão trilateral receberá três quotas, ou seja, 60% do acervo, e o irmão bilateral receberá duas quotas, ou seja, 40% restantes. A partilha da herança deve ser obtida sempre contando o número de vínculos comuns que o irmão herdeiro possuía com o *de cujus*. Partindo dessa premissa, a solução é a mesma para os casos em que os irmãos compartilham de três ou mais vínculos parentais".

Ainda há a discussão sobre a denominada "multi-hereditariedade",[53] uma preocupação diante da possibilidade do filho objetivar o reconhecimento da multiparentalidade somente com o intuito de reclamar herança de todos os seus pais e mães, para atender somente aos seus interesses meramente patrimoniais, mas ficará para uma outra abordagem mais específica e aprofundada.

Diante dos questionamentos e posicionamentos aqui lançados, fica evidente a necessidade de reforma ou, no mínimo, de uma releitura dos dispositivos do Código Civil que disciplinam a transmissão patrimonial em razão da sucessão *causa mortis*, a partir do novo suporte fático trazido pela multiparentalidade, sempre buscando uma aplicação uniforme e equânime da norma jurídica para atender com segurança jurídica todos os arranjos familiares hoje existentes.

Considerações finais

Na travessia da Constituição Federal de 1988 para o Código Civil de 2002, no âmbito do direito das famílias constitucionalizado, a doutrina e a jurisprudência debruçaram-se sobre a parentalidade socioafetiva, e, uma vez consolidada, perquiriu-se a possibilidade da sua coexistência com a parentalidade biológica, configurando a multiparentalidade.

A decisão do STF no RE nº 898.060/SC consolidou três aspectos determinantes para o direito à filiação: o definitivo reconhecimento da afetividade como instituto jurídico; a igualdade entre as filiações socioafetiva e biológica, sem hierarquia entre elas; e a possibilidade jurídica do reconhecimento da multiparentalidade, acarretando, por outro lado, inquietações e questionamentos em torno da temática, cuja tese não delimitou alcance ou efeito, ficando a cargo da doutrina balizar os limites para sua aplicação e discutir as implicações decorrentes dos efeitos jurídicos.

Quanto aos efeitos jurídicos decorrentes da multiparentalidade, consideraram-se as mesmas repercussões no tocante aos elos familiares que são formados pelo parentesco biológico ou pelo socioafetivo, mas a pesquisa debruçou-se sobre a análise do efeito jurídico sucessório decorrente do seu reconhecimento, pautando-se pela máxima da isonomia, mas sem a pretensão de esgotar o tema.

---

[53] FARIAS, Cristiano Chaves; ROSENVALD, Nelson. *Curso de Direito Civil*. 9. ed. Salvador: JusPodivm, 2016, v. 6.

Diante do reconhecimento da parentalidade exercida, seja biológica ou socioafetiva, decorre a sucessão de forma recíproca, e quando houver vínculo multiparental o filho deve herdar de todos os seus pais.

Diante da situação contrária, a herança deve ser partilhada em tantas linhas quantos forem os ascendentes de primeiro grau, sob o primado da isonomia.

Quando houver a concorrência entre cônjuge ou companheiro e múltiplos pais, a herança deve seguir o espírito da norma, que pretendia a igualdade entre pais e o cônjuge.[54]

Por fim, quando houver apenas os parentes colaterais, em relação aos irmãos, observar-se-á o cálculo dos quinhões hereditários a partir do número de vínculos comuns que o irmão herdeiro possuía com o *de cujus*.

A autora defende o entendimento de que a multiparentalidade não é regra e deve ser analisada casuisticamente, devendo ser reconhecida quando as relações multiparentais estão consolidadas na afetividade e na convivência familiar, pressupostos esses que limitam a configuração do instituto, haja vista a multiparentalidade ser reconhecida com base no princípio da afetividade efetivamente presente entre pais e filhos.

Referências

BARROS, André Borges de Carvalho. Multiparentalidade e sucessão: aplicabilidade das regras sucessórias do código civil em face do reconhecimento da multiparentalidade pelo Supremo Tribunal Federal. *Revista Nacional de Direito de Família e Sucessões*, Brasília, v. 4, n. 23, p. 106-119, mar./abr. 2018.

BRASIL. Conselho da Justiça Federal. VIII Jornada de Direito Civil, 26 e 27/04/2018.

BRASIL. *Código Civil Brasileiro de 2002*. Disponível em: http://www.planalto.gov.br/ccivil_03/leis/2002/L10406.htm.

CALDERÓN, Ricardo. *Princípio da afetividade no Direito de Família*. 2. ed. Rio de Janeiro: Forense, 2017.

CALDERÓN, Ricardo; FRANCO, Karina Barbosa. Multiparentalidade e direitos sucessórios: efeitos, possibilidades e limites. In: TEIXEIRA, Ana Carolina Brochado; NEVARES, Ana Luiza Maia. (Coord.). *Direitos das Sucessões*: problemas e tendências. Indaiatuba: Foco, 2022.

---

[54] MATOS, Ana Carla Harmatiuk; FAGUNDES, João Paulo Lopes. Multiparentalidade e suas repercussões nas sucessões. *Revista IBDFAM*, Belo Horizonte, n. 53, p. 33-57, set./out. 2022.

CALDERÓN, Ricardo; GRUBERT, Camila. Projeções sucessórias da multiparentalidade. *In*: TEIXEIRA, Daniele Chaves (Coord.). *Arquitetura do planejamento sucessório*. 2. ed. Belo Horizonte: Fórum, 2020, p. 285-298.

CARVALHO, Luiz Paulo Vieira de; COELHO, Luiz Cláudio Guimarães. Multiparentalidade e herança: alguns apontamentos. *Revista IBDFAM*, Belo Horizonte, v. 19, p. 11-24, jan./fev. 2017.

CASSETTARI, Christiano. *Multiparentalidade e parentalidade socioafetiva*: efeitos jurídicos. 3. ed. São Paulo: Atlas, 2017.

FARIAS, Cristiano Chaves; ROSENVALD, Nelson. *Curso de Direito Civil*. 9. ed. Salvador: JusPodivm, 2016, v. 6.

GRAMSTRUP Erick Frederico; QUEIROZ, Odete Novais Carneiro. A socioafetividade e a multiparentalidade. *Revista Nacional de Direito de Família e Sucessões*, Porto Alegre, v. 11, p. 104-127, mar./abr. 2016.

GOZZO, Débora. Dupla parentalidade e direito sucessório: a orientação dos tribunais superiores brasileiros. *Civilística.com*, a. 6, n. 2, p. 1-23, 2017. Disponível em: http://www.civilistica.com/wp-content/uploads/2017/12/Gozzo-civilistica.com-a.6.n.1.2017.pdf. Acesso em: 20 out. 2018.

LÔBO, Paulo. *Direito Civil*: sucessões. 5. ed. São Paulo: Saraiva, 2019. v. 6.

LÔBO, Paulo. A socioafetividade no Direito de Família: a persistente trajetória de um conceito fundamental. *In*: DIAS, Maria Berenice *et al.* (Coord.). *Afeto e estruturas familiares*. Belo Horizonte: Del Rey, 2010.

MATOS, Ana Carla Harmatiuk; FAGUNDES, João Paulo Lopes. Multiparentalidade e suas repercussões nas sucessões. *Revista IBDFAM*, Belo Horizonte, n. 53, p. 33-57, set./out. 2022.

PAIANO, Daniela Braga. *A família atual e as espécies de filiação*. Rio de Janeiro: Lumen Juris, 2017.

QUINTANA, Julia Gonçalves; BRANDT, Fernanda. Os desafios da sucessão na multiparentalidade. *In*: NARDI, Norberto Luiz; NARDI, Marília Possenatto; NARDI, Vinícius Possenatto (Orgs.). *Direito acontecendo na união estável*. São Paulo: Ledriprint, 2017, v. 9.

SCHREIBER, Anderson; LUSTOSA, Paulo Franco. Efeitos jurídicos da multiparentalidade. *Pensar Revista de Ciências Jurídicas*, Fortaleza, v. 21, n. 3, p. 847-873, set./dez. 2016.

SCHREIBER, Anderson. STF, Repercussão geral 622: a multiparentalidade e seus efeitos. Disponível em: http://www.cartaforense.com.br. Acesso em: 15 dez. 2016.

SHIKICIMA, Nelson Sussumu. Sucessão dos ascendentes na multiparentalidade: uma lacuna da lei para ser preenchida. *Revista Científica Virtual da Escola Superior da Advocacia da OAB/SP*, São Paulo, n. 18, p. 68-78, 2014.

SILVA PEREIRA, Caio Mário da. *Instituições de Direito Civil*. 25. ed. Rio e Janeiro: Forense, 2017. v. 6.

SIMÃO, José Fernando. Multiparentalidade e a sucessão legítima: divisão da herança em linhas (art. 1836 do CC). 2 dez. 2016. Disponível em: http://www.cartaforense.com.br, publicado. Acesso em: 17 dez. 2018.

TARTUCE, Flávio. *Direito Civil*: Direito das Sucessões. Rio de Janeiro: Forense, 2018, v. 6.

Informação bibliográfica deste texto, conforme a NBR 6023:2018 da Associação Brasileira de Normas Técnicas (ABNT):

FRANCO, Karina Barbosa. Multiparentalidade e sua interseção com o Direito das Sucessões: uma análise doutrinária sobre o efeito sucessório decorrente do seu reconhecimento e suas repercussões. *In*: EHRHARDT JÚNIOR, Marcos; LÔBO, Fabíola (Coord.). *Constitucionalização das relações privadas*: fundamentos de interpretação do direito privado brasileiro. Belo Horizonte: Fórum, 2023. p. 109-128. ISBN 978-65-5518-564-5.

PROJETO MONOPARENTAL E GÊNERO

MARIA RITA DE HOLANDA

1 Projeto parental

Desde a Antiguidade o homem exerce a autoridade dentro da célula familiar, o que não apenas imobilizava a mulher como a tornava um ser ignorado, que, embora desejasse e pudesse exprimir a sua vontade, tornava-se impotente pela fictícia incapacidade que lhe era atribuída.

O homem detinha quase que um poder absoluto não apenas sobre a mulher, que estava condenada aos afazeres domésticos e aos cuidados com os filhos, como também sobre estes. Tal poder era referendado inclusive pela religião doméstica, que lhe conferia a possibilidade não apenas de negociar liberdade dos filhos, como sobre suas próprias vidas.

A sua vontade nula está sempre na espreita de muitos projetos atuais ainda. Em que pese à igualdade formal conquistada e expressa na Constituição Federal de 1988, que por sua vez decorreu de muitas batalhas e conquistas pela liberdade em diversas instâncias, a mulher ainda carrega consigo um destino que lhe foi conferido pela cultura e valores do passado, sobre a maternidade.

Ser mãe e cuidar dos filhos era tarefa exclusiva e primordial da mulher na sociedade. A maternidade lhe cabia quase como um dever, sendo a procriação a finalidade do casamento. Para incutir essa missão como algo nobre, o discurso sagrado foi extremamente útil, assim como a áurea de um amor que seria inigualável e diferente do afeto paterno. Badinter, após pesquisa histórica, conclui que o amor materno não é inato à mulher, mas depende em grande parte de um comportamento social variável de acordo com a época e os costumes. O mito do amor materno, segundo a autora, é produto da evolução social desde princípios do século XIX, já que o exame dos dados históricos mostra, nos séculos XVII e XVIII, que o próprio conceito do amor da mãe aos filhos era outro. As crianças eram normalmente entregues às amas desde a tenra idade para serem criadas e só voltavam ao lar depois dos cinco anos.[1]

Atualmente ainda se atribui culturalmente à figura feminina a condição melhor para a criação dos filhos. Através da expressão popular *mãe é mãe*, se perpetua a ideia de que a mulher detém certo monopólio pela sua natural condição de maternidade ligada à gestação e ao parto, *desonerando* e favorecendo o homem na criação direta e participação nas vidas de seus filhos.

A condição natural da maternidade é um ônus do qual a mulher não pode se esquivar, sobretudo nas sociedades que a criminaliza o aborto e a impede do exercício de não ser mãe, após o início da gestação. A proteção da vida do nascituro colide com vários aspectos da liberdade e personalidade da mulher. Já o *aborto paterno*, estatisticamente relevante, termina sendo facilitado através da fuga da responsabilidade ao reconhecimento voluntário da filiação.

O artigo 226 da Constituição Federal, ao definir formas familiares exemplificativas, garante a liberdade de planejamento familiar ao casal e veda a imposição coercitiva por parte de instituições oficiais ou privadas, a fim de que essa liberdade seja exercida sem restrições numéricas de filhos, o que ressalta o caráter protetivo e não restritivo de direitos, para a intervenção do estado.[2]

---

[1] BADINTER, Elizabeth. *Um amor conquistado*: o mito do amor materno. Rio de Janeiro: Nova Fronteira, 1985. Disponível em: http://www.redeblh.fiocruz.br/media/livrodigital%20%28pdf%29%20%28rev%29.pdf. Acesso em: 7 jun. 2015.

[2] BRASIL. Constituição da República Federativa do Brasil de 1988. Disponível em: ///C:/Documents%20and%20Settings/Eduardo/Meus%20documentos/Downloads/constituicao_federal_35ed%20(1).pdf. Acesso em: 7 fev. 2016.
Art. 226. A família, base da sociedade, tem especial proteção do Estado. [...] §7º Fundado nos princípios da dignidade da pessoa humana e da paternidade responsável, o planejamento familiar é livre decisão do casal, competindo ao Estado propiciar recursos educacionais e científicos para o exercício desse direito, vedada qualquer forma coercitiva por parte de instituições oficiais ou privadas.

Haveria ainda que se indagar se o valor constitucional trazido reflete a expressão da liberdade em procriar (direito à reprodução) apenas para o casal ou também ao indivíduo sozinho.

Nesse momento se ingressa na órbita da autonomia, a qual representa a faculdade ou direito de se reger segundo as liberdades e independência (moral e intelectual).[3]

Ao cidadão na órbita da constitucionalidade é garantida uma capacidade de autodeterminação em sua existência própria que inclui o corpo, mas ainda assim com alguns limites impostos pela lei, como a vedação legal à comercialização de partes dele, por exemplo. A liberdade de constituição familiar englobaria a liberdade de procriação no aspecto volitivo de querer ou não querer ter filhos.

Mesmo não havendo planejamento ou vontade, filhos e responsabilidades sobre eles poderão advir. O critério biológico, que pode bifurcar-se em consanguíneo ou genético, sujeita os genitores à paternidade/maternidade *ab initio*.

A responsabilidade nessa configuração jurídica advém da apreensão pela lei do evento natural do nascimento, sobretudo para a mulher. A lei brasileira contribui para isso também ao proibir o aborto, admitindo-o apenas em situação de excepcionalidade comprovada, demonstrando uma proteção à futura geração mais do que a própria existência presente da mulher. Poder não exercer a maternidade no Brasil requer o momento certo e condições que foram legalmente impostas ao aborto. A política punitiva de desestímulo é totalmente ineficaz, e pior, termina gerando ainda mais tratamentos diferenciados nas classes sociais. Não criminalizar e impor limites temporais seria uma boa saída para o exercício da autonomia parental da mulher, como o fez a legislação argentina.

A autodeterminação para a procriação também encontrará limites naturais na infertilidade, esterilidade e na incompatibilidade. A infertilidade aqui considerada seria a ausência ou diminuição de produção de material genético tanto para o homem como para a mulher, não obstante a distinção procedida por alguns doutrinadores entre infertilidade e esterilidade. Segundo Ana Cláudia Brandão, o termo infertilidade indica que a condição pode ser tratada e revertida,

---

[3] Constituição Federal: O artigo 5º, II, da Constituição cidadã enuncia que: Ninguém será obrigado a fazer ou deixar de fazer alguma coisa senão em virtude de lei.

podendo ser um problema temporário, e a esterilidade não, pois seria incapacidade permanente e irreversível.[4]

Já a incompatibilidade decorreria da impossibilidade de reprodução entre materiais genéticos semelhantes como ocorre nas relações homoafetivas e provoca uma nova reflexão quanto à equiparação ou não entre a infertilidade e a incompatibilidade.

Para garantir o tratamento igualitário de acesso aos meios científicos necessários ao planejamento familiar, poder-se-ia pensar nessa equiparação, a não ser que esse acesso venha a colidir com os direitos fundamentais de terceiros.

A decisão de procriar se encontra implícita à vontade do casal e não mais na ideia de interesse público (utilidade pública) como no passado, em que o casal deveria reproduzir para atender a função da família, estando em sua finalidade a continuidade pela procriação. Hoje é proibida a intervenção estatal na gerência da família, que está contida no princípio da dignidade da pessoa humana.

O planejamento familiar previsto no artigo 226, §7º da Constituição Federal, pressupõe um conjunto de ações de regulação da fecundidade que garanta direitos iguais de constituição, limitação e aumento da prole pela(s) pessoa(s) – mulher, homem ou casal – de acordo com a Lei federal nº 9.263/96.

Há claramente uma desconformidade literal na previsão da liberdade de planejamento familiar na Constituição Federal e a liberdade prevista na Lei federal nº 9.263/96, que amplia o espectro da legitimidade ao acesso.[5]

A disposição ordinária infraconstitucional deveria sofrer formalmente as limitações impostas pela ordem constitucional. Mas na interpretação sistemática do texto constitucional, há a proteção da monoparentalidade sem ressalva de que seja involuntária ou voluntária. Nessa ordem, a lei de planejamento familiar parece cumprir melhor o conjunto mandamental da Constituição e principalmente se estiver

---

[4] BRANDÃO, Ana Cláudia. *Reprodução humana assistida e suas consequências nas relações de família*: a filiação e a origem genética sob a perspectiva da repersonalização. 2. ed. Curitiba: Juruá, 2016, p. 43.

[5] BRASIL. Lei nº 9.263, de 12 de janeiro de 1996. Regula o planejamento familiar de com a CF/1988. Disponível em: http://www.planalto.gov.br/ccivil_03/LEIS/L9263.htm. Acesso em: 6 fev. 2016.
Art. 1º O planejamento familiar é direito de todo cidadão, observado o disposto nesta Lei.
Art. 2º Para fins desta Lei entende-se planejamento familiar como o conjunto de ações de regulação da fecundidade que garanta direitos iguais de constituição, limitação ou aumento da prole *pela mulher, pelo homem ou pelo casal*.

atendendo ao exercício em prol da dignidade humana, garantindo o acesso a qualquer pessoa esteja ou não em conjugalidade.

2 Controvérsia doutrinária sobre a monoparentalidade

O planejamento familiar quantitativo no Brasil segue um padrão biparental na linha ascendente, não obstante a relativização promovida pela Tese de Repercussão Geral 622 do STF. Com relação ao número de descendentes, não há qualquer limitação no Brasil e sim vedação de qualquer intervenção que restrinja escolhas.

O modelo binário parental se estruturou em decorrência de uma legitimação não apenas natural da concepção pela reprodução humana, mas também de uma presunção de conformação psicossocial melhor na formação da personalidade do indivíduo.

A biparentalidade pode advir de um projeto conjugal ou não. Aliás, nem sequer exige elemento intencional, conforme mencionado, a depender da origem da filiação. Há sujeição *ab initio* à maternidade e paternidade pelo DNA, quando a origem biológica é natural.

Tal sujeição só poderá vir a ser relativizada nas hipóteses de adoção, quando então se extinguirá o poder familiar originário e surgirá um poder familiar derivado.

Na lei civil brasileira a biparentalidade encontra-se totalmente conformada e as funções parentais paterna e materna podem ser exercidas pelo casal heterossexual ou pelo casal homossexual masculino ou feminino.

A opção legal é clara pelo modelo binário, seja na relação conjugal, seja na relação paterno ou materno-filial. Expressões como: *homem e mulher; casal; ambos os pais; ambos os cônjuges; o cônjuge pode pedir... quando o outro; o pai e a mãe; o pai ou a mãe*, são indicativas da construção de uma ordem que tem por base a existência de até dois "ascendentes" e até dois companheiros ou cônjuges. Essa binariedade, repita-se, não estaria sendo imposta a partir de diversidade de gênero (pai e mãe), podendo se dar entre dois pais ou entre duas mães, mas em geral na esfera binária.

O modelo biparental não está restrito ao critério biológico, já que a filiação socioafetiva poderá se dar por duas ou uma pessoa. Não há a possibilidade legal de atribuição da multiparentalidade híbrida, porque a adoção rompe definitivamente os vínculos jurídicos de filiação com a família de origem. Os efeitos seriam os mesmos pela transversalidade da igualdade, seja qual for a origem da filiação.

A proteção expressa do modelo monoparental surgiu com a Constituição Federal de 1988 e traz uma série de interpretações, dentre elas se a referida proteção se deu apenas para a monoparentalidade involuntária, decorrente por exemplo do abandono paterno, ou se também admite aquelas que são conscientemente buscadas em projetos individuais.

A possibilidade de multiparentalidade surge mais recentemente no ano de 2016, com o julgamento da Tese 622 pelo Supremo Tribunal Federal, após um comportamento jurisprudencial constante e permissivo. Diferentemente do modelo argentino, que expressa a proibição de multiparentalidade, o Brasil terminou por admiti-la.

A monoparentalidade involuntária era a mais trabalhada e se esgotava nas categorias das viúvas e nas chamadas *mães solteiras*. Esta *última* expressão revela o preconceito de uma sociedade matrimonializada, onde mulheres solteiras engravidavam de homens que fugiam de sua responsabilidade ou de homens casados acobertados pela lei que proibia o reconhecimento de filhos fora do casamento. Ser *mãe solteira* implicava em estar em desconformidade com os valores da sociedade e revelava uma liberdade sexual que nunca se quis admitir à mulher. Não existe a expressão *homem solteiro* com essa conotação.

Após esse primeiro formato, se incluíram também as ex-famílias biparentais ou famílias transformadas pelo divórcio. A dinamicidade nas constituições e desfazimentos das relações é um fator que sempre gera muita complexidade para a identificação de uma monoparentalidade. Assim, desde a década de 1970, a monoparentalidade se impôs como fenômeno social acompanhando o crescimento do número de divórcios, que seria uma de suas causas.

A Inglaterra foi o primeiro país a enfrentar a questão, principalmente em razão da pobreza decorrente do desfazimento dos vínculos conjugais (*one-parent ou lone parente families*).[6]

Em verdade não há propriamente monoparentalidade a partir do desfazimento dos vínculos conjugais, já que a formação parental se dá mediante o registro. Com o divórcio, não há desfazimento de qualquer parentalidade e, portanto, a monoparentalidade não pode

---

[6] LEITE, Eduardo Oliveira. *Famílias monoparentais*: a situação jurídica de pais e mães separados e dos filhos na ruptura da vida conjugal. São Paulo: Revista dos Tribunais, 2003, p. 21.

ser confundida com a alteração de convivência familiar decorrente da separação dos pais.

Segundo Eduardo Oliveira Leite a forma de ingresso na situação monoparental se daria em duas categorias: a monoparentalidade voluntária, (escolha consciente da monoparentalidade) e a monoparentalidade involuntária (ausência de escolha, mas imposição em razão de determinado fator).[7]

A monoparentalidade representou na acolhida pela Constituição Federal de 1988 uma relativização da binariedade e está definida no §4º do art. 226 como *a comunidade formada por qualquer dos pais e seus descendentes*.

Dessa forma, tendo o filho sido registrado por apenas um dos pais, seja qual for a origem da filiação, essa relação teria a proteção familiar necessária com todas as consequências também de ordem patrimonial.

O texto constitucional permite uma interpretação literal flexível em admitir tanto a forma voluntária como a forma involuntária. A polêmica existe muito mais no critério biológico, quando há voluntariedade para um projeto monoparental, já que não se confunde com a adoção singular que pode ser promovida por uma única pessoa.

A chamada produção independente na monoparentalidade voluntária e biológica é que suscita controvérsia doutrinária. Em tese, poderia se dar naturalmente muito mais pela mulher do que pelo homem. A escolha de uma produção independente natural pelo homem não é recepcionada pela incidência da normativa brasileira, considerando a sujeição da parentalidade biológica à mulher. Já a escolha de uma produção independente natural pela mulher é possível, mas também pode não ser ética, se corresponder a uma omissão deliberada à origem paterna.

Denomina-se de monoparentalidade voluntária aquela que visa a ser constituída pelo homem ou pela mulher no interesse de um projeto individual e, portanto, a reprodução medicamente assistida seria a forma mais ética de busca de um projeto parental individual. Há um interesse de exercício da paternidade ou maternidade, sem que haja o outro *dos pais*. A decisão emana consciente daquele que pretende a filiação. Contudo, a depender do gênero de quem demanda esta reprodução pode exigir circunstâncias diferentes.

---

[7] LEITE, Eduardo Oliveira. *Famílias monoparentais*: a situação jurídica de pais e mães separados e dos filhos na ruptura da vida conjugal. São Paulo: Revista dos Tribunais, 2003, p. 72.

Há algumas construções interpretativas a serem consideradas. A interpretação literal sobre o §7º do art. 226 da Constituição Federal leva a ideia de que essa liberdade estaria sendo concedida tão somente *ao casal*. Nesse sentido, pessoas sozinhas não poderiam idealizar um projeto monoparental.

Acompanha esse pensamento Paulo Lôbo, que ressalta que o planejamento familiar não é ilimitado, devendo garantir primeiro a primazia do filho. Assim, o autor entende que não poderia prevalecer o desejo egoístico do projeto parental com despreocupação das condições existenciais dignas dos que virão.[8]

A controvérsia se instala em razão da Lei nº 9.263/96, que em seu art. 2º autoriza que o planejamento seja realizado individualmente. Destarte, na primeira análise e considerando a hierarquia da lei constitucional, poder-se-ia dizer que a lei infraconstitucional falou mais do que a própria Constituição ao incluir, além do casal, pessoas sozinhas.

Há importantes doutrinas que acompanham o entendimento de proteção a um direito fundamental do *ser por vir*, ainda que sob perspectivas distintas.

Para Eduardo Leite não é sustentável a defesa da possibilidade de inseminação de uma mulher solteira (já que a criança seria órfã de pai, desde o início do projeto). Segundo o autor ainda, *em toda criança existe um direito fundamental ao biparentesco, como vocação natural e legítima de ter um pai e uma mãe, e de ser educada por ambos*.[9]

Nessa linha, a proteção constitucional às crianças abarcaria o seu direito de se desenvolverem num ambiente propício às potencialidades, enquanto seres humanos, o que, a princípio, somente seria garantido numa família, no mínimo, *biparental*.[10]

No argumento de Luciana Auto, em sua dissertação de mestrado, a autora enfatiza:

> Representa uma grande inversão de valores admitir que uma mulher, para realizar o seu sonho, individual, possa submeter o filho a não ter pai. O uso das técnicas de reprodução assistida deixa de ter a finalidade primordial de auxiliar quem não pode ter filhos e passa a ser vista como

---

[8] LÔBO, Paulo. *Direito Civil*: famílias. São Paulo: Saraiva, 2019, p. 221.
[9] LEITE, Eduardo Oliveira. *Procriações artificiais e o Direito*. São Paulo: Revista dos Tribunais, 1995, p. 335.
[10] LEITE, Eduardo de Oliveira. O Direito, a ciência e as leis de Bioética. *In*: SANTOS, M. Celeste Cordeiro L. (Org.). *Biodireito*: ciência da vida, os novos desafios. São Paulo: Revista dos Tribunais, 2001, p. 114.

uma viabilizadora do aparentemente impossível: planejar uma família monoparental. Os filhos então passam a ser objetos de desejo.[11]

Ambos, por perspectivas diferentes, se opõem à monoparentalidade voluntária pela mulher, por considerarem nessa escolha uma violação de direito fundamental da criança à paternidade. Trata-se de uma visão utilitarista da família, cumprindo o seu papel educacional através da biparentalidade e consequente reconhecimento de que há um limite ao exercício da autonomia parental.

Por outro lado, não se pode presumir que a decisão monoparental venha a causar danos existenciais na criança que está por vir. Além disso, o referido §7º da Constituição se refere à dignidade da pessoa humana e à paternidade responsável como fundamentos para essa liberdade e tais valores não podem estar restritos ao casal. Sem falar que a ideia de se conferir ampla liberdade apenas aos casais pode remeter a uma preocupação institucional do passado com relação ao caráter institucional do casamento.

É possível que o propósito inicial do Constituinte tenha sido o de proteção exclusiva das monoparentalidades involuntárias, estatisticamente muito presentes na realidade social, decorrentes do abandono paterno, em sua maioria. Além dessa possibilidade, a proteção recaíra também nos projetos individuais em que a criança já existe e precisa de uma família substituta, como na adoção singular.

A interpretação também se altera com o tempo e mudança de valores, modificando o propósito para o qual foi a lei criada. Assim, sem ressalvas expressas ou proibições pela Constituição Federal, não há como restringir a proteção apenas às monoparentalidades involuntárias.

Em contrapartida aos entendimentos anunciados, vislumbra-se mais o exercício da liberdade individual por não se poder presumir qualquer prejuízo ao futuro filho em razão da ausência da paternidade. Se nessas circunstâncias a bigenitoriedade for um princípio, estar-se-ia a admitir um direito à indenização pelo futuro filho pela violação ao seu direito a ter um pai. Proibir esse acesso seria reconhecer um direito fundamental a bigenitoriedade.[12]

---

[11] AUTO, Luciana da Fonseca Lima Brasileiro. *Projeto individual de maternidade*: entre o desejo e o direito. 2013. 106 f. Dissertação (Mestrado em Direito) – Programa de Pós-Graduação em Direito, Centro de Ciências Jurídicas /FDR, Universidade Federal de Pernambuco, Recife, 2013. Disponível em: https://repositorio.ufpe.br/handle/123456789/10786, 2013. Acesso em: 13 jan. 2020, p. 88.

[12] CICCO, Maria Cristina de. I valori contraddittori sottesi alla leggge sulla procreazione medicalmente assistita. *Revista Trimestral de Direito Civil – RTDC*, v. 21, ano 6, p. 143-172,

Tal consideração não importa em dizer que o projeto parental pode se dar em caráter ilimitado.

Na defesa de que o projeto individual não deveria ser permitido, há alguns trabalhos interdisciplinares que identificaram problemas de formação de personalidade da criança advinda de um projeto individual de parentalidade.

Welstead relata que a criança se depara com sérios questionamentos com relação à sua origem e parentalidade biológicas. As identidades pessoal e social muitas vezes dependem dessa informação e contribuem para a estabilidade psicológica em sua vida.[13]

No caso *Rose vs Secretary of State for Health and Human Fertilisation and Embryology Autorhrity*, há a narrativa da angústia de uma criança de 7 anos de idade que judicializou o pedido para conhecimento de seu parentesco biológico. Ela teria descoberto a verdade de sua concepção em circunstâncias não normais. Ela foi forçada ao anonimato do doador e com isso desenvolveu um sentimento de luto, confusão e culpa. As razões invocadas por ela para o conhecimento de sua origem seriam de ordem social, emocional, médicas e espirituais.

A autora explica que o conhecimento da origem ajuda a formação de um senso mais completo de si mesmo e de sua identidade, a não ser que se acredite que por haver sido criado artificialmente não tenha essa necessidade. Afirmou a requerente do citado caso: "While I was conceived to heal the pain of others (ie my parents' inability to conceive children naturally), I do not feel that there are sufficient attempts to heal my pain".[14]

Em outro caso relatado pela autora, *Re R (A child)*, um casal de conviventes procurou um centro para inseminação heteróloga da mulher com sêmen de terceiro, em razão da infertilidade do companheiro, que assumiria a responsabilidade paterna do filho que viesse a nascer dela, já que, não sendo casados, não incidiria a presunção de paternidade. No Brasil, a extensão da regra das presunções legais à união estável é pacífica.[15]

---

jan./mar. 2005. Disponível em: https://www.lexml.gov.br/busca/search?doutrinaAutor=-Cicco%2C%20Maria%20Cristina. Acesso em: 14 mar. 2021.

[13] WELSTEAD, Mary. Shaping lives of children. *In*: BALNHAM, Andrew. *The International Survey of Family Law*: 2005 edition. Bristol: Jordan Publishing, 2005, p. 217.

[14] Tradução livre: "Eu fui concebida para curar a dor dos outros (a impossibilidade de meus pais conceberem naturalmente – infertilidade) e estes não são bons argumentos para tentar curar a minha dor".

[15] WELSTEAD, Mary. Shaping lives of children. *In*: BALNHAM, Andrew. *The International Survey of Family Law*: 2005 edition. Bristol: Jordan Publishing, 2005, p. 221.

Neste caso, ela terminou por não engravidar do companheiro e posteriormente veio a se separar dele, mas continuou o tratamento sem o consentimento do novo parceiro e sem o conhecimento do anterior, pois nada informou à clínica.

O caso se assemelha à busca de uma produção independente. Ela engravidou posteriormente e o parceiro antigo, tendo tomado conhecimento da situação, pediu para ser o pai legal da criança, já que havia assumido essa responsabilidade. A decisão final foi no sentido de que o parceiro anterior não seria o pai legal, porque quando ocorreu o fato já estavam separados. Dessa forma a Corte reconheceu a decisão da mãe com relação à produção independente, embora tenha deixado em aberto a possibilidade de uma composição, mas terminou prevalecendo o interesse individual da mãe.

De outro lado, há estudos de que no projeto do casal que utiliza a *barriga de aluguel gestacional* (sem o material da gestante), não haveria qualquer impacto psicológico para o descendente no exercício de uma triparentalidade. Não se afasta um nível de estresse inicial e mesmo durante e ao final do processo, mas quanto aos aspectos psicológicos das crianças nada negativo haveria sido detectado.[16]

A biotecnologia fascina quando se propõe a atender os anseios dos pretendentes, mas não está em seu papel a preocupação com as consequências que poderão advir, como os possíveis mencionados conflitos de ordem psicológica que afetariam o ser projetado e criado.

Há que se indagar diante de toda a expressão de responsabilidade e de proteção da criança e do adolescente enquanto sujeitos de direito, se tal exercício individual seria condizente com os parâmetros da responsabilidade familiar para a futura criança, conforme os entendimentos acima mencionados.

A busca da produção independente natural não seria lícita se decorrer de uma conduta sonegadora da identidade do pai ao filho e da identidade deste ao pai, ou ainda da identidade da mãe biológica, seja ela genética ou consanguínea. Essa é uma condição em que a criança ou o pai/mãe poderão perquirir essa filiação, a qualquer tempo. A busca por uma produção independente através dos centros de reprodução humana e mediante o anonimato do dono do material genético parece ser mais ética.

---

[16] RUIZ-ROBLEDILLO, Nicolás; MOYA-ALBIOL, Luis. Gestational surrogacy: psychosocial aspects. *Psychosocial Intervention*, Madrid, v. 25, p. 187-193, 2016. Disponível em: https://www.sciencedirect.com/science/article/pii/S1132055916300230. Acesso em: 7 maio 2023, p. 189.

Há ainda questão mais intrigante quanto a possível distinção, quando a pretensão for de um homem ou de uma mulher.

Dentro da binariedade de gênero ainda muito incutida em nossa sociedade, o exercício desse projeto individual junto aos centros de reprodução humana pode envolver mais do que a simples doação anônima de gametas, mas também a participação de uma mulher, enquanto a ciência não confirma a viabilidade de um útero *artificial*.

Para a mulher o procedimento será sempre mais simples na medida em que a problemática se restringe a sua pessoa e a do futuro filho. O material genético doado não estabelece relação legal nessa parentalidade e está acobertado pelo anonimato.

Contudo, para o homem essa busca é mais complexa porque ele necessitaria mais do que o material genético de uma doadora, surgindo a partir daí duas necessárias relações: uma do pretendente com a criança por vir e outra com uma mulher que estaria cedendo o seu útero para a gestação.

O projeto individual do homem entrelaça-se com as problemáticas em torno da gestação sub-rogada que aqui não se pretende tratar, mas tão somente registrar a controvérsia de sua permissibilidade ou não no mundo. No Brasil embora não haja lei, a espécie foi identificada pela Resolução nº 2.320/2022 do Conselho Federal de medicina, e também foi reverenciada pelo Provimento nº 63/2017 do Conselho Nacional de Justiça (CNJ).

No projeto individual do homem por meio das técnicas, haverá a participação direta de pessoa cuja identidade se conhece ou se passa a conhecer, e onde contratualmente renunciaria a *deveres* parentais impostos pela incidência legal de sua maternidade através da gestação e do parto.

De qualquer forma, em ambas as situações o direito de personalidade em conhecer a origem genética estaria garantido à criança.

Ainda que se admita que a criança posteriormente busque a sua origem genética, esta pode ser auferida sem a revelação da identidade, através tão somente do código genético, e ainda que a identidade venha a ser revelada, não geraria parentalidade, pelo afastamento contratual dessa condição.

João Baptista Villela ressalta que as técnicas possibilitam outros arranjos familiares dentro de um modelo aberto, na medida em que o dador anônimo do material genético atua em solidariedade e sem intenção de elaboração de seu próprio projeto parental.[17]

---

[17] VILLELA, João Baptista. *Liberdade e família*. Belo Horizonte: Faculdade de Direito da UFMG, 1980, p. 11.

No Brasil há decisões de acolhimento ao projeto individual para a mulher. Na decisão proferida pelo Tribunal de Justiça do Rio Grande do Sul no ano de 2012, por meio do Agravo de Instrumento nº 70047323217 (Primeira Câmara Cível, Tribunal de Justiça do RS, Relator: Carlos Roberto Lofego Canibal, Julgado em 23.05.2012),[18] foi reconhecido o direito de gerar um filho a uma mulher diagnosticada com o CID 10N97.9 (infertilidade não especificada) e o acesso às técnicas de reprodução humana assistida, através do programa do governo federal do Sistema Único de Saúde. A decisão baseou-se no direito

---

[18] BRASIL. Tribunal de Justiça do rio Grande do Sul. *Ementa: Agravo de instrumento. Direito Público. Direito de gerar uma vida. Tratamento para infertilidade. Perigo de dano irreparável face a idade avançada da recorrente. Recurso provido.* A Constituição Federal de 1988 enumera, dentre os direitos fundamentais de todo o cidadão, o direito à vida. E o legislador constituinte, ao garantir o direito à vida, garante não apenas o direito a manter-se vivo, mas o direito de dar a vida, de gerar um ser humano. E é exatamente isto o que almeja a recorrente. A própria Carta Republicana tem na família a base da sociedade (art. 226). Ao que se sabe, há intenção por parte do Ministério da Saúde em garantir tratamento às mulheres inférteis, o que não há, no entanto, é agilidade, efetividade. E agilidade é tudo o que deve prevalecer em se tratando de infertilidade feminina, pois é cientificamente comprovado que quanto maior a idade da mulher, menores são as chances de uma gravidez, até mesmo em razão da diminuição, a cada ano, do número e também da qualidade dos óvulos. O tempo, nestes casos, passa a ser o maior inimigo. Não há como entender que não há perigo de dano. E mais, há irreversibilidade negativa, na medida em que, quanto maior a idade da mulher infértil, menores as chances de sucesso da reprodução assistida. A agravante, ao que se depreende, conta com trinta e sete (37) anos de idade e é portadora de CID 10 N97.9 – Infertilidade não especificada, e há dois anos vem investigando a causa de sua infertilidade, sem sucesso. Foi escrita em programa através do Sistema Única de Saúde, mas retirou a ficha de nº 885, sem qualquer previsão de atendimento, desde 22 fev. 2011. E como já referido, tempo é tudo o que a recorrente não tem. É fator relevante o fato de que, muito embora o arcabouço jurídico em torno de questão de tamanha relevância, não se tem notícia de que os programas implementados pelo Governo estejam efetivamente em andamento. A temática é das mais atuais, silenciada de longa data, *possivelmente por não ser interessante para o Governo, pelo alto custo dos tratamentos de reprodução assistida*. Ocorre que para estas mulheres, cuja única alternativa são justamente as técnicas de reprodução assistida, a sociedade tem o dever de dar uma resposta. E esta resposta não pode ser outra que não a de garantir-lhes o direito de gerar uma vida, de constituir uma família, sem o argumento simplista de que para estes casos de infertilidade, há a opção da adoção. Adotar, sem dúvida alguma, é um ato de amor, e deve receber todo o incentivo, mas não se pode entender seja esta a única resposta que se pode dar a quem tem todo o direito de gerar uma vida, sobretudo quando a medicina avança a cada dia no sentido de tornar realidade o que antes era apenas um sonho. *Ao se negar o direito à autora de se utilizar de todas as técnicas éticas e legais disponíveis para que venha a gerar um filho, se estará compactuando com um sistema que elege quem tem o direito e quem não tem o direito, de quem tem condições econômicas para suportar os altos custo, e quem não tem* Medida antecipatória dos efeitos da tutela deferida. Inteligência do disposto nos artigos 5º, *caput*, 196 e 226, *caput* e §7º, da Constituição Federal, Lei Federal nº 9.263/96 e Portarias n.º 426/05 e 388/05, do Ministério da Saúde. RECURSO PROVIDO. (Agravo de Instrumento nº 70047323217, Primeira Câmara Cível, Tribunal de Justiça do RS, Relator: Carlos Roberto Lofego Canibal, Julgado em 23.05.2012). Disponível em: https://www.tjrs.jus.br/buscas/jurisprudencia/exibe_html.php Acesso em: 8 maio 2023.

fundamental à vida, previsto na Constituição Federal de 1988, sob o argumento de que o legislador constituinte, ao assim prever, quis se referir não apenas ao direito de manter-se vivo, mas ao direito de dar a vida e gerar um ser humano.

Observe-se quanto a isso que na decisão referenciada o que seria *falta de interesse do Estado em razão dos altos custos*, reconhecendo a onerosidade do procedimento, não é ponderado com relação aos graus de saúde a serem atendidos, desconsiderando totalmente a situação econômica do poder público.[19]

Nenhuma discussão há na decisão, quanto ao possível interesse do *ser por vir*, concentrando o foco apenas naquela que pleiteia. O que se pode extrair do fundamento da decisão é o atendimento ao interesse individual de gerar, sem qualquer consideração a respeito do direito da criança à paternidade. Uma reverência à autonomia da vontade.

É fácil concluir também que o interesse do *ser por vir* deveria prevalecer nas duas circunstâncias, proibindo-se o acesso à busca das técnicas para esse fim, seja para a mulher, seja para o homem.

Mas a previsão legal sem restrições à monoparentalidade e a facilitação natural da busca pela mulher promove melhor a sua autonomia. Agregado a isso, tem-se que a infertilidade da mulher se dá inexoravelmente com a idade e consequente envelhecimento de seu material genético, o que não ocorre com o homem.

A discussão é acalorada e aqui não se pretende esgotá-la. Entre a norma e a realidade há uma grande ponte a ser construída.

Segundo o IBGE, no censo demográfico de 2010, mudanças na estrutura da família, maior participação da mulher no mercado de trabalho, baixas taxas de fecundidade e o envelhecimento da população influenciaram em vários aspectos, entre os quais aumentou em um ponto percentual a ocorrência de famílias monoparentais femininas (com ou sem parentes), de 15,3% para 16,2%, enquanto as masculinas (com ou sem parentes) se manteve nos mesmos patamares, 1,9% para 2,4%.[20]

Esse dado não se refere apenas à monoparentalidade voluntária, mas demonstra um crescimento quanto ao parentesco de famílias monoparentais femininas.

---

[19] SARLET, Ingo Wolfgang; FIGUEIREDO, Mariana Filchtiner. Reserva do possível, mínimo existencial e direito *à saúde*: algumas aproximações. *Revista Brasileira de Direitos Fundamentais & Justiça*, Porto Alegre, v. 1, n. 1, p. 171-213, out./dez. 2007. Disponível em: https://doi.org/10.30899/dfj.v1i1.590. Acesso em: 7 maio 2023.

[20] IBGE – Instituto Brasileiro de Geografia e Estatística. *Censo Demográfico 2010*. Famílias e Domicílios – Resultados da amostra. Rio de Janeiro, 2012.

Entre autorizar o projeto parental individual biológico e proibi-lo, a doutrina diverge exatamente entre a autonomia da vontade ou a autonomia privada na parentalidade. Aos que defendem a possibilidade de contratualização plena, não deve haver a intervenção restritiva do estado; aos que defendem a intervenção protetiva, é inegável que as regras da parentalidade seriam cogentes e de ordem pública.

Já foi mencionada a doutrina que defende a interpretação de não admissão do projeto individual, como a de Paulo Lôbo. O autor defende que esse projeto, individualmente planejado, idealizado, seria um exercício egoísta de um desejo, sem prospecção das necessidades do ser advindo.[21]

Data vênia, ainda que se considere esse argumento, não há como reconhecer como ilegítima uma produção independente, em razão da interpretação sistemática das normas vigentes, uma vez que não há ressalvas na proteção constitucional da monoparentalidade, assim como a lei do planejamento familiar ampliou e expressou o rol dos pretendentes, incluindo pessoas sozinhas.

3 (Des) igualdade material de gênero

Talvez o parâmetro mais difícil a ser enfrentado não esteja na esfera da liberdade, mas na esfera da igualdade para se verificar se esse acesso seria a todos, indistintamente.

Para tanto, aqui se propõe uma reflexão, cujo marco teórico parte da defesa de um *discrímen* positivo para a mulher.

Propõe-se a adoção de um *discrímen* em favor da mulher no exercício da monoparentalidade voluntária e é importante refletir se isso seria legítimo ou não à luz do conteúdo da isonomia. É possível discriminar em razão do gênero sem afrontar o preceito igualitário assegurado pela Constituição?

O elemento escolhido aqui para propor tal *discrímen* só seria possível na utilização das técnicas de reprodução medicamente assistida e estaria na condição natural reprodutiva da mulher, que exige apenas o material genético masculino, enquanto para o homem seria necessária a cessão de um útero por uma pessoa.

---

[21] LÔBO, Paulo. *Direito Civil*: famílias. São Paulo: Saraiva, 2019, p. 220.

A utilização pela mulher envolve apenas a discussão do comprometimento ou não de direitos fundamentais da criança por vir em seu direito à paternidade. Mas para o homem, além disso, haveria a discussão quanto a possível violação de direitos fundamentais da cedente do útero. Não há que se fazer diferenciação de gênero a todo e qualquer tipo de projeto monoparental. Assim, é legítima a busca do projeto monoparental tanto pelo homem como pela mulher, na esfera da adoção e na busca do reconhecimento de filiação socioafetiva pela posse, por exemplo.

Observa-se que não se busca na diferença de gênero a *ratio* fundamentadora para o *discrímen*. Se apenas as mulheres teriam direito, não seria por serem mulheres, mas por possuírem condições naturais reprodutivas mais legítimas e individualizadas ao objetivo pretendido.

Diante de elementos corporais distintos, como é o caso do aparelho reprodutor e diante das disposições normativas já mencionadas sobre a proteção à monoparentalidade, da liberdade de planejamento familiar e da irrenunciabilidade do poder familiar, verifica-se que a igualdade abstrata, impõe *discrímen* positivo concreto para a mulher. É a mulher naturalmente mais independente à reprodução sozinha do que o homem. Some-se a isso o fato de possuir tempo certo para a sua fertilidade, o que implica uma corrida contra o tempo para o projeto parental, e mesmo a busca de uma saúde reprodutiva.

Ao tratar de isonomia e fator de discriminação, Celso Bandeira de Mello coloca em pauta dois requisitos:

> a) a lei não pode erigir em critério diferencial um traço tão específico que singularize no presente e definitivamente, de modo absoluto, um sujeito a ser colhido pelo regime peculiar;
> b) o traço diferencial adotado, necessariamente há de residir na pessoa, coisa ou situação a ser discriminada; ou seja: elemento algum que não exista nelas mesmas poderá servir de base para sujeitá-las a regimes diferentes.[22]

A esse respeito, parece ser a reprodução da mulher diferenciada inclusive por ser um elemento transformador de seu próprio organismo, *quiçá* permitindo o melhor desenvolvimento de sua saúde global. Em que pese o cuidado com as futuras gerações e sua integridade pessoal, parece não se poder presumir danos nessa situação, senão em situações

---

[22] MELLO, Celso Antônio Bandeira de. *O conteúdo jurídico do princípio da igualdade*. São Paulo: Malheiros, 2004, p. 23.

casuísticas. Nesse aspecto a presunção de que a convivência familiar com ambos os ascendentes é benéfica pode ser relativizada. Aliás, tal convivência, em determinadas situações, ao contrário, poderá estar trazendo dano em sua concretude.

Ao homem, independentemente de sua orientação sexual, não haveria autonomia para a busca de um projeto individual de monoparentalidade através das técnicas reprodutivas, por envolver outras complexidades relacionais cuja constitucionalidade é duvidosa. Duas situações e não apenas uma pesaria sobre este: a condição da futura criança e a situação da mulher cedente do útero.

Importante esclarecer que não há nessa referência qualquer valor moral destinado a enxergar a mulher sempre dentro de um papel reprodutivo. A esse respeito é importante a desconstrução cultural do que se irradia no corpo feminino. Jacqueline Simone de Almeida Machado e Claudia Maria de Mattos Penna ressaltam:

> Ainda há supervalorização do corpo reprodutivo, pelo privilégio concedido ao corpo biológico. Pelo fato de ser detentora do útero, a mulher acaba sendo identificada pela sua capacidade de reprodução. As imagens da maternidade e do corpo grávido ganham espaço na mídia, reafirmando a identidade feminina relacionada à autorrealização. A maternidade é mostrada como essência dessa identidade e a reprodução como algo inerente à natureza feminina.[23]

Aqui se coloca a maternidade como escolha e não como condição do sexo.

A partir daí, ainda se pode questionar se haveria violação do princípio da igualdade e se o tratamento diferenciado poderia ser considerado uma discriminação de gênero. Esse mesmo problema se daria com a busca do projeto parental por casais homossexuais femininos e casais homossexuais masculinos. Portanto, o *discrímen* não seria quanto à orientação sexual, mas com relação à diversidade natural de gênero.

O assunto é muito delicado e pode suscitar e ou reprimir valores ideológicos e libertários.

Para a mulher, o alcance da liberdade e igualdade formais foi fundamental nas vicissitudes que levaram à sua emancipação. A busca

---

[23] MACHADO, Jacqueline Simone de Almeida; PENNA, Claudia Maria de Mattos. Reprodução feminina e saúde sob os olhares de mulheres sem filhos. *Revista Mineira de Enfermagem – REME*, Belo Horizonte, v. 20, p. 1-7, 2016. Disponível em: https://pesquisa.bvsalud.org/portal/resource/pt/biblio-835279. Acesso em: 30 jan. 2021.

de seu projeto individual seria possível não apenas culturalmente como também seria aplaudido.

O acesso às técnicas de reprodução medicamente assistida são de alto custeio, o que tem levado as pessoas a realizarem o sonho da maternidade ou paternidade por meio da chamada *inseminação caseira*, que traz ainda mais incertezas e riscos.

De acordo com notícia veiculada pela CNN Brasil, o método tem crescido no país e já há comunidades virtuais no Facebook e no TikTok. Há até mesmo defesa para que seja desburocratizado o registro de criança nascida dessa técnica para que o CNJ dispense o laudo médico da clínica como requisito para o registro, conforme prevê o Provimento nº 67/2017.[24]

Em 2023 houve caso emblemático que chegou ao judiciário sobre pleito de um casal homoafetivo feminino que requereu autorização para registro da criança, proveniente da inseminação caseira, em nome de ambas. O material genético teria sido doado por um amigo, que o disponibilizou mediante duas exigências: a condição do seu anonimato e a isenção de qualquer responsabilização com a criança.[25]

O fato é que sobre a monoparentalidade feminina, os dados do Ministério da Saúde constatam que o percentual de mães aos 30 (trinta) anos (ou mais) saltou de 22,5%, no início do século XXI, para mais de 35,1% em 2018. E nesse ponto a emancipação da mulher parece estar influenciando a procura pela reprodução humana assistida, uma vez que a gravidez planejada segue sendo adiada.[26]

A admissão do projeto voluntário à monoparentalidade deve se basear em finalidade terapêutica para cura ou prevenção à infertilidade cronológica. Nessa perspectiva, a discussão de acessibilidade pelo homem e pela mulher para todas as formas de auxílio à reprodução medicamente assistida parece trazer uma questão de discriminantes naturais de gênero e não de discriminação de gênero.

---

[24] MARQUES, Júlia. Inseminação caseira para engravidar cresce no Brasil; entenda os riscos. CNN Brasil, 4 ago. 2022. Disponível em: https://www.cnnbrasil.com.br/nacional/inseminacao-caseira-para-engravidar-cresce-no-brasil-entenda-os-riscos/. Acesso em: 5 maio 2023.

[25] MEDEIROS, Ângelo. Casal homoafetivo consegue registrar filho gerado por inseminação caseira. *Poder Judiciário de Santa Catarina*, 26 jan. 2023. Disponível em: https://www.tjsc.jus.br/web/imprensa/-/casal-homoafetivo-consegue-registrar-filho-gerado-por-inseminacao-artificial-caseira. Acesso em: 5 maio 2023.

[26] FROENER, Carla; CATALAN, Marcos. *A reprodução humana assistida na sociedade de consumo*. Indaiatuba: Foco, 2020, p. 11.

Sobre a caracterização da finalidade terapêutica, existem várias interpretações a partir da concepção de saúde estabelecida pela Ordem Mundial de Saúde. Para a OMS, *saúde é um estado de completo bem-estar físico, mental e social e não apenas a mera ausência de doença ou enfermidade*. Dessa forma, a busca da saúde pelo bem-estar e estabilidade psíquica dos casais homoafetivos masculinos dependeria da autorização da utilização da gestação sub-rogada? E em havendo colisão de direitos fundamentais?[27]

Em torno também desse conceito de saúde, extrai-se uma série de concepções que envolvem a garantia do bem-estar psicológico diante do anseio ao exercício da parentalidade. Pela Resolução vigente do Conselho Federal de Medicina, o casal heterossexual deve fazer prova médica da finalidade terapêutica e da impossibilidade da gestação pela pretendente para a obtenção da autorização da técnica auxiliar de gestação sub-rogada. Mas para os casais homossexuais o acesso lhes é garantido pela natural incompatibilidade de reprodução entre eles. Nesse caso a incompatibilidade está sendo entendida como sinônimo da infertilidade. Haveria aí também um *discrímen* natural positivo ao casal homoafetivo, que justificaria um acesso mais amplo, independente da finalidade terapêutica?

De qualquer forma, havendo a necessidade natural de uma gestação sub-rogada, não se pode afastar a possibilidade de que a cedente pode sofrer violação aos seus direitos fundamentais se a sua autonomia estiver comprometida pela própria situação de necessidade financeira e carência. Isso porque bem ora recomende-se que a técnica se dê por solidariedade e preferencialmente no âmbito familiar, é fato constato em diversos pareceres de que isso pode não ocorrer na realidade.

Pelo costume já consolidado nos centros médicos do Brasil, não se acredita em uma futura proibição, mas seria garantidor da solidariedade e igualdade material entre as partes, que fosse pontualmente autorizada pelo judiciário, antes da implantação do embrião. Tal procedimento se revela prudente em um contexto onde há uma severa desigualdade social.

O maior desafio do Direito nesse século reside na busca de uma zona que permita o estabelecimento de um compromisso aceitável entre os valores fundamentais comuns, com os necessários enquadramentos éticos e morais refletidos na lei, e os espaços de liberdade, os mais

---

[27] HOLANDA, Maria Rita. A vulnerabilidade a mulher no caso da gestação sub-rogada no Brasil. *In*: LÔBO, Fabíola; EHRHARDT Júnior, Marcos (Org.). *Vulnerabilidade e sua compreensão no Direito brasileiro*. Indaiatuba: Foco, 2021, p. 197-212, p. 199.

amplos possíveis, de forma a permitir a cada um a escolha de seus atos e a condução da sua vida particular, de seu projeto de vida.[28]

4 Notas conclusivas

A defesa da monoparentalidade voluntária para a mulher e não para o homem na utilização das técnicas de reprodução humana gera desconforto e inquietação em uma sociedade democrática e pode ser taxada equivocadamente como um pensamento conservador ou mesmo discriminatório. Porém, na dura expressão do Direito, é uma desconstrução a partir de justificativas igualmente nobres de defesa *da igualdade nos limites das desigualdades*.

O limite estaria justificado com a concepção de uma autonomia híbrida existencial e não uma autonomia da vontade aos pretendentes ao projeto parental mediante as técnicas de reprodução medicamente assistida. Não se pode olvidar sobre a liberdade ao planejamento familiar, porém esta deve se dar quando não comprometa a dignidade de outrem.

Em que pese os fortes argumentos doutrinários de que monoparentalidade biológica voluntária é um exercício individualista de um desejo, que não reflete o bem-estar da criança por vir, não há como desconhecer que a norma jurídica brasileira traz fundamento legal para o exercício desse projeto, que deve atentar para uma finalidade terapêutica de quem busca no exercício de um direito à saúde reprodutiva.

Embora a temática aqui tenha girado em torno da binariedade de gênero, pela heteronormatividade que a cerca, na hipótese dos transgêneros estar-se-ia, invertidamente, admitindo que para o homem trans não haveria impedimento ao projeto individual, se mantido o aparelho reprodutor anterior e balanceamento hormonal, mas para o mulher trans voltar-se-ia a falar desse impedimento. Nessa situação, o gênero social masculino seria o mais beneficiado pela desnecessidade da utilização da cessão de útero.

Os direitos reprodutivos são precedidos de tutela constitucional e isonômica, o que não significa tutelas iguais, sendo de incontestável relevância a tal ponto que pode ser considerado um direito fundamental. Mas isso não significa que estaria justificada a utilização de todas as técnicas e auxílios à reprodução humana assistida e principalmente

---

[28] MORAES, Maria Celina Bodin de. *Na medida da pessoa humana*: estudos de Direito Civil-Constitucional. Rio de Janeiro: Renovar, 2010, p. 75.

aquelas que poderiam colocar em risco outros direitos fundamentais próprios e de terceiros.

Importante, por fim, reconhecer que, abstrata e formalmente, a autonomia parental deve se dar na mesma medida a todas as pessoas, independentemente de gênero ou orientação sexual, mas a depender da forma do exercício dessa autonomia é possível identificar a necessidade de reconhecimento de um *discrímen* positivo para a mulher na busca da monoparentalidade biológica voluntária, paradoxalmente ao lado da autonomia negativa que assevera a impossibilidade de desistência da reprodução pelo aborto, após a concepção.

A proposta do *discrímen* positivo em favor da mulher para o exercício da autonomia monoparental voluntária não pode por outro lado ser uma armadilha para o reconhecimento social de um suposto papel de serviência decorrente de sua condição reprodutiva e de sua história de opressão.

Referências

AUTO, Luciana da Fonseca Lima Brasileiro. *Projeto individual de maternidade*: entre o desejo e o direito. 2013. 106 f. Dissertação (Mestrado em Direito) – Programa de Pós-Graduação em Direito, Centro de Ciências Jurídicas /FDR, Universidade Federal de Pernambuco, Recife, 2013. Disponível em: https://repositorio.ufpe.br/handle/123456789/10686, 2013. Acesso em: 13 jan. 2020.

BADINTER, Elizabeth. *Um amor conquistado*: o mito do amor materno. Rio de Janeiro: Nova Fronteira, 1985. Disponível em: http://www.redeblh.fiocruz.br/media/livrodigital%20%28pdf%29%20%28rev%29.pdf. Acesso em: 7 jun. 2015.

BRANDÃO, Ana Cláudia. *Reprodução humana assistida e suas consequências nas relações de família*: a filiação e a origem genética sob a perspectiva da repersonalização. 2. ed. Curitiba: Juruá, 2016.

BRASIL. Constituição da República Federativa do Brasil de 1988. Disponível em: ///C:/Documents%20and%20Settings/Eduardo/Meus%20documentos/Downloads/constituicao_federal_35ed%20(1).pdf.

BRASIL. Lei nº 9.263, de 12 de janeiro de 1996. Regula o planejamento familiar de com a CF/1988. Disponível em: http://www.planalto.gov.br/ccivil_03/LEIS/L9263.htm. Acesso em: 6 fev. 2016.

BRASIL. Tribunal de Justiça do Rio Grande Sul. *Ementa*: Agravo de instrumento. Direito Público. Direito de gerar uma vida. Tratamento para infertilidade. Perigo de dano irreparável face a idade avançada da recorrente. Recurso provido. (Agravo de Instrumento nº 70047323217, Primeira Câmara Cível, Tribunal de Justiça do RS, Relator: Carlos Roberto Lofego Canibal, Julgado em 23.05.2012). Disponível em: https://www.tjrs.jus.br/buscas/jurisprudencia/exibe_html.php Acesso em: 8 maio 2023.

CICCO, Maria Cristina de. I valori contraddittori sottesi alla leggge sullla procreazione medicalmente assistita. *Revista Trimestral de Direito Civil – RTDC*, v. 21, ano 6, p. 143-172, jan./mar. 2005. Disponível em: https://www.lexml.gov.br/busca/search?doutrinaAutor=Cicco%2C%20Maria%20Cristina. Acesso em: 14 mar. 2021.

FROENER, Carla; CATALAN, Marcos. *A reprodução humana assistida na sociedade de consumo*. Indaiatuba: Foco, 2020.

HOLANDA, Maria Rita. A vulnerabilidade a mulher no caso da gestação sub-rogada no Brasil. *In*: LÔBO, Fabíola; EHRHARDT Júnior, Marcos (Org.). *Vulnerabilidade e sua compreensão no Direito brasileiro*. Indaiatuba: Foco, 2021, p. 197-212.

IBGE – Instituto Brasileiro de Geografia e Estatística. *Censo Demográfico 2010*. Famílias e Domicílios – resultados da amostra. Rio de Janeiro, 2012.

LEITE, Eduardo Oliveira. *Famílias monoparentais*: a situação jurídica de pais e mães separados e dos filhos na ruptura da vida conjugal. São Paulo: Revista dos Tribunais, 2003.

LEITE, Eduardo de Oliveira. O Direito, a ciência e as leis de Bioética. *In*: SANTOS, M. Celeste Cordeiro L. (Org.). *Biodireito*: ciência da vida, os novos desafios. São Paulo: Revista dos Tribunais, 2001.

LEITE, Eduardo Oliveira. *Procriações artificiais e o Direito*. São Paulo: Revista dos Tribunais, 1995.

LÔBO, Paulo. *Direito Civil*: famílias. São Paulo: Saraiva, 2019.

MACHADO, Jacqueline Simone de Almeida; PENNA, Claudia Maria de Mattos. Reprodução feminina e saúde sob os olhares de mulheres sem filhos. *Revista Mineira de Enfermagem – REME*, Belo Horizonte, v. 20, p. 1-7, 2016. Disponível em: https://pesquisa.bvsalud.org/portal/resource/pt/biblio-835279. Acesso em: 30 jan. 2021.

MARQUES, Júlia. Inseminação caseira para engravidar cresce no Brasil; entenda os riscos. CNN Brasil, 4 ago. 2022. Disponível em: https://www.cnnbrasil.com.br/nacional/inseminacao-caseira-para-engravidar-cresce-no-brasil-entenda-os-riscos/. Acesso em: 5 maio 2023.

MEDEIROS, Ângelo. Casal homoafetivo consegue registrar filho gerado por inseminação caseira. *Poder Judiciário de Santa Catarina*, 26 jan. 2023. Disponível em: https://www.tjsc.jus.br/web/imprensa/-/casal-homoafetivo-consegue-registrar-filho-gerado-por-inseminacao-artificial-caseira. Acesso em: 5 maio 2023.

MELLO, Celso Antônio Bandeira de. *O conteúdo jurídico do princípio da igualdade*. São Paulo: Malheiros, 2004.

MORAES, Maria Celina Bodin de. *Na medida da pessoa humana*: estudos de Direito Civil-Constitucional. Rio de Janeiro: Renovar, 2010.

RUIZ-ROBLEDILLO, Nicolás; MOYA-ALBIOL, Luis. Gestational surrogacy: psychosocial aspects. *Psychosocial Intervention*, Madrid, v. 25, p. 187-193, 2016. Disponível em: https://www.sciencedirect.com/science/article/pii/S1132055916300230. Acesso em: 7 maio 2023.

SARLET, Ingo Wolfgang; FIGUEIREDO, Mariana Filchtiner. Reserva do possível, mínimo existencial e direito à saúde: algumas aproximações. *Revista Brasileira de Direitos Fundamentais & Justiça*, Porto Alegre, v. 1, n. 1, p. 171-213, out./dez. 2007. Disponível em: https://doi.org/10.30899/dfj.v1i1.590. Acesso em: 7 maio 2023.

VILLELA, João Baptista. *Liberdade e família*. Belo Horizonte: Faculdade de Direito da UFMG, 1980.

WELSTEAD, Mary. Shaping lives of children. *In:* BALNHAM, Andrew. *The International Survey of Family Law*: 2005 edition. Bristol: Jordan Publishing, 2005.

Informação bibliográfica deste texto, conforme a NBR 6023:2018 da Associação Brasileira de Normas Técnicas (ABNT):

HOLANDA Maria Rita de. Projeto monoparental e gênero. *In*: EHRHARDT JÚNIOR, Marcos; LÔBO, Fabíola (Coord.). *Constitucionalização das relações privadas*: fundamentos de interpretação do direito privado brasileiro. Belo Horizonte: Fórum, 2023. p. 129-151. ISBN 978-65-5518-564-5.

PLANEJAMENTO FAMILIAR E FAMÍLIAS ECTOGENÉTICAS LGBT: UM DIÁLOGO (AINDA) EM ABERTO

MANUEL CAMELO FERREIRA DA SILVA NETTO

Introdução

    Em 23 de fevereiro de 2022, nasceram os irmãos Marc e Maya, filhos do casal de engenheiros civis, Gustavo Catunda e Robert Rosselló, à época casados há 10 anos, fruto do emprego de técnica de reprodução humana assistida (RHA) em que o sêmen fornecido por Robert fecundou o óvulo doado pela irmã de Gustavo, tendo as crianças sido gestadas por uma prima deste. A família ganhou notoriedade midiática sobretudo em razão do compartilhamento – através de sua conta na plataforma Instagram (@2depais[1]) – do parto dos gêmeos, os quais tinham o material genético da família de ambos os pais, sendo os primeiros nascidos após a vigência da Resolução do Conselho Federal de Medicina (CFM) nº 2.294/2021 (posteriormente revogada pela Resolução nº 2.320/2022, atualmente vigente), que passou a autorizar a doação de gametas por

---

[1] Para visitar a página do casal, basta acessar o *link* https://www.instagram.com/2depais/.

parentes de até 4º grau para auxiliar no procedimento de RHA, que, até então, somente poderia ser feita por doadores(as) anônimos(as).[2]

Casos como o acima narrado demonstram o poder revolucionário que fora viabilizado pelo recurso às biotecnologias reprodutivas ao longo dos últimos anos, não apenas transformando o processo biológico de procriação – o qual não pode mais ser unicamente associado à prática do coito sexual –, mas também subvertendo os modelos tradicionais de família e padrões de gênero impostos pelo meio social.

Tal conjuntura, no entanto, embora trate-se de ferramentas amplamente difundidas na realidade social, continua a gerar algumas controvérsias, ao menos do ponto de vista jurídico, no que diz respeito à legitimidade de acesso e uso de tais técnicas, uma vez que seus procedimentos ainda não estão regulados por uma legislação específica. Por essa razão, considerando os impactos e inseguranças que essa ausência legislativa pode vir a causar nos beneficiários da RHA – especialmente quando se leva em conta a dimensão de vulnerabilidade sociojurídica[3] da população LGBT[4] e de suas famílias em um contexto hetero[cis] normativo –, o presente trabalho levanta a seguinte problemática: quais os limites e possibilidades do exercício do planejamento familiar conferido aos contextos familiares homoafetivos e transafetivos, notadamente no que diz respeito aos projetos parentais ectogenéticos?[5]

À vista disso, buscou-se analisar a *liberdade* no exercício do planejamento familiar à luz da metodologia civil-constitucional, focado no contexto dos projetos parentais ectogenéticos LGBT. Para tanto, este artigo traz como objetivos: a) compreender o conceito de Planejamento Familiar, trazido assim pela Constituição Federal de 1988 (CF/88) e

---

[2] BRITO, Aline. Nascem gêmeos do casal gay do DF que usou material genético da família. *Correio Braziliense*, 24 fev. 2022. Disponível em: https://www.correiobraziliense.com.br/cidades-df/2022/02/4987972-nascem-gemeos-do-casal-gay-do-df-que-usou-material-genetico-da-familia.html. Acesso em: 27 abr. 2023.

[3] Para maior aprofundamento no tema, ver SILVA NETTO, Manuel Camelo Ferreira da; DANTAS, Carlos Henrique Félix. "Nossas vidas importam?" a vulnerabilidade sociojurídica da população LGBTI+ no Brasil: debates em torno do Estatuto da Diversidade Sexual e de Gênero e da sua atual pertinência. *In*: EHRHARDT JÚNIOR, Marcos; LÔBO, Fabíola (Orgs.). *Vulnerabilidade e sua compreensão no Direito brasileiro*. Indaiatuba: Foco, 2021.

[4] Precisa-se esclarecer a escolha do uso da sigla "LGBT" (lésbicas, gays, bissexuais, transexuais, travestis e transgêneros), a qual fora aqui usada neste trabalho, em detrimento de outras formatações, como LGBTQIAP+ (que destaca também as vivências queers, intersexuais, assexuais, pansexuais e outras identidades), tendo em vista o necessário recorte temático da pesquisa que, do contrário, restaria inviabilizada por ser demasiado abrangente.

[5] Diz-se "família ectogenética" aquela formada a partir do uso das técnicas de RHA no desempenho de projetos de parentalidade (no mesmo sentido, ver PEREIRA, Rodrigo da Cunha. *Dicionário de Direito de Família e Sucessões*. São Paulo: Saraiva, 2015, p. 289).

pela Lei de Planejamento Familiar (Lei nº 9.263/1996), bem como sua extensão e limites; e, b) verificar as possibilidades jurídicas de acesso às técnicas de RHA por famílias homoafetivas e transafetivas, tomando por base o exercício do direito anteriormente mencionado.

Utilizou-se, portanto, o método de raciocínio analítico-dedutivo, com abordagem qualitativa, a partir do emprego das técnicas da revisão bibliográfica (de livros, artigos, teses e dissertações, em meio bibliográfico e digital) e da pesquisa documental (da legislação, resoluções do CFM e jurisprudência).

1 O direito ao planejamento familiar na Constituição de 1988: liberdade fundamental?

Destarte, impende destacar o art. 226, §7º da CF/88, o qual disciplina o direito ao planejamento familiar, bem como impõe certos limites à sua configuração,[6] de modo que o conceito por ele trazido remete a uma ideia de liberdade do casal na opção pelo seu projeto parental.

Diante disso, pode-se levar a crer, *a priori*, que esse direito estaria restrito necessariamente a existência de um casal (duas pessoas, sem que haja especificação quanto à diversidade de gêneros). No entanto, cumpre dizer que tal direito, além de previsto na Constituição, encontra-se regulamentado, na seara infraconstitucional, pela Lei nº 9.263/1996 (Lei de Planejamento Familiar), a qual atribui o exercício desse planejamento também às pessoas individualmente consideradas (art. 2º).[7] Assim, pode-se perceber que, para além da ideia de casal, a titularidade do exercício desse direito estende-se também ao homem e à mulher ainda que não inseridos em um contexto de conjugalidade,[8] o que gera uma maior amplitude no seu entendimento.[9]

---

[6] Constituição Federal de 1988: "Art. 226 [...] §7º Fundado nos princípios da dignidade da pessoa humana e da paternidade responsável, o planejamento familiar é livre decisão do casal, competindo ao Estado propiciar recursos educacionais e científicos para o exercício desse direito, vedada qualquer forma coercitiva por parte de instituições oficiais ou privadas. Regulamento".

[7] Lei de Planejamento Familiar: "Art. 2º Para fins desta Lei, entende-se planejamento familiar como o conjunto de ações de regulação da fecundidade que garanta direitos iguais de constituição, limitação ou aumento da prole pela mulher, pelo homem ou pelo casal".

[8] O conceito de conjugalidade aqui mencionado refere-se a uma conjugalidade em sentido amplo, incluindo-se tanto a ideia de casamento quanto a de união estável.

[9] CASTANHO, Maria Amélia Belomo. *Planejamento familiar*: o Estado na construção de uma sociedade inclusiva e a participação social para o bem comum. Curitiba: Juruá, 2014, p. 74.

Outrossim, tal direito também prevê uma abstenção do Estado quanto a sua ingerência na vida privada dos indivíduos, ficando o ente estatal, por sua vez, responsável única e exclusivamente pelo acesso à informação dos titulares da referida garantia, para que o planejamento seja efetivo. Nesse sentido, sustenta Maria Amélia Castanho que "[...] compreende a escolha livre e consciente do indivíduo para evitar ou constituir prole, o que se deve dar a partir de um processo sério de esclarecimento e conscientização focado nas propostas de um Estado democrático de direito".[10]

Diante disso, percebe-se que a informação é instrumento essencial para garantir o exercício pleno e efetivo do planejamento familiar. Isso, pois a autonomia somente será efetiva, quando a pessoa ou o casal, titulares da referida garantia, estejam integralmente cientes do conteúdo, das consequências e dos riscos de suas escolhas. É nesse contexto, portanto, em que se insere a responsabilidade do Estado, atuando como garantidor do acesso a tais informações pela população em geral, sobretudo no que diz respeito aos direitos sexuais e reprodutivos[11] e às suas implicações nas esferas jurídica e social.

De mais a mais, é importante destacar também que a CF/88, no próprio art. 226, §7º, estabelece alguns limites ao exercício desse direito, quais sejam:

(A) a *Dignidade da Pessoa Humana*, art. 1º, III da CF/88,[12] prescrevendo que os seres humanos não podem ser objetificados, devendo ser tratados como um fim em si mesmos, o que, em matéria de planejamento familiar, representa não apenas um limitador das atuações do Estado e dos demais indivíduos (impedindo que o ente estatal interfira na autonomia do casal, controlando ou dificultando o exercício de suas faculdades reprodutivas e, por outro lado, proporcionando uma proteção desse direito frente a outros indivíduos), mas também um garantidor

---

[10] CASTANHO, Maria Amélia Belomo. *Planejamento familiar*: o Estado na construção de uma sociedade inclusiva e a participação social para o bem comum. Curitiba: Juruá, 2014, p. 68.

[11] "[...] a formulação do conteúdo dos direitos reprodutivos se diferencia da dos direitos sexuais. Aqueles pretendiam desconstruir a maternidade como único meio ou fim de realização da mulher casada e introduzir no debate internacional situações como o aborto e os métodos anticoncepcionais, já estes intentavam trazer em pauta a liberdade sexual e a busca do prazer, desvinculados da necessidade de reprodução, com a devida proteção legal" (Cf. MOSCHETTA, Sílvia Ozelame Rigo. *Homoparentalidade*: direito à adoção e reprodução humana assistida por casais homoafetivos. 2. ed. Curitiba: Juruá, 2011, p. 78).

[12] Constituição Federal de 1988: "Art. 1º. A República Federativa do Brasil, formada pela união indissolúvel dos Estados e Municípios e do Distrito Federal, constitui-se em Estado Democrático de Direito e tem como fundamentos: [...] III - a dignidade da pessoa humana".

da *Liberdade* no seu exercício (exigindo do Estado uma atuação voltada à esfera promocional e de políticas públicas para o acesso às técnicas de concepção e de contracepção). Por outro lado, essa autonomia proporcionada pela *dignidade* não é irrestrita, visto que deve respeitar também os interesses do filho (aqui abarcada a futura prole).[13]

(B) a *Parentalidade Responsável*,[14] art. 226, §7º, a qual diz respeito à responsabilidade dos pais ao propiciarem um ambiente sadio para o desenvolvimento, físico e psíquico, da criança e do adolescente no meio social, estando diretamente ligada à ideia de *Proteção Integral da Criança e do Adolescente*, que, por sua vez, determina uma responsabilidade tanto do Estado, como da sociedade e da família, no cuidado com o desenvolvimento da criança e do adolescente (art. 227, *caput*, da CF/88[15]). Nesse sentido, não pode o referido planejamento familiar encontrar-se dissociado da ideia de uma responsabilidade dos pais no cuidado dessa prole, devendo implicar sempre no respeito dos direitos e garantias fundamentais de seus filhos, bem como na sua concepção, visto que também devem assumir suas responsabilidades decorrentes do exercício pleno e autônomo de suas faculdades sexuais e reprodutivas.[16]

Observa-se, portanto, que as pessoas que desejem desempenhar um projeto parental não estão dotadas de uma autonomia ilimitada no exercício desse direito fundamental. Afinal, tal garantia não é absoluta, visto que seus beneficiários e também o Estado devem sempre observar o respeito à *Dignidade Humana* e à *Parentalidade Responsável*, a fim de atender aos interesses constitucionalmente protegidos, atendo-se também aos direitos daquela futura prole.

---

[13] CASTANHO, Maria Amélia Belomo. *Planejamento familiar*: o Estado na construção de uma sociedade inclusiva e a participação social para o bem comum. Curitiba: Juruá, 2014, p. 82.

[14] Sabe-se que o termo empregado pelo texto constitucional é *"Paternidade Responsável"*, mas optou-se aqui por seguir os ensinamentos de Guilherme Calmon Nogueira da Gama, utilizando-se da expressão *"Parentalidade Responsável"*. Isso, pois, entende-se que sua aplicação abrange melhor tanto a noção de paternidade quanto a de maternidade; sendo, portanto, termo mais genérico e adequado (GAMA, Guilherme Calmon Nogueira da. *A nova filiação*: o biodireito e as relações parentais: o estabelecimento da parentalidade-filiação e os efeitos jurídicos da reprodução humana assistida heteróloga. Rio de Janeiro: Renovar, 2003).

[15] Constituição Federal de 1988: "Art. 227. É dever da família, da sociedade e do Estado assegurar à criança, ao adolescente e ao jovem, com absoluta prioridade, o direito à vida, à saúde, à alimentação, à educação, ao lazer, à profissionalização, à cultura, à dignidade, ao respeito, à liberdade e à convivência familiar e comunitária, além de colocá-los a salvo de toda forma de negligência, discriminação, exploração, violência, crueldade e opressão".

[16] CASTANHO, Maria Amélia Belomo. *Planejamento familiar*: o Estado na construção de uma sociedade inclusiva e a participação social para o bem comum. Curitiba: Juruá, 2014, p. 90.

2 O planejamento familiar nas famílias ectogenéticas LGBT: desafios e conquistas

Tendo sido analisado o contexto normativo, constitucional e infraconstitucional, que autoriza o exercício da autonomia no desempenho do planejamento familiar, resta, neste momento, elencar as formas através das quais os projetos parentais ectogenéticos LGBT podem vir a ser viabilizados.

Dito isso, importa iniciar tal discussão enfatizando que, diferentemente do que acontece nos contextos heterossexuais cisgêneros, as famílias LGBT[17] deparam-se com alguns obstáculos a mais para viabilizarem seus projetos de parentalidade, independentemente de qual seja a via escolhida.

O principal deles é a chamada hetero[cis]normatividade social, compreensão a partir da qual se enxerga a heterossexualidade e a cisgeneridade enquanto modos-de-ser pressupostos em todas as relações sociais – ou seja, significa dizer que toda e qualquer pessoa será considerada hétero e cis "até que se prove o contrário" –, implicando em um modelo de dominação específico que impõe aos indivíduos a obediência a tais padrões.

Nesse sentido, o desvio desse *standard* hegemônico de expressão de sexualidade e/ou identidade de gênero, por consequência, acaba acarretando em manifestações preconceituosas e discriminatórias

---

[17] Para fins deste artigo, considerar-se-á: a) "gênero", o conjunto de atos e comportamentos esperados social, histórica e culturalmente de um indivíduo dito "masculino" ou "feminino"; b) "sexo", os aspectos biológicos (genitais, estrutura cromossômica, anatomia etc.) cuja verificação, em determinado corpo, faz com que a sociedade o enquadre enquanto "homem" ou "mulher"; c) "expressão de sexualidade" ou "orientação sexual", a atração afetivo sexual de um indivíduo por outrem; d) "identidade de gênero", autopercepção de um indivíduo quanto à expressão do seu gênero nas relações sociais; e) "pessoa heterossexual" ou "pessoa hétero", aquela que possui uma atração afetivo-sexual por outra de gênero oposto ao seu; f) "pessoa homossexual", aquela que possui uma atração afetivo-sexual por outra de gênero semelhante ao seu, podendo ela ser "lésbica" (mulher que sente atração por mulheres) ou "gay" (home que sente atração por homens); g) "pessoa bissexual" ou "pessoa bi", aquela que possui atração afetivo-sexual por indivíduos de ambos os gêneros; h) "pessoa trans" (termo que será utilizado enquanto guarda-chuva para designar pessoas que se identifiquem enquanto travestis, transexuais ou transgêneras), aquela que não se identifica com o gênero que lhe é atribuído no seu nascimento a partir da observância do seu sexo biológico, podendo designar aqui "mulheres trans" (nascidas com o sexo biológico dito masculino, mas que se identificam com o gênero feminino) ou "homens trans" (nascidos com o sexo biológico dito feminino, mas que se identificam com o gênero masculino); e, i) "pessoa cisgênera" ou "pessoa cis", aquela que se identifica com o gênero que lhe é atribuído no nascimento a partir da observância do sexo biológico, podendo aqui designar "homens cis" e "mulheres cis".

contra aqueles corpos dissidentes a tal modelo. Não obstante, há de se notar que fazendo uma leitura do planejamento familiar à luz da totalidade do texto constitucional, em nome da sua própria coerência, não há como negar a tais indivíduos o direito ao livre exercício dessa garantia fundamental com base única e exclusivamente em razões que se associem às suas expressões de sexualidade e identidades de gênero dissidentes, sob pena de violação a diversos preceitos constitucionais, tais quais a *Dignidade da Pessoa Humana*, a *Liberdade*, a *Igualdade* e a *Vedação a Toda e Qualquer Forma de Discriminação* (art. 3º, IV da CF/88).

De mais a mais, em se tratando dos chamados projetos parentais ectogenéticos, não é incomum também que se levantem questionamentos quanto a legitimidade de tais escolhas frente a outras possibilidades, a exemplo da adoção. Nesse sentido, tanto as famílias em contextos cisheteroafetivos, como aquelas homoafetivas e transafetivas podem ver-se confrontadas com tal linha argumentativa. No entanto, há que se ressaltar, na esteira do que preceituam o art. 227, §6º da CF/88[18] e o art. 1.596 do CC/02,[19] que toda e qualquer forma de filiação é igualmente digna e titular dos mesmos direitos e deveres – seja ela biológica, socioafetiva ou jurídica – não sendo permitidas quaisquer distinções discriminatórias. Além disso, não se pode olvidar que o planejamento familiar, em si, corresponde a um direito de *liberdade*, não cabendo ao Estado, tampouco a qualquer ente particular impor controles externos ao seu exercício.

Nesse diapasão, considerou-se aqui o amplo leque que as técnicas de RHA garantem ao(s) beneficiário(s) e/ou beneficiária(s) na atualidade, seja na intervenção no processo de procriação propriamente dito (IA, GIFT, ZIFT, FIV ou ICSI[20]), seja no auxílio para a efetividade dos seus procedimentos (doação ou criopreservação de material genético, diagnóstico genético pré-implantacional e gestação por substituição).[21]

---

[18] Constituição Federal de 1988: "Art. 227 [...] §6º Os filhos, havidos ou não da relação do casamento, ou por adoção, terão os mesmos direitos e qualificações, proibidas quaisquer designações discriminatórias relativas à filiação."

[19] Código Civil de 2002: "Art. 1.596. Os filhos, havidos ou não da relação de casamento, ou por adoção, terão os mesmos direitos e qualificações, proibidas quaisquer designações discriminatórias relativas à filiação."

[20] Tais siglas referem-se a diferentes técnicas existentes na atualidade e que funcionam como procedimentos interventivos cujo condão é viabilizar o processo de procriação. São eles, respectivamente: inseminação artificial (IA), transferência intratubária de gametas (GIFT), transferência intratubária de zigotos (ZIFT), fertilização *in vitro* (FIV) e injeção intracitoplásmica de espermatozoides (ICSI).

[21] Para maiores informações sobre as técnicas de RHA, seus tipos e funcionalidades, ver SILVA NETTO, Manuel Camelo Ferreira da. A reprodução humana assistida e as

Outrossim, levando-se em conta o objeto central deste trabalho e a necessidade de reconhecimento das diferenças, é preciso que se compreenda que os contextos familiares LGBT – ainda que postos dentro do grande grupo da Diversidade Sexual e de Gênero – são dotados de uma multiplicidade de arranjos dentro da própria comunidade.[22] Por essa razão, impende elucidar que o acesso às técnicas de RHA aqui analisado será aquele que diga respeito tanto às pessoas solo (solteiras, divorciadas ou viúvas), quanto àquelas em contextos de conjugalidade *lato sensu* (casamento ou união estável), tomando como parâmetro as suas expressões de sexualidade e as suas identidades de gênero, se homens ou mulheres, cisgêneros (homossexuais ou bissexuais) ou transgêneros (homossexuais, bissexuais ou heterossexuais).

Ademais, não se pode deixar de ressaltar também que, diante de tais arranjos, os vínculos de filiação[23] aqui considerados poderão levar em conta diversos critérios para o estabelecimento de tais liames, quais sejam: a) o genético (gametas sexuais); b) o biológico (gestação); c) o volitivo (deliberação pelo uso das técnicas de RHA, a partir da vontade procriacional[24]); d) o socioafetivo (representando o vínculo afetivo e social do(a) beneficiário(a) para com aquele filho que será gerado a

---

dificuldades na sua regulamentação jurídica no Brasil: uma análise dos vinte e quatro projetos de lei que tramitam no Congresso Nacional. *In:* EHRHARDT JÚNIOR, Marcos; CATALAN, Marcos; MALHEIROS, Pablo. (Orgs.). *Direito Civil e Tecnologia.* 2. ed. Belo Horizonte: Fórum, 2022. t. II.

[22] Afinal, os arranjos familiares são diversos, independentemente da expressão de sexualidade e/ou identidade de gênero daqueles que os integram, ou seja, mesmo analisando-os sob a ótica da população LGBT, dentro deste mesmo grupo não há como desconsiderar a pluralidade e a diversidade que sua própria sigla evidencia.

[23] Importa reforçar que, independentemente do elo presente para o estabelecimento das relações paterno-materno-filiais aqui consideradas, não há e nem deve haver uma hierarquia entre eles, sendo toda forma de filiação igualmente *digna* e legítima, em direitos e deveres.

[24] Em apertada síntese, a vontade procriacional seria o critério de atribuição de filiação focado na manifestação de vontade dos(as) beneficiários(as) direcionada à constituição de um projeto parental pela via da RHA, a partir da assinatura do termo de consentimento informado. Para maior aprofundamento no tema, ver LAMM, Eleonora. La importância de la voluntad procreacional em la nueva categoria de filiación derivada de las técnicas de reproducción assistida. *Revista de Bioética y Derecho.* Barcelona, n. 24, p. 76-91, 2012, p. 80. Disponível em: http://revistes.ub.edu/index.php/RBD/article/view/7610/9516. Acesso em: 27 abr. 2023.

partir das TRHA); e, e) o jurídico (incidência de alguma das presunções jurídicas de filiação do art. 1.597 do Código Civil de 2002 – CC/02[25]).[26]

À vista disso, em que pesa às técnicas de RHA terem sido originalmente pensadas e desenvolvidas enquanto tratamentos paliativos para casos de infertilidade e esterilidade biológicos,[27] na atualidade, não há como enxergar tal acesso a partir dessa ótica restritiva. Isso, porque, no caso das pessoas homossexuais e bissexuais em contexto homoafetivo cisgênero, o recurso a esses métodos não estaria voltado propriamente ao tratamento da infecundidade biológica, mas sim a sua infertilidade psicológica, a qual, nos dizeres de Othoniel Pinheiro Neto, diz respeito ao exercício da autonomia daquelas pessoas que não queiram ter relações sexuais com o sexo oposto; impedindo, por conseguinte, a possibilidade de procriação natural.[28]

Para as pessoas trans, por outro lado, o acesso às TRHA poderá estar fundado, a depender do caso, tanto na infertilidade biológica, quanto na infertilidade psicológica, sendo que essa última apresenta uma peculiaridade a mais quando comparada a sua verificação no contexto homoafetivo cisgênero. Sobre isso, explica-se:

(A) *fundar-se-á na infertilidade biológica* – quando o processo de afirmação de gênero causar a essas pessoas alguma forma de infertilidade ou esterilidade irreversível, seja em razão da hormonioterapia, seja por

---

[25] Para um maior aprofundamento acerca da aplicabilidade das presunções de filiação contidas no art. 1.597 do CC/02, ver DANTAS, Carlos Henrique Félix; SILVA NETTO, Manuel Camelo Ferreira da. O 'abismo' normativo no trato das famílias ectogenéticas: a insuficiência do art. 1597 (incisos III, IV e V) em matéria de reprodução humana assistida homóloga e heteróloga nos 20 anos do Código Civil. In: BARBOZA, Heloisa Helena; TEPEDINO, Gustavo; MONTEIRO FILHO, Carlos Edson do Rêgo. (Orgs.). *Direito Civil: o futuro do Direito*. Rio de Janeiro: Processo, 2022.

[26] Para maiores aprofundamentos a respeito das diferentes formas que tais vínculos podem ser utilizados para viabilizar o estabelecimento dos liames materno-paterno-filiais frente ao recurso às técnicas de RHA nos contextos familiares LGBT, ver SILVA NETTO, Manuel Camelo Netto. *Planejamento familiar nas famílias LGBT*: desafios sociais e jurídicos do recurso à reprodução humana assistida no Brasil. Belo Horizonte: Fórum, 2021.

[27] Cabe ressaltar que, para os fins do presente trabalho, os vocábulos "infertilidade" e "esterilidade" serão utilizados enquanto sinônimos; note-se, no entanto, que os seus conceitos diferem entre si, visto que a infertilidade diz respeito a uma condição que apenas dificulta a concepção, podendo ser tratada e revertida, ao passo que a esterilidade redunda numa impossibilidade permanente e irreversível (Cf. FERRAZ, Ana Claudia Brandão de Barros Correia. *Reprodução humana assistida e suas consequências nas relações de família*: a filiação e a origem genética sob a perspectiva da repersonalização. 2. ed. Curitiba: Juruá, 2016, p. 43).

[28] PINHEIRO NETO, Othoniel. O direito dos homossexuais biologicamente férteis, mas psicologicamente inférteis, habilita-os como beneficiários da política nacional de reprodução humana assistida. 2016. 137 f. Tese (Doutorado em Direito) – Universidade Federal da Bahia. Salvador, 2016. Disponível em: https://repositorio.ufba.br/ri/bitstream/ri/20172/1/Tese%20Othoniel%20Pinheiro%20Neto.pdf. Acesso em: 27 abr. 2023.

conta da realização de cirurgia de redesignação genital. Exemplificando: seria o caso de uma pessoa trans, cujas capacidades reprodutivas tenham sido prejudicadas pela hormonioterapia, em uma relação homoafetiva com uma pessoa cis (mulher trans com uma mulher cis, homem trans com um homem cis), impossibilitando o recurso à reprodução humana natural (RHN) após o tratamento;

(B) *fundar-se-á na infertilidade psicológica* – quando, embora mantenham suas capacidades reprodutivas preservadas, não queiram ter relações sexuais com pessoas que possuem organismos biologicamente diversos do seu, o que possibilitaria um indivíduo para gestar o embrião, um para fornecer o óvulo e outro para fornecer o espermatozoide. A exemplo disso, tem-se uma relação heteroafetiva entre uma pessoa trans e uma pessoa cis (mulher trans com homem cis, homem trans com mulher cis); ou,

(C) *fundar-se-á na aqui chamada de infertilidade psicológica disfórica*[29] – quando, embora mantenham uma relação com uma pessoa que tenha o organismo biologicamente diverso do seu, o processo de afirmação de gênero não lhes causar infertilidade ou esterilidade irreversíveis, mas a sua relação individual com a sua identidade de gênero e a forma de performá-lo, no meio social, acarrete uma ausência de vontade de desempenhar todas as suas funções reprodutivas de nascença. A exemplo disso, pode-se citar a figura do homem trans, cujas capacidades reprodutivas estão preservadas, que se relaciona com um homem cis e, podendo engravidar, opta por não o fazer, em razão de um desconforto pessoal com essa performatividade de gênero específica, que ainda é bastante associada ao feminino.[30]

Além disso, considerando que tais indivíduos (pessoas homossexuais, bissexuais ou trans) desejem desempenhar seus projetos de parentalidade individualmente, o recurso às técnicas de RHA encontra-se assegurado pela desobrigatoriedade de manutenção de relações sexuais

---

[29] Disforia diz respeito ao sentimento de desconforto ou mal-estar para com determinada situação ou característica.

[30] Nesse sentido, não se pode desconsiderar também o fato de que o desempenho da gravidez não poder ser aprioristicamente imposto ou retirado da realidade transmasculina em função de ideias preconcebidos do que é "ser homem". Pelo contrário, deve ser enxergado enquanto uma opção do homem trans que deseje ou não se permitir passar por essa experiência, visto que a vivência do gênero é e deve ser vista enquanto um aspecto identitário subjetivo e pessoal (Cf. SILVA NETTO, Manuel Camelo Ferreira da. Uma (re) leitura da presunção *mater semper certa est* frente à viabilidade de gravidezes masculinas: qual a solução jurídica para atribuição da paternidade de homens trans que gestam seus próprios filhos?. *Revista Brasileira de Direito Civil*, v. 31, p. 255-273, 2022. Disponível em: https://rbdcivil.ibdcivil.org.br/rbdc/article/view/562. Acesso em: 28 abr. 2023).

com o sexo oposto (infertilidade psicológica), bem como pela proteção constitucional conferida às famílias monoparentais, voluntárias ou involuntárias, e pelo respeito ao exercício do planejamento familiar.[31]

Nessa toada, importa elucidar que, embora não haja lei específica que regulamente o acesso à RHA, as resoluções do CFM, embora não tenham natureza de lei positiva – enquadrando-se como normas meramente deontológicas que vinculam somente os profissionais da medicina responsáveis pela aplicação das técnicas, segundo padrões éticos –, vêm desempenhando um interessante papel balizador no que diz respeito a sua aplicabilidade. Quanto à previsão da extensão de tais direitos para casais homoafetivos e pessoas solteiras, por exemplo, as Resoluções nº 2.013/13, 2.121/15 e 2.168/17 previram essa possibilidade, ressalvando-se o direito à objeção de consciência pelo médico.

Observe-se, no entanto, que, no ano de 2020, foi realizada uma alteração na Resolução nº 2.168/17, através da Resolução nº 2.283/20, que deu nova redação ao Item II-2 daquela – o qual fora mantido na Resolução nº 2.294/21 –, passando a constar da seguinte forma: "2. É permitido o uso das técnicas de RA para heterossexuais, homoafetivos e transgêneros".[32] Ressalta-se, contudo, que o direito à objeção de consciência permaneceu, de forma implícita, na medida em que, na exposição de motivos para alteração da redação, admitiu-se essa

---

[31] Para maior aprofundamento no tema, permita-se remeter a SILVA NETTO, Manuel Camelo Ferreira da; DANTAS, Carlos Henrique Félix. "Nossas vidas importam?" a vulnerabilidade sociojurídica da população LGBTI+ no Brasil: debates em torno do Estatuto da Diversidade Sexual e de Gênero e da sua atual pertinência. In: EHRHARDT JÚNIOR, Marcos; LÔBO, Fabíola (Orgs.). *Vulnerabilidade e sua compreensão no Direito brasileiro*. Indaiatuba: Foco, 2021.

[32] Sobre essa mudança, em que pese a sua clara intenção de consolidar a amplitude de acesso às técnicas, é preciso que sejam ponderadas algumas questões: a) quando o CFM trouxe essa redação ("heterossexuais, homoafetivos e transgêneros"), pode-se dizer que pecou na escolha terminológica, pois, quando se fala em expressão de sexualidade/orientação sexual, tem-se a figura dos "heterossexuais" e dos "homossexuais", ao passo que a terminologia "homoafetivo" não serviria para designar a pessoa em si, mas sim a relação familiar na qual está inserida, tanto que pessoas bissexuais também podem vir a compor relações homoafetivas; b) é igualmente importante frisar que a diversidade sexual e de gênero não se restringe a um binarismo hétero/homo, cis/trans, abarcando, da mesma forma, as figuras da bissexualidade, da pansexualidade, da assexualidade, da não binariedade, da intersexualidade etc. Por essa razão, acredita-se que seria mais adequada a seguinte redação: "O uso das técnicas de RA é permitido independentemente da orientação sexual/expressão de sexualidade ou da identidade de gênero das pessoas beneficiárias, não importando, igualmente, para fins de sua aplicação, a formatação da entidade familiar nas quais se encontram inseridas".

possibilidade, com base nos "Princípios Gerais" do Código de Ética Médica (CEM).[33]

No entanto, a Resolução nº 2.320/2022, atualmente em vigor, retirou essa menção expressa que qualificava as pessoas LGBT como beneficiárias das técnicas de RHA, o que não impede, por óbvio, que essa interpretação permaneça de maneira implícita, uma vez que essas resoluções não podem restringir ou ampliar direitos devido à sua natureza deontológica. Ademais, a partir da Resolução nº 2.121/15, constou-se igualmente a possibilidade de gestação compartilhada por casal de lésbicas, o que fora reproduzido, também, nas Resoluções nº 2.168/17, 2.294/21 e 2.320/22, acrescido de uma definição dessa prática (Item II-3).

No tocante ao registro das crianças fruto do emprego dessas técnicas por pessoas LGBT, cabe aqui destacar o importante papel do Provimento nº 63/2017 do Conselho Nacional de Justiça (CNJ), que, embora também não possua natureza de lei formal, viabiliza os registros, em alguns casos, a exemplo das famílias homoafetivas, em que se demanda haver uma adaptação no assento de nascimento, não se fazendo constar qualquer alusão à natureza da ascendência, se paterna ou materna[34] (art. 16, §2º).[35]

---

[33] Essa alternativa diz respeito ao fato desses profissionais poderem negar-se a realizar o processo de RHA quando essa aplicação for de encontro com a sua *liberdade de consciência*. A esse respeito, é preciso destacar, contudo, que esse direito não é absoluto, comportando restrições e não podendo o profissional da medicina recursar-se em casos: a) de ausência de outro médico; b) de urgência ou emergência; e, c) quando sua recusa possa trazer danos à saúde do paciente. Além do mais, consoante sustentam Igor de Lucena Mascarenhas e Ana Carla Harmatiuk Matos, o próprio CEM, em seu Capítulo I, item I, não autoriza que a atividade desses profissionais seja exercida mediante qualquer forma de discriminação, razão pela qual, para os autores, a escusa de consciência em razão da orientação sexual ou da identidade de gênero do(a) beneficiário(a) representaria uma dupla violação, tanto aos direitos da personalidade, quanto à possibilidade de concretização de projetos parentais de pessoas integrantes da diversidade sexual e de gênero, que, por sua vez, faria surgir o direito a reparação por danos morais e também existenciais (Cf. MASCARENHAS, Igor de Lucena; MATOS, Ana Carla Harmatiuk. Objeção de consciência médica em reprodução humana assistida: entre o direito e a discriminação. *Migalhas*, 17 dez. 2020. Disponível em: https://migalhas.uol.com.br/coluna/migalhas-de-responsabilidade-civil/337964/objecao-de-consciencia-medica-em-reproducao-humana-assistida--entre-o-direito-e-a-discriminacao. Acesso em: 28 abr. 2023).

[34] No mesmo sentido, destaca-se igualmente a finalidade almejada pela Arguição de Descumprimento de Preceito Fundamental (ADPF) nº 899, de autoria da Associação Brasileira de Lésbicas, Gays, Bissexuais, Travestis, Transexuais e Intersexos – ABGLT, com a o intuito de exigir o fim de expressões que marquem o gênero dos genitores ("pai" e "mãe") nos campos destinados às informações sobre filiação das pessoas naturais (Ver: https://portal.stf.jus.br/processos/detalhe.asp?incidente=6291383).

[35] Provimento nº 63/2017 do CNJ: "[...] §2º No caso de filhos de casais homoafetivos, o assento de nascimento deverá ser adequado para que constem os nomes dos ascendentes, sem referência a distinção quanto à ascendência paterna ou materna".

Por fim, mesmo diante do atual cenário, em que alguns direitos já vêm sido garantidos, ressalte-se ainda a necessidade de edição de normativa específica que regule tais técnicas, bem como suas repercussões jurídicas, notadamente no que diz respeito ao estabelecimento da filiação, especialmente no que tange à população LGBT. Isso, pois, em matéria de direitos da Diversidade Sexual e de Gênero, o Brasil também carece de uma normativa específica que confira uma proteção abstrata típica para essa população.

Considerações finais

1 O conceito de planejamento familiar trazido pela CF/88 e pela Lei de Planejamento Familiar é dotada de certa amplitude, ultrapassando a noção pura e simples de liberdade do casal e estendendo-se, igualmente, às pessoas individualmente consideradas. Por outro lado, o desempenho do projeto parental que se alicerça nesse direito encontra também alguns limites diante do seu exercício. Afinal, o art. 226, §7º determina que sejam observados, no caso concreto, o respeito aos princípios da *Dignidade da Pessoa Humana* e o da *Paternidade Responsável*, significando que projetos parentais que violem tais preceitos não podem vir a ser concretizados. O que não se pode admitir, repita-se, é que seja negado o exercício desse direito às famílias homoafetivas e transafetivas em razão da sua dissidência aos padrões de heterossexualidade e cisgeneridade compulsórias, sob pena de discriminação negativa, vedada expressamente pelo art. 3º, IV da CF/88.

2 Considerando a vasta gama de possibilidades que a RHA oferece aos seus beneficiários(as) é notório que há um amplo leque de alternativas disponíveis à população LGBT e que podem viabilizar o desejo de concretização de seus projetos parentais ectogenéticos, independentemente da formatação que essa estrutura familiar possa vir a tomar (homoparental, transparental, biparental, monoparental, homoafetiva, heteroafetiva etc.). Para tanto, os elos de filiação poderão ter a sua atribuição vinculada a diversos critérios (genético, biológico, volitivo, socioafetivo e/ou jurídico), os quais não são autoexcludentes, tampouco apresentam qualquer forma de hierarquia entre si, mas que devem ser considerados como fatores igualmente *dignos* e possíveis, de atribuição dos vínculos materno-paterno-filiais quando considerado o uso da RHA para o desempenho da parentalidade ectogenética. Além disso, tendo por base a associação da RHA com o tratamento das questões relativas à infertilidade, insta compreender que, nas realidades LGBT, essa circunstância ganha uma maior amplitude conceitual, não estando adstrita ao aspecto meramente biológico (infertilidade biológica), mas também abarcando o aspecto psíquico dos sujeitos (infertilidade psicológica propriamente dita e infertilidade psicológica disfórica).

3 Os projetos parentais LGBT encontram-se respaldados pela sistemática constitucional vigente, particularmente pelas regras que norteiam o planejamento familiar. Desse modo, deve ser garantida a autonomia no exercício de tal direito pelas pessoas homossexuais, bissexuais e trans, desde que respeitados os limites impostos pela *Dignidade da Pessoa Humana* e pela *Parentalidade Responsável*. De toda forma, demanda-se ainda uma atuação do Poder Legislativo no sentido de promover o reconhecimento expresso dessas garantias no âmbito do ordenamento jurídico pátrio.

Referências

BRITO, Aline. Nascem gêmeos do casal gay do DF que usou material genético da família. *Correio Braziliense*, 24 fev. 2022. Disponível em: https://www.correiobraziliense.com.br/cidades-df/2022/02/4987972-nascem-gemeos-do-casal-gay-do-df-que-usou-material-genetico-da-familia.html. Acesso em: 27 abr. 2023.

CASTANHO, Maria Amélia Belomo. *Planejamento familiar*: o Estado na construção de uma sociedade inclusiva e a participação social para o bem comum. Curitiba: Juruá, 2014.

DANTAS, Carlos Henrique Félix; SILVA NETTO, Manuel Camelo Ferreira da. O 'abismo' normativo no trato das famílias ectogenéticas: a insuficiência do art. 1597 (incisos III, IV e V) em matéria de reprodução humana assistida homóloga e heteróloga nos 20 anos do Código Civil. *In:* BARBOZA, Heloisa Helena; TEPEDINO, Gustavo; MONTEIRO FILHO, Carlos Edson do Rêgo. (Orgs.). *Direito Civil:* o futuro do Direito. Rio de Janeiro: Processo, 2022.

FERRAZ, Ana Claudia Brandão de Barros Correia. *Reprodução humana assistida e suas consequências nas relações de família:* a filiação e a origem genética sob a perspectiva da repersonalização. 2. ed. Curitiba: Juruá, 2016.

GAMA, Guilherme Calmon Nogueira da. *A nova filiação*: o biodireito e as relações parentais: o estabelecimento da parentalidade-filiação e os efeitos jurídicos da reprodução humana assistida heteróloga. Rio de Janeiro: Renovar, 2003.

LAMM, Eleonora. La importância de la voluntad procreacional em la nueva categoria de filiación derivada de las técnicas de reproducción assistida. *Revista de Bioética y Derecho*. Barcelona, n. 24, p. 76-91, 2012, p. 80. Disponível em: http://revistes.ub.edu/index.php/RBD/article/view/7610/9516. Acesso em: 27 abr. 2023.

MASCARENHAS, Igor de Lucena; MATOS, Ana Carla Harmatiuk. Objeção de consciência médica em reprodução humana assistida: entre o direito e a discriminação. *Migalhas*, 17 dez. 2020. Disponível em: https://migalhas.uol.com.br/coluna/

migalhas-de-responsabilidade-civil/337964/objecao-de-consciencia-medica-em-reproducao-humana-assistida--entre-o-direito-e-a-discriminacao. Acesso em: 28 abr. 2023.

MOSCHETTA, Sílvia Ozelame Rigo. *Homoparentalidade*: direito à adoção e reprodução humana assistida por casais homoafetivos. 2. ed. Curitiba: Juruá, 2011.

PEREIRA, Rodrigo da Cunha. *Dicionário de Direito de Família e Sucessões*. São Paulo: Saraiva, 2015.

PINHEIRO NETO, Othoniel. O direito dos homossexuais biologicamente férteis, mas psicologicamente inférteis, habilita-os como beneficiários da política nacional de reprodução humana assistida. 2016. 137 f. Tese (Doutorado em Direito) – Universidade Federal da Bahia. Salvador, 2016. Disponível em: https://repositorio.ufba.br/ri/bitstream/ri/20172/1/Tese%20Othoniel%20Pinheiro%20Neto.pdf. Acesso em: 27 abr. 2023.

SILVA NETTO, Manuel Camelo Ferreira da. A reprodução humana assistida e as dificuldades na sua regulamentação jurídica no Brasil: uma análise dos vinte e quatro projetos de lei que tramitam no Congresso Nacional. *In*: EHRHARDT JÚNIOR, Marcos; CATALAN, Marcos; MALHEIROS, Pablo. (Orgs.). *Direito Civil e Tecnologia*. 2. ed. Belo Horizonte: Fórum, 2022. t. II.

SILVA NETTO, Manuel Camelo Ferreira da; DANTAS, Carlos Henrique Félix. "Nossas vidas importam?" a vulnerabilidade sociojurídica da população LGBTI+ no Brasil: debates em torno do Estatuto da Diversidade Sexual e de Gênero e da sua atual pertinência. *In*: EHRHARDT JÚNIOR, Marcos; LÔBO, Fabíola (Orgs.). *Vulnerabilidade e sua compreensão no Direito brasileiro*. Indaiatuba: Foco, 2021.

SILVA NETTO, Manuel Camelo Ferreira da; DANTAS, Carlos Henrique Félix; FERRAZ, Carolina Valença. O Dilema da 'Produção Independente' de Parentalidade: é legítimo escolher ter um filho sozinho?. *Revista Direito GV*, v. 14, p. 1.106-1.138, 2018. Disponível em: https://www.scielo.br/j/rdgv/a/P9bvxGv9fFQQZP7Xh4LMvXh/?lang=pt. Acesso em: 28 abr. 2023.

SILVA NETTO, Manuel Camelo Netto. *Planejamento familiar nas famílias LGBT*: desafios sociais e jurídicos do recurso à reprodução humana assistida no Brasil. Belo Horizonte: Fórum, 2021.

SILVA NETTO, Manuel Camelo Ferreira da. Uma (re)leitura da presunção *mater semper certa est* frente à viabilidade de gravidezes masculinas: qual a solução jurídica para atribuição da paternidade de homens trans que gestam seus próprios filhos?. *Revista Brasileira de Direito Civil*, v. 31, p. 255-273, 2022. Disponível em: https://rbdcivil.ibdcivil.org.br/rbdc/article/view/562. Acesso em: 28 abr. 2023.

Informação bibliográfica deste texto, conforme a NBR 6023:2018 da Associação Brasileira de Normas Técnicas (ABNT):

SILVA NETTO, Manuel Camelo Ferreira da. Planejamento familiar e famílias ectogenéticas LGBT: um diálogo (ainda) em aberto. *In*: EHRHARDT JÚNIOR, Marcos; LÔBO, Fabíola (Coord.). *Constitucionalização das relações privadas*: fundamentos de interpretação do direito privado brasileiro. Belo Horizonte: Fórum, 2023. p. 153-167. ISBN 978-65-5518-564-5.

O PRINCÍPIO JURÍDICO DA PRESERVAÇÃO DA DIVERSIDADE NO PATRIMÔNIO GENÉTICO HUMANO COMO UM LIMITADOR DA AUTONOMIA NO PLANEJAMENTO FAMILIAR

CARLOS HENRIQUE FÉLIX DANTAS

Introdução

Em novembro de 2018, nasceram as gêmeas chinesas Lulu e Nana, conhecidas como os primeiros bebês humanos geneticamente modificados a partir da edição genética, sem o gene "CCR5", responsável por permitir que o vírus do HIV adentre nas células. O procedimento, à época, suscitou inúmeras controvérsias, desde a espetacularização de seu nascimento, que fora divulgado na plataforma YouTube[1] pelo

---

[1] Para assistir ao vídeo referenciado, basta apontar a câmera do celular para o QR Code ou acessar o *link* https://www.youtube.com/watch?v=th0vnOmFltc.

cientista He Jiankui, então responsável, como também a fragilidade ética de sua conduta profissional, na medida em que fora constatado: (i) falha na concessão de informações suficientes aos futuros pais quanto ao procedimento realizado; e, (ii) edição genética na linhagem germinativa que impacta, diretamente, a noção de hereditariedade e diversidade da espécie humana, ao passo em que a modificação neste tipo de célula repercute nas futuras gerações.[2] Em decorrência da prática, portanto, o cientista foi sentenciado à prisão, por prática médica ilegal em seu país.

A modificação do patrimônio genético das gêmeas chinesas somente foi possível graças à combinação da fertilização *in vitro* (FIV) com a técnica de edição genética conhecida pelo acrônimo CRISPR que, quando associada à proteína Cas9, funciona de forma precisa na modificação da estrutura do DNA de qualquer ser vivo, seja ele animal ou planta, em alusão a uma tesoura, que poderá recortar, colar ou substituir determinado gene na cadeia genética.[3]

Essa técnica, pioneira no campo da engenharia genética, fora descoberta no ano de 2014 pela equipe liderada pelas cientistas Jennifer Doudna e Emanuelle Charpentier, através do Departamento de Berkeley, na California (EUA). A ferramenta, premiada com o Nobel de Química no ano de 2020, revela-se importante ferramenta corretiva da estrutura do DNA, tanto pautada em finalidade eugênica como terapêutica. Afinal, aliada ao diagnóstico genético pré-implantacional (DGPI), responsável por decodificar o patrimônio genético individual do embrião, pode-se obter as informações necessárias para saber como e o que modificar na estrutura do genoma.

Nessa medida, frente ao quadro atual de avanço da biotecnociência reprodutiva, este estudo parte da seguinte pergunta-problema: em que medida a preservação da diversidade no patrimônio genético humano encontra-se tutelado no ordenamento jurídico brasileiro de modo a funcionar como um limitador à autonomia do planejamento familiar?

É na tentativa de responder a este questionamento que o estudo foi dividido em duas partes, sendo a primeira pautada no estado da arte em matéria do avanço das tecnologias reprodutivas, de modo a abordar como se encontra a liberdade no planejamento familiar na atualidade. Isso porque as técnicas do DGPI e do CRISPR-Cas9 exercem potencial disruptivo frente à possibilidade de fazer a leitura e modificação do patrimônio genético humano. E, na segunda parte, dedica-se a investigar

---

[2] CYRANOSKI, David. What's next for CRISPR babies. *Nature*, v. 566, p. 440-442, 2019.
[3] DOUDNA, Jennifer; STERNBERG, Samuel. *A crack in creation*: gene editing and unthinkable power to control evolution. Boston: Editora Houghton Mifflin Harcourt, 2017, p. 153.

os mecanismos de proteção à diversidade no patrimônio genético humano como um limitador à autonomia do planejamento familiar. Além disso, entende-se como importante suscitar o debate para que não haja uma conduta paternalista do Estado de Direito em vedar todo e qualquer tipo de edição genética, a partir do que dispõe a Lei de Biossegurança, na medida em que se torna necessário distinguir condutas artesãs daquelas com propósito terapêutico. Para tanto, adotou-se o método de raciocínio analítico-dedutivo, baseado em pesquisa qualitativa e pesquisa documental e bibliográfica.

1 Planejamento familiar: o futuro da governabilidade genética e a revolução da biotecnociência no processo reprodutivo humano

Os progressivos avanços científicos no campo da engenharia genética permitiram que o ser humano fosse capaz de identificar a estrutura do seu DNA,[4] formada por uma dupla hélice e contendo a informação genética única de cada ser vivo, em 1953, por intermédio dos estudos de James Watson e Francis Crick.[5] E, posteriormente, em 1978, desenvolvesse a tecnologia reprodutiva que ainda hoje é capaz de auxiliar na infertilidade daqueles sujeitos que buscam concretizar o sonho do projeto de parentalidade. Essa tecnologia, conhecida como Reprodução Humana Assistida (RHA), na época, possibilitou o nascimento da britânica Louise Brown, o primeiro ser humano nascido a partir de uma fertilização *in vitro* (FIV). Na América-Latina, por sua vez, o primeiro ciclo de FIV ocorreu em 1984, possibilitando o nascimento da brasileira Anna Paula Caldeira.[6] Entretanto, somente a partir de 1992 a técnica de injeção intracitoplasmática de espermatozoides ganhou

---

[4] Salienta-se que para esta pesquisa, em conformidade com os estudos que envolvem genética humana, utiliza-se como sinônimo de DNA a expressão conhecida como genoma. Por sua vez, o termo gene refere-se a uma pequena unidade do DNA, cujo conjunto é responsável por caracterizar o genoma de cada ser vivo.
[5] Consultar: WATSON, James; CRICK, Francis. Molecular Structure of Nucleic Acids: a Structure for Deoxyribose Nucleic Acid. *Nature*, n. 171, p. 737-738, 1953; WATSON, James; CRICK, Francis. Genetical implications of the structure of deoxyribonucleic acid. *Nature*, v. 171, p. 964-967, 1953.
[6] YARAK, Aretha. Ser o primeiro bebê de proveta do Brasil 'sempre foi um motivo de orgulho'. *Veja*, 5 out. 2010. Disponível em: https://veja.abril.com.br/saude/ser-o-1o-bebe-de-proveta-do-brasil-sempre-foi-um-motivo-de-orgulho.

popularidade no mundo,[7] ocasionando, por isso, o fomento de debates incansáveis a respeito do fantástico potencial da tecnologia na possível instrumentalização da vida humana.

Nesse ínterim, cumpre mencionar também a importância do Projeto Genoma Humano (1990-2003), responsável pelo sequenciamento dos genes que compõem a estrutura do DNA, obtendo-se uma precisão de aproximadamente 92% no desenvolvimento da pesquisa.[8] Segundo Carlos María Romeo Casabona,[9] o propósito originário do projeto seria aprofundar os conhecimentos sobre as características do DNA e, em particular, a sua composição por meio dos genes, de modo a tentar determinar a sua função específica no tocante à transmissão da herança biológica da espécie. Entretanto, somente em pesquisa publicada no ano de 2022 os cientistas do Consórcio Telomere-to-Telomere (T2T) conseguiram decifrar os 8% restantes.[10]

A preocupação com o avanço da engenharia genética fomentou a elaboração da *Declaração Universal do Genoma Humano e dos Direitos Humanos*[11] (DUGHDH) em 1997, na presença de representantes políticos de 80 Estados nacionais e com o esboço de texto redigido pelo Comitê Internacional de Bioética. De acordo com o documento, o genoma humano subjaz a unidade fundamental da espécie humana, em reconhecimento, inclusive, da sua diversidade inerente, cuja evolução dá-se em razão da sua própria natureza conforme fatores ambientais e naturais.[12] Pontua-se no documento, ainda, que ninguém deverá ser

---

[7] MOURA, Marisa Decat de; SOUZA, Maria do Carmo Borges de; SCHEFFER, Bruno Brum. Reprodução assistida: um pouco de história. *Revista da SBPH on-line*, v. 12, n. 2, p. 23-42, 2009.

[8] Sobre os resultados obtidos no projeto, consultar COLLINS, Francis; GREEN, Eric; GUTTMACHER, Alan; GUYER, Mark. A vision for the future of genomics research. *Nature*, v. 422, p. 835-847, 2003. Além disso, sobre o tema, consultar: CORREA, Marilena. O admirável Projeto Genoma Humano. *Physis*, Rio de Janeiro, v. 12, n. 2, p. 277-299, 2002.

[9] CASABONA, Carlos María Romeo. La genética y la biotecnologia em las fronteras del derecho. *Acta Bioeth*, v. 8, n. 2, p. 283-297, 2002, p. 285.

[10] NURK, Sergey et al. The complete sequence of a human genome. *Science*, v. 376, p. 44-53, 2022.

[11] ORGANIZAÇÃO DAS NAÇÕES UNIDAS PARA A EDUCAÇÃO, A CIÊNCIA E A CULTURA (UNESCO). *Declaração Universal do Genoma Humano e dos Direitos Humanos*. 21 de outubro a 12 de novembro de 1997.

[12] Declaração Universal do Genoma Humano e dos Direitos Humanos (1997): "Artigo 1 - O genoma humano subjaz à unidade fundamental de todos os membros da família humana e também ao reconhecimento de sua dignidade e diversidade inerentes. Num sentido simbólico, é a herança da humanidade. [...]. Artigo 3 - O genoma humano, que evolui por sua própria natureza, é sujeito a mutações. Ele contém potencialidades que são expressas de maneira diferente segundo o ambiente natural e social de cada indivíduo, incluindo o estado de saúde do indivíduo, suas condições de vida, nutrição e educação."

sujeito a quaisquer tipo de discriminação em razão de suas características genéticas individuais, relativas à sua herança genética, de modo que possa infringir os direitos humanos.[13]

Na virada para o século XXI, por isso, o filósofo Jürgen Habermas fomentou sua inquietação em nível internacional sobre o uso de células-tronco humanas em pesquisas científicas e sobre o perigo do uso do Diagnóstico Genético Pré-Implantacional[14] (DGPI), por meio da RHA. Diante disso, era possível discutir-se, então, a possibilidade de selecionar ou excluir um embrião a partir de determinadas características genéticas identificáveis.[15] [16]

Nesse sentido, Habermas escreveu a obra *O futuro da natureza humana* (2001), responsável por introduzir nas sociedades atuais as discussões a respeito dos impactos das intervenções biotecnológicas no futuro da espécie humana, a partir das regras que levam em consideração o mercado que estipula os valores do material genético humano e das tecnologias reprodutivas na pós-modernidade. Sendo assim, a crítica habermasiana sobre a instrumentalização da espécie

---

[13] Declaração Universal do Genoma Humano e dos Direitos Humanos (1997): "Artigo 6 - Ninguém será sujeito a discriminação baseada em características genéticas que vise infringir ou exerça o efeito de infringir os direitos humanos, as liberdades fundamentais ou a dignidade humana.".

[14] Entende-se por DGPI a técnica, associada à RHA, que consiste em identificar no embrião já formado o gene relativo à determinada característica hereditária indesejada, procedendo-se, por isso, com o descarte intencional deste, caso esteja em desenvolvimento extracorpóreo. Comenta-se, ainda, que existe a possibilidade de se realizar o teste genético em embriões formados e intracorpóreos, procedendo-se com o aborto intencional e legalizado quando se tratar de anencefalia, conforme decisão histórica proferida pelo Supremo Tribunal Federal na ADPF 54. (Cf. BRASIL. Supremo Tribunal Federal. *Ação de Descumprimento de Preceito Fundamental nº 54/DF*. Relator: Ministro Marco Aurélio. Data de julgamento: 12/04/2012.).

[15] Isto é, momento posterior à concepção, em que houve a junção dos gametas femininos e masculinos, tratando-se, por isso, de um embrião formado. Nesse sentido, no DGPI não se altera direta e precisamente o patrimônio genético do embrião. Entretanto, ressalta Vera Lúcia Raposo, a seleção reiterada de embriões com determinadas características genéticas acabará por alterar o genoma da pessoa humana (RAPOSO, Vera Lúcia. *O direito à imortalidade*: o exercício de direitos reprodutivos mediante técnicas de reprodução assistida e o estatuto jurídico do embrião *in vitro*. Coimbra: Almedina, 2014, p. 959).

[16] Comenta-se, também, que os critérios utilizados – inclusive ainda hoje – perpassam por noções do que deve ser considerado como doença, qualidade de vida e uma vida que merece ou não ser vivida. Afinal, sobre o pretexto de falta de qualidade vida e "anormalidade", alguns sujeitos são taxados como prescindíveis de existência e direitos na percepção eugênica e médica de deficiência, a qual se encontra superada pelo paradigma social de deficiência nos sistemas jurídicos que tenham assimilado a Convenção Sobre os Direitos das Pessoas com Deficiência, como é o caso do Brasil. Para aprofundar o debate, consultar: PALACIOS, Agustina; ROMAÑACH, Javier. *El modelo de la diversidade*: la Bioética y los Derechos Humanos como herramientas para alcanzar la plena dignidad en la diversidade funcional. Madrid: Ediciones Diversitas; AIES, 2006.

torna-se cada vez mais atual no debate público sobre desenvolvimento humano e biotecnologia reprodutiva. Na perspectiva habermasiana, é necessário separar o que seria a eugenia negativa (terapêutica) da positiva (aperfeiçoamento), na medida em que a primeira aparenta possuir uma razão justificável, enquanto a segunda inicialmente pode ser considerada simplesmente como injustificada.[17]

À vista desse cenário, a promessa de desenvolvimento humano, diante das modernas tecnologias, levou Jeremy Rifkin[18] a entender que se vivencia o *século da biotecnologia*, na medida em que há a transição da era estritamente industrial para a materialização da transformação da humanidade por meio da engenharia genética, posto que as novas ferramentas da biotecnociência possibilitam remodelar a noção de vida, o que inclui a possibilidade de modificar a própria natureza humana. Isso pode indicar, segundo o autor, a transformação do mundo natural em um mundo bioindustrial. Para Norberto Bobbio, o florescer desse momento adaptativo proclama um novo estágio dialógico dos direitos do homem na proteção da vida humana, quais sejam, os direitos de quarta geração, cuja compreensão refere-se "aos efeitos cada vez mais traumáticos da pesquisa biológica, que permitirá manipulações do patrimônio genético de cada indivíduo". Essa interpretação do autor deriva, do ponto de vista teórico, da perspectiva de que os direitos do homem são históricos, portanto nascidos a partir de circunstâncias que caracterizam a defesa de novas liberdades a partir dos velhos poderes, de modo a nascer gradualmente.[19]

Entretanto, comenta-se que as ferramentas de terapia gênica até então disponíveis, entre as quais podem ser mencionadas *Zinc-Finger Nucleases* (ZFNs), *Transcription Activator-Like Effector Nucleases* (TALENs) e *Meganucleases*, eram demasiadamente custosas e pouco precisas.[20] A partir de 2012, houve um novo salto evolutivo em matéria de biotecnologia reprodutiva, uma vez que as cientistas Jennifer Doudna e Emmanuelle Charpentier descobriram o potencial do sistema CRISPR que, quando associado à proteína Cas9, funciona como uma ferramenta

---

[17] HABERMAS, Jürgen. *O futuro da natureza humana*: a caminho de uma eugenia liberal? Tradução de Karina Jannini. São Paulo: Martins Fontes, 2004, p. 26-27.

[18] RIFKIN, Jeremy. *Il Secolo Biotech*: il commercio genético e línizio di uma nuova era. Tradução de Loredana Lupica. Baldini&Castoldi: Milano, 1998, p. 10.

[19] BOBBIO, Norberto. *A era dos direitos*. Tradução de Carlos Nelson Coutinho. Rio de Janeiro: Elsevier, 2004, p. 9.

[20] Para conferir o debate dessas tecnologias, do ponto de vista jurídico, conferir: BRAÚNA, Mikaela Minaré; BRAÚNA, Leonardo Minaré. O direito e o avanço da engenharia genética. In: EHRHARDT JÚNIOR, Marcos; CATALAN, Marcos; MALHEIROS, Pablo (Coord.). *Direito Civil e Tecnologia*. Belo Horizonte: Fórum, 2020.

capaz de alterar o genoma de qualquer ser vivo (seja ele animal ou vegetal). Desse modo, compreende-se que a técnica age de modo que: a) o CRISPR identifique a localização do gene destino a ser modificado; e b) o Cas9 funcione como uma "tesoura genética", capaz de romper com a sequência do DNA-alvo, substituindo-o pelo gene que esteja contido no RNA carregado pelo sistema CRISPR.[21]

A revolução ocasionada pelo método, em matéria genética e reprodutiva, por sua vez, concedeu, no ano de 2020, o prêmio Nobel de Química para as pesquisadoras,[22] demonstrando, no cenário internacional, que a tecnologia, mais uma vez, renova o debate internacional sobre a importância da discussão de limites éticos e jurídicos no desenvolvimento das novas biotecnologias, sobretudo no que diz respeito à construção de projetos parentais assistidos frente à autonomia reprodutiva disponível pela garantia do planejamento familiar.

No Brasil, o tema encontra-se regulado, de maneira insuficiente, no §7º do art. 226 da Constituição Federal da (CF) de 1988,[23] na medida em que se estabelece que o direito ao planejamento familiar consiste em livre decisão do casal, desde que haja observância dos valores constitucionais da dignidade humana e da parentalidade responsável. A Lei do Planejamento Familiar, que veio a regular o dispositivo constitucional, ampliou o seu sentido para que o direito de acesso à construção do projeto parental seja de toda e qualquer pessoa, independente de esta estar numa relação de conjugalidade ou não, facultando que o direito possa ser exercido por pessoas solteiras.

A lógica de limitação ao planejamento familiar não deve estar restrita, ainda, aos valores da dignidade humana e da parentalidade responsável, ao passo que o debate também se concentra no melhor interesse da criança resultante, na beneficência procriativa e na preservação da diversidade biológica no patrimônio genético humano a partir das tecnologias disruptivas de reprodução.[24]

---

[21] DOUDNA, Jennifer; STERNBERG, Samuel. *A crack in creation*: gene editing and unthinkable power to control evolution. Boston: Houghton Mifflin Harcourt, 2017, p. 90.

[22] Consultar: THE NOBEL PRIZE IN CHEMISTRY 2020. *NobelPrize.org*. Nobel Media AB, 2020.

[23] Constituição Federal de 1988: "Art. 226. [...]. §7º Fundado nos princípios da dignidade da pessoa humana e da paternidade responsável, o planejamento familiar é livre decisão do casal, competindo ao Estado propiciar recursos educacionais e científicos para o exercício desse direito, vedada qualquer forma coercitiva por parte de instituições oficiais ou privadas.".

[24] Para aprofundar o debate, Cf. DANTAS, Carlos Henrique Félix. *Aprimoramento genético em embriões humanos*: limites ético-jurídicos ao planejamento familiar na tutela da deficiência como diversidade biológica humana. Belo Horizonte: Fórum, 2022.

Não obstante, faculta discutir também, ao lado dos testes genéticos pré-implantatórios, o que Carlos María Romeo Casabona chama de "nova eugenia" ou "neoeugenia",[25] posto que as tecnologias facultam intervenções no genoma humano, consoante técnicas variadas,[26] que podem atingir, de forma ilustrativa:

a) a *linhagem germinativa* (células indiferenciadas): diz respeito aos gametas femininos (óvulos ou oócitos) e masculinos (espermatozoides) que, quando se unem, no momento da fertilização, formam o zigoto no primeiro estágio de desenvolvimento embrionário. Por isso, o zigoto, *a priori*, seria composto por células germinativas. Apenas após o período de clivagem, em que há divisões celulares, que se passará a falar de embrião, do qual ainda dependerá do momento da nidação, isto é, a fixação no útero da gestante, para que haja a continuidade de seu desenvolvimento. No entanto, ressalta-se que ele será composto tanto por células somáticas quanto por células germinativas. Portanto, a linhagem germinativa são células capazes de se reproduzir e formar um organismo vivo. É imperioso tecer que a terapia gênica em células germinativas afeta diretamente a noção de hereditariedade, tendo em vista que o gene eventualmente modificado não passará para os descendentes;[27]

b) a *linhagem somática* (células já diferenciadas): são as células originadas a partir do desenvolvimento embrionário, formando os tecidos e órgãos do corpo humano. Pode-se, assim, dizer que, com exceção dos gametas humanos, as demais células que compõem o corpo são chamadas de somáticas, possuindo, na espécie humana, no que tange ao sexo feminino, 46 cromossomos XX (homogamético) e, ao masculino, 46 cromossomos XY (heterogamético).[28] Entre os principais exemplos,

---

[25] CASABONA, Carlos María Romeo. La genética y la biotecnologia em las fronteras del derecho. *Acta Bioeth*, v. 8, n. 2, p. 283-297, 2002, p. 288.
[26] Ressalta-se que este trabalho concentra o debate na utilização do diagnóstico genético pré-implantacional e da técnica CRISPR-Cas9 como ferramentas auxiliares na reprodução assistida.
[27] SNUSTAD, D. Peter; SIMMONS, Michael J. *Fundamentos da genética*. 7. ed. Rio de Janeiro: Guanabara Koogan, 2017, p. 46, 771.
[28] Nas lições de Ana Canguçu-Campinho, a determinação biológica do sexo, a partir dos avanços das novas tecnologias moleculares, torna a diferenciação sexual pela definição cromossômica XX (mulheres) e XY (homens) mais complexa do que aparentava ser, sobretudo ao olhar-se para a pessoa intersexo. Afinal, explica quanto à tentativa de definição do sexo masculino de uma pessoa intersexo que "[...] esta visão retratava um olhar testocêntrico que priorizava os genes ligados ao Y em detrimento dos ligados ao X ou os autossomos. A existência de intersexuais 46 XX com testículos, mas sem o gene SRY possibilitou repensar a exclusividade deste gene da determinação do sexo, reconhecendo a interação de outros genes como SF-1, WT-1 e DAX1". Dessa maneira, enfatiza que se deve substituir

podem-se mencionar músculos, pele, cérebro, entre outros. A terapia gênica em células somáticas, por isso, diz respeito à modificação do gene na estrutura do genoma que não afeta a noção de hereditariedade da espécie, afetando, unicamente, aquele sujeito modificado;[29]

c) a *seleção de cromossomos*: em particular os cromossomos "x" e "y", de modo a tornar possível a determinação do sexo biológico por intermédio da técnica auxiliar de reprodução conhecida por diagnóstico genético pré-implantacional ou, ainda, a possibilidade de antever diagnósticos relacionados à quantidade de cromossomos, como a síndrome de Down. Costuma-se falar, também, na possibilidade de detectar doenças ligadas ao sexo biológico em fase pré-natal.

Nesse contexto, para este trabalho, importam diretamente as intervenções mencionadas a partir do amparo das tecnologias reprodutivas em concomitância com as técnicas auxiliares à procriação assistida, sobretudo o teste pré-implantatório e a ferramenta CRISPR-Cas9.

A realidade científica descrita na atualidade possibilitou o domínio do homem sobre a natureza reprodutiva humana, de forma precisa, em menos de um século, período ínfimo se comparado com a história de desenvolvimento da humanidade, levando à identificação e ao sequenciamento, em nível molecular, da estrutura do DNA humano, além do controle efetivo do processo reprodutivo, por meio da superação dos pressupostos da infertilidade e esterilidade humana, em controlar aquilo que era atribuído somente ao acaso pelo coito sexual, para manipular a mais precisa unidade da vida: o genoma de cada ser vivo.

A partir do desenvolvimento do que parecem ser conquistas irrefutáveis no campo da biotecnociência e no desenvolvimento humano, o papel do Direito enquanto agente disciplinador das transformações sociais parece estar ainda estagnado, na medida em que nem sequer consegue disciplinar efetivamente as formas de dominação da ciência sobre o campo da reprodução humana assistida, havendo poucos mecanismos que regulamentem também o *design* genético.

---

a visão binária do sexo para a existência de um "quantum", em que haverá a interação entre variados genes para aproximar o sujeito do masculino ou feminino. CANGUÇU-CAMPINHO, Ana Karina Figueira. *A construção dialógica da identidade em pessoas intersexuais*: o X e o Y da questão. 2012. 204 f. Tese (Doutorado em Saúde Pública) – Programa de Pós-Graduação em Saúde Coletiva da Universidade Federal da Bahia, Salvador, 2012, p. 19-20. Ademais, reforça-se a ideia de que o sexo biológico, seja ele masculino, feminino ou não definido, não necessariamente reflete também a identidade pessoal e a afetividade sexual da pessoa humana. Portanto, os critérios sexo biológico, gênero e sexualidade encontram-se constantemente em conflito.

[29] SNUSTAD, D. Peter; SIMMONS, Michael J *Fundamentos da genética*. 7. ed. Rio de Janeiro: Guanabara Koogan, 2017, p. 46, 746.

2 Fundamentos jurídicos que facilitam a proteção da diversidade no patrimônio genético humano

No ordenamento jurídico brasileiro, o legislador constitucional reforça no §1º do inciso II do art. 225 da CF/1988,[30] que incumbe ao Poder Público e à coletividade o dever de preservar para as atuais e as futuras gerações a diversidade e a integridade do patrimônio genético, devendo-se fiscalizar as entidades que se dedicam à manipulação do material genético. Além disso, conforme definição do art. 2 da Convenção sobre Diversidade Biológica (CDB),[31] entende-se por diversidade a variabilidade de organismos vivos de todas as origens e ecossistemas, o que inclui a multiplicidade dentro das espécies, entre as espécies e de ecossistemas. Por esse motivo, a interpretação conjunta dos dispositivos permite alicerçar a identificação do que se poderia chamar de princípio da *Proteção da Diversidade no Patrimônio Genético*, o qual implicaria a tutela protetiva em três dimensões relativas: a) aos ecossistemas (terrestres, marinhos e outros aquáticos); b) às espécies (vegetais e animais); e c) dentro das espécies (vegetais e animais).

A proteção do patrimônio genético humano, por sua vez, encontra espaço na dimensão de tutela da multiplicidade de dados genéticos dentro da espécie humana, de modo a promover o respeito à diversidade a partir da noção de herança genética atribuída pela mudança do código de ascendentes para descendentes entre as gerações. Argumenta-se, também, que os dados genéticos são formados por: a) genótipos: traços genéticos passados pela hereditariedade; e b) fenótipos: o resultado da interação entre o genótipo e o meio no qual o sujeito está inserido.[32] Desse modo, pode-se entender que a conjunção dos dados genéticos da pessoa humana, por si só, não reflete o desenvolvimento que esta terá, na medida em que dependerá das escolhas particulares ou subjetivas e

---

[30] Constituição Federal de 1988: "Art. 225 [...]. §1º Para assegurar a efetividade desse direito, incumbe ao Poder Público: [...] II - preservar a diversidade e a integridade do patrimônio genético do País e fiscalizar as entidades dedicadas à pesquisa e manipulação de material genético".

[31] Convenção Sobre Diversidade Biológica: "Art. 2 Utilização de termos. [...] 'Diversidade biológica' significa a variabilidade de organismos vivos de todas as origens, compreendendo, dentre outros, os ecossistemas terrestres, marinhos e outros ecossistemas aquáticos e os complexos ecológicos de que fazem parte, compreendendo ainda a diversidade dentro de espécies, entre espécies e de ecossistemas".

[32] Para aprofundar a discussão sobre genótipos e fenótipos, consultar: SNUSTAD, D. Peter; SIMMONS, Michael J. *Fundamentos da genética*. 7. ed. Rio de Janeiro: Guanabara Koogan, 2017, p. 122.

do ambiente sociocultural para além da predeterminação da genética. Em síntese, explicam o geneticista Luca Cavalli-Sforza e o filósofo Francesco Cavalli-Sforza[33] que parte da vida da pessoa humana depende do ambiente cultural no qual esteja inserida, enquanto a outra depende fundamentalmente da estrutura de seu genoma. Isso porque, segundo os autores, para se desenvolver a personalidade, é necessário respeitar a variação individual no tocante à esfera biológica e cultural.

Ademais, nas lições de Adriana Diaféria,[34] a proteção dos dados genéticos humanos encontra respaldo no artigo 225 da CRFB/1988 por duas razões: a) o legislador não faz nenhuma distinção específica ao tipo de patrimônio ao qual está se referindo; e b) em uma postura inovadora, na compreensão da evolução do direito, o homem e os demais seres vivos devem ser entendidos em pé de igualdade, de modo que a pessoa humana seja considerada como parte integrante da natureza. Seguindo essa visão, a autora percebe que as informações contidas no genoma humano são bens de interesse difuso, de modo que a sua tutela interessa um número indeterminado de pessoas, sendo considerado como um direito transindividual (ou metaindividual), devendo-se estabelecer o necessário controle social para se preservar a dignidade constituinte da espécie humana.

Em nível infraconstitucional, cumpre tecer que a Lei nº 13.123/2015 define patrimônio genético como sendo a informação de origem genética de espécies vegetais, animais, microbianas ou espécies de outra natureza, incluindo substâncias oriundas do metabolismo desses seres vivos (inciso I do art. 2),[35] excluindo-se de apreciação da referida lei o patrimônio genético humano (art. 4).[36]

Diante disso, o DGPI e o CRISPR-Cas9 inserem, novamente, a discussão sobre os limites éticos e jurídicos da engenharia genética a partir do poder econômico e do planejamento familiar disponível como uma garantia constitucional. Justifica-se já que as tecnologias

---

[33] CAVALLI-SFORZA, Luca; CAVALLI-SFORZA, Francesco. *Quem somos? História da Diversidade Humana*. Tradução de Laura Cardellini Barbosa de Oliveira. São Paulo: Ed. UNESP, 2002. p. 346-347.

[34] DIAFÉRIA, Adriana. Princípios estruturadores do direito à proteção do patrimônio genético humano e as informações genéticas contidas no genoma humano como bens de interesses difusos. *In*: CARNEIRO, Fernanda; EMERICK, Maria Celeste (Orgs.). *Limite*: a ética e o debate jurídico sobre acesso e uso do genoma humano. Rio de Janeiro: Fiocruz, p. 1-19, 2000, p. 2, 10-11.

[35] Lei nº 13.123/2015: "Art. 2º [...]: I - patrimônio genético - informação de origem genética de espécies vegetais, animais, microbianas ou espécies de outra natureza, incluindo substâncias oriundas do metabolismo destes seres vivos".

[36] Lei nº 13.123/2015: "Art. 4º Esta Lei não se aplica ao patrimônio genético humano".

renovam o debate sobre a eugenia liberal como um possível resultado na construção dos projetos parentais nas sociedades modernas. Essa alternativa de uso da tecnologia não pode vir a existir como uma forma de negação à existência da diferença, sob a óptica do aperfeiçoamento genético, de modo a objetivar o melhoramento da espécie ao se escolher os dados genéticos que caracterizem uma potencial melhor qualidade de vida com base em critérios do que é uma vida que merece ou não ser vivida em uma óptica subjetiva do(s) autor(es) do projeto parental.

Por outro lado, o uso da tecnologia, com a finalidade terapêutica, deve ser encorajado, porque, conforme explica Iñigo de Miguel Berian,[37] a edição genética deve ser possível na atualidade, pois os argumentos da sacralidade e da dignidade do genoma humano não são mais suficientes para impedir procedimentos derivados dos avanços tecnológicos. Entretanto, argumenta-se que, se tratando de modificações no genoma que afetem as futuras gerações – como é o caso da edição genética em células germinativas, com finalidade de aperfeiçoamento genético –, há possíveis riscos incontornáveis, os quais o uso do CRISPR-Cas9 não deve alcançar.[38] Dessa forma, devem-se limitar, ainda, a poucas intervenções genéticas produzidas, de forma a buscar reduzir ou eliminar as variantes genéticas indesejadas, compreendidas como mosaicismos genéticos indevidos no gene alvo a partir do uso da engenharia genética.[39]

A partir disso, como se sabe, não se deve estender essa percepção para a deficiência, já que ela não deve ser compreendida como uma desgraça, um problema individual ou, ainda, uma patologia ou doença que merece um tratamento compulsório. Afinal, na atualidade, a premissa de que a deficiência seria sinônimo de ausência de qualidade de vida é vencida pelo modelo social de deficiência que foi assimilado pelos ordenamentos jurídicos dos países que tenham se tornado signatários da Convenção sobre os Direitos das Pessoas com Deficiência. Cumpre mencionar, ainda, que o avanço biotecnológico com o fim de erradicar ou discriminar geneticamente a deficiência, sob o pretexto de ser uma vida que não merece ser vivida, viola frontalmente os preceitos do diploma de Direitos Humanos. Ademais, torna-se necessário associar a essa interpretação o *Princípio da Igualdade e Não Discriminação*, como

---

[37] DE MIGUEL BERIAIN, Iñigo. Human dignity and gene editing: using human dignity as an argument against modifying the human genome and germline is a logical fallacy. *EMBO Reports*, p. 1-4, 2018, p. 2.

[38] DE MIGUEL BERIAIN, Iñigo. Should human germ line editing be allowed? Some suggestions on the basis of the existing regulatory framework. *Bioethics*, p. 105-111, 2019. p. 110.

[39] MONTOLIU, Lluís. *Editando genes*: recorta, pega y cólera. Las maravillosas herramientas CRISPR. 2. ed. Pamplona: Next Door Publishers, 2020, p. 187.

forma de proteger, sob a óptica da igualdade material, a diferença como fundamento da diversidade na espécie humana.

Dito isso, a Lei de Biossegurança (Lei nº 11.105/2005) segue uma linha mais restritiva em torno da aplicação da engenharia genética em seres humanos, como ocorre no Canadá, na França, na Alemanha e na Austrália,[40] de modo a proteger especificamente o embrião, o zigoto e as células germinais humanas a início de termo da construção do projeto de parentalidade. O legislador brasileiro criminaliza a conduta no art. 25,[41] de forma a aplicar reclusão de um a quatro anos e multa. Nessa perspectiva, o ordenamento jurídico brasileiro encontra-se dentro da perspectiva do que alguns teóricos qualificam como sendo de tendências bioconservadoras, pois tende a desincentivar práticas que possam conduzir a um comportamento artesão do(s) autor(es) do projeto parental. No entanto, a restrição faculta a possibilidade de uso da ferramenta de edição genética em células somáticas humanas, podendo avançar no sentido de garantir qualidade de vida e novos tratamentos para aquelas pessoas que se encontram nascidas.

Ainda sobre tais critérios, Paulo Vinícius Sporleder de Souza compreende que os crimes de engenharia ou manipulação genética humana são "aquelas atividades que, de forma programada, permitem modificar (total ou parcialmente) o genoma humano, com fins não terapêuticos reprováveis, através da manipulação de genes".[42] Dessa forma, compreende-se como a intervenção que vise ao aperfeiçoamento da espécie, ainda que isso signifique abrir margem para práticas eugênicas ressignificadas.

Considerações finais

1 A descoberta do sistema CRISPR-Cas9 como ferramenta para o *design* genético revolucionou mais uma vez o debate internacional sobre o melhoramento do genoma humano para fins terapêuticos e de aperfeiçoamento. Isso porque a tecnologia favorece, em comparação com as técnicas disponíveis anteriormente, modificações precisas,

---

[40] CYRANOSKI, David. What's next for CRISPR babies. *Nature*, v. 566, p. 440-442, 2019.
[41] Lei nº 11.105/2005: "Art. 25. Praticar engenharia genética em célula germinal humana, zigoto humano ou embrião humano: Pena - reclusão, de 1 (um) a 4 (quatro) anos, e multa.".
[42] SOUZA, Paulo Vinícius Sporleder. *Direito Penal Genético e a Lei de Biossegurança*. Porto Alegre: Livraria do Advogado, 2007, p. 24.

rápidas e pouco onerosas na estrutura do DNA de seres vivos, sejam eles animais ou plantas. Aliada à técnica do DGPI, os riscos de utilização da tecnologia, sem a imposição de limites éticos e jurídicos pelos ordenamentos jurídicos, tornam possível a ocorrência de uma maior facilitação de uso da ferramenta para promover a instrumentalização da pessoa humana.

2 A partir disso, percebe-se que a alteração no genoma traz dilemas éticos e jurídicos emergentes nas sociedades modernas, sobretudo quando tiver a finalidade de aperfeiçoamento genético e o propósito de modificar as células germinais humanas, de modo a afetar o patrimônio genético da espécie nas futuras gerações. Isso porque, em linhas gerais, a edição genética aplicada em células somáticas é relativa à descoberta de novas alternativas terapêuticas para pacientes enfermos.

3 A proteção constitutiva do patrimônio genético humano, compreendida como direito de quarta geração, encontra respaldo constitucional por meio do direito à diversidade e integridade do patrimônio genético (art. 225, inc. II, da CRFB/88). Deve-se associar a essa interpretação o *princípio da igualdade e não discriminação* e a proteção constitucional conferida à pessoa com deficiência pela Convenção Sobre os Direitos das Pessoas com Deficiência, de modo a fazer valer a proteção dos seus dados genéticos como expressão da diversidade humana. Há de se supor, também, que a interpretação conjunta desses dispositivos com a Convenção sobre Diversidade Biológica faça emergir no debate jurídico contemporâneo a incidência do chamado princípio da *proteção da diversidade no patrimônio genético humano*, de forma a fazer valer a tutela de todos os dados genéticos sem discriminações relativas a uma suposta superioridade racial ou alguma deficiência.

Referências

BOBBIO, Norberto. *A era dos direitos*. Tradução de Carlos Nelson Coutinho. Rio de Janeiro: Elsevier, 2004.

BRASIL. Supremo Tribunal Federal. *Ação de Descumprimento de Preceito Fundamental nº 54/DF*. Relator: Ministro Marco Aurélio. Data de julgamento: 12/04/2012.

BRAÚNA, Mikaela Minaré; BRAÚNA, Leonardo Minaré. O direito e o avanço da engenharia genética. In: EHRHARDT JÚNIOR, Marcos; CATALAN, Marcos; MALHEIROS, Pablo (Coord.). *Direito Civil e tecnologia*. Belo Horizonte: Fórum, 2020.

CANGUÇÚ-CAMPINHO, Ana Karina Figueira. *A construção dialógica da identidade em pessoas intersexuais*: o X e o Y da questão. 2012. 204 f. Tese (Doutorado em Saúde

Pública) – Programa de Pós-Graduação em Saúde Coletiva da Universidade Federal da Bahia, Salvador, 2012.

CASABONA, Carlos María Romeo. La genética y la biotecnologia em las fronteras del derecho. *Acta Bioeth*, Universidad del País Vasco/ES, v. 8, n. 2, p. 283-297, 2002.

CAVALLI-SFORZA, Luca; CAVALLI-SFORZA, Francesco. *Quem somos? História da diversidade humana.* Tradução de Laura Cardellini Barbosa de Oliveira. São Paulo: Ed. UNESP, 2002.

COLLINS, Francis; GREEN, Eric; GUTTMACHER, Alan; GUYER, Mark. A vision for the future of genomics research. *Nature*, [s. l.], v. 422, p. 835-847, 2003.

CORREA, Marilena. O admirável Projeto Genoma Humano. *Physis*, Rio de Janeiro, v. 12, n. 2, p. 277-299, 2002.

CYRANOSKI, David. What's next for CRISPR babies. *Nature*, [s. l.], v. 566, p. 440-442, 2019.

DANTAS, Carlos Henrique Félix. *Aprimoramento genético em embriões humanos*: limites ético-jurídicos ao planejamento familiar na tutela da deficiência como diversidade biológica humana. Belo Horizonte: Fórum, 2022.

DIAFÉRIA, Adriana. Princípios estruturadores do direito à proteção do patrimônio genético humano e as informações genéticas contidas no genoma humano como bens de interesses difusos. *In*: CARNEIRO, Fernanda; EMERICK, Maria Celeste (Orgs.). *Limite*: a ética e o debate jurídico sobre acesso e uso do genoma humano. Rio de Janeiro: Fiocruz, 2000. p. 1-19.

DE MIGUEL BERIAIN, Iñigo. Human dignity and gene editing: using human dignity as an argument against modifying the human genome and germline is a logical fallacy. *EMBO Reports*, [s. l.], p. 1-4, 2018.

DE MIGUEL BERIAIN, Iñigo. Should human germ line editing be allowed? Some suggestions on the basis of the existing regulatory framework. *Bioethics*, [s. l.], p. 105-111, 2019.

DOUDNA, Jennifer; STERNBERG, Samuel. *A crack in creation:* gene editing and unthinkable power to control evolution. Boston: Houghton Mifflin Harcourt, 2017.

MOURA, Marisa Decat de; SOUZA, Maria do Carmo Borges de; SCHEFFER, Bruno Brum. Reprodução assistida: um pouco de história. *Revista da SBPH on-line*, v. 12, n. 2, p. 23-42, 2009.

NURK, Sergey *et al.* The complete sequence of a human genome. *Science*, Washington, DC, v. 376, p. 44-53, 2022.

ORGANIZAÇÃO DAS NAÇÕES UNIDAS PARA A EDUÇÃO, A CIÊNCIA E A CULTURA (UNESCO). *Declaração Universal do Genoma Humano e dos Direitos Humanos.* 21 de outubro a 12 de novembro de 1997.

PALACIOS, Agustina; ROMAÑACH, Javier. *El modelo de la diversidad*: la Bioética y los Derechos Humanos como herramientas para alcanzar la plena dignidade em la diversidade funcional. Madrid: Ediciones Diversitas; AIES, 2006.

RAPOSO, Vera Lúcia. *O direito à imortalidade*: o exercício de direitos reprodutivos mediante técnicas de reprodução assistida e o estatuto jurídico do embrião *in vitro*. Coimbra: Almedina, 2014.

RIFKIN, Jeremy. *Il Secolo Biotech*: il commercio genético e línizio di uma nuova era. Tradução de Loredana Lupica. Baldini&Castoldi: Milano, 1998.

SOUZA, Paulo Vinícius Sporleder. *Direito Penal Genético e a Lei de Biossegurança*. Porto Alegre: Livraria do Advogado, 2007.

SNUSTAD, D. Peter; SIMMONS, Michael J. *Fundamentos da genética*. 7. ed. Rio de Janeiro: Guanabara Koogan, 2017.

HABERMAS, Jürgen. *O futuro da natureza humana*: a caminho de uma eugenia liberal? Tradução de Karina Jannini. São Paulo: Martins Fontes, 2004.

THE NOBEL PRIZE IN CHEMISTRY 2020. *NobelPrize.org*. Nobel Media AB, 2020.

MONTOLIU, Lluís. *Editando genes*: recorta, pega y cólera. Las maravillosas herramientas CRISPR. 2. ed. Pamplona: Next Door Publishers, 2020.

WATSON, James; CRICK, Francis. Molecular Structure of Nucleic Acids: a Structure for Deoxyribose Nucleic Acid. *Nature*, [s. l.], n. 171, p. 737-738, 1953.

WATSON, James; CRICK, Francis. Genetical implications of the structure of deoxyribonucleic acid. *Nature*, [s. l.], v. 171, p. 964-967, 1953.

YARAK, Aretha. Ser o primeiro bebê de proveta do Brasil 'sempre foi um motivo de orgulho'. *Veja*, 5 out. 2010. Disponível em: https://veja.abril.com.br/saude/ser-o-1o-bebe-de-proveta-do-brasil-sempre-foi-um-motivo-de-orgulho.

Informação bibliográfica deste texto, conforme a NBR 6023:2018 da Associação Brasileira de Normas Técnicas (ABNT):

DANTAS, Carlos Henrique Félix. O princípio jurídico da preservação da diversidade no patrimônio genético humano como um limitador da autonomia no planejamento familiar. *In*: EHRHARDT JÚNIOR, Marcos; LÔBO, Fabíola (Coord.). *Constitucionalização das relações privadas*: fundamentos de interpretação do direito privado brasileiro. Belo Horizonte: Fórum, 2023. p. 169-184. ISBN 978-65-5518-564-5.

A CONSTRUÇÃO DO CONCEITO JURÍDICO DE CONCEPÇÃO: UMA ANÁLISE DA LEGITIMIDADE SUCESSÓRIA A PARTIR DA REPRODUÇÃO HUMANA ASSISTIDA *POST MORTEM*

PATRÍCIA FERREIRA ROCHA

Introdução

O direito ao livre planejamento familiar consiste em uma forma de expressão da autonomia privada, estreitamente relacionado ao exercício da sexualidade, dos direitos reprodutivos, do direito ao próprio corpo e à saúde, apresentando-se como um componente essencial ao desenvolvimento da personalidade e da integridade físico-psicológica do indivíduo, limitado pela responsabilidade individual e social no terreno da parentalidade.

As descobertas médico-científicas no ramo da biologia procracional culminaram no desenvolvimento das técnicas de reprodução humana assistida, que permitiram a geração de filhos independentemente da sexualidade, da fecundação e da gestação pela mulher que irá assumir o projeto parental, promovendo, inclusive, o rompimento dos limites temporais entre a vida e a morte, na medida em que um novo ser humano pode vir a ser gerado após o falecimento de um ou de ambos os seus pais.

Nessa perspectiva, em que se tornou possível o desenvolvimento do embrião fora do organismo feminino e a fecundação e/ou implantação do material genético pode ocorrer após a morte de um dos autores do projeto parental, a discussão sobre o *status* do nascituro ganha novos contornos, especialmente, para o propósito deste artigo, quanto à legitimidade sucessória do filho póstumo.

1 Considerações iniciais sobre a reprodução humana assistida

Embora no passado a procriação pudesse ter finalidades religiosas e patrimoniais, na atualidade ela se traduz na realização de um projeto pessoal e parental, compondo a construção da personalidade da pessoa humana e, por esse motivo, tomada sob a perspectiva de um direito juridicamente tutelado sob a denominação de livre planejamento familiar, previsto no artigo 226, §7º, da Constituição Federal de 1988.

O planejamento familiar foi regulamentado através da Lei nº 9.263/1996, que o define como "o conjunto de ações de regulação da fecundidade que garanta direitos iguais de constituição, limitação ou aumento da prole pela mulher, pelo homem ou pelo casal", o que compreende as atividades de assistência à concepção e contracepção, o atendimento pré-natal, a assistência ao parto, ao puerpério e ao neonato, o controle das doenças sexualmente transmissíveis e o controle e a prevenção dos cânceres cérvico-uterino, de mama, de próstata e de pênis.[1]

Esse livre planejamento comporta duas vertentes, uma negativa e outra positiva. Quanto à sua natureza negativa, consiste no direito de exigir do Estado e de terceiros que se abstenham de qualquer ato que prejudique o projeto parental da pessoa ou do casal, não podendo haver qualquer tipo de controle público ou privado que vise induzir o comportamento social ou o sexual.[2] Já em relação à sua natureza positiva, significa o direito às medidas e prestações do Poder Público

---

[1] BRASIL. Lei nº 9.263, de 12 de janeiro de 1996. Regula o §7º do art. 226 da Constituição Federal, que trata do planejamento familiar, estabelece penalidades e dá outras providências. Disponível em: http://www.planalto.gov.br/ccivil_03/leis/L9263.htm. Acesso em: 8 abr. 2023.

[2] DINIZ, Maria Helena. *O estado atual do biodireito*. 9. ed. rev. aum. e atual. de acordo com o Código de Ética Médica. São Paulo: Saraiva, 2014, p. 181.

no sentido de propiciar meios educacionais e científicos para o seu exercício, demandando políticas públicas que assegurem a saúde sexual e reprodutiva de todos os cidadãos, na medida em que estas se manifestam como elementos essenciais ao respeito à integridade físico-psíquica da pessoa humana.

Nos termos da Lei nº 9.263/1996, o planejamento familiar é de livre decisão da mulher, do homem ou do casal, devendo ser exercido em igualdade de condições. Cabe, pois, à mulher e ao homem planejar sua família e decidir se desejam ou não ter filhos, com quem, quando tê-los, a quantidade e o espaçamento entre eles, na medida em que a parentalidade enquanto projeto impõe que o filho tenha o direito de ser desejado antes de ser concebido.

A concretização de um planejamento familiar pode, no entanto, vir a ser impossibilitado por causas alheias à autonomia reprodutiva, ficando, assim, vulnerado, razão pela qual devem ser disponibilizados meios para que este direito constitucionalmente reconhecido possa vir a ser materializado. Nesse sentido, alerta Ana Cláudia Ferraz:

> Se se garante o direto de formar uma família, através da concepção natural, há de se reconhecer o direito daqueles que, por razões médicas, não podem procriar naturalmente, a também formarem uma família. Nessa linha, o direito a constituir uma família inclui o direito de procriar, inclusive artificialmente.[3]

A fim de suplantar as dificuldades ou mesmo a impossibilidade da concretização da procriação pela via da conjunção carnal, assim como também para evitar o risco de transmissão de doenças hereditárias, infectocontagiosas ou de outra origem, foram desenvolvidas as técnicas de reprodução humana assistida, consistentes num conjunto de procedimentos médico-científicos que visam unir as células sexuais, a partir da sua manipulação laboratorial, substituindo ou facilitando alguma etapa imperfeita ao longo do processo reprodutivo.

É preciso observar, contudo, que o planejamento da parentalidade se dá através de dois eixos que não podem ser considerados isoladamente: o dos pais que planejam e o dos filhos que são gerados como fruto desse projeto.[4] Nesse sentido, preciosa a lição de Olga Krell, para quem "o direito ao planejamento familiar não representa apenas o direito

---

[3] FERRAZ, Ana Cláudia Brandão de Barros Correia. *Reprodução humana assistida e suas consequências nas relações de família*. Paraná: Juruá, 2011, p. 82.

[4] SANCHES, Mário Antonio. *Reprodução assistida e bioética*: metaparentalidade. São Paulo: Ave-Maria, 2013, p. 45.

fundamental à reprodução, mas, além disso, impõe a responsabilidade no campo das relações de parentalidade e filiação".[5] Assim é que ao direito individual que é assegurado ao homem e à mulher para exercer a sua sexualidade e optar pela paternidade/maternidade contrapõem-se as responsabilidades individual e social que advêm da condição jurídica de pai e mãe, o que visa proteger o filho de ser transformado em mero "projeto de consumo".[6]

E o desenvolvimento das novas tecnologias reprodutivas vem suscitando o surgimento de vários questionamentos advindos da separação do ato sexual da reprodução humana, conflitos esses que vêm se agravando devido à possibilidade de criopreservação do sêmen, do óvulo e do embrião, já que promove um distanciamento ainda maior, físico e temporal, permitindo, inclusive, que um novo ser venha a ser formado após a morte da pessoa de quem provém o material genético que lhe deu origem.[7]

A criopreservação, pois, consiste numa técnica de resfriamento do sêmen, óvulo e/ou embrião, que faz com que toda a sua atividade metabólica seja interrompida sem que, com isso, haja perda da sua qualidade e funcionalidade, permitindo que o material genético permaneça armazenado indefinidamente para ser utilizado em futuras transferências, inclusive após a morte do seu titular, procedimento denominado de reprodução humana assistida *post mortem*, tema que será a seguir enfrentado.

2 Os limites ao uso da reprodução humana assistida *post mortem*

Embora não haja legislação específica tratando da matéria da reprodução humana assistida, a questão do procedimento póstumo está implicitamente prevista no artigo 1.597, incisos III e IV, do Código Civil de 2002, no qual se estabelece a presunção da filiação mesmo nas hipóteses de o falecimento do genitor anteceder ao nascimento do filho,

---

[5] KRELL, Olga Jubert Gouveia. *Reprodução humana assistida e filiação civil*: princípios éticos e jurídicos. Curitiba: Juruá, 2012, p. 106.
[6] PEREIRA, Caio Mário da Silva. *Instituições de Direito Civil*. 24 ed. rev. atual. e ampl. Rio de Janeiro: Forense, 2017. v. VI, p. 11.
[7] MAGALHÃES, Sandra Marques. *Aspectos sucessórios da procriação medicamente assistida homóloga* post mortem. Coimbra: Coimbra, 2010, p. 50.

quando havidos por fecundação artificial homóloga ou pela utilização de embriões excedentários.[8] Ademais, o Provimento nº 63/2017 do Conselho Nacional de Justiça estabelece em seu art. 17, §2º, que na hipótese de reprodução assistida *post mortem* haverá necessidade de apresentação de termo de autorização prévia específica do falecido ou falecida para o uso do material biológico preservado, lavrado por instrumento público ou particular com firma reconhecida.[9] E, por fim, a Resolução nº 2.320/2022 do Conselho Federal de Medicina prevê expressamente a possibilidade do procedimento ao dispor que "É permitida a reprodução assistida *post mortem* desde que haja autorização específica para o uso do material biológico criopreservado em vida, de acordo com a legislação vigente".[10]

Em que pese à insuficiência de regramento da matéria nos referenciais citados, a doutrina vem se esforçando para definir os contornos dos limites à utilização do procedimento *post mortem*.

O primeiro questionamento é quanto à abrangência das regras de presunção de filiação, ou seja, se estas regras se aplicariam somente à utilização de material genético do homem, ainda que após o seu falecimento, já que silencia quanto à possibilidade de incidência também para a maternidade póstuma advinda de procriação assistida. Com fulcro na igualdade constitucional assegurada a homens e mulheres, detentores dos mesmos direitos e obrigações, defendemos que se é assegurado à mulher o direito de dar continuidade a um projeto parental, ainda que após a morte de seu cônjuge ou companheiro, não há de se negar ao homem sobrevivente a mesma faculdade, nem mesmo negar à falecida o direito de ser reconhecida como mãe dos que nascerem após seu óbito, mesmo que seja preciso ao homem socorrer-se, nesta hipótese, à maternidade por substituição para a geração do filho de sua esposa ou companheira póstuma.[11] Este foi o posicionamento expresso no Enunciado nº 633 do Conselho da Justiça Federal do Superior Tribunal de Justiça, segundo o qual "É possível ao viúvo ou ao companheiro sobrevivente, o acesso à técnica de reprodução

---

[8] BRASIL. Lei nº 10.406, de 10 de janeiro de 2002. Institui o Código Civil. Disponível em: http://www.planalto.gov.br/ccivil_03/leis/2002/L10406.htm. Acesso em: 8 abr. 2023.
[9] CONSELHO NACIONAL DE JUSTIÇA. *Provimento nº 63/2017*. Disponível em: http://www.cnj.jus.br/files/atos_administrativos/provimento-n63-14-11-2017-corregedoria.pdf. Acesso em: 8 abr. 2023.
[10] CONSELHO FEDERAL DE MEDICINA. *Resolução nº 2.320/2022*. Disponível em: https://sistemas.cfm.org.br/normas/visualizar/resolucoes/BR/2022/2320. Acesso em: 8 abr. 2023.
[11] MOREIRA FILHO, José Roberto. *Ser ou não ser:* os direitos sucessórios do embrião humano. Belo Horizonte: New Hampton Press, 2007, p. 110.

assistida póstuma – por meio da maternidade de substituição, desde que haja expresso consentimento manifestado em vida pela sua esposa ou companheira".[12]

Em segundo lugar, questiona-se a procriação póstuma somente teria lugar nos procedimentos homólogos, quando são utilizados os gametas sexuais masculino e feminino provenientes de um casal, casado ou que vive em união estável, que assumirá a paternidade e a maternidade da criança assim gerada,[13] pois o inciso V do art. 1.597 do Código Civil de 2002 não menciona, ao contrário dos incisos III e IV, as expressões "a qualquer tempo" ou "após a morte do marido", motivo pelo qual o procedimento heterólogo, que importa no emprego de células sexuais de um terceiro estranho ao casal, que funcionará como mero doador de material genético, somente seria legitimado enquanto o marido ou o companheiro, cujo nome seria lançado no assento civil da pessoa assim concebida como seu pai, for vivo e conjugalmente ligado à mãe. Para Ana Cláudia Scalquette, entretanto, não haveria por que se discriminar tal situação, uma vez que tendo sido livre, consciente e expresso o desejo do falecido(a) de possibilitar o nascimento da criança, mesmo que decorrente de material fecundante de terceiro doador, deve a criança ser gerada e, nascendo com vida, ser considerada filha do *de cujus*,[14] posicionamento com o qual não concordamos.

Outro aspecto relevante sobre a reprodução póstuma diz respeito à necessidade ou não de prévia e expressa autorização em vida para utilização do material genético criopreservado após o óbito de quem o forneceu. Para Silmara Juny de Abreu Chinelatto, o procedimento póstumo envolve direitos de personalidade daquele de quem se origina o material fecundante, razão pela qual não se pode presumir que alguém queira ser pai ou mãe depois de sua morte. Assim, o cônjuge ou companheiro(a) (sobrevivente) não poderia exigir que o banco genético lhe entregue o sêmen, óvulo ou embrião que se encontra armazenado para que seja nela inseminado ou em terceira, por não se tratar de patrimônio, bem objeto de herança, cuja titularidade se transfere aos sucessores. O consentimento do cônjuge ou companheiro(a) morto à realização da reprodução póstuma seria, portanto, indispensável, não

---

[12] SUPERIOR TRIBUNAL DE JUSTIÇA. *Enunciados das Jornadas de Direito Civil*. Disponível em: https://www.cjf.jus.br/enunciados/. Acesso em: 8 abr. 2023.
[13] FERNANDES, Tycho Brache. *A reprodução assistida em face da bioética e do biodireito*: aspectos do Direito de Família e do Direito das Sucessões. Florianópolis: Diploma legal, 2000, p. 57.
[14] SCALQUETTE, Ana Cláudia S. *Estatuto da reprodução assistida*. São Paulo: Saraiva, 2010, p. 181.

havendo sequer possiblidade de ser substituído por uma autorização judicial, tendo em vista que o consentimento extraído da pessoa falecida não se configura outorga marital/uxória para a prática de atos pelo cônjuge ou companheiro(a) sobrevivente, "mas sim, manifestação de vontade própria na realização de intervenção médica que gerará responsabilidades para si".[15]

Por outro lado, defende Juliana Queiroz que, em caso de inexistência desse elemento volitivo, o material genético criopreservado deveria ter sua titularidade "transferida para os herdeiros, em conformidade com a ordem de vocação hereditária prevista na abertura da sucessão" e que, havendo discordância de opiniões entre os herdeiros e o cônjuge ou companheiro(a) sobrevivente quanto ao seu destino, não pareceria legítimo "o afastamento integral da vontade deste(a) que fazia parte do contrato, impedindo a concepção *in vitro* com o referido material, em contraposição à sua doação ou ao seu descarte", embasando seu posicionamento na evocação da aplicação por analogia do art. 4º da Lei nº 9.434/97,[16] que regulamenta o transplante de órgãos, embora a referida lei tenha retirado expressamente de sua incidência o sêmen e o óvulo.[17]

Parece, contudo, pacificada a exigência de tal autorização prévia, na medida em que os textos da Resolução nº 2.320/2022 do Conselho Federal de Medicina e do Provimento nº 63/2017 do Conselho Nacional de Justiça dispõem expressamente sobre tal. Nesse mesmo sentido, o Enunciado nº 106 das Jornadas de Direito Civil do Conselho da Justiça Federal prescreve que:

> Para que seja presumida a paternidade do marido falecido, será obrigatório que a mulher, ao se submeter a uma das técnicas de reprodução assistida com o material genético do falecido, esteja na condição de

---

[15] QUEIROZ, Juliana Fernandes. *Paternidade*: aspectos jurídicos e técnicas de inseminação artificial. Belo Horizonte: Del Rey, 2001, p. 101.

[16] "Art. 4º A retirada de tecidos, órgãos e partes do corpo de pessoas falecidas para transplantes ou outra finalidade terapêutica, dependerá da autorização do cônjuge ou parente, maior de idade, obedecida a linha sucessória, reta ou colateral, até o segundo grau inclusive, firmada em documento subscrito por duas testemunhas presentes à verificação da morte". BRASIL. Lei nº 9.434, de 4 de fevereiro de 1997. Dispõe sobre a remoção de órgãos, tecidos e partes do corpo humano para fins de transplante e tratamento e dá outras providências. Disponível em: http://www.planalto.gov.br/ccivil_03/leis/L9434.htm. Acesso em: 8 abr. 2023.

[17] QUEIROZ, Juliana Fernandes. *Reprodução assistida* post mortem: aspectos jurídicos de filiação e sucessório. Curitiba: Ed. UFPR, 2015, p. 132-134.

viúva, sendo obrigatória, ainda, a autorização escrita do marido para que se utilize seu material genético após sua morte.[18]

A despeito da exigência da autorização para o uso póstumo, há de ser reconhecida a possibilidade de sua revogação enquanto não sobrevier a gestação, já que os tratamentos de reprodução humana assistida não trazem a certeza do implemento da gravidez na primeira tentativa, o que faz com que, em seu decurso, possam ocorrer causas diversas que levem a que um dos cônjuges ou companheiros não deseje mais o filho.[19] Revogado o consentimento em vida, não há de se cogitar qualquer possibilidade de reprodução póstuma, até porque não se pode atribuir parentalidade a quem não a deseja.

Sustentamos em artigo publicado na *Revista IBDFAM* de nº 48, não obstante, que, mesmo quando existente a autorização do titular do material genético para concretizar seu desejo de ter um filho a qualquer custo, o que incluiria a geração e nascimento deste filho após a morte de quem lhe forneceu o material genético, seria forçosa a verificação, por meio de um estudo psicossocial, da legitimidade dos motivos do genitor sobrevivente ou daquele(a) que venha a assumir a execução do projeto parental, assim como as vantagens do procedimento ao filho póstumo, pois, na esteira do princípio da parentalidade responsável a que está subordinada a liberdade de planejamento familiar, a submissão ao procedimento póstumo deve corresponder à tutela da proteção integral e do melhor interesse deste último, para que essa criança gerada não tenha a finalidade terapêutica de curar o luto do ente falecido.[20]

Por fim, o mencionado Enunciado nº 106 do Conselho da Justiça Federal ainda trata da necessidade de manutenção do estado de viuvez do cônjuge ou companheiro(a) sobrevivente para que este possa se utilizar do material genético do parceiro falecido após seu óbito. Acreditamos que tal exigência pode ser compreendida como uma tentativa de evitar conflitos diante da disposição do art. 1.597, I, do Código Civil de 2002, que atribui a parentalidade do filho ao novo cônjuge ou companheiro caso a criança venha a nascer 180 (cento e

---

[18] SUPERIOR TRIBUNAL DE JUSTIÇA. *Enunciados das Jornadas de Direito Civil*. Disponível em: https://www.cjf.jus.br/enunciados/. Acesso em: 8 abr. 2023.
[19] QUEIROZ, Juliana Fernandes. *Paternidade*: aspectos jurídicos e técnicas de inseminação artificial. Belo Horizonte: Del Rey, 2001, p. 102.
[20] ROCHA, Patrícia Ferreira. A análise da legitimidade dos motivos do genitor sobrevivente e das vantagens para o filho gerado *post mortem* em face do princípio do melhor interesse da criança e do adolescente. *Revista IBDFAM*: família e sucessões, Belo Horizonte, v. 48, p. 163-184, nov./dez. 2021, p. 179-181.

oitenta) dias, pelo menos, depois de estabelecida a convivência conjugal,[21] em que pese inexista limite temporal imposto à utilização de material genético crioconservado, possibilitando um hiato entre a coleta do sêmen e do óvulo e o momento da fecundação, ou da implantação do embrião congelado, e o da gestação, que pode se dar por tempo indefinido.

Em que pese haja permissão legal, ainda há muitos questionamentos quanto à viabilidade ou não de se conceber uma criança deliberadamente despojada da figura de um de seus genitores, que não serão aqui enfrentadas, assim como acerca das repercussões patrimoniais sucessórias decorrentes do surgimento tardio deste possível sucessor, que nasceu após a abertura da sucessão de seu falecido pai e/ou mãe, sendo, portanto, imprescindível discutir o conceito de concepção, com intuito de esclarecer os limites da legitimidade sucessória desse filho póstumo, objeto deste artigo.

3 O conceito jurídico de concepção e a legitimidade sucessória do filho *post mortem*

É inegável que a investigação sobre os critérios que buscam definir o conceito de concepção para o Direito, especialmente após a conquista científica que permitiu a geração da vida, independentemente do ato sexual, por método científico-laboratorial, apresenta fatores pré-jurídicos, pressupondo conhecimento alheio ao Direito e afeto às ciências biológicas, o que não deve servir, todavia, como desculpa ou empecilho ao enfrentamento da matéria, já que o Direito existe como razão de regular e ordenar a vida do homem em sociedade, sendo imprescindível o estudo e a compreensão da dimensão humana em todos os seus aspectos, a fim de delimitar a esfera de seus direitos e deveres, inclusive aqueles que incidem antes do seu nascimento ou após a sua morte.

A intenção não se trata propriamente de definir o momento do início da vida do ser humano, mas sim em que momento do ciclo vital o sistema jurídico decidirá dar ao ente biológico o *status* de nascituro, assegurando-lhe todos os direitos advindos desta condição, inclusive os de natureza patrimonial decorrentes da sucessão póstuma, na medida

---

[21] BRASIL. Lei nº 10.406, de 10 de janeiro de 2002. Instituí o Código Civil. Disponível em: http://www.planalto.gov.br/ccivil_03/leis/2002/L10406.htm. Acesso em: 8 abr. 2023.

em que o art. 2º do Código Civil de 2002 é claro ao declarar a garantia de direitos a pessoa por nascer desde a sua concepção.

Neste sentido, o advento da fertilização *in vitro* tornou inevitável o questionamento acerca da necessidade ou não da implantação do embrião no útero materno para a aquisição da condição de nascituro, ou seja, é preciso delimitar o *status* jurídico dos embriões criopreservados.

Um primeiro critério do conceito jurídico de nascituro, portanto, levaria em conta o seu sentido mais tradicional, ou seja, o momento da implantação do embrião no útero de uma mulher, pois esse seria um estágio crítico ao seu desenvolvimento. A nidação, momento em que o embrião se fixa à mucosa uterina, traça o início da gravidez, constituindo um marco indispensável relativamente à possibilidade de o embrião continuar a evoluir,[22] já que é do endométrio que começará a receber os nutrientes necessários à sua evolução e crescimento. Enquanto continua *in vitro*, o embrião não tem possibilidade alguma de se desenvolver até atingir sua autonomia, uma vez que sua atividade metabólica foi interrompida pelo congelamento.

Ainda que se argumente acerca da existência de pesquisas sobre o desenvolvimento de um útero artificial[23] que, em um futuro próximo, poderá recriar todas as condições para o embrião se desenvolver fora do corpo humano, em ambiente artificial, defendemos que a implantação do embrião é o marco a ser observado para fins de lhe conferir o *status* de nascituro. Havendo fertilização *in vitro*, pois, será preciso distinguir a figura do embrião e a do nascituro, entendendo-se esse último apenas como o ser já em gestação, sem que, com isso, não seja conferida ao embrião uma tutela particular, na medida em que nele há vida humana.

Um segundo critério compreenderia que a concepção ocorre com a fecundação, na medida em que a união entre óvulo e espermatozoide dá início a uma nova combinação de genes, a um indivíduo que recebeu a carga genética de seus genitores, mas que possui um código genético único capaz de desenvolver-se até tornar-se uma pessoa propriamente dita.

É de se ressaltar que o Conselho Federal de Medicina, de início, posicionava-se de acordo com esta segunda teoria, pois a Resolução nº 1.358/1992 proibia o descarte e a destruição de embriões criopreservados. As normas éticas atuais (Resolução nº 2.320/2022), contudo, permitem

---

[22] FEÓ, Christina. *Um estatuto para o embrião humano*. Jundiaí: Paco Editorial, 2010, p. 43.
[23] BERNARDO, Karla. *Útero Artificial*: O atual desafio científico da Reprodução Assistida. Disponível em: http://www.ghente.org/temas/reproducao/utero_artificial_1.htm. Acesso em: 8 abr. 2023

que os pacientes manifestem sua vontade, por escrito e antes da geração dos embriões, quanto ao destino dos que forem criopreservados em caso de divórcio, dissolução de união estável ou falecimento de um deles ou de ambos, podendo descartá-los ou doá-los, demonstrando nítida adoção da teoria que não reconhece o *status* de nascituro ao embrião ainda não implantado.

Em consonância com essa previsão, a Lei nº 11.105/2005 autoriza a utilização de células-tronco embrionárias obtidas de embriões humanos produzidos por fertilização *in vitro* e não utilizados no respectivo procedimento para fins de pesquisa e terapia, o que acarretará a destruição do embrião como vida humana em potencial.[24] E restou claro no julgamento que declarou a constitucionalidade do art. 5º desta Lei,[25] que o Supremo Tribunal Federal entendeu haver necessidade de tratamento diferenciado entre o embrião implantado no útero, denominado nascituro, e o não implantado, a que se designou pré-embrião ou mero concepturo, ou seja, a vida humana deve ser tutelada de modo variado em cada etapa do seu desenvolvimento biológico, pois os direitos destinados a cada ente (embrião e nascituro) devem ser o reflexo de suas realidades.

Trazendo os debates acerca do conceito de nascituro para o âmbito do direito sucessório, cumpre consignar que a atribuição de herança além de prescindir de um título jurídico do direito hereditário, traduzido na convocação do interessado pela lei ou por manifestação de vontade do testador, importa na verificação da legitimação para suceder, entendida como a aptidão específica para se tornar herdeiro ou legatário (sucessor) numa determinada sucessão.

A regra geral acerca da legitimidade sucessória, aplicável tanto à sucessão legítima quanto à testamentária, está disposta no artigo 1.798 do Código Civil de 2002, que prescreve estarem legitimados a suceder "as pessoas nascidas ou já concebidas no momento da abertura da

---

[24] BRASIL. Lei nº 11.105, de 24 de março de 2005. Regulamenta os incisos II, IV e V do §1º do art. 225 da Constituição Federal, estabelece normas de segurança e mecanismos de fiscalização de atividades que envolvam organismos geneticamente modificados – OGM e seus derivados, cria o Conselho Nacional de Biossegurança – CNBS, reestrutura a Comissão Técnica Nacional de Biossegurança – CTNBio, dispõe sobre a Política Nacional de Biossegurança – PNB, revoga a Lei nº 8.974, de 5 de janeiro de 1995, e a Medida Provisória nº 2.191-9, de 23 de agosto de 2001, e os arts. 5º, 6º, 7º, 8º, 9º, 10 e 16 da Lei nº 10.814, de 15 de dezembro de 2003, e dá outras providências. Disponível em: http://www.planalto.gov.br/ccivil_03/_ato2004-2006/2005/lei/l11105.htm. Acesso em: 8 abr. 2023.

[25] SUPREMO TRIBUNAL FEDERAL. *Ação Direta de Inconstitucionalidade nº 3510/2008*. Disponível em: http://www.stf.jus.br/portal/geral/verPdfPaginado.asp?id=611723&tipo=AC&descricao=Inteiro%20Teor%20ADI%20/%203510. Acesso em: 8 abr. 2023.

sucessão".[26] Ou seja, o sucessor deve estar vivo no momento da abertura da sucessão, sendo nascido ou concebido, uma vez que a herança não se defere ao vazio. Isso significa que "para suceder é indispensável já viver no momento do óbito do *de cujus*, embora sem existência autônoma".[27] Acontece que, em face das novas técnicas de reprodução assistida, a implantação do gameta masculino ou do embrião pode se dar após a morte do pai ou da mãe da criança que será postumamente gerada, sendo necessário distinguir estas duas situações.

Em primeiro lugar, temos o art. 1.597, inciso III, do Código Civil de 2002, segundo o qual se presumem concebidos na constância do casamento os filhos "havidos por fecundação artificial homóloga, mesmo que falecido o marido".[28] Inicialmente, é preciso delimitar a condição dos gametas sexuais em momento anterior à fecundação, sendo pacífico o entendimento em torno da sua composição genética própria, mas de seu potencial genético inerte, em razão de sua incapacidade de subsistir por si, ou seja, antes da fusão, tanto o espermatozoide quanto o óvulo não são aptos a originar um novo ser humano. Por este motivo, mesmo que a concepção humana seja entendida como o momento a partir do qual ocorre a fecundação, quer dizer, a penetração do espermatozoide no óvulo, seja ela *in vivo* ou *in vitro*, os gametas sexuais antes de sua fusão ou implantação são, portanto, considerados meros concepturos. Tendo o óbito ocorrido antes da fecundação, o direito sucessório ficaria vedado ao futuro nascituro, por ter sido a concepção, em seu sentido mais abrangente, efetivada após a morte do *de cujus*.

Por oportuno, ainda que a presunção de parentalidade, instituída no artigo 1.597, inciso III, do Código Civil de 2002 implique na adoção de uma ficção jurídica, a saber, a constância do matrimônio como momento da concepção, mesmo que um dos cônjuges já esteja falecido, fazendo com que o filho seja considerado sempre como se tivesse sido concebido na constância do casamento, isto é, em momento anterior à abertura da sucessão, defendemos que esta ficção se projeta exclusivamente no campo da parentalidade, não no direito sucessório.

De outro norte, temos o art. 1.597, inciso IV, do Código Civil de 2002, segundo o qual se presumem concebidos na constância do

---

[26] BRASIL. Lei nº 10.406, de 10 de janeiro de 2002. Institui o Código Civil. Disponível em: http://www.planalto.gov.br/ccivil_03/leis/2002/L10406.htm. Acesso em: 8 abr. 2023.
[27] MAXIMILIANO, Carlos. *Direito das Sucessões*. 4. ed. Rio de Janeiro: Livraria Freitas Bastos, 1958. v. I, p. 121.
[28] BRASIL. Lei nº 10.406, de 10 de janeiro de 2002. Institui o Código Civil. Disponível em: http://www.planalto.gov.br/ccivil_03/leis/2002/L10406.htm. Acesso em: 8 abr. 2023.

casamento os filhos "havidos, a qualquer tempo, quando se tratar de embriões excedentários, decorrentes de concepção artificial homóloga".[29]

Para os adeptos da teoria que elege a fecundação como o parâmetro para a definição do momento da concepção humana, a partir da união entre os gametas masculino (espermatozoide) e feminino (óvulo), que resulta na formação do embrião, independentemente do local onde esta ocorra, haveria de ser tutelado o direito das sucessões do filho por nascer. Assim, deve ser reconhecido o direito à herança aos embriões criopreservados, ainda que implantados *post mortem*, como prescrito no Enunciado nº 267 do Conselho da Justiça Federal, *in verbis*:

> A regra do art. 1.798 deve ser estendida aos embriões formados mediante o uso de técnicas de reprodução assistida, abrangendo, assim, a vocação hereditária da pessoa humana a nascer cujos efeitos patrimoniais se submetem às regras previstas para a petição da herança.[30]

Para esta corrente, portanto, embora o tempo seja relevante para a aferição de direitos hereditários, o critério temporal não deveria se sobrepor aos laços genéticos e familiares, pelos quais se impõe a atribuição de direito de herança ao filho póstumo gerado a partir de embriões excedentários após a morte de seu genitor,[31] sendo o prazo da implantação relevante tão somente para efeitos de prescrição da ação de petição de herança, que ocorre em dez anos, a contar da abertura da sucessão.

Para aqueles que optam pela adoção da nidação como momento caracterizador do *status* de nascituro, o embrião excedentário implantado após a morte não poderia ser considerado sucessor do pai ou da mãe prematuramente falecido(a). Neste sentido, ensina Paulo Lôbo:

> A concepção de que trata a lei é que se dá no ventre materno, com implantação exitosa, ainda que tenha origem em inseminação artificial ou *in vitro*. Para fins de sucessão, não se considera a fecundação *in vitro*, cujo embrião não tenha sido implantado no útero materno, pois não se qualifica como nascituro.[32]

---

[29] BRASIL. Lei nº 10.406, de 10 de janeiro de 2002. Institui o Código Civil. Disponível em: http://www.planalto.gov.br/ccivil_03/leis/2002/L10406.htm. Acesso em: 8 abr. 2023.
[30] SUPERIOR TRIBUNAL DE JUSTIÇA. *Enunciados das Jornadas de Direito Civil*. Disponível em: https://www.cjf.jus.br/enunciados/. Acesso em: 8 abr. 2023.
[31] FERRAZ, Carolina Valença. *Biodireito*: a proteção jurídica do embrião *in vitro*. São Paulo: Verbatim, 2011, p. 249.
[32] LÔBO, Paulo. *Direito Civil*: sucessões. 7. ed. São Paulo: Saraiva, 2021. v. 6, p. 125.

Na esteira do eminente jurista, defendemos que a legitimidade sucessória deve ser entendida a partir da vinculação a uma gravidez, a indicar uma situação transitória que poderia favorecer quem, ao nascer, fosse filho do *de cujus*, sem postergar indefinidamente a sucessão deste, a fim de garantir segurança jurídica à transmissão hereditária. Os concebidos, a que se refere o citado art. 1.798, devem abranger exclusivamente os embriões que tiverem sido efetivamente transferidos e nidados antes da abertura da sucessão.

Nas duas situações em que defendemos a não atribuição de herança ao filho póstumo entendemos que não haveria que se falar em tratamento discriminatório entre filhos, já que o filho gerado após a morte de seu pai ou de sua mãe não se encontrava concebido no momento da abertura da sucessão, condição para que seja reconhecido como sucessor. Neste caso, deve ser reconhecido o *status* de filho, por força das presunções de parentalidade previstas no art. 1.597, incisos III e IV, mas haverá restrição quanto aos direitos patrimoniais decorrentes da sucessão do pai ou da mãe falecido antes da sua fecundação e/ ou implantação, diante da realidade fática presente no momento da abertura da sucessão. A ausência de atribuição de direito sucessório decorreria exatamente do princípio da isonomia, tendo em vista que as situações seriam absolutamente distintas (espermatozoide ou óvulo ainda não implantado, embrião criopreservado e ser em gestação), e a igualdade substancial consiste em tratar desigualmente quem está em situação desigual.

É necessário destacar, não obstante, que nossa legislação ainda reconhece a possibilidade de atribuição de legitimidade sucessória à pessoa que nem sequer se encontra concebida quando da morte do autor da sucessão. De acordo com o art. 1.799, inciso I, do Código Civil de 2002, podem ser nomeados herdeiros testamentários ou legatários, os descendentes em primeiro grau de pessoas indicadas pelo testador, desde que vivas estas ao abrir-se a sucessão. Nesta situação, é possível que o filho eventual seja de uma determinada pessoa com outra, estando ambas especificadas, sendo igualmente admissível que somente um dos pais esteja declarado em testamento, caso em que pouco importa quem é o outro (pai ou mãe), já que a Constituição Federal de 1988 admite a constituição de família monoparental. Outrossim, a eficácia de tal disposição testamentária está subordinada ao nascimento ou à concepção deste sucessor esperado no prazo de até dois anos a contar da abertura da sucessão, nos termos do art. 1.800, §4º do Código Civil de 2002.

Diverge, contudo, a doutrina sobre a possibilidade de ser beneficiado o futuro filho do próprio testador, pois este genitor, quando for aberta a sua sucessão, já terá falecido, não podendo ser considerado como pessoa existente, aspecto que terá relevância na discussão dos possíveis direitos hereditários dos gametas e/ou embriões criopreservados utilizados na reprodução assistida póstuma. Pela sua admissão, Ana Cláudia Scalquette ensina que, havendo material genético armazenado em laboratório, bastaria haver referência no testamento somente ao pai ou mãe sobrevivo, indicando a doadora do óvulo, se testador, ou o doador do espermatozoide, se testadora, para beneficiar os embriões provenientes de seu próprio material genético, mediante procedimento de procriação artificial *post mortem*, sendo este filho também do indivíduo supérstite,[33] posicionamento este que nos inclinamos a adotar.

Conclusão

A reprodução humana assistida exige, claramente, uma reformulação na compreensão e na interpretação de várias categorias do Direito Civil brasileiro, em razão da modificação dos paradigmas que há muito norteiam esse ramo do saber jurídico, porquanto a dinâmica da ciência relativizou os conceitos já consolidados no mundo jurídico, especialmente, para os fins deste artigo, aquele referente ao momento da concepção do ser humano.

Ainda que tenha sido opção do legislador não tratar de temas suficientemente amadurecidos no Código Civil de 2002 e que a edição de eventual legislação própria não tivesse como esgotar o tratamento de temática tão complexa, até mesmo porque os avanços médico-científicos são incessantes, é reconhecida a premente necessidade do estabelecimento de parâmetro jurídico sobre a reprodução humana assistida e seus reflexos, inclusive as questões relacionadas ao procedimento póstumo no Direito Sucessório.

Diante do atual cenário legislativo, mantemos nosso entendimento no sentido de que ao gameta sexual não fecundado e ao embrião criopreservado que não tenha sido implantado antes da abertura da sucessão, não deve ser reconhecida legitimidade para suceder no âmbito da sucessão legítima, na medida em que o conceito de nascituro estaria vinculada à ideia de ser em gestação, não sendo afastada, entretanto, a

---

[33] SCALQUETTE, Ana Cláudia S. *Estatuto da reprodução assistida*. São Paulo: Saraiva, 2010, p. 217.

possibilidade de se beneficiar a filiação eventual do próprio testador por meio de testamento, cuja eficácia da disposição testamentária estaria submetida ao prazo de dois anos estabelecido no próprio Código Civil de 2002.

Não obstante, acreditamos que o tema da reprodução póstuma deveria receber mais atenção do legislador, inclusive no sentido de estabelecer, além da submissão a um estudo psicossocial o autor do projeto parental sobrevivo, também um prazo predeterminado, razoável e suficiente para concretizar o planejamento familiar iniciado quando vivo o autor da sucessão, o que implicaria igualmente na revisão das normas sobre legitimidade sucessória do filho póstumo, a fim de uniformizar tais prazos.

Referências

BERNARDO, Karla. *Útero Artificial*: O atual desafio científico da Reprodução Assistida. Disponível em: http://www.ghente.org/temas/reproducao/utero_artificial_1.htm. Acesso em: 8 abr. 2023.

BRASIL. Lei nº 10.406, de 10 de janeiro de 2002. Institui o Código Civil. Disponível em: http://www.planalto.gov.br/ccivil_03/leis/2002/L10406.htm. Acesso em: 8 abr. 2023.

BRASIL. Lei nº 11.105, de 24 de março de 2005. Regulamenta os incisos II, IV e V do §1º do art. 225 da Constituição Federal, estabelece normas de segurança e mecanismos de fiscalização de atividades que envolvam organismos geneticamente modificados – OGM e seus derivados, cria o Conselho Nacional de Biossegurança – CNBS, reestrutura a Comissão Técnica Nacional de Biossegurança – CTNBio, dispõe sobre a Política Nacional de Biossegurança – PNB, revoga a Lei nº 8.974, de 5 de janeiro de 1995, e a Medida Provisória nº 2.191-9, de 23 de agosto de 2001, e os arts. 5º, 6º, 7º, 8º, 9º, 10 e 16 da Lei nº 10.814, de 15 de dezembro de 2003, e dá outras providências. Disponível em: http://www.planalto.gov.br/ccivil_03/_ato2004-2006/2005/lei/l11105.htm. Acesso em: 8 abr. 2023.

BRASIL. Lei nº 9.434, de 4 de fevereiro de 1997. Dispõe sobre a remoção de órgãos, tecidos e partes do corpo humano para fins de transplante e tratamento e dá outras providências. Disponível em: http://www.planalto.gov.br/ccivil_03/leis/L9434.htm. Acesso em: 8 abr. 2023.

BRASIL. Lei nº 9.263, de 12 de janeiro de 1996. Regula o §7º do art. 226 da Constituição Federal, que trata do planejamento familiar, estabelece penalidades e dá outras providências. Disponível em: http://www.planalto.gov.br/ccivil_03/leis/L9263.htm. Acesso em: 8 abr. 2023.

CONSELHO FEDERAL DE MEDICINA. Resolução nº 2.320/2022. Disponível em: https://sistemas.cfm.org.br/normas/visualizar/resolucoes/BR/2022/2320. Acesso em: 8 abr. 2023.

DINIZ, Maria Helena. *O estado atual do biodireito*. 9. ed. rev. aum. e atual. de acordo com o Código de Ética Médica. São Paulo: Saraiva, 2014.

FEÓ, Christina. *Um estatuto para o embrião humano*. Jundiaí: Paco Editorial, 2010.

FERNANDES, Tycho Brache. *A reprodução assistida em face da bioética e do biodireito*: aspectos do Direito de Família e do Direito das Sucessões. Florianópolis: Diploma legal, 2000.

FERRAZ, Ana Cláudia Brandão de Barros Correia. *Reprodução humana assistida e suas consequências nas relações de família*. Paraná: Juruá, 2011.

FERRAZ, Carolina Valença. *Biodireito*: a proteção jurídica do embrião *in vitro*. São Paulo: Verbatim, 2011.

KRELL, Olga Jubert Gouveia. *Reprodução humana assistida e filiação civil*: princípios éticos e jurídicos. Curitiba: Juruá, 2012.

LÔBO, Paulo. *Direito Civil*: sucessões. 7. ed. São Paulo: Saraiva, 2021. v. 6.

MAGALHÃES, Sandra Marques. *Aspectos sucessórios da procriação medicamente assistida homóloga* post mortem. Coimbra: Coimbra, 2010.

MAXIMILIANO, Carlos. *Direito das Sucessões*. 4. ed. Rio de Janeiro: Livraria Freitas Bastos, 1958. v. I.

MOREIRA FILHO, José Roberto. *Ser ou não ser:* os direitos sucessórios do embrião humano. Belo Horizonte: New Hampton Press, 2007.

PEREIRA, Caio Mário da Silva. *Instituições de Direito Civil*. 24 ed. rev. atual. e ampl. Rio de Janeiro: Forense, 2017. v. VI.

QUEIROZ, Juliana Fernandes. *Paternidade*: aspectos jurídicos e técnicas de inseminação artificial. Belo Horizonte: Del Rey, 2001.

QUEIROZ, Juliana Fernandes. *Reprodução assistida* post mortem: aspectos jurídicos de filiação e sucessório. Curitiba: Ed. UFPR, 2015.

ROCHA, Patrícia Ferreira. A análise da legitimidade dos motivos do genitor sobrevivente e das vantagens para o filho gerado *post mortem* em face do princípio do melhor interesse da criança e do adolescente. *Revista IBDFAM*: família e sucessões, Belo Horizonte, v. 48, p. 163-184, nov./dez. 2021.

SANCHES, Mário Antonio. *Reprodução assistida e bioética*: metaparentalidade. São Paulo: Ave-Maria, 2013.

SCALQUETTE, Ana Cláudia S. *Estatuto da reprodução assistida*. São Paulo: Saraiva, 2010.

SUPERIOR TRIBUNAL DE JUSTIÇA. *Enunciados das Jornadas de Direito Civil*. Disponível em: https://www.cjf.jus.br/enunciados/. Acesso em: 8 abr. 2023.

SUPREMO TRIBUNAL FEDERAL. *Ação Direta de Inconstitucionalidade nº 3.510/2008*. Disponível em: http://www.stf.jus.br/portal/geral/verPdfPaginado.asp?id=611723&tipo=AC &descricao=Inteiro%20Teor%20ADI%20/%203510. Acesso em: 8 abr. 2023.

Informação bibliográfica deste texto, conforme a NBR 6023:2018 da Associação Brasileira de Normas Técnicas (ABNT):

ROCHA, Patrícia Ferreira. A construção do conceito jurídico de concepção: uma análise da legitimidade sucessória a partir da reprodução humana assistida *post mortem*. *In*: EHRHARDT JÚNIOR, Marcos; LÔBO, Fabíola (Coord.). *Constitucionalização das relações privadas*: fundamentos de interpretação do direito privado brasileiro. Belo Horizonte: Fórum, 2023. p. 185-201. ISBN 978-65-5518-564-5.

EXEMPLO REAL DE DANO EXISTENCIAL: O CASO DA ESCOLA BASE INFANTIL, O MAIOR ERRO DE IMPRENSA DA HISTÓRIA DO BRASIL

ELAINE BUARQUE

1 Introdução

Desde que se atribuiu ao ser humano e à sua dignidade o protagonismo do sistema normativo, a responsabilidade civil tradicional, até então somente subjetiva, passou a ser analisada sob a ótica civil-constitucional. Se anteriormente a admissão da imputação obrigacional e a sua consequente indenização, dependia exclusivamente da verificação de sua ação ou omissão ter decorrido dos elementos culpa ou dolo, após a irradiação dos efeitos dos princípios constitucionais no âmbito do direito civil, inicia-se o questionamento acerca da amplitude da aplicação do instituto da responsabilidade civil nas hipóteses de responsabilidade objetiva. A culpa, que figurava como único e central elemento da imputação de uma indenização, perdeu seu lugar, abrindo-se à hipótese, como se demonstrará adiante, de que danos causados sob o argumento da liberdade de imprensa podem ser apurados judicialmente sob o ponto de vista do nexo causal, da autoria e da prova do prejuízo, sendo irrelevante se a ação ou omissão da qual resultou o ilícito civil teria decorrido ou não da vontade deliberada de seu agente causador.

Sobre o assunto, Nelson Rosenvald afirma que, diante da sociedade técnico-científica contemporânea, a responsabilidade objetiva é a que formaliza os conceitos de liberdade e de regulação, e que a base do conceito sobre a aplicação ou não da responsabilidade precisa considerar a integralização a ética e o Direito (ROSENVALD, 2017, p. 26).

2 Direito à privacidade *versus* o direito à liberdade de expressão: (im)possibilidade de sua violação

A liberdade de expressão e a liberdade de imprensa (dever à informação) foram levadas a julgamento perante o STF, que, por meio da Arguição de Descumprimento do Preceito Fundamental (ADPF) nº 130, recepcionou a Lei de Imprensa conferindo-lhe uma interpretação constitucional a fim de se evitar a censura prévia. A privacidade passou a ser analisada sob três prismas: o direito de ser deixado sozinho, o direito de ter informações (direito de saber) e o direito de esconder certas informações – se violado este direito, quando uma informação for obtida contra a vontade daquele que é o seu titular, representaria violação de acessos limitados à informação e danos aos direitos de personalidade. No tocante às informações que pertencem à zona de privacidade e outras que não estão albergadas pelo mesmo direito, deveriam ser indenizadas, sob o argumento geral de causarem uma lesão à identificação do indivíduo.

A ADPF nº 130/2009 adequou constitucionalmente a Lei de Imprensa – por isso feita mediante o controle concentrado de constitucionalidade, via adequada à impugnação de norma pré-constitucional – à expressão "liberdade de informação jornalística" como sinônima de "liberdade de imprensa"; salientou a "plena" liberdade de imprensa como categoria jurídica proibitiva de qualquer tipo de censura prévia. Ressaltou-se, em sua ementa, a plenitude da liberdade de imprensa, ressalvando as suas principais características, dentre as quais estariam: a) Servir de reforço ou sobretutela das liberdades de manifestação do pensamento, de informação e de expressão artística, científica, intelectual e comunicacional, como liberdades que dão conteúdo às relações de imprensa e que se põem como superiores bens de personalidade e mais direta emanação do princípio da dignidade da pessoa humana; b) A comunicação social como segmento prolongador das liberdades de manifestação do pensamento, de informação e de expressão artística, científica, intelectual e comunicacional, transpassa a fundamentalidade dos direitos prolongados ao capítulo prolongador; c) A liberdade de informação jornalística e a liberdade de imprensa, insertas no art. 220 da CF, em respeito à dignidade da pessoa humana e em sintonia com o conceito de evolução do estado de civilização, simbolizariam a submissão da natureza jurídica dos direitos prolongados ao capítulo constitucional aplicável à comunicação social; e d) Abarcados na definição da plena liberdade de atuação da imprensa, estão: d.1) os direitos de personalidade (liberdade de pensamento, criação, expressão e informação) salvos de qualquer restrição em seu exercício, seja qual for o suporte físico ou tecnológico de sua veiculação; d.2) o seu exercício não se sujeita a outras disposições que não sejam as figurantes dela própria, a Constituição.

Em tempo, um dos argumentos favoráveis à prevalência da liberdade de expressão encontrou guarida na fundamentação de que a excessividade indenizatória, em si mesma, seria um poderoso fator de inibição da liberdade de imprensa, em violação ao princípio constitucional da proporcionalidade. A relação de proporcionalidade entre o dano moral, existencial ou material sofrido por alguém e a indenização que lhe caiba receber (quanto maior o dano, maior a indenização) seria aplicável no âmbito interno da potencialidade da ofensa e da concreta situação do ofendido. A circunstância em si da veiculação do agravo por órgão de imprensa não deveria entrar nessa equação, porque, senão, "a liberdade de informação jornalística deixaria de ser um elemento de expansão e de robustez da liberdade de pensamento e de expressão *lato sensu* para se tornar um fator de contração e de esqualidez dessa liberdade" (STF, ADPF nº 130/DF).

No mais, uma quarta conceituação acerca do direito à privacidade deveria ser vista como o poder que a pessoa tem de controlar as suas informações pessoais, ou seja, a habilidade individual na circulação de informações relacionadas a si mesmo. Por fim, uma quinta teoria sobre o direito à privacidade (BRANDÃO, 2013, p. 243) a trata como direito à personalidade, representado pelo direito de fazer decisões sobre a própria vida sem interferência externa, da sociedade ou de governo, baseada nos princípios da autonomia privada.

Relativamente à liberdade de expressão, nela estão abarcadas sensações e intuições, bem como juízos intelectivos (art. 5º, IX, CF/88). Portanto:

> [...] depreende-se que a liberdade de expressão é direito genérico que finda por abarcar um sem-número de formas e direitos conexos e que não pode ser restringido a um singelo externar sensações ou intuições, com a ausência da elementar atividade intelectual, na medida em que

a compreende. Dentre os direitos conexos presentes no gênero *liberdade de expressão* podem ser mencionados, aqui, os seguintes: liberdade de manifestação de pensamento; de comunicação; de informação; de acesso à informação; de opinião; *de imprensa, de mídia,* de divulgação e de radiodifusão. (TAVARES, 2005, p. 219; grifos nossos)

Por outro lado, é notório que há violações ao direito de privacidade pautadas no direito de informar dos veículos de comunicação ou mesmo no direito do público de ser informado, cabendo-se indagar: se essas violações, escoltadas na liberdade de expressão, ocasionarem danos permanentes à pessoa, ainda justifica a violação ao direito à privacidade? Ao que tudo indica a resposta a esse questionamento pode ser extraída do Enunciado nº 613 do CJF/STJ, abaixo transcrito.

É importante, portanto, verificar a real utilidade da informação veiculada pelos mais diversos canais de comunicação para que a liberdade de expressão se justifique expondo aspectos íntimos da pessoa; caso contrário, a ausência de investigação jornalística pode conduzir à sobreposição aos direitos da personalidade, notadamente ao direito à privacidade, como o Caso da Escola Base, o que representou um atentado à dignidade da pessoa humana e consubstanciou um ato ilegítimo e foi causadora de um irreparável dano existencial aos envolvidos.

Portanto, conforme se analisará adiante, se a liberdade de expressão não goza de preferência sobre o direito à privacidade, não constitui um direito ilimitado.

3 Não recepção de todo o conjunto de dispositivos da Lei Federal nº 5.250 (Lei de Imprensa)

Inicialmente, insta pontuar que não houve recepção em bloco da Lei nº 5.250 pela nova ordem constitucional, uma vez que se constatou a impossibilidade de conciliação e incompatibilidade material insuperável entre a referida Lei e a Constituição de 1988, seja de tipo material ou de substância (vertical). Contaminada restou toda a Lei de Imprensa, eis que:

> [...] a) quanto ao seu entrelace de comandos, a serviço da prestidigitadora lógica de que para cada regra geral afirmativa da liberdade é aberto um leque de exceções que praticamente tudo desfaz; b) quanto ao seu inescondível efeito prático de ir além de um simples projeto de governo para alcançar a realização de um projeto de poder, este a se eternizar no tempo e a sufocar todo pensamento crítico no País. [...] São de todo

imprestáveis as tentativas de conciliação hermenêutica da Lei 5.250/67 com a Constituição, seja mediante expurgo puro e simples de destacados dispositivos da lei, seja mediante o emprego dessa refinada técnica de controle de constitucionalidade que atende pelo nome de "interpretação conforme a Constituição". Os bens de personalidade que se põem como o próprio conteúdo ou substrato da liberdade de informação jornalística foram declarados irregulamentáveis, haja vista serem bens jurídicos que têm na própria interdição da prévia interferência do Estado o seu modo natural, cabal e ininterrupto de incidir. Em tema elementarmente de imprensa, a vontade normativa surgiria e se exauriria no próprio texto da Lei Suprema. Sob pena de artificializar ou forçar a descontaminação da parte restante do diploma legal interpretado, a técnica da interpretação conforme não pôde ser aplicada, descabido incursionamento do intérprete em legiferação por conta própria. Inapartabilidade de conteúdo, de fins e de viés semântico (linhas e entrelinhas) do texto interpretado. Caso-limite de interpretação necessariamente conglobante ou por arrastamento teleológico, a pré-excluir do intérprete/aplicador do Direito qualquer possibilidade da declaração de inconstitucionalidade apenas de determinados dispositivos da lei sindicada, mas permanecendo incólume uma parte sobejante que já não tem significado autônomo. Não se muda, a golpes de interpretação, nem a inextrincabilidade de comandos nem as finalidades da norma interpretada. Impossibilidade de se preservar, após artificiosa hermenêutica de depuração, a coerência ou o equilíbrio interno de uma lei (a Lei federal nº 5.250/67) que foi ideologicamente concebida e normativamente apetrechada para operar em bloco ou como um todo *pro indiviso*. (STF, ADPF nº 130/DF)

A legislação comum, notadamente o Código Civil, o Código Penal, o Código de Processo Civil e o Código de Processo Penal serão aplicáveis às causas decorrentes das relações de imprensa. Outrossim, cumpre colacionar a decisão do STF, com base na ADPF nº 130/2009, a qual contaminou a Lei de Imprensa nº 5.250/67 pelos motivos já elencados anteriormente. In verbis:

Decisão: O Tribunal, por maioria e nos termos do voto do Relator, julgou procedente a ação, vencidos, em parte, o Senhor Ministro Joaquim Barbosa e a Senhora Ministra Ellen Gracie, que a julgavam improcedente quanto aos artigo 1º, §1º; artigo 2º, *caput*; artigo 14; artigo 16, inciso I e artigos 20, 21 e 22, todos da Lei nº 5.250, de 9.2.1967; o Senhor Ministro Gilmar Mendes (Presidente), que a julgava improcedente quanto aos artigos 29 a 36 da referida lei e, vencido integralmente o Senhor Ministro Marco Aurélio, que a julgava improcedente. Ausente, justificadamente, o Senhor Ministro Eros Grau, com voto proferido na assentada anterior. Plenário, 30.04.2009. (STF, ADPF nº 130/DF)

No mais, é possível facilmente constatar que a decisão supratranscrita traduz a relação de inerência entre pensamento crítico e imprensa livre, isto é, a imprensa como instância natural de formação da opinião pública e como alternativa à versão oficial dos fatos.

Seguindo essa linha de raciocínio, a Constituição Federal acrescentou à liberdade de imprensa, já prevista como "livre", o qualificativo de "plena". Além de qualquer censura prévia, a própria plenitude da liberdade de informação seria a essência mesma do jornalismo (o chamado "núcleo duro" da atividade).

Dessa forma, as regulações estatais, que incidissem no plano das consequências ou responsabilizações, repercutiriam sobre as causas de ofensas pessoais, para inibir o cometimento dos abusos de imprensa. A proteção de interesses privados em face de eventuais descomedimentos da imprensa ocorreria peculiarmente na defesa dos abusos, mas sem prejuízo da ordem de precedência a esta conferida. A justificativa foi a de que "não é pelo temor do abuso que se vai coibir o uso", segundo o Ministro Celso de Mello, "a censura governamental, emanada de qualquer um dos três Poderes, é a expressão odiosa da face autoritária do poder público". A liberdade de expressão, apregoada constitucionalmente e ratificada na ADPF nº 130 tem sim certos limites, ou seja, não basta apenas a reparação do dano em si, mas a apuração da responsabilidade da imprensa deve recair sobre a veracidade dos fatos narrados e divulgados.

4 Revisitação do Caso da Escola Base

O objetivo da revisitação do Caso da Escola Base, tratado na minha tese doutoral, se dá em razão de um documentário, pela primeira vez realizado sob a ótica dos que foram acusados midiaticamente, mas inocentes juridicamente. Dessa forma, nosso estudo se dará sob o ponto de vista de como a divulgação de fatos e/ou imagens privadas podem causar danos existenciais às pessoas que tiveram suas privacidades expostas em virtude de informações inverídicas. Esses meios erram muitas vezes e podem causar a destruição da vida de pessoas comuns. Por isso, reafirmamos que o instituto da responsabilidade civil precisa de constante adaptação e restruturação, para cumprir sua função social dentro do ordenamento jurídico pátrio.

O Enunciado nº 613 da VIII Jornada de Direito Civil do CJF/STJ trouxe um novo debate acerca das cláusulas gerais de conduta, sob uma nova visão aberta, pluralista, multifuncional e multifacetada, de forma a comprovar ser necessária uma (re) leitura dos dispositivos legais, sob a luz e interpretação das leis, em conformidade com a Constituição, segundo a ótica de seus princípios e valores. Por conseguinte, qualquer dispositivo normativo ou decisão judicial, para ser considerada existente, válida e eficaz, deve ser apta a proteger, garantir e reparar qualquer dano a uma pessoa (seja ele cometido por outro indivíduo, pela coletividade, pela família ou pelo Estado), para que chegue o mais próximo possível da reparação, em sua integralidade. Esses foram os fundamentos que nortearam a elaboração do Enunciado nº 613 do CJF/STJ, *in verbis*:

> ENUNCIADO 613 – Art. 12: *A liberdade de expressão não goza de posição preferencial em relação aos direitos da personalidade no ordenamento jurídico brasileiro*. Justificativa: Difundiu-se a tese de que a liberdade de expressão teria posição preferencial em colisões com outros direitos fundamentais, decorrente de sua estreita conexão com o princípio democrático. Efeito comumente extraído desta premissa é a primazia de soluções que permitam a divulgação ou mantenham em circulação a informação reputada lesiva a um direito (ex: retratação pública, direito de resposta, compensação pecuniária etc.). No entanto, os direitos da personalidade, que colidem frequentemente com a liberdade de expressão, também possuem elevado "peso abstrato", em razão de sua conexão direta e imediata com a dignidade da pessoa humana, verdadeiro fundamento da República. Assim, revela-se arbitrária qualquer tentativa apriorística de privilegiar algum desses direitos. A relação de prevalência deverá ser determinada à luz de elementos extraídos do caso concreto. Assim, não devem ser excluídos meios de tutela que possam se revelar adequados à proteção do direito da personalidade lesado. Isto inclui a possibilidade de interromper a circulação de informações (ex: retirar das bancas revista que divulgue fotos íntimas de ator famoso) ou impedir sua publicação (ex: biografia que retrate a vida do biografado de maneira desconectada da realidade, relatando fatos comprovadamente inverídicos). Em determinados casos, chega-se a propor a limitação dos remédios disponíveis ao lesado à solução pecuniária (indenização). É de se recordar, porém, que o que a Constituição assegura a todo cidadão não é o direito a ser indenizado por violações à privacidade; é o direito à privacidade em si. (CJF, STJ, Ementa do Enunciado nº 61; grifos nossos)

Entretanto, na apuração dos fatos publicizados na imprensa do que teria ou não ocorrido dentro das dependências da Escola Base ou pelo motorista do transporte escolar, portanto, levando-se em consideração a responsabilidade social dos meios de comunicação, o Enunciado nº 613 foi absolutamente descumprido, no contexto da época.

5 O Caso da Escola Base e a mídia como mecanismo de lesão aos direitos existenciais: hipervalorização da liberdade de expressão ou jornalismo de mercado?

A partir da análise das reações fisiológicas dos participantes, conclui-se, em pesquisas em todo o mundo, que as pessoas são mais "ativadas" por notícias com conteúdo negativo do que por histórias positivas. Logo, reações como indignação moral, revolta, repulsa, dentre outros semelhantes, além de serem "mais propagados", parecem influenciar mais diretamente na opinião das pessoas, e, em alguns casos, produz efeitos condenatórios sobre determinados indivíduos, desencadeando, assim, uma reação social sobre determinado delito que sequer chegou a ser cometido, mas que fora difusamente propagado (CORRÊA, 2019).

No início dos anos 1990, Icushiro Shimada e sua esposa Maria Aparecida Shimada (Cida) resolveram abrir o seu próprio negócio, no caso, uma escola de ensino fundamental. Como não tinham o capital suficiente, convidaram Paula Milhim de Monteiro Alvarenga (prima de Cida) que, por sua vez, pediu a ajuda do marido, Maurício de Monteiro Alvarenga, que ficou responsável por dirigir a Kombi que buscaria e levaria os futuros alunos às aulas. No momento em que assumiram o negócio, possuíam apenas 17 alunos, que estavam prestes a cancelar suas matrículas. No começo de 1994, com as últimas obras prontas, todos estavam esperançosos de que seus sacrifícios poderiam ter valido a pena, superando a meta de 17 alunos (iniciais) a 72 alunos matriculados. Porém, para o infortúnio de todos os envolvidos naquele investimento pessoal e profissional, o destino da Escola Base começava a mudar exatamente na noite do dia 26 de março de 1994. As senhoras Lúcia Eiko Tanoue e Cléa Parente de Carvalho, mães de dois alunos, ambos de 4 anos, dirigiram-se à Delegacia de Polícia, na zona sul de São Paulo e "prestaram queixa" contra dois casais, proprietários da escola, e um terceiro casal, pais de um aluno. Toda a tragédia que estava por acontecer começou quando a senhora Lúcia Eiko relatou para a polícia que a criança, ao sentar-se sobre sua barriga, começou a se movimentar dizendo "o homem faz assim com a mulher" (RIBEIRO, 2000, p. 20). O fato é que a mãe declarou – de maneira falsa, difamatória, caluniosa e injuriosa – para a imprensa, que o menino revelara barbaridades. Segundo ela, o filho teria assistido a uma fita pornográfica, na casa de Rodrigo, outro aluno da Escola Base, em um lugar em que não poderiam ser ouvidos (conforme as palavras do filho era um "porão verde, com jardim na lateral, muitos quartos, tinha uma cama redonda e um aparelho de televisão no alto").

Por sua vez, Cléa afirmou em depoimento na delegacia e na imprensa disse que sua filha teria contado "que teria sido introduzido em seu ânus um objeto esquisito, que ela não sabia descrever", que "assistia a filmes de mulheres peladas e era fotografada nua" e que "os tios ficavam sem roupas e se deitavam em cima dela" (RIBEIRO, 2000, p. 23).

Foi instaurado um inquérito, que passou a tramitar sob a responsabilidade do delegado Edélcio Lemos. A revelação "surpresa" aconteceu no dia do recebimento de um telex do IML, que, adiantando alguns resultados do exame de corpo de delito, realizado nas crianças, informou que, "referente ao laudo nº 6.254/94 do menor F.J.T Chang, BO 1827/94, informamos que é positivo para a prática de atos libidinosos. Dra. Eliete Pacheco, setor de sexologia, IML, sede" (RIBEIRO, 2000, p. 41). O delegado deu início às declarações na mídia, a opinião pública já estava formada, no sentido de considerar as seis pessoas acusadas, culpadas do crime de pedofilia e de terem cometido perversidades com as crianças.

A partir daquela informação todos os jornais passaram a ter conhecimento sobre o caso. O Jornal Nacional, da Rede Globo, publicou a notícia sem qualquer versão dos acusados, narrando que um inquérito policial havia sido aberto para apurar um possível caso de abuso sexual na Escola Base (RIBEIRO, 2000, p. 43).

Os acusados foram presos, fotografados e expostos na mídia, bem antes de findar as investigações sobre o possível fato criminoso. A Escola Base foi depredada pela população e os suspeitos precisaram se esconder para não serem linchados. É forçoso esclarecer que aqueles sequer haviam prestado seus depoimentos à polícia. A mídia, perdendo completamente a preocupação com a ética e em violação expressa à presunção de inocência, causou um verdadeiro dano existencial para com a vida dos acusados que, inocentes, jamais tiveram condições de se restabelecer econômica ou psicologicamente. Um dano que repercute até hoje por quem lembra e por quem é lembrado. Naquele episódio, o jornalismo brasileiro não se baseou na incessante busca aos "furos de reportagens", para vender mais notícias, mas sim em boatos sem fundamentos, sem ouvir os acusados, sendo responsável por um dos maiores danos à pessoa já causados pela mídia. Esta assumiu o papel de juiz, acusador e carrasco de seis pessoas, dentre as quais três proprietárias da extinta Escola Base. Foi assim que, há 28 anos, os donos da Escola de Educação Infantil Base, na zona sul de São Paulo, viram a sua escola ser depredada e suas casas violadas, como consequência de mentiras, de fatos não comprovados, não apurados, mas que foi ampla e irresponsavelmente divulgados pela mídia, que os rotularam de pedófilos.

Ao analisar como as notícias sobre a Escola Base foram veiculadas à época, hoje, é possível verificar como seu conteúdo produziu um verdadeiro juízo inquisitório social, cujo resultado foi uma condenação precoce de "condenados inocentes".

Jornais trouxeram nos seus textos as queixas das duas mães, como se elas, de fato, tivessem sido apuradas e representassem a verdade. Muitas das denúncias sequer haviam sido registradas nos autos da polícia. Depoimentos foram prestados à imprensa, que corria atrás de reportagens inéditas, sem qualquer preocupação ou responsabilidade para com as informações veiculadas, sequer possuía base comprobatória. Fatos eram divulgados pela polícia, sem qualquer critério ou compromisso com a deontologia policial, profissional.

Em 27 anos, a médica legista da época, que nunca havia participado de qualquer entrevista, mas que em 1994 assumiu o compromisso de só falar sobre a conclusão do laudo após cinco anos de sua divulgação, e se solicitada formalmente pela polícia. Em reportagem não gravada, ela falou em 2022 sobre uma resposta que não foi esclarecida: por que ela, no dia 28.03.1994, 24 horas depois de solicitado o exame de corpo de delito, enviou, via telex, que o resultado era positivo para práticas de atos libidinosos? Ela respondeu "a resposta estava no laudo". O nome da médica nunca havia sido exposto anteriormente sob o pretexto de que ninguém soubesse quem ela era. Agora se sabe que foi a médica Eliete Pacheco, e que ela não foi a única médica legista a apresentar o laudo. Com a colaboração de outro médico legista, Dr. Luiz Alex P. Correa, foram apresentados dois laudos em separado. O dela foi conclusivo para atos libidinosos contra menores (vulneráveis) e outro com a informação obtida a partir de novo esclarecimento da denunciante que, "tendo em vista a informação de que o menino tinha problemas para evacuar, descreveu que as fissuras anais eram compatíveis com várias patologias anorretais de causa natural, em crianças com constipação intestinais, com fezes endurecidas."

O delegado responsável encaminhou mais 70 crianças ao IML. Elas tinham assaduras, aparentemente causadas apenas pela forma de se sentar e pela demora em trocar a fralda molhada. O delegado fez buscas na escola, nas casas dos demais "acusados", e nada foi encontrado. Como não havia prova alguma do fato narrado pelas mães, estas decidiram procurar a TV Globo para contar aquilo que já vinha sendo veiculado na mídia impressa. Neste momento, houve o início do fim dos projetos de vida daqueles que viram a construção de um sonho tornar-se passar a ser um dano causado às suas próprias existências.

O juiz do Caso, Francisco Galvão Bruno, diz que decretou as prisões por medo de fuga ou de intimidações às testemunhas. De outra parte, o delegado, questionado acerca do motivo que o levava a não mostrar as provas sequer para os advogados de defesa e se aquilo era uma estratégia dele, a resposta foi de que: a pergunta era complicada, mas que no futuro todos iriam saber. O delegado Edélcio sempre se mostrou muito convicto, nunca voltou atrás na afirmação de que os indiciados haviam praticado os supostos delitos. Pouco tempo depois, sob a justificativa de as investigações estarem sendo lentas, pelo fato de não terem sido feitas inspeções nos domicílios dos acusados, o delegado foi afastado do cargo pelo superintendente da Secretaria de Defesa Social do Estado de São Paulo.

O jornalista Florestan Fernandes Jr., ao entrevistar os supostos acusados, foi quem descobriu e revelou a todos, serem aqueles as verdadeiras vítimas do caso. Foi daí que Valmir Salaro, o primeiro repórter a divulgar o caso, disse que começou a perceber que a história não era bem aquela e que Edélcio Lemos relatava, como delegado responsável pelo caso.

Em junho de 1994 os delegados concluem o inquérito afirmando terem formado o entendimento de que os acusados eram inocentes e que não houve crime de abuso sexual dentro da escola Em outubro de 1995, em mais uma reportagem, Valmir afirma que depois de muito sofrimento, humilhação e prisão, a justiça declarou os investigados como inocentes.

Em dezembro de 1996, mesmo com os erros da polícia, os acusados injustamente sabem que ficarão com suas vidas marcadas para sempre. Eles tiveram um espaço em toda a imprensa do país, que nenhuma outra pessoa culpada já teve.

No dia 28 de março de 2013, o valor da indenização que o estado de São Paulo devia aos seis envolvidos chegou ao valor de R$457.000,00 (quatrocentos e cinquenta e sete mil reais). O valor da condenação pelos danos morais e patrimoniais foi arbitrado no montante de R$100.000,00 (cem mil reais) para cada uma das vítimas. Mas, chegando ao STJ, através do REsp. nº 351.779, a indenização foi limitada ao valor de R$250.000,00 (duzentos e cinquenta mil) a ser divido entre todas as vítimas. A Rede Globo foi condenada a pagar cerca de R$1.350.000,00 (um milhão e trezentos e cinquenta mil reais) aos donos e ao motorista da Escola Base a título de danos morais. A Rede Globo ingressou com recurso na 7ª Câmara de Direito Privado do TJ Paulista. O Tribunal de Justiça de São Paulo decidiu, unanimemente, que "a atuação da imprensa deve se pautar pelo cuidado na divulgação ou veiculação de fatos ofensivos à dignidade e aos direitos de cidadania" e confirmou o valor da indenização fixado pelo juiz da primeira instância, como indenização pelos danos morais causados. Necessário advertir-se para o fato de que danos morais, neste caso, devem ser entendidos como danos existenciais. O STF, ao julgar o Agravo de Instrumento nº 496.406/SP, findou o julgamento do caso da Escola Base. Segundo o STF, os direitos à liberdade de informação e à liberdade de imprensa, previstos constitucionalmente, não são absolutos. O STF esclareceu que, de maneira geral, na resolução do conflito, devem ser sobrepesados, pelo método do sistema de freios e contrapesos ou da ponderação concreta de valores, o princípio a ser aplicado ao caso concreto. Mas, demonstrado o exercício abusivo da liberdade de informar, provocado um dano inequívoco aos direitos da personalidade e da dignidade da pessoa humana, da integridade da honra e da imagem, estes serão agregados aos direitos à intimidade, à vida privada e à imagem (CF, artigo 5º, V e X).

6 Os inocentados

Icushiro Shimada, antes de falecer, disse que a vida deles ainda estava pelo avesso e que não saberia dizer até quando suas vidas estariam assim, pois moralmente estavam na lama, que ele já tinha infartado por três vezes. Relatou terem sido alvo de tortura física e psicológica dentro do 6º Distrito Policial e culpava Valmir Salaro pelo que lhes aconteceu. Icushiro afirmou que sabia que Valmir esteve em sua gráfica para lhe pedir desculpas, ter se arrependido, e afirmou que, de todos os jornalistas e repórteres, só Valmir tinha ido até ele pedir desculpas.

Já *Cida Shimada* afirmou que eles foram apedrejados, massacrados, foram condenados, o filho dos Shimada diz que, por causa da depressão e por não sair de casa para nada, a mãe tentou suicídio duas vezes, uma com uma faca e a outra com uma chave de fenda, as duas no banheiro de casa. Como ela demorou a procurar ajuda, descobriu-se, momentos antes de seu falecimento, que ela já estava com metástase e finalmente faleceu de câncer.

Hebe Camargo chegou a receber Cida e Icushiro Shimada e Paula Milhim em seu programa. Cida disse que, em abril de 1994, suas vidas foram emaranhadas em tantas informações inverídicas, que do dia para noite tudo havia se tornado um inferno. Afirmou que o erro tinha sido de muitas pessoas: polícia, uma parte da imprensa, o julgamento de várias pessoas que não os conheciam, que suas condenações se deram muito antes de qualquer investigação. Perguntada por Hebe Camargo se poderia mensurar quando essa história acabaria, a resposta foi que "muito dificilmente essa página de suas vidas seria apagada, pois a inocência não dava ibope nem vendia jornal..." Ela tinha o sonho de ter sua própria escola e se viu exterminada, nas telas das TVs. Cida faleceu em 2007 e Icushiro em 2014, sem terem recebido quaisquer indenizações.

Paula Milhim disse que foi instruída a morar em um lugar mais seguro. Pouco tempo depois, vê a fachada de sua casa na televisão e pessoas saqueando seus pertences, até mesmo botijão de gás, estragado suas samambaias, as janelas e portas de sua casa foram quebradas. Nela existia um sentimento: a impotência. Afirma que teve seu santuário (a casa) e seu sonho (a escola) destruídos e que "só queria dormir, não queria acordar, só fazia chorar". Foi então que eles foram instruídos a serem ouvidos novamente por outros policiais.

Maurício Alvarenga, motorista e dono da escola, foi encontrado com a roupa dos Correios, em 1994, pretendendo cruzar a fronteira para Argentina e de lá ir para o Canadá. Maurício foi parado pela polícia rodoviária, haja vista o mandado de prisão que havia sido expedido contra ele. Foi conduzido à delegacia, lhe foi prometido que ele seria ouvido pelos novos delegados do caso. Em um determinado momento, a sua oitiva foi suspensa porque Maurício, chorando, disse que "não sabia mais o que fazer com a vida dele", vendo tanto ódio das pessoas contra ele. Pedindo ajuda aos repórteres para que se fosse descoberto algo sobre os reais acontecimentos, que eles contassem ao delegado, que se sentia como se sua vida tivesse acabado, ele confessa que sequer podia sair na rua sem disfarce. Mas que ele iria lutar para provar sua inocência, quando sabemos que o certo seria o Estado provar a sua culpabilidade.

7 Primeira vez que os inocentes têm lugar de fala na imprensa: o arrependimento do primeiro repórter a noticiar o caso

Entrevistado por um grupo de alunos que faziam faculdade de Jornalismo, o repórter Valmir Salaro ficou sabendo que, desde o primeiro período do curso, nos dias atuais, o assunto sobre o qual mais se fala é o Caso da Escola Base. Ao ser questionado sobre o que ele sentiu ao saber que havia cometido um erro, que poderia ter sido cometido por qualquer repórter, Valmir diz que ficou arrasado, não acreditava como tinha cometido esse erro, porque ele não havia feito jornalismo para isso.

Duas cadeiras e uma mesa em meio a uma sala vazia, Valmir Salaro e Maurício Alvarenga se encontram. Maurício afirma que, mesmo estando no ano de 2022, para ele tudo aquilo era uma enorme vergonha. Com dissabor, afirmou que o erro da imprensa foi que nunca entrevistaram os acusados, e fez um alerta: "vocês têm de ponderar entre si o que falam porque o que vocês falam tem muita vida". Ele disse ter perdido todos os objetos materiais que tinha por que o que não foi roubado, havia sido destruído. O repórter, então, afirmou estar sendo muito difícil para ele estarem sentados ali, e a resposta que obteve de Maurício foi "se coloca no meu lugar, depois de eu ter contado tudo que te disse, como você estaria?" E que só o pai dele falava que seu filho jamais teria mexido com crianças, que o pai foi até o final com ele, pagou advogados e seguranças para o filho. E quando ele foi inocentado o pai disse, chorando "eu sabia que você era inocente". Apesar de saber que o choro do pai não era um perdão, Maurício, chorando, disse que gostaria muito que o pai estivesse vivo, vendo o filho ser escutado verdadeiramente como inocente, mas que isso ele jamais poderia, hoje, verbalizar. Por fim ele diz: "Isso não tem desculpa". Valmir concorda e diz que houve um envolvimento geral e que todos erraram, e que eles haviam sido expostos injustamente. Maurício disse que sentia como se estivesse num caminhão de pólvora que começou a pegar fogo, mas que nunca mais tinha parado.

Ricardo, filho do casal Shimada, tinha 14 anos na época. Em entrevista a Valmir Salaro, disse que quando era saíram as notícias queria matar todo mundo. O objetivo da vida de sua mãe estava enfim sendo realizado, ela estava fazendo o que amava, foi o ápice da vida dela. E, de repente, com as falsas notícias, eles não tinham mais nada. Decretadas as prisões preventivas dos pais, Ricardo Shimada, menor de idade, ficou sozinho no apartamento por um mês, enquanto os pais haviam fugido. Conforme relato de seu pai, ao ser levado para a delegacia, o fizeram em uma viatura à parte e o submeteram a violências físicas. Ricardo ponderou como uma notícia inverídica acaba não só com a vida dos envolvidos, mas também das pessoas que estão ao seu redor. Valmir assumiu ter errado ao não ter dado aos acusados o direito de se defenderem publicamente, não tendo ouvido suas versões.

8 Conclusão

Lamentavelmente, seis vidas nunca mais foram as mesmas. O estigma de abusadores de crianças deixado pela imprensa acompanhará os acusados para sempre (RIBEIRO, 2000, p. 71). Sem provas, o inquérito policial foi arquivado. Até que, com o surgimento de novas provas da inocência dos envolvidos, no dia 22 de junho de 1994, o delegado Gérson de Carvalho inocentou todos. Os jornais começavam a apresentar suas retratações, noticiando que os acusados eram, na verdade, vítimas do fato. Mas os danos já haviam sido causados.

Hoje, as reais vítimas ou já faleceram ou ainda sofrem com as consequências do "não crime" de que foram acusados. Foram cometidos vários erros, como hipervalorização das versões da polícia, abertura ao denuncismo, não apuração e a não checagem dos fatos na cobertura jornalística de 1994. Notou-se que as práticas de um determinado meio de comunicação resultaram na condenação antecipada dos supostos inimigos da sociedade, convertendo-se a mídia, por meio de sua "liberdade de imprensa", em um juiz inquisitorial.

O intuito foi de, com o Caso da Escola Base, expor a violação dos direitos constitucionais e do Estado Democrático de Direito e de trazer a reflexão sobre os limites à liberdade de expressão, a fim de que o maior erro da imprensa da história do Brasil não se repita.

Referências

BITTAR, Carlos Alberto. *Os direitos da personalidade*. Rio de Janeiro: Forense Universitária. 1989.

BRANDÃO, André Martins. Interpretação jurídica e direito à privacidade na era da informação: uma abordagem da hermenêutica filosófica. *Revista Paradigma*, Ribeirão Preto-SP, a. XVIII, n. 22, p. 232-257, jan./dez. 2013. Disponível em: https://revistas.unaerp.br/paradigma/article/view/237/314. Acesso em: 20 jan. 2021.

BUARQUE, Elaine; SPENCER, Danielle. O caso da Escola Base: a liberdade de expressão e a lesão aos direitos da personalidade sob a ótica da ADF 130 e do Enunciado 613 do CJF. *In:* EHARDT JÚNIOR, Marcos; LÔBO, Fabíola Albuquerque; ANDRADE, Gustavo (Coords.) *Liberdade de expressão e relações privadas*. Belo Horizonte: Fórum 2021.

MONTEIRO, Washington de Barros. *Curso de Direito Civil*. São Paulo: Saraiva, 2003 v. 1.

RIBEIRO, Alex. *Caso Escola Base*: os abusos da imprensa. São Paulo: Ática, 2000.

ROSENVALD. *Novo Tratado de Responsabilidade Civil*. Saraiva: São Paulo, 2017.

SAMPAIO, José Adércio Leite. *Direito à intimidade e à vida privada*: uma visão jurídica da sexualidade, da família, da comunicação e informações pessoais, da vida e da morte. Belo Horizonte: Del Rey, 1998.

STF. ADPF 130/DF - DISTRITO FEDERAL ARGUIÇÃO DE DESCUMPRIMENTO DE PRECEITO FUNDAMENTAL Relator(a): Min. CARLOS BRITTO Julgamento: 30/04/2009 Publicação: 06/11/2009 Órgão julgador: Tribunal Pleno. Disponível em: https://jurisprudencia.stf.jus.br/pages/search/sjur169063/false. Acesso em: 20 jan. 2021.

TAVARES, André Ramos. Liberdade de expressão-comunicação em face do direito à privacidade. *In:* MARTINS FILHO, Ives Gandra, MONTEIRO JUNIOR, Antônio Jorge (Coords.). *Direito à privacidade*. São Paulo: Ideias e Letras: Centro de Extensão Universitária, 2005, p. 213-240.

Informação bibliográfica deste texto, conforme a NBR 6023:2018 da Associação Brasileira de Normas Técnicas (ABNT):

BUARQUE, Elaine. Exemplo real de dano existencial: O caso da Escola Base Infantil, o maior erro de imprensa da história do Brasil. *In:* EHRHARDT JÚNIOR, Marcos; LÔBO, Fabíola (Coord.). *Constitucionalização das relações privadas*: fundamentos de interpretação do direito privado brasileiro. Belo Horizonte: Fórum, 2023. p. 203-218. ISBN 978-65-5518-564-5.

DO MODELO SUBSTITUTIVO AO APOIO AO EXERCÍCIO DA CAPACIDADE CIVIL: BREVES DIAGNÓSTICOS DE UMA CONSTITUCIONALIZAÇÃO INACABADA

HILBERT MELO SOARES PINTO

1 Introdução

O movimento de Constitucionalização das Relações Privadas impôs a releitura dos mais variados institutos jurídicos, de modo a centralizá-los na pessoa humana, colocando o patrimônio à subjacência. A ressignificação das bases estruturais e conceitos-chave do Código Civil foi a tarefa que a Constituição Federal de 1988 delegou aos intérpretes e aplicadores da lei no sentido de construir uma sociedade livre, justa e solidária verdadeiramente.

Até mesmo microssistemas tradicionais e fundamentalmente patrimonialistas, com bases que remontam ao Direito Romano, mereciam – e merecem – a aplicação dessa metodologia hermenêutica. A Teoria Geral do Direito Civil, que oferece o suporte para compreensão e análise das relações jurídicas entre particulares, também foi afetada pelos vetores principiológicos da Constituição.

Aqui nos interessa o sistema jurídico das capacidades, regime sem o qual é impossível pensar em atos e negócios jurídicos. A capacidade civil é o pressuposto básico para que a pessoa possa atuar no mundo do direito. Esse instituto se desdobra em duas espécies: capacidade de gozo ou direito e capacidade de fato ou exercício. Em resumo, a primeira atribui ao sujeito a aptidão para ser titular de direitos e deveres, enquanto a segunda se refere à potencialidade para exercê-los autonomamente, sem a intervenção de terceiro. A capacidade civil é um pressuposto de validade dos atos jurídicos em sentido amplo, e, sem ela, o sujeito praticante necessita de representação ou assistência, conforme seja absoluta ou relativa a sua incapacidade, respectivamente.

Pelo seu conteúdo e implicações práticas, a teoria das capacidades precisou ser relida através das lentes constitucionais. A sua própria formatação original, por essência restritiva, a indicar as pessoas incapazes, sempre revelou um tom discriminatório, embora camuflado de um discurso de proteção, visto por alguns como prudência e tutela de direitos e interesses. Nos últimos anos, esse discurso foi alvo de críticas por movimentos que levantavam bandeiras de causas de pessoas com deficiência. A luta foi – e é – pela autonomia desses indivíduos que, historicamente, estiveram às margens da sociedade, dos processos de tomada de decisão, públicos e privados, enfim, do tráfego social. Assim, notou-se que a interdição do "louco", tal como a internação no âmbito sanitário, era um obstáculo à concretização de justiça e igualdade. Diante dessa barreira, a abordagem social da deficiência propôs uma reforma substancial dos institutos da capacidade jurídica.

Um novo sistema de capacidade civil só começou a tomar alguma forma no ordenamento brasileiro no começo deste século. A Convenção Internacional sobre os Direitos das Pessoas com Deficiência (CDPD), ratificada pelo Brasil pelo Decreto nº 186/2008, sob o rito do art. 5º, §3º, da Constituição Federal de 1988 – portanto, com força de emenda constitucional –, delineou um novo modelo voltado para a inclusão e emancipação das pessoas com deficiência. O artigo 12 do tratado não deixa dúvidas acerca da capacidade desses indivíduos em igualdade de condições com as demais pessoas e obriga os Estados-partes a dispor de medidas de salvaguarda e apoio ao exercício desse direito.

Em nível infraconstitucional, a Lei nº 13.146/2015 (Estatuto da Pessoa com Deficiência) alterou o Código Civil de 2002 para adequar os róis de incapacidade, assim como o regramento da curatela, à principiologia da Convenção internacional. Atualmente, a legislação prevê que as pessoas com deficiência são plenamente capazes e somente podem sofrer restrições em caráter extraordinário, de modo relativizado e sobre atos de caráter patrimonial e negocial. Ao lado da curatela, a legislação ainda trouxe o novo instituto da tomada de decisão apoiada, que não limita o exercício da capacidade civil, mas, ao contrário, possibilita-o mediante o apoio de pessoas de confiança do interessado. Embora tenhamos um novo regime, institutos reformados e novos, mostra-se urgente uma nova compreensão em torno deles. Em outras palavras, é insuficiente um sistema vanguardista, com novos mecanismos, como a tomada de decisão apoiada, se a mentalidade dos intérpretes e aplicadores do direito permanece engessada, presa a uma razão binária, capacitista e discriminatória, sustentada firmemente pela doutrina e dogmática jurídicas tradicionais.

Diante disso, este artigo objetiva, em caráter exploratório, fazer diagnósticos a respeito do novo modelo de capacidade civil, para, então, sinalizar um caminho interpretativo e operacional para a tutela da autonomia das pessoas com deficiência que não se concentre em um critério substitutivo de vontade. Ao contrário, pretende-se delinear vias de manutenção da plena capacidade desses indivíduos, em que se forneçam os aparatos necessários para o seu exercício concreto.

O estudo adota o método de abordagem dedutivo e se inicia com uma abordagem bibliográfico-documental sobre a Teoria das Capacidades, explorando um sentido interpretativo contemporâneo congruente com o movimento de Constitucionalização do Direito Civil. Em seguida, o trabalho trata de dois documentos acerca dessa matéria, fazendo uma avaliação crítica do caminho que vem sendo seguido no plano interno para a absorção desse modelo. O primeiro é a decisão do Recurso Especial nº 1.927.423/SP do Superior Tribunal de Justiça, emblemática nesse assunto. O segundo é a legislação peruana atual em matéria de capacidade civil, através da qual se faz breve estudo comparativo.

2 Uma nova moldura para a Teoria Geral do Direito Civil a partir do sistema de apoio ao exercício da capacidade

Entre o Código Civil de 1916 e o Código Civil de 2002 em vigência, alterado pelo Estatuto da Pessoa com Deficiência, é possível notar molduras bastante diferentes do sistema das incapacidades, reflexos, sem sombra de dúvidas, da Constitucionalização do Direito Civil.[1] A criticável previsão de incapacidade absoluta para os "loucos de todo o

---

[1] ABREU, Célia Barbosa. *Primeiras linhas sobre a interdição após o novo Código de Processo Civil*. 1. ed. Curitiba: CRV, 2015, p. 34-35.

gênero" progressivamente se esvaziou. A ligação entre a deficiência e a classificação jurídica da incapacidade se desfez no plano normativo. Hoje, se uma pessoa maior de dezoito anos é civilmente incapaz, não se pode presumir que ela sofre de transtorno ou doença mental ou intelectual ou outra condição análoga, pois estes caracteres biológicos não integram mais as hipóteses normativas de incapacidade (art. 3º e 4º do Código Civil).

Como disserta Rafael de Azevedo,[2] mediante a teoria do fato jurídico, a deficiência, seja qual for a sua natureza, é uma situação de fato que não se juridiciza mais a ponto de compor o suporte fático da incapacidade e, assim, ensejar a invalidade de ato jurídico. A condição individual mental ou intelectual, portanto, após a Convenção sobre os Direitos das Pessoas com Deficiência e a Lei nº 13.146/2015, não mais gera a consequência jurídica da incapacidade, ao menos do ponto de vista dogmático e normativo. A regra jurídica da incapacidade civil agora prevê um suporte fático que não possui como elemento a deficiência. A capacidade civil declarada de pessoas com deficiência, de fato, foi a principal contribuição dessas normativas no campo do direito Civil. Ainda assim, há pontos que precisam de maiores elucidações e aprofundamentos interpretativos, para que não se desvie dos objetivos emancipatórios e humanistas.

Existe, atualmente, uma *cláusula aberta* no rol da incapacidade relativa que poderia comportar toda e qualquer pessoa que não puder exprimir vontade (art. 4º, III, do Código Civil), levando-a à curatela para efeito de assistência nos atos da vida civil. Em uma primeira leitura, a previsão se mostra de fato problemática em face da dogmática do fato jurídico, como lembram Rafael de Azevedo,[3] ao questionar a validade de um ato sem vontade, e Maurício Requião,[4] ao destacar a inevitável necessidade representação de quem está em tais condições.

Contudo, apesar da necessidade de se revisitar o dispositivo, uma interpretação sistemática e teleológica sinaliza que o legislador

---

[2] AZEVEDO, Rafael Vieira de. *O novo regramento da capacidade civil das pessoas com deficiência no ordenamento jurídico brasileiro e seus reflexos à luz da teoria do fato jurídico*. 2016. 158 f. Dissertação (Mestrado em Direito) – Universidade Federal de Pernambuco, Recife, 2016, p. 93.

[3] AZEVEDO, Rafael Vieira de. *O novo regramento da capacidade civil das pessoas com deficiência no ordenamento jurídico brasileiro e seus reflexos à luz da teoria do fato jurídico*. 2016. 158 f. Dissertação (Mestrado em Direito) – Universidade Federal de Pernambuco, Recife, 2016, p. 85-86.

[4] REQUIÃO, Maurício. *Estatuto da pessoa com deficiência, incapacidades e interdição*. 2. ed. Florianópolis: Tirant Lo Blanch, 2018, p. 185-186.

se propôs com essa disposição a amparar as pessoas com dificuldade material de exprimir vontade, de maneira a viabilizar a atribuição de apoio para tanto, sem que precise fazer referência ao intelecto do indivíduo ou mesmo desconsiderar a relevância jurídica de sua vontade mediante um sistema substitutivo. Em síntese, o inciso ficou aberto aos aplicadores da lei para tutelar os interesses de sujeitos, inclusive pessoas com deficiência – mas não apenas[5] –, que precisassem da curatela para atuar na vida civil. Afinal, a Lei nº 13.146/2015 dispôs da curatela como uma medida extraordinária, proporcional e limitada e, sobretudo, voltada à preservação dos interesses do curatelado.

De todo modo, em uma hermenêutica literal ou mesmo teleológica, não há que se falar em relativa incapacidade para pessoas com deficiência como método de suporte. Esses indivíduos agora são plenamente capazes, ainda que precisem de auxílio de terceiros para tornar manifesta a sua vontade. A grande questão que persiste, então, é como conciliar o regime das capacidades e suas ferramentas com o conquistado poder de autodeterminação das pessoas com deficiência. É preciso investigar como esse composto de regras pode servir para tutelar o seu direito à capacidade civil.

Essa tarefa deve começar pela dessimbolização desse instituto. A própria nomenclatura utilizada, *incapacidade*, reflete uma binariedade, a sugerir que as pessoas que se encontram nos róis dos artigos 3º e 4º do Código Civil possuem um outro *status* jurídico-social. Há um preconceito de que os sujeitos incapazes de praticar atos e negócios jurídicos são aqueles desviantes da norma social: ébrios, viciados em tóxico, pródigos e sujeitos de corpos alternativos. A assistência e representação, nesse sentido, sempre foram vistas como ferramentas excludentes, restritivas,[6] que se operacionalizavam em busca de interesses de curadores e da sociedade, dos ditos *normais*, independentemente da dignidade e sobretudo da vontade da pessoa curatelada.[7]

---

[5] REQUIÃO, Maurício. As mudanças na capacidade e a inclusão da tomada de decisão apoiada a partir do Estatuto da Pessoa com Deficiência. *Revista de Direito Civil Contemporâneo*, São Paulo, v. 6, p. 37-54, jan./mar. 2016.

[6] PINTO, Hilbert Melo Soares. *Novas relações de saber-poder sobre as pessoas com deficiência*: uma análise arqueogenealógica das técnicas jurídico-processuais do regime de capacidade civil. 2021. 144 f. Dissertação (Mestrado em Direito) – Universidade Federal de Sergipe, São Cristóvão, 2021; SANTANA, Rafael da Silva. *Estigma da doença mental e capacidade civil*: perspectivas de dissociação. 2019. 116 f. Dissertação (Mestrado em Direito) – Faculdade de Direito, Programa de Pós-Graduação em Direito, Universidade Federal da Bahia, Salvador, 2019.

[7] REQUIÃO, Maurício. *Estatuto da pessoa com deficiência, incapacidades e interdição*. 2. ed. Florianópolis: Tirant Lo Blanch, 2018, p. 89-93.

Por essas razões é intuitivo pensar a teoria das incapacidades com um tom pejorativo, negativo. A ressignificação desses institutos tradicionais através dos filtros da Constitucionalização,[8] entretanto, deve seguir o caminho inverso. O regime da capacidade civil, seus dispositivos e institutos, devem ser considerados como uma via de superação do antigo modelo e um largo passo no caminho emancipatório de um grupo tão vulnerabilizado socialmente.

Se a capacidade civil é um bem juridicamente tutelável indispensável para a realização do indivíduo em todos os campos da vida,[9] um sistema jurídico fiel à sua concretização deve lhe servir adequadamente. Faz-se necessário deslocarmo-nos de um paradigma substitutivo que ignorava ou subjugava os interesses e desejos das pessoas com deficiência para um novo que os considere como prisma; uma perspectiva que confirme que tais pessoas têm vontades e podem manifestá-las, sem prejuízo do reconhecimento de deveres sociais e institucionais de fornecer medidas de apoio ao exercício da capacidade. Aliás, esse é o fio condutor do regime inaugurado: *apoio*.

Há casos em que as pessoas com deficiência não vão precisar de qualquer auxílio ou suporte para expressar validamente a sua vontade. Disso não há dúvidas. Contudo, para aquelas em condições mais severas, o Direito e a sociedade não devem ser omissos e as considerarem independentes por uma perspectiva individualista e liberalista. Ao contrário, tais situações requerem o fornecimento de medidas de apoio, que podem consistir na tomada de decisão apoiada e curatela, previstas normativamente, mas não apenas, como lembra Mariana Alves Lara,[10] ao sugerir outros recursos, como a gestão de negócios, o mandato protetivo, as diretivas antecipadas de vontade, entre outros.

O apoio, essa figura inédita e em construção dialógica, é o instituto que vem para suplantar a representação e a assistência do antigo sistema, a fim de salvaguardar a vontade do indivíduo. Para Rafael de Azevedo,[11] trata-se de um direito da pessoa com deficiência durante todo

---

[8] LÔBO, Paulo. Metodologia do direito civil constitucional. *In*: RUZYK, Carlos Eduardo Pianovski *et al*. *Direito civil constitucional*: a ressignificação da função dos institutos fundamentais do direito civil contemporâneo e suas consequências. Florianópolis: Conceito, 2014.

[9] MENEZES, Joyceane Bezerra de; TEIXEIRA, Ana Carolina Broxado. Desvendando o conteúdo da capacidade civil a partir do Estatuto da Pessoa com Deficiência. *Pensar - Revista de Ciências Jurídicas*, Fortaleza, v. 21, n. 2, p. 568-599, 2016, p. 588.

[10] LARA, Mariana Alves. *Capacidade civil e deficiência*: entre autonomia e proteção. 1. reimp. Belo Horizonte: D'Plácido, 2021.

[11] AZEVEDO, Rafael Vieira de. *O novo regramento da capacidade civil das pessoas com deficiência no ordenamento jurídico brasileiro e seus reflexos à luz da teoria do fato jurídico*. 2016. 158 f.

o processo de tomada de decisão, seja para compreender e interpretar o que se está em jogo, seja para externalizar a vontade. O apoio é o novo elemento complementar do suporte fático do ato jurídico em sentido amplo praticado por pessoa com deficiência, residindo no plano da eficácia. Desse modo, uma vez ausente, ou seja, se não adimplido o dever de apoiar, embora o ato da pessoa com deficiência exista e seja válido, ele não terá eficácia integral; não até que sobrevenha o apoio.[12]

Essa textura normativa, encadeada por princípios e diretrizes nítidas, compôs uma nova teoria das capacidades para o Direito Civil. Certamente, reflete um passo no percurso de Constitucionalização das relações privadas. Ainda que, como visto, existam algumas fragilidades dogmáticas e interpretativas em dispositivos que compõem o atual regime, o problema maior parece residir em sua aplicação prática, onde efetivamente os estigmas e preconceitos trafegam. Faz-se necessário perscrutar como as instituições, a sociedade, enfim, o direito e seus operadores vêm absorvendo o sistema de apoios.

Não há como polir um conjunto de regras e princípios de tal modo que seja impossível o desvio de seu sentido axiológico. Sempre haverá uma margem para a atuação do intérprete e aplicador da norma. O Estatuto da Pessoa com Deficiência, a despeito de imprecisões, é clarividente ao dispor de um novo modelo, um sistema variado e concreto de apoio ao exercício da capacidade civil por pessoas com deficiência. A curatela, se ainda consta desse sistema, deve ser relida, reinterpretada e aplicada sob o novo paradigma de inclusão social e emancipação. Por mais que alterações legislativas ainda sejam necessárias e possam ajudar nesse percurso, a tarefa compete muito mais à sociedade e jurisprudência para a superação do modelo substitutivo de vontade. O Poder Judiciário, em especial as cortes superiores, possui um papel fundamental na desconstrução dessas barreiras que foram erguidas pelo direito há muito tempo.

Dissertação (Mestrado em Direito) – Universidade Federal de Pernambuco, Recife, 2016, passim.

[12] AZEVEDO, Rafael Vieira de. *O novo regramento da capacidade civil das pessoas com deficiência no ordenamento jurídico brasileiro e seus reflexos à luz da teoria do fato jurídico*. 2016. 158 f. Dissertação (Mestrado em Direito) – Universidade Federal de Pernambuco, Recife, 2016, p. 109-112.

3 As resistências e tensões para a superação do modelo de substituição de vontade no âmbito judicial

Existe uma tensão de forças no âmbito judicial que batalham entre si em vistas de interesses ora opostos, ora divergentes ou até mesmo confluentes. Ainda está prevista no ordenamento jurídico a ação de interdição, que, infelizmente, pode muito bem ser manejada em busca de propósitos egoístas, meramente patrimoniais, enfim, que não correspondem à dignidade das pessoas a serem postas em curatela. E, de uma maneira geral, o Poder Judiciário não tem colaborado satisfatoriamente na superação desses anseios. Não é raro se deparar com sentenças que decretam a incapacidade civil de pessoas com transtorno mental ou psíquico; até mesmo decisões que constituem a absoluta incapacidade podem ser vistas no âmbito judicial, em completa violação aos termos das normas antes referidas.[13] São julgamentos, inequivocamente, inconstitucionais.

Um exemplo paradigmático dessa problemática pode ser constatado no julgamento do Recurso Especial nº 1.927.423/SP pelo Superior Tribunal de Justiça. O caso em questão consistia em ação de interdição ajuizada em 20.11.2017 por filho em face do seu genitor em decorrência de este último estar com a doença de Alzheimer, buscando o reconhecimento de sua incapacidade absoluta e a constituição do primeiro como representante do segundo nos atos da vida civil. Apesar da plena vigência do Estatuto da Pessoa com Deficiência e, consequentemente, do novo paradigma de capacidade e apoio, tanto a primeira instância, quanto a segunda instância optaram por afastar a sua aplicação para aquela situação fática, decretando a *absoluta incapacidade civil* do interditando.[14]

Com o recurso especial interposto, o Superior Tribunal de Justiça reformou o acórdão do tribunal local, reconhecendo a afronta aos termos

---

[13] ALENCAR, Cícero Pereira; ASSIS, Daniel Adolpho Daltin; MUSSE, Luciana Barbosa. Da interdição civil à tomada de decisão apoiada: uma transformação necessária ao reconhecimento da capacidade e dos direitos humanos da pessoa com deficiência. *Revista de Estudos Empíricos em Direito*, [S. l.], v. 3, n. 2, p. 226-247, 2016; PINTO, Hilbert Melo Soares. *Novas relações de saber-poder sobre as pessoas com deficiência*: uma análise arqueogenealógica das técnicas jurídico-processuais do regime de capacidade civil. 2021. 144 f. Dissertação (Mestrado em Direito) – Universidade Federal de Sergipe, São Cristóvão, 2021.

[14] SUPERIOR TRIBUNAL DE JUSTIÇA (STJ). *REsp n. 1.927.423/SP*. Rel. Min. Marco Aurélio Bellizze, Terceira Turma, julgado em 27 abr. 2021, publicado em 4 maio 2021. Disponível em: https://scon.stj.jus.br/SCON/pesquisar.jsp?i=1&b=ACOR&livre=((%27RESP%27.clas.+e+@num=%271927423%27)+ou+(%27REsp%27+adj+%271927423%27).suce.)&thesaurus=JURIDICO&fr=veja. Acesso em: 23 mar. 2023.

do Código Civil de 2002, reformado pela Lei nº 13.146/2015. Ainda assim, a alteração do dispositivo se limitou a conferir *incapacidade relativa*, com base no art. 4º, III, do mencionado diploma normativo. Além disso, a Corte determinou que os termos e *a extensão da curatela definidos em primeiro grau se mantivessem*.[15]

A decisão é pertinente para uma autocrítica por vários aspectos. Em primeiro lugar, ela escancara que o Poder Judiciário ainda tem em si enraizada uma perspectiva excludente e paternalista em relação à autonomia das pessoas com deficiência. A noção de que a incapacitação civil é um instituto jurídico de proteção e que tutela direitos persiste até hoje. O modelo de substituição de vontade dos sujeitos em sofrimento mental ou psíquico permanece sendo extraído da sistemática normativa vigente, apesar das intensas reformas nela aplicadas, como concluído pelo Comitê sobre os Direitos das Pessoas com Deficiência em face dos relatórios enviados pelo Brasil.[16]

Também é possível perceber que mesmo o Superior Tribunal de Justiça, embora tenha claramente manifestado a intenção de salvaguardar as disposições do Estatuto da Pessoa com Deficiência, ainda possui dificuldades e resistências na interpretação do novo modelo de apoio. O acórdão, apesar da reforma, se manteve incompatível com a legislação atual, pois a deficiência mental constatada nos autos, especificamente, Doença de Alzheimer de início tardio (CID-10 F00.1.),[17] não integra mais o suporte fático da incapacidade civil, seja absoluta ou mesmo relativa, como visto. Além disso, a manutenção dos termos e extensões da curatela fixados em primeiro grau, na prática, implica a preservação de uma *assistência* incompatível com o paradigma de apoio à tomada de decisão. Mais acertado, portanto, seria anular a decisão, determinando o retorno dos autos para que se apurasse precisamente de que maneira

---

[15] SUPERIOR TRIBUNAL DE JUSTIÇA (STJ). REsp n. 1.927.423/SP. Rel. Min. Marco Aurélio Bellizze, Terceira Turma, julgado em 27 abr. 2021, publicado em 4 maio 2021. Disponível em: https://scon.stj.jus.br/SCON/pesquisar.jsp?i=1&b=ACOR&livre=((%27RESP%27.clas.+e+@num=%271927423%27)+ou+(%27REsp%27+adj+%271927423%27).suce.)&thesaurus=JURIDICO&fr=veja. Acesso em: 23 mar. 2023.

[16] UNITED NATIONS. *Concluding observations on the initial report of Brazil*. Adopted at fourteenth session by Committee on the Rights of Persons with Disabilities, 29 September 2015.

[17] SUPERIOR TRIBUNAL DE JUSTIÇA (STJ). REsp n. 1.927.423/SP. Rel. Min. Marco Aurélio Bellizze, Terceira Turma, julgado em 27 abr. 2021, publicado em 4 maio 2021, p. 9. Disponível em: https://scon.stj.jus.br/SCON/pesquisar.jsp?i=1&b=ACOR&livre=((%27RESP%27.clas.+e+@num=%271927423%27)+ou+(%27REsp%27+adj+%271927423%27).suce.)&thesaurus=JURIDICO&fr=veja. Acesso em: 23 mar. 2023.

o apoio ao exercício da capacidade daquela pessoa com deficiência poderia se dar.

De fato, há, nas instituições e sociedade em geral, resistências atreladas a estigmas e preconceitos quando se fala de deficiência. Mas não se pode negar a dificuldade de operacionalizar a nova teoria das capacidades, tal como está posta normativamente. A despeito disso, como bem colocou Rafael Santana ao interpretar a mesma decisão do Tribunal Superior,[18] "mais vale o calor da autonomia do que a fria abstração legal". Nesse percurso de desconstrução de paradigmas arcaicos, parece relevante olhar para ordenamentos jurídicos de países que também vêm se empenhando nessa busca de atribuir um melhor eixo de aplicação do sistema de capacidade civil.

4 Um breve estudo comparado entre o sistema de apoio brasileiro e o peruano em relação à desestigmatização do apoio e vontade

Se a sociedade brasileira, assim como as instituições, ainda não absorveu grande parte das mudanças provocadas pelo novo modelo de apoio legalmente estabelecido, pode ser necessário regressar ao texto normativo. Estereótipos e estigmas precisam ser dissolvidos. O direito, porém, não pode ficar aguardando que esse processo de desconstrução sociocultural se encerre. Muitos dos problemas da implementação do novo modelo decorrem das imprecisões normativas literais e das impropriedades dos mecanismos e ferramentas; são estes últimos, aliás, que prejudicam a erradicação da interdição total.[19] Quando os desarranjos legais se somam às resistências jurisprudenciais, práticas involutivas são certas.

Já se passou tempo suficiente para se avaliar os acertos e erros das alterações provocadas especialmente pelo Estatuto da Pessoa com Deficiência. Mas, antes de revisitar os dispositivos, para não incorrer em retrocessos ou mesmo incompreensões, é razoável observar experiências

---

[18] SANTANA, Rafael da Silva. *Incapacidade civil e pessoa com deficiência*: análise do REsp 1.927.423-SP, julgado pela Terceira turma do Superior Tribunal de Justiça e além. *Revista de Direito Civil Contemporâneo*, São Paulo, v. 29, ano 8, p. 461-467, out./dez. 2021, p. 466.

[19] PALACIOS, Agustina. Algunas Tendencias jurisprudenciales emergentes sobre capacidad jurídica em los tribunales latino-americanos. In: BACH, Michael; YAKSIC, Nicolás Espejo (ed.). *Capacidad jurídica, discapacidad y derechos humanos*. Ciudad de México: Suprema Corte de Justicia de la Nación, 2022, p. 178.

paralelas, normas de ordenamentos de outros países que dispõem de medidas concretas de apoio que não são encontradas, ao menos não diretamente, no Brasil.

Entre os países latino-americanos, que têm tido notáveis progressos em matéria de capacidade civil de pessoas com deficiência, está o Peru,[20] cujas reformas legislativas trouxeram um regime de apoio com estrutura diferente da brasileira em alguns aspectos. Após as orientações críticas do Comitê sobre os Direitos das Pessoas com Deficiência, o Estado Peruano interveio sobre seu ordenamento com o Decreto Legislativo nº 1.384/2018, modificando o seu Código Civil em diversos dispositivos.

Em uma primeira análise, o atual regramento da incapacidade civil no Código Civil Peruano não se diferencia tanto do brasileiro. O enquadramento legal dos atuais artigos 3º e 4º do Código Civil Brasileiro é praticamente o mesmo dos vigentes artigos 43 e 44 do Código Civil Peruano.[21] Tanto um como o outro foram alvo de reformas para retirar as pessoas com deficiência mental ou intelectual das causas de incapacidade civil. Assim como fez o Brasil um pouco antes, o ordenamento peruano, ao passar pela referida reforma, afastou-se do sistema de substituição excessivamente paternalista para um modelo de apoio, ou seja, dispor de ferramentas para viabilizar o exercício da capacidade jurídica por esses sujeitos,[22] como fica claro no artigo 45[23] e 659-A[24] e seguintes do Código.

---

[20] VÁSQUEZ, Alberto; ISAZA, Federico; PARRA, Andrea. Reformas legales a los regímenes de capacidad jurídica. Un análisis comparativo y crítico de Costa Rica, Perú y Colombia. *In*: BACH, Michael; YAKSIC, Nicolás Espejo (ed.). *Capacidad jurídica, discapacidad y derechos humanos*. Ciudad de México: Suprema Corte de Justicia de la Nación, 2022.

[21] Artículo 43.- Son absolutamente incapaces:
1.- Los menores de dieciséis años, salvo para aquellos actos determinados por la ley.
Artículo 44.- Capacidad de ejercicio restringida. Tienen capacidad de ejercicio restringida:
1.- Los mayores de dieciséis y menores de dieciocho años de edad.
4.- Los pródigos.
5.- Los que incurren en mala gestión.
6.- Los ebrios habituales.
7.- Los toxicómanos.
8.- Los que sufren pena que lleva anexa la interdicción civil.
9.- Las personas que se encuentren en estado de coma, siempre que no hubiera designado un apoyo con anterioridad.

[22] VARSI-ROSPIGLIOSI, Enrique; TORRES-MALDONADO, Marco Andrei. El nuevo tratamiento del régimen de la capacidad en el Código Civil peruano. *Acta Bioethica*, Santiago, v. 25, n. 2, p. 199-213, 2019.

[23] Artículo 45.- Ajustes razonables y apoyo
Toda persona con discapacidad que requiera ajuste razonables o apoyo para el ejercicio de su capacidad jurídica puede solicitarlo o solicitarlo de acuerdo a su libre elección.

[24] Artículo 659-A.- Acceso a apoyos y salvaguardias
La persona mayor de edad puede acceder de manera libre y voluntaria a los apoyos y salvaguardias que considere pertinentes para coadyuvar a su capacidad de ejercicio.

É bem verdade que o sistema comparado não beira a perfeição. Podem, aliás, ser notadas previsões contraditórias,[25] como a regra do artigo 45-A, que conserva o sistema de substituição de vontade por representação para os relativamente incapazes do artigo 44.[26] Contudo, logo em seguida, o artigo 45-B comprova os esforços do legislador peruano para introjetar o modelo social da deficiência em sua teoria jurídica das capacidades. A legislação, inclusive, prevê expressamente a figura do apoio, equivalente à tomada de decisão apoiada do Direito brasileiro atual, mas, indo além, gradua as formas desse suporte conforme a situação concreta em que se encontre o indivíduo.[27]

Enquanto a reforma brasileira escolheu deixar ao critério do Poder Judiciário a disposição do instrumento de apoio mais adequado, com a previsão do artigo 3º, III, do Código Civil e as novas disposições da curatela – que vem sendo equivocadamente aplicado sobre pessoas com deficiência –, as incursões legislativas peruanas, como se nota do artigo 45-B, trouxeram quatro situações distintas a serem remediadas pelo Direito, abarcando: a) pessoas com deficiência que manifestam vontade; b) pessoas com deficiência sem condições de manifestar vontade; c) pessoas em coma que, antes de ingressar em estado comatoso, tiveram designada forma de apoio; d) todos os relativamente incapazes arrolados no artigo 44.

Os quatro casos dispostos pelo legislador são pertinentes para se refletir sobre a experiência normativa brasileira com o Estatuto da Pessoa com Deficiência. O artigo coloca em xeque questões muito importantes que vêm sendo discutidas na doutrina civilista, como a utilização de diretivas antecipadas de vontade para pessoas com e

---

[25] VARSI-ROSPIGLIOSI, Enrique; TORRES-MALDONADO, Marco Andrei. El nuevo tratamiento del régimen de la capacidad en el Código Civil peruano. *Acta Bioethica*, Santiago, v. 25, n. 2, p. 199-213, 2019.

[26] Artículo 45- A.- Representantes Legales
Las personas con capacidad de ejercicio restringida contempladas en los numerales 1 al 8 del artículo 44 contarán con un representante legal que ejercerá los derechos según las normas referidas a la patria potestad, tutela o curatela.

[27] Artículo 45-B.- Designación de apoyos y salvaguardias
Pueden designar apoyos y salvaguardias:
1. Las personas con discapacidad que manifiestan su voluntad puede contar con apoyos y salvaguardias designados judicial o notarialmente.
2. Las personas con discapacidad que no pueden manifestar su voluntad podrán contar con apoyos y salvaguardias designados judicialmente.
3. Las personas que se encuentren en estado de coma que hubieran designado un apoyo con anterioridad mantendrán el apoyo designado.
4. Las personas con capacidad de ejercicio restringida contempladas en el numeral 9 del artículo 44 contarán con los apoyos y salvaguardias establecidos judicialmente, de conformidad con las disposiciones del artículo 659-E del presente Código.

sem deficiência, a autodeterminação da pessoa em estado de coma e a fixação de apoio por via extrajudicial. Todos esses pontos merecem um estudo pormenorizado, mas, para as finalidades desta pesquisa exploratória, há um outro ponto que precisa ser colocado sob lentes: o tratamento legal do elemento vontade.

Enquanto o artigo 3º, III, do Código Civil permanecer no ordenamento jurídico brasileiro servindo de fundamento legal para a aplicação da curatela, será imprescindível *desestigmatizar* a *vontade humana*. Como já colocado, uma parte da dogmática civil nacional tem entendido que a impossibilidade de exprimir vontade imporia absoluta incapacidade, e não relativa, porque, assim se tem dito, sem vontade não há suporte completo para a existência do ato jurídico. Nesse sentido, a pessoa cuja deficiência – ou outra causa – impeça a declaração de vontade teria que ser considerada absolutamente incapaz, para que alguém pudesse declarar vontade em seu lugar. Em uma perspectiva normativista, o raciocínio está perfeito. Entretanto, para ser mais preciso e fiel com os anseios constitucionais, é necessário ir mais fundo ao tratar desse elemento jurídico, assim como fez o legislador do país vizinho.

O artigo 659-B do Código Civil Peruano regula o apoio conforme a aplicação do critério da *melhor interpretação da vontade*. O que é digno de nota é que, ao assim proceder, a legislação não descarrega sobre o indivíduo a responsabilidade pela expressão clara e inequívoca de sua vontade, mas à sociedade de dispor de meios para adequadamente interpretar os seus desejos. Para a efetivação do apoio, o legislador peruano adverte da necessidade de atenção à trajetória de vida, prévias manifestações de vontade em contextos similares, informações de pessoas de confiança do apoiado, suas preferências e outros dados igualmente pertinentes.[28] Tudo isto para a interpretação da vontade da pessoa com deficiência, de modo que não se sucumba ao modelo de substituição.

Essa disposição legal resulta da percepção de que *a aptidão para exprimir vontade não deve significar tão somente aptidão para declará-la expressamente*. Os pensamentos, desejos, interesses ou inclinações da pessoa humana podem ser captados, ainda que não haja uma exposição expressa, falada ou narrada de maneira sistemática e direta. Sinais, movimentações, suspiros, olhares, palavras soltas ou até mesmo o

---

[28] Artículo 659-B.- Definición de apoyos
[...] Cuando el apoyo requiera interpretar la voluntad de la persona a quien asiste aplica el criterio de la mejor interpretación de la voluntad, considerando la trayectoria de vida de la persona, las previas manifestaciones de voluntad en similares contextos, la información con la que cuenten las personas de confianza de la persona asistida, la consideración de sus preferencias y cualquier otra consideración pertinente para el caso concreto.

silêncio podem, conjunturalmente, ser interpretados como manifestação de vontade, dispensando, assim, qualquer medida substitutiva. Pontes de Miranda, inclusive, já fazia essa articulação ao diferenciar a *declaração* e a *manifestação* de vontade.[29] Atualmente, em um caminho hermenêutico muito próximo, Joyceane Menezes, Ana Pimentel e Ana Lins diferenciam a declaração de vontade em *expressa*, aquela escrita, falada, por linguagens de sinais ou por meios de ajustes; e *tácita*, inferida pelas atitudes e condutas de vida.[30] Seja como for, havendo a possibilidade de captar a vontade do indivíduo, como que juntando as peças de um quebra-cabeça, é inadequada a sua representação ou assistência.

Casos de deficiências mais avançadas, como a doença de Alzheimer em estágio avançado ou outros tipos de demência graves, dificultam a apuração de vontade do sujeito. Mas isso ocorre porque a sociedade ainda não está preparada e ajustada para recebê-la. O Direito ainda espera uma descrição padronizada, regular, ordinária e encadeada do que se possa querer. Por exemplo, a uma pergunta como "você me vende o bem 'x' pelo valor 'y'?", espera-se uma resposta em frase verbal afirmativa, negativa ou declarativa, desconsiderando-se todo e qualquer outro tipo de manifestação, seja um sussurro, uma risada, um grito ou até mesmo um balbuciar. O que falta, na verdade, são pessoas que confiem e apoiem, profissionais sérios e capacitados e instrumentos tecnológicos para receber, processar e interpretar tais informações como núcleo de vontade. É essa barreira sociinstitucional que nos prende a um sistema binário e substitutivo, centrado na incapacitação civil como medida de *apoio* – leia-se: *falso apoio*.

Se o problema é muito mais que normativo, de simbolização e aplicação do próprio direito, uma reconstrução do que é apoio e, também, do que é vontade pode colaborar nesse percurso de superação de esquemas jurídicos paternalistas e opressores. A experiência normativa peruana facilita esse processo de repensamento, servindo de paradigma para a formatação de um modelo de apoio ao exercício da capacidade civil por pessoas com deficiência, ensejando um importante passo nesse processo de Constitucionalização.

---

[29] PONTES DE MIRANDA, Francisco Cavalcanti. *Tratado de Direito Privado*. Campinas: Bookseller, 2000. t. I., p. 142-143.

[30] MENEZES, Joyceane Bezerra de; PIMENTEL, Ana Beatriz Lima; LINS, Ana Paola de Castro. A capacidade jurídica da pessoa com deficiência após a Convenção sobre os Direitos das Pessoas com Deficiência: análise das soluções propostas no Brasil, em Portugal e no Peru. *Revista Direito e Práxis*, Rio de Janeiro, v. 12, p. 296-322, 2021, p. 317.

5 Considerações finais

Este foi um estudo exploratório sobre a mudança paradigmática do regime substitutivo para o de apoio ao exercício da vontade na teoria das capacidades, tendo como foco a pessoa com deficiência. Não pretendemos, com o percurso traçado, exaurir a temática ou mesmo formular uma abordagem nova, revolucionária ou alternativa, mas tocar em alguns pontos relevantes para situar esse modelo normativo e interpretativo. Perspectivas variadas, como a de um Tribunal Superior responsável pela sedimentação jurisprudencial e o Código Civil de um outro país puderam auxiliar na constatação de que, de fato, estamos diante de uma nova sistemática; um conjunto de regras e princípios inédito e ainda incompreendido, com efeitos práticos complexos e extremamente sensíveis.

Pelos dados encontrados, a questão principal para a efetividade do novo modelo desenhado pela Convenção de Nova Iorque e a Lei nº 13.146/2015 se resume em compreender como apoiar as pessoas com deficiência sem incorrer na desconsideração e consequente restrição de sua vontade. Como já foi advertido pelo Comitê especial das Nações Unidas, ainda há resquícios de um sistema de substituição de vontade, o que se percebe pelo encaixe jurisprudencial do artigo 3º, III, do Código Civil, em ações de interdição de pessoas com deficiência.

É necessário compreender que a deficiência não integra mais o suporte fático da incapacidade civil; ou seja, deficiência não implica mais incapacidade. E a impossibilidade de exprimir vontade como causa de incapacidade relativa é equivocada tanto do ponto de vista dogmático quanto da Constitucionalização e humanização do Direito. A solução deve ser encontrada pelos intérpretes e aplicadores do Direito em uma via diversa. Um paradigma de apoio ao exercício da capacidade civil só poderá ser verdadeiramente conquistado com mudanças também no modo de se pensar.

A reapreciação do que é apoio e vontade é urgente para que as normativas inclusivas tenham maior efetividade. A curto, médio e longo prazo, investimentos em conscientização social, qualificação profissional e desenvolvimento tecnológico podem colaborar com manutenção e respeito da vontade de pessoas com deficiência, viabilizando, assim, práticas de apoio comedidas, justas e humanizadas. Além disso, não se deve ignorar a necessidade de revisitar o arranjo normativo para aparar as arestas que seguem dando margem a exercícios hermenêuticos retrocedentes. Esses podem ser alguns dos passos necessários para o avanço da ainda inacabada Constitucionalização do Regime de Capacidade Civil.

Referências

ABREU, Célia Barbosa. *Primeiras linhas sobre a interdição após o novo Código de Processo Civil*. 1. ed. Curitiba: CRV, 2015.

ALENCAR, Cícero Pereira; ASSIS, Daniel Adolpho Daltin; MUSSE, Luciana Barbosa. Da interdição civil à tomada de decisão apoiada: uma transformação necessária ao reconhecimento da capacidade e dos direitos humanos da pessoa com deficiência. *Revista de Estudos Empíricos em Direito*, [S. l.], v. 3, n. 2, p. 226-247, 2016.

AZEVEDO, Rafael Vieira de. *O novo regramento da capacidade civil das pessoas com deficiência no ordenamento jurídico brasileiro e seus reflexos à luz da teoria do fato jurídico*. 2016. 158 f. Dissertação (Mestrado em Direito) – Universidade Federal de Pernambuco, Recife, 2016.

LARA, Mariana Alves. *Capacidade civil e deficiência*: entre autonomia e proteção. 1. reimp. Belo Horizonte: D'Plácido, 2021.

LÔBO, Paulo. Metodologia do direito civil constitucional. *In*: RUZYK, Carlos Eduardo Pianovski *et al*. *Direito civil constitucional*: a ressignificação da função dos institutos fundamentais do direito civil contemporâneo e suas consequências. Florianópolis: Conceito, 2014.

MENEZES, Joyceane Bezerra de; PIMENTEL, Ana Beatriz Lima; LINS, Ana Paola de Castro. A capacidade jurídica da pessoa com deficiência após a Convenção sobre os Direitos das Pessoas com Deficiência: análise das soluções propostas no Brasil, em Portugal e no Peru. *Revista Direito e Práxis*, Rio de Janeiro, v. 12, p. 296-322, 2021.

MENEZES, Joyceane Bezerra de; TEIXEIRA, Ana Carolina Broxado. Desvendando o conteúdo da capacidade civil a partir do Estatuto da Pessoa com Deficiência. *Pensar - Revista de Ciências Jurídicas*, Fortaleza, v. 21, n. 2, p. 568-599, 2016.

PALACIOS, Agustina. Algunas Tendencias jurisprudenciales emergentes sobre capacidad jurídica en los tribunales latino-americanos. *In*: BACH, Michael; YAKSIC, Nicolás Espejo (ed.). *Capacidad jurídica, discapacidad y derechos humanos*. Ciudad de México: Suprema Corte de Justicia de la Nación, 2022.

PERU. Decreto Legislativo 295, promulgado em 24 de julho de 1984. *Código Civil Peruano*. Lima, Peru, 1984. Disponível em: https://lpderecho.pe/codigo-civil-peruano-realmente-actualizado/. Acesso em: 6 abr. 2023.

PINTO, Hilbert Melo Soares. *Novas relações de saber-poder sobre as pessoas com deficiência*: uma análise arqueogenealógica das técnicas jurídico-processuais do regime de capacidade civil. 2021. 144 f. Dissertação (Mestrado em Direito) – Universidade Federal de Sergipe, São Cristóvão, 2021.

PONTES DE MIRANDA, Francisco Cavalcanti. *Tratado de Direito Privado*. Campinas: Bookseller, 2000. t. I.

REQUIÃO, Maurício. *Estatuto da pessoa com deficiência, incapacidades e interdição*. 2. ed. Florianópolis: Tirant Lo Blanch, 2018.

REQUIÃO, Maurício. As mudanças na capacidade e a inclusão da tomada de decisão apoiada a partir do Estatuto da Pessoa com Deficiência. *Revista de Direito Civil Contemporâneo*, São Paulo, v. 6, p. 37-54, jan./mar. 2016.

SANTANA, Rafael da Silva. *Estigma da doença mental e capacidade civil*: perspectivas de dissociação. 2019. 116 f. Dissertação (Mestrado em Direito) – Faculdade de Direito, Programa de Pós-Graduação em Direito, Universidade Federal da Bahia, Salvador, 2019.

SANTANA, Rafael da Silva. *Incapacidade civil e pessoa com deficiência*: análise do REsp 1.927.423-SP, julgado pela Terceira turma do Superior Tribunal de Justiça e além. *Revista de Direito Civil Contemporâneo*, São Paulo, v. 29, ano 8, p. 461-467, out./dez. 2021.

SUPERIOR TRIBUNAL DE JUSTIÇA (STJ). *REsp n. 1.927.423/SP*. Rel. Min. Marco Aurélio Bellizze, Terceira Turma, julgado em 27 abr. 2021, publicado em 4 maio 2021. Disponível em: https://scon.stj.jus.br/SCON/pesquisar.jsp?i=1&b=ACOR&livre=((%2 7RESP%27.clas.+e+@num=%271927423%27)+ou+(%27REsp%27+adj+%271927423%27). suce.)&thesaurus=JURIDICO&fr=veja. Acesso em: 23 mar. 2023.

UNITED NATIONS. *Concluding observations on the initial report of Brazil*. Adopted at fourteenth session by Committee on the Rights of Persons with Disabilities, 29 September 2015.

VARSI-ROSPIGLIOSI, Enrique; TORRES-MALDONADO, Marco Andrei. El nuevo tratamiento del régimen de la capacidad en el Código Civil peruano. *Acta Bioethica*, Santiago, v. 25, n. 2, p. 199-213, 2019.

VÁSQUEZ, Alberto; ISAZA, Federico; PARRA, Andrea. Reformas legales a los regímenes de capacidad jurídica. Un análisis comparativo y crítico de Costa Rica, Perú y Colombia. *In*: BACH, Michael; YAKSIC, Nicolás Espejo (ed.). *Capacidad jurídica, discapacidad y derechos humanos*. Ciudad de México: Suprema Corte de Justicia de la Nación, 2022.

Informação bibliográfica deste texto, conforme a NBR 6023:2018 da Associação Brasileira de Normas Técnicas (ABNT):

PINTO, Hilbert Melo Soares. Do modelo substitutivo ao apoio ao exercício da capacidade civil: breves diagnósticos de uma constitucionalização inacabada. *In*: EHRHARDT JÚNIOR, Marcos; LÔBO, Fabíola (Coord.). *Constitucionalização das relações privadas*: fundamentos de interpretação do direito privado brasileiro. Belo Horizonte: Fórum, 2023. p. 219-235. ISBN 978-65-5518-564-5.

PARTE II

DIREITO PATRIMONIAL

O DIREITO DAS OBRIGAÇÕES NA LEGALIDADE CONSTITUCIONAL E O FAVORECIMENTO DO DEVEDOR

GUSTAVO HENRIQUE BAPTISTA ANDRADE

Princípio e prólogo

Antes de introduzir o leitor ao texto, peço-lhe licença para quebrar o protocolo metodológico e falar na primeira pessoa do singular.[1] Sendo esta obra uma homenagem ao Professor Paulo Lôbo, o qual divido com tantos colegas brilhantes, não posso desprezar a oportunidade e o privilégio de mencionar algumas singularidades acerca do homenageado e de minha relação com ele.

Apesar de ter ingressado na vida acadêmica um pouco mais tarde, foi logo após a conclusão do meu curso na Faculdade de Direito do Recife (UFPE) em 1990 que ouvi falar desse alagoano cuja atuação o fazia presente nas discussões mais importantes da época, entre elas a renovação do direito privado levada a efeito pelo recém-promulgado Código de Defesa do Consumidor e a reforma do ensino jurídico, esta

---

[1] O uso da terceira pessoa é recomendado nos textos científicos porque eles devem ter caráter formal e impessoal. Disponível em: https://biblio.direito.ufmg.br/?p=1801. Acesso em: 21 abr. 2023.

uma de suas maiores contribuições do tempo em que foi Conselheiro Federal da Ordem dos Advogados do Brasil.

Alguns anos depois eu observava a criação do Instituto Brasileiro de Direito de Família – IBDFAM e lá estava o nordestino professor da Universidade Federal de Alagoas – UFAL, agora já conhecido nacionalmente.

A ligação do Professor Paulo Lôbo com a Universidade Federal de Pernambuco – UFPE – se inicia quando ele fez o seu Mestrado no Programa de Pós-Graduação dessa Universidade. Seu Doutorado foi realizado na Universidade de São Paulo – USP. O retorno à UFPE se dá através do Programa de Pós-Graduação em Direito – PPGD, onde o Professor inicia longa jornada de formação e orientação de mestres e doutores. Na mesma época, o Professor Paulo Lôbo apresentava a seus alunos uma metodologia de interpretação do Código Civil que teve seu desenvolvimento mais expressivo na Itália e que também era objeto de pesquisa de professores da Universidade do Estado do Rio de Janeiro – UERJ – em especial Gustavo Tepedino e Maria Celina Bodin de Moraes – e da Universidade Federal do Paraná, neste caso o Professor Luiz Edson Fachin. Estava formada a Escola de Direito Civil Constitucional no Brasil e os principais centros de pesquisa se concentravam nas três universidades mencionadas. Foi quando o Professor Paulo Lôbo passou a oferecer no Programa da UFPE a disciplina Direito Civil Constitucional.

Ingressei no mestrado em meados dos anos 2000, período em que Paulo Lôbo era Ministro do Conselho Nacional de Justiça e residia em Maceió. E nessa época a disciplina de Direito Civil Constitucional era ministrada no curso de mestrado da UFAL. Um grupo de alunos capitaneados por Marcos Ehrhardt Júnior, que também morava na capital de Alagoas, mas cursava o doutorado na UFPE, conseguiu fazer com que os créditos da disciplina na UFAL fossem aproveitados para os alunos vinculados à UFPE, que era o meu caso. E assim, durante alguns meses, passei a sair de casa no domingo pela manhã, pernoitar em Maceió, assistir à aula do Professor Paulo Lôbo no *campus* da UFAL na manhã do dia seguinte e retornar após o almoço ao Recife, aonde chegava geralmente no final da tarde.

O que tenho a dizer é que valeu a pena cada quilômetro rodado e cada momento vivido nessa literal trajetória acadêmica. Assistir a essas aulas foi determinante para a conclusão da minha dissertação de mestrado, sob a orientação da Professora Fabíola,[2] à época Albuquerque, e que veio a se casar com o Professor Paulo Lôbo, trazendo-o a firmar seu domicílio e residência em Recife e proporcionar a criação do Grupo de Pesquisas Constitucionalização das Relações Privadas – CONREP, que neste ano de 2023 completa dez anos de existência.

Ingressei no CONREP como estudante, uma vez que, quando de sua criação, cursava o doutorado sob a orientação do Professor Paulo Lôbo em uma tese sobre a vulnerabilidade do consumidor e o superendividamento. Desde então, passei a nutrir um afeto muito grande por meus orientadores, hoje amigos que considero verdadeiros prêmios recebidos na vida.

O que também pretendo deixar aqui registrado é o que, a meu ver, diferencia o Professor Paulo Lôbo. E o faço sob a perspectiva de um eterno aluno e admirador.

Um homem de poucas palavras talvez o identifique para a maioria das pessoas, mas seria injusto designá-lo por essa característica, porque uma de suas maiores qualidades é a de falar o que tem que ser falado, dizer o que tem que ser dito. Na sala de aula, vimos alguém que nos conduz a raciocínios lógicos e precisos. Cada instituto estudado é posto em sua categoria e lá investigado, sem arrodeio ou floreios. A língua portuguesa, com sua vastidão de vocábulos, não é obstáculo para que o Professor Paulo Lôbo busque e encontre o significado e a precisão de uma palavra, a forma simples e técnica de apresentar um conceito, um modo singular de interpretar as normas jurídicas.

A precisão conceitual e uma didática facilitadora da compreensão do direito civil em uma dimensão humanista e despida da vaidade e arrogância que marcaram tempos passados e promoveram desigualdades, criando categorias diferentes de pessoas, são atributos que identificam o Mestre e também o destacam no cenário nacional.

Além das características mencionadas, a seriedade e a lealdade do Professor Paulo Lôbo são particularidades adjetivadas pelos antigos convivas, amigos e pessoas com quem ele trabalhou.

Descrevo o Professor Paulo Lôbo como um jurista à frente do seu tempo; um pensador democrata e progressista, com conhecimento

---

[2] Aqui aproveito para homenagear também a Professora Fabíola Lôbo, que além de orientar de forma brilhante e irretocável minha dissertação, cujo tema central foi a "Mediação Familiar", abriu-me as portas para o magistério, indicando meu nome para uma das IES em que já ensinei por quase dez anos. Não à toa, em 2021 foi aprovada em concurso para ocupar o cargo de Professora Titular de Direito Civil; a primeira mulher a conquistar a *Cátedra* de Direito Civil na Faculdade de Direito do Recife.

jurídico profundo e inigualável e uma cultura geral muito grande, que também o diferenciam e o fazem um professor completo.

Em toda minha pesquisa de doutorado, por várias vezes senti do orientador um apreço especial pela temática do *favor debitoris*, à qual são dedicadas algumas páginas da tese. O instituto, inclusive, diz muito sobre o Professor Paulo Lôbo e da sua preocupação permanente com a pessoa humana em sua inteireza e dignidade.

Esse então é o tema que resolvi revisitar e desenvolver a partir da tese orientada pelo Mestre, conforme direcionamento editorial dado ao livro.

Introdução

O texto ora apresentado revisita a tese de doutoramento do autor, defendida em fevereiro de 2015 na Universidade Federal de Pernambuco, sob a orientação de Paulo Luiz Neto Lôbo e cujo título é *A vulnerabilidade e sua repercussão no superendividamento do consumidor*.[3] Trata-se de um assunto atual, com pauta ainda presente nas discussões jurídicas e econômicas, principalmente em razão das graves crises econômicas que se seguiram à pesquisa. No entanto, o objeto do artigo é rediscutir e analisar o tratamento dispensado ao devedor pelo aplicador do direito, tendo em vista o princípio do favorecimento do devedor.

Em uma tese cujo núcleo temático foi o superendividamento, optou-se pela apresentação do favorecimento do devedor sob a perspectiva das relações de consumo. Para tanto, foi dado destaque a uma decisão do Superior Tribunal de Justiça prolatada no julgamento do pedido de *Habeas Corpus* nº 12.547-DF. O pano de fundo do julgado foi a prisão do depositário infiel, já à época da elaboração do trabalho considerada ilícita pelo Supremo Tribunal Federal, que pacificando a matéria editou a Súmula Vinculante nº 25.

Dita decisão foi proferida em sede de pedido de *habeas corpus* impetrado em favor da cliente de um banco que, nos autos de uma ação de busca e apreensão convertida em depósito de um veículo financiado através de um contrato de alienação fiduciária, teve o decreto de sua prisão mantido pelo Tribunal de Justiça do Distrito Federal e Territórios

---

[3] ANDRADE, Gustavo Henrique Baptista. *A vulnerabilidade e sua repercussão no superendividamento do consumidor*. 2014. 214 f. Tese (Doutorado em Direito) – Programa de Pós-Graduação em Direito da UFPE, Recife, 2015.

por ser considerada depositária infiel dada sua recusa em devolver o automóvel. Em defesa da paciente, além de algumas questões de ordem processual e material, foi alegado motivo de força maior para justificar a impossibilidade de devolução do bem ao credor, considerando ter sido o veículo objeto de furto.

O ponto nodal da questão em julgamento e que traz maior pertinência a este artigo, foi a discussão acerca da dívida existente, contraída em face da aquisição de automóvel para uso na prestação de serviço de taxi. A dívida assumida mais do que quadruplicou no intervalo de apenas dois anos e entendeu o Relator do remédio processual que a taxista, já contando com sessenta anos de idade e com renda mensal de R$500,00 (quinhentos reais), teria consumida toda a renda a ser obtida até o resto de sua vida para pagar os juros bancários decorrentes do contrato celebrado:

> A decisão judicial que atende a contrato de financiamento bancário com alienação fiduciária em garantia e ordena a prisão de devedora por dívida que se elevou, após alguns meses, de R$18.700,00 para R$86.858,24, fere o princípio da dignidade da pessoa humana, dá validade a uma relação negocial sem nenhuma equivalência, priva por quatro meses o devedor de seu maior valor, que é a liberdade, consagra o abuso de uma exigência que submete uma das partes a perder o resto provável de vida reunindo toda a sua remuneração para o pagamento dos juros de um débito relativamente de pouca monta, destruindo qualquer outro projeto de vida que não seja o de cumprir com a exigência do credor. (STJ, 2001)

Sendo o presente texto uma revisitação do tema do favorecimento do devedor, cujas raízes se encontram no *favor debitoris*, será analisada recente decisão do mesmo STJ, na pretensão de se buscar uma direção ou tendência no entendimento dado pela Corte acerca do problema desde então e, em especial, nos últimos anos, quando a liberdade econômica foi a tônica do poder executivo e influenciou sobremaneira a atuação do legislativo, com óbvia repercussão também no judiciário.

A vulnerabilidade jurídica e o favorecimento do devedor

O direito civil tem sua história marcada pela força dos poderes privados, o que foi amenizado com o advento do Estado social. A preocupação com as desigualdades sociais, por sua vez, contribuiu para a concepção jurídica de igualdade material:

Essa mudança de atitude com relação ao princípio da igualdade faz emergir outra visão da igualdade jurídica, que não afasta a igualdade formal – a igualdade de todos perante a lei –, considerada conquista da humanidade. Amplia-se para a igualdade de todos na lei, suprimindo-se os componentes de desigualdades do conteúdo das normas jurídicas.[4]

O princípio da igualdade supera a posição formal da paridade para realizar a igualdade substancial: quando existe desigualdade de fato, não existe espaço para o princípio da paridade de tratamento. A opção pela exigência de justiça social onde se efetiva a igualdade material é uma escolha histórica que promove a eliminação de privilégios injustificados de qualquer natureza, não somente a econômica.[5]

No que diz respeito à vulnerabilidade, trata-se de um conceito intrinsecamente ligado à natureza humana. Não se pode, porém, conceber a vulnerabilidade como todo e qualquer risco social ou mesmo individual a que está sujeito o ser humano, sob pena de ser criada uma categoria em que todos sejam inseridos. Por tal razão, alcança-se a noção jurídica de vulnerabilidade, uma situação permanente ou provisória que fragiliza o sujeito de direito e desequilibra a respectiva relação.[6] A juridicização da vulnerabilidade veio a facilitar a tutela daqueles que, de fato, necessitam compensar desigualdades existentes em determinadas relações jurídicas.

Como se pode ver, a noção de vulnerabilidade está intimamente ligada à ideia de igualdade. No entanto, embora o curso histórico evidencie uma incessante luta em prol desse valor, tem havido sempre, paradoxalmente, propensão ao estabelecimento de situações de desigualdade.

Como é consabido, na relação jurídica obrigacional, devedor é o sujeito que deve prestar algo, um dar, um fazer ou um não fazer, uma abstenção. E a longa trajetória do direito das obrigações é marcada por momentos históricos em que, de alguma maneira, a preocupação com a parte mais débil da relação jurídica se fez presente com maior ou menor intensidade. Inúmeras são as situações em que, desde o direito romano, o devedor vem sendo sujeito de normas protetivas. Essa evolução, que é a própria manifestação histórica do direito, atinge o seu apogeu na modernidade. Em um primeiro momento de maneira

---

[4] LÔBO, Paulo. *Direito civil*: parte geral. São Paulo: Saraiva, 2009, p. 87.
[5] PERLINGIERI, Pietro. *Perfis do direito civil*. Rio de Janeiro: Renovar, 2002, p. 46.
[6] MARQUES, Cláudia Lima; MIRAGEM, Bruno. *O novo direito privado e a proteção dos vulneráveis*. São Paulo: Revista dos Tribunais, 2012, p. 117.

tímida, com a codificação liberal; depois fortemente impregnada pela ideologia do Estado social.

Acompanhar esse percurso se torna obrigatório para o jurista compreender a concepção das relações obrigacionais na contemporaneidade, assim como as resistências ainda existentes na aplicação das normas protetivas pelos operadores do direito. E nessa trilha o fio condutor é o princípio *favor debitoris*.

É necessário de logo esclarecer que a expressão *favor debitoris* não denota o puro e simples favorecimento ao devedor por compaixão ou outra sorte de graça. De cunho jurídico, se consubstancia no seio de uma relação jurídica obrigacional e jamais repele ou deixa de reconhecer o direito de crédito, apenas o torna menos implacável. E assim o é desde sua origem.

No direito romano, várias expressões utilizavam o mesmo designativo para indicar uma interpretação contrária ao rigor do direito (*iuris rigor*), a exemplo de *favor nuptiorum, favor populi, favor religionis* e *favor libertatis*, este traduzindo o próprio fundamento em que se inspiraram o legislador e a jurisprudência para atenuar o mencionado rigor do direito.[7] O *favor*, desse modo, é um complexo de prerrogativas, quando não um verdadeiro e próprio privilégio, que atribui uma posição de vantagem a uma determinada pessoa, seja porque se leva em consideração a sua qualidade pessoal, seja porque a proteção do interesse individual é muito frequentemente o único meio de satisfazer o interesse da ordem coletiva.[8]

Foi na modernidade, como já afirmado, que a tendência ao favorecimento tomou maior vulto. Foram extraídas do direito romano antigas expressões e criadas outras para traduzir a referida inclinação, originando-se novas expressões, como *favor testamentorum, favor rei, favor matrimonii* e *favor debitoris*.[9] A partir de então, a expressão *favor debitoris*, que não se encontra em fontes romanas, passou a traduzir a tendência ao favorecimento do devedor, esta sim já presente no direito

---

[7] ALVES, José Carlos Moreira. As normas de proteção ao devedor e o *favor debitoris* – do direito romano ao direito latino-americano. *Revista Trimestral de Jurisprudência dos Estados*, São Paulo, v. 15, n. 92, p. 9-61, set. 1991, p. 11.

[8] MOTA, Maurício Jorge Pereira de. A proteção do devedor decorrente do *favor debitoris* como princípio geral do direito das obrigações no ordenamento jurídico brasileiro. *Revista da Faculdade de Direito de Campos*, Campos dos Goitacazes, v. 7, n. 9, p. 297-377, jul./dez., 2006, p. 377.

[9] ALVES, José Carlos Moreira. As normas de proteção ao devedor e o *favor debitoris* – do direito romano ao direito latino-americano. *Revista Trimestral de Jurisprudência dos Estados*, São Paulo, v. 15, n. 92, p. 9-61, set. 1991, p. 12.

romano, não, porém, como na estrutura do direito das obrigações tal qual conhecemos hoje. Neste aspecto, convém salientar o caráter bimilenar do direito das obrigações, que foi lentamente se aperfeiçoando:

> A parte nuclear do direito das obrigações é legatária da elaboração milenar do senso prático do direito romano antigo; de lá para cá são mais de dois milênios de lenta e laboriosa elaboração teórica e prática. As soluções que o direito contemporâneo ainda utiliza têm origem nas resoluções dos conflitos que os antigos romanos cristalizaram em suas normas jurídicas e, sobretudo, nos trabalhos deixados por seus jurisconsultos.[10]

Não é demais lembrar que até o advento da *Lex Poetelia Papiria*, de 326 a.C., o devedor chegou a responder com seu próprio corpo por débitos contraídos. E a partir dos imperadores cristãos, aumentam as normas de tutela do devedor. Esse movimento, ampliado com Justiniano, teve sua razão de ser em motivos de ordem religiosa e humanitária. Nesta época foram conhecidas duas espécies de moratória, uma deliberada pelos credores, outra concedida pelo Imperador.[11]

Na era moderna, com o surgimento da ideia de relação jurídica e do direito subjetivo, a noção de obrigação passou a ser também concebida como a relação na qual uma pessoa pode exigir de outra uma prestação que satisfaz um interesse da primeira.

No Brasil, dada a sua condição de colônia, vigeram inicialmente as Ordenações portuguesas que, de uma maneira geral, receberam as medidas de favorecimento do devedor existentes no direito justinianeu. Na primeira das Ordenações, a Afonsina, era admitida a *cessio bonorum* do direito romano, permitindo-se ao devedor ceder todos os seus bens aos credores para livrar-se da execução pessoal e, portanto, da servidão e do cárcere. As Ordenações Manuelinas e Filipinas mantiveram o instituto. Outros favorecimentos foram outorgados ao devedor pelas Ordenações do Reino de Portugal, como moratórias concedidas pelo Rei (*graça delRei*) e o instituto da lesão enorme (*lesio enormis*) que protegia vendedor e comprador na compra e venda de bens imóveis e móveis.[12]

---

[10] LÔBO, Paulo. *Direito civil*: obrigações. São Paulo: Saraiva, 2011, p. 25.
[11] ALVES, José Carlos Moreira. As normas de proteção ao devedor e o *favor debitoris* – do direito romano ao direito latino-americano. *Revista Trimestral de Jurisprudência dos Estados*, São Paulo, v. 15, n. 92, p. 9-61, set. 1991, p. 15.
[12] ALVES, José Carlos Moreira. As normas de proteção ao devedor e o *favor debitoris* – do direito romano ao direito latino-americano. *Revista Trimestral de Jurisprudência dos Estados*, São Paulo, v. 15, n. 92, p. 9-61, set. 1991, p. 45.

As Ordenações vigeram até 1916, quando foi promulgado o Código Civil brasileiro. Antes, porém, a Consolidação das Leis Civis, do jurista Teixeira de Freitas, aprovada pelo Imperador Pedro II em 1858, tornou-se o Código de fato do direito civil brasileiro por 58 anos. E vários de seus dispositivos contemplam a proteção do devedor.[13]

O Código de 1916, por sua vez, traz consigo o reflexo tardio do liberalismo europeu quando já irrompiam naquele continente legislações várias que se adaptavam à nova ordem jurídica estabelecida pelo Estado social, o qual somente foi instaurado no Brasil com a Constituição de 1934, quando passou a ser prevista a intervenção do Estado na ordem econômica.

Muitas das medidas de proteção ao devedor constantes da legislação anterior não foram recepcionadas pelo Código Civil de 1916. Não faltaram, porém, dispositivos favoráveis ao devedor, como a proteção do bem de família, instituto consolidado e ampliado pela Lei nº 8.009/90. O artigo 920 do mesmo Código prescrevia que o valor da cominação imposta na cláusula penal não poderia exceder o da obrigação principal. Outras medidas protetivas podem ser encontradas nos artigos 924 (redução da pena estipulada para o caso de inadimplemento, tendo o devedor cumprido em parte a obrigação), 1531 (pagamento em dobro pelo credor na cobrança de dívida já paga ou pagamento do equivalente no caso de pedir mais que o devido), entre outros.

O Código Civil de 2002 conseguiu se distanciar relativamente do individualismo presente na legislação de 1916, trazendo regras e princípios tangenciadores da efetiva proteção ao devedor. Muitos dispositivos foram repetidos, como o artigo 940, que reproduz o que estabelecia o 1531 do antigo Código, acima citado, consolidando dessa forma tradição vinda das Ordenações do Reino de Portugal. Outros foram introduzidos e renovaram sobremaneira o direito das obrigações, a exemplo dos artigos 421 (função social do contrato) e 113 e 422 (princípio da boa-fé).

Os chamados princípios contratuais clássicos, a exemplo da autonomia da vontade e da liberdade contratual, e até mesmo a força obrigatória dos contratos – princípio liberal por excelência – permanecem vigentes, porém necessitam de harmonização aos princípios contratuais sociais consolidados na Constituição de 1988 e no Código Civil de 2002,

---

[13] MOTA, Maurício Jorge Pereira de. A proteção do devedor decorrente do *favor debitoris* como princípio geral do direito das obrigações no ordenamento jurídico brasileiro. *Revista da Faculdade de Direito de Campos*, Campos dos Goitacazes, v. 7, n. 9, p. 297-377, jul./dez., 2006, p. 325.

como o da função social e o da boa-fé objetiva. Isto porque, em nome da plenitude da autonomia da vontade surgiram situações jurídicas de extrema desigualdade, assim como a cultuada liberdade contratual terminou por se traduzir em poder econômico e político, que terminou por limitar ou submeter a liberdade dos outros.

A relação obrigacional em sua concepção mais consentânea com o ordenamento jurídico vigente permite que se distinga a parte que efetivamente necessita de proteção daquela que já detém em si poder suficiente para garantir sua incolumidade. Exemplo desta última categoria é o fornecedor de produtos ou serviços na relação de consumo. E esta relação, perceba-se, dar-se-á em regra no interesse do credor, seguindo-se o padrão de cooperação e confiança que norteiam as relações obrigacionais em geral.

Não acontece diferente no âmbito do adimplemento forçado da obrigação por intermédio do direito processual civil, que possui norma de direcionamento introduzida pelo princípio geral de que a ação executiva se realiza no interesse do exequente/credor (art. 797, CPC).

É sobre a harmonização de tais normas e o diálogo entre as fontes do direito material e do direito instrumental, com a observância do favorecimento do devedor e sua fundamentação, que versará o próximo item.

O *favor debitoris* e o diálogo das fontes

A repersonalização do direito civil, fenômeno que nasce e se se espraia na legalidade constitucional, abrange por óbvio o direito das obrigações. Com a repersonalização restaura-se a centralidade da pessoa humana, a quem o patrimônio serve, ao contrário do que apregoava a codificação liberal. Inverte-se a primazia e a patrimonialização das relações obrigacionais deixa de ser compatível com os valores eleitos pelo Constituinte para o Estado brasileiro:

> Extrai-se da Constituição brasileira de 1988, em razão dos valores incorporados em suas normas que, no plano geral do direito das obrigações convencionais, o paradigma liberal de prevalência do interesse do credor e do antagonismo foi substituído pelo equilíbrio de direitos e deveres entre credor e devedor, não apenas na dimensão formal, da

tradição dos juristas, mas sobretudo, na dimensão da igualdade ou equivalência material, fundado no princípio da solidariedade social.[14]

Parece inevitável que a interpretação conforme a Constituição norteie também a legislação instrumental. E de fato, embora o próprio Código de Processo Civil preveja em seu art. 805 que, havendo vários meios pelos quais pode o credor promover a execução, o juiz mandará que se faça pelo modo menos gravoso, situações há em que princípios constitucionais reveladores do fenômeno da repersonalização do direito civil, a exemplo da dignidade da pessoa humana, da solidariedade e da função social, exigem do julgador mais do que a administração de atos no processo executivo, mas verdadeiras operações lógicas e valorativas acerca do modo de satisfação da dívida.

A solução, no caso concreto, pode se dar através do diálogo entre fontes legislativas.

A expressão "diálogo das fontes" foi cunhada pelo alemão Erik Jayme e introduzida no Brasil por Cláudia Lima Marques.[15] A técnica a que corresponde a expressão se apresenta como solução à aplicação das leis no complexo sistema de direito privado na atualidade. Diante de um sistema jurídico com fontes legislativas plúrimas, surge a necessidade de coordenação entre as leis desse mesmo ordenamento. Busca-se mais a harmonização das normas do sistema do que a prevalência de uma sobre a outra, numa perspectiva de conflito. O caso do Código de Defesa do Consumidor e do Código Civil é paradigmático. O Código Civil é uma lei editada posteriormente ao Código do Consumidor, tendo ambas a mesma hierarquia e versando sobre institutos comuns, como a responsabilidade civil, prescrição, decadência, contratos, entre outros. Dada a prevalência do Código Civil, por ser uma lei posterior (considerando os critérios para a solução do conflito de leis no tempo, quais sejam, anterioridade, especialidade e hierarquia), a consequência, no caso de eventual colisão, seria a exclusão da norma mais antiga, neste aspecto, dispositivos do Código do Consumidor. A proposta de Erik Jayme é de coordenação e harmonização entre as normas do sistema jurídico ao invés da exclusão de qualquer delas quando ocorrer antinomia:

---

[14] LÔBO, Paulo. *Direito civil*: obrigações. São Paulo: Saraiva, 2021, p. 38.
[15] Paulo Lôbo dá preferência à expressão "interlocução entre as fontes". Para aprofundamento, ver por todos: ANDRADE, Gustavo Henrique Baptista. *A vulnerabilidade e sua repercussão no superendividamento do consumidor*. 2014. 214 f. Tese (Doutorado em Direito) – Programa de Pós-Graduação em Direito da UFPE, Recife, 2015.

Nesses tempos, a superação de paradigmas é substituída pela convivência dos paradigmas, a revogação expressa pela incerteza da revogação tácita indireta através da incorporação (veja art. 2.043 do CC/ de 2002). Há, por fim, a convivência de leis com campos de aplicação diferentes, campos por vezes convergentes e, em geral, diferentes, em um mesmo sistema jurídico, que parece ser agora um sistema (para sempre) plural, fluido, mutável e complexo.[16]

O mesmo deve ocorrer entre o Código Civil e o Código de Processo Civil. Essa interlocução entre as fontes é uma tendência que decorre da complexidade dos sistemas, um caminho traçado a partir da interdisciplinaridade das matérias envolvidas nas diversas situações jurídicas, um método de interpretação que facilita a resolução das demandas postas a desate na sociedade contemporânea.

No julgado da Quarta Turma do STJ, mencionado no início do texto, decidiu-se por unanimidade pela concessão da ordem. O voto do Relator, por sua vez, teve como razão de decidir e fundamentos duas linhas de raciocínio e argumentação calcadas no princípio da dignidade da pessoa humana e seus corolários da igualdade e da liberdade, e na eficácia horizontal da norma constitucional na relação de direito privado. A opção foi pela aplicação direta da Constituição ao caso concreto por se tratar de relação desigual de poder entre uma grande corporação empresarial e um particular, desigualdade esta similar a que se estabelece entre o Estado e o indivíduo.

E decidir com base na dignidade da pessoa humana é fazer valer a norma constitucional que estabelece os fundamentos da República brasileira, constituída em Estado Democrático de Direito (art. 1º, III). O exercício do julgador foi o de buscar nesse princípio o fundamento de validade das normas de DIREITO CONTRATUAL aplicadas ao caso. O princípio da dignidade da pessoa humana deve ser aplicado sempre, ainda que não explicitado, já que vetor da ordem jurídica. A argumentação, a ponderação e a subsunção são os métodos e instrumentos a que o aplicador deve recorrer para imprimir uma fundamentação que atenda aos legítimos anseios da segurança jurídica.

Na observação de Paulo Lôbo, os juízes vêm lidando de forma razoável com os modelos abertos de interpretação, havendo inevitável preço a pagar na adaptação do direito a uma nova realidade social.[17] E o

---

[16] MARQUES, Cláudia Lima. *Contratos no Código de Defesa do Consumidor*. São Paulo: Revista dos Tribunais, 2011, p. 694.
[17] LÔBO, Paulo. *Direito civil*: parte geral. São Paulo: Saraiva, 2009, p. 71.

ônus argumentativo das decisões será sempre inversamente proporcional à indeterminação do conteúdo da norma que se pretende aplicar.

O favorecimento do devedor e a jurisprudência do STJ

Embora tenha sua aplicação ambientada de maneira mais clara no direito processual, é de ter-se o *favor debitoris* como um princípio de direito material, de direito das obrigações. O favorecimento do devedor constitui, na verdade, "[...] uma pauta diretiva a partir da qual as regras serão criadas ou aplicadas".[18] E essa pauta diretiva a que se refere Maurício Mota, encontra seu fundamento na legalidade constitucional. Não se trata aqui de um desprestígio do crédito ou desfavorecimento do credor, de cuja tutela também deve dar conta o direito das obrigações. A validade das normas legais, entretanto, necessita encontrar seu fundamento na Constituição, por meio de uma interpretação sistemática e que contemple o máximo possível a valorização da pessoa e de seus interesses imediatos. Isto não significa desprezo pelo conteúdo patrimonial da relação obrigacional. Apenas deixa de prevalecer o interesse do credor e o próprio antagonismo antes existente entre este e o devedor, dando-se lugar à busca pelo equilíbrio de direitos e deveres na relação jurídica de direito das obrigações.[19]

O Voto do Relator do *Habeas Corpus* nº 12.547 – DF, Ministro Ruy Rosado Aguiar, com trecho transcrito na introdução do presente artigo, foi proferido ainda em 2000, quando vigia o Código Civil de 1916. É de se destacar o exercício interpretativo acatado pelos demais membros da Quarta Turma do STJ, merecendo transcrição também os trechos a seguir:[20]

> [...] 2. A Constituição de 1988 enuncia no seu primeiro artigo que o estado democrático de direito tem como princípio fundamental a dignidade da pessoa humana (art. 1º, inc. III). No seu artigo terceiro define a construção de uma sociedade justa como objetivo da República (art. 3º, inc. I) e incluí,

---

[18] MOTA, Maurício Jorge Pereira de. A proteção do devedor decorrente do *favor debitoris* como princípio geral do direito das obrigações no ordenamento jurídico brasileiro. *Revista da Faculdade de Direito de Campos*, Campos dos Goitacazes, v. 7, n. 9, p. 297-377, jul./dez., 2006, p. 361.

[19] LÔBO, Paulo. *Direito civil*: obrigações. São Paulo: Saraiva, 2021, p. 38.

[20] Acesso à íntegra do Acórdão disponível em: https://scon.stj.jus.br/SCON/GetInteiro TeorDoAcordao?num_registro=200000222780&dt_publicacao=12/02/2001. Acesso em: 2 maio 2023.

entre os direitos fundamentais, os direitos à liberdade e à igualdade (art. 5º, caput). Com isso, considerou a dignidade da pessoa humana como núcleo do sistema, norma orientadora do ordenamento constitucional e do infraconstitucional, dignidade que deve ser preservada porquanto sem ela não há a efetivação dos direitos da personalidade.
A dignidade é o valor que unifica o sistema, é "qualidade intrínseca da pessoa humana, irrenunciável e inalienável, na medida em que constitui elemento que qualifica o ser humano como tal" (Ingo Wolfgang Sarlet, A eficácia dos direitos fundamentais, p. 104), existe para todos e é igual em todos (Declaração Universal dos Direitos, ONU, 1948).
Presente a vida, a liberdade é o primeiro pressuposto da dignidade da pessoa humana. Também, as condições justas e adequadas de vida (idem, p. 108), seja nas relações do indivíduo com o Estado, seja no trato com as organizações que exercem o poder econômico e social, nas searas do direito público e do direito privado. "A tutela da personalidade não pode se conter em setores estanques, de um lado os direitos humanos e de outro as chamadas situações jurídicas de direito privado. A pessoa, à luz do sistema constitucional, requer proteção integrada, que supere a dicotomia direito público e direito privado e atenda à cláusula geral fixada pelo texto maior, de promoção da dignidade humana" (Gustavo Tepedino, Temas de Direito Civil, p. 50).
Cuida-se de estabelecer a vinculação entre aquele princípio fundamental da dignidade da pessoa humana e mais os direitos fundamentais que expressam e definem os valores da personalidade, com a norma judicial a ser aplicada no caso concreto.
3. Surge então a questão relacionada com a eficácia horizontal, ou em relação a terceiros, da norma constitucional sobre a relação de direito privado.
Luis Afonso Heck expõe as duas correntes da experiência alemã, uma que admite a eficácia direta, não de todos, mas pelo menos de uma série de direitos fundamentais diante de terceiros, [...].
[...] Não me parece que a eficácia na relação de direito privado seja somente indireta, pois bem pode acontecer que o caso concreto exija a aplicação imediata do preceito constitucional, quando inexistir norma intraconstitucional que admita interpretação de acordo com a diretiva constitucional, ou faltar cláusula geral aplicável naquela situação, muito embora esteja patente a violação ao direito fundamental. Cumpre atentar para a advertência de Robert Alexy: "Se algumas normas da Constituição não devem ser tomadas a sério, afigura-se difícil fundamentar, porque outras devem ser consideradas quando surgir alguma dificuldade. Há uma ameaça de dissolução da Constituição. Assim, a decisão fundamental sobre os direitos fundamentais há de ser em favor de uma completa vinculação jurídica no contexto da possibilidade de sua judicialização" (Colisão e ponderação como problema fundamental da dogmática dos direitos fundamentais, in: Recht. Vernunft. Diskurs, tradução de Gilmar Ferreira Mendes). Ingo Wolfgang Sarlet observa, acredito, com absoluto acerto, que há possibilidade de se transpor diretamente o princípio

vinculante dos direitos fundamentais para a esfera privada quando se cuida de relações desiguais de poder (op. cit, p. 338) entre as grandes corporações empresariais e o particular, porque similar à desigualdade que se estabelece entre o indivíduo e o Estado. É a situação dos autos. No caso dos autos, porém, a distinção entre eficácia direta e indireta frente a terceiros é irrelevante. Tanto seria possível aplicar diretamente o princípio constitucional da dignidade da pessoa humana, como a cláusula geral do art. 17 da Lei de Introdução ao Código Civil, sobre ordem pública e bons costumes, cuja similar alemã é usada em casos tais, além do emprego da norma de hermenêutica que condiciona d aplicação da lei aos fins sociais a que ela se dirige (art. 5o da LICC). [...]
É certo que há o confronto entre o direito à liberdade de comerciar do credor, o direito de crédito que lhe resulta do contrato, ambos de natureza patrimonial, com os direitos da paciente à liberdade de locomoção e de igualdade nas contraprestações. Daí a necessidade da ponderação dos valores em colisão no caso particular dos autos, o que, penso, deve ser resolvido com a limitação dos direitos do credor, que pouco perde, ou nada perde, porquanto não se lhe nega o direito de cobrar o lícito, em comparação com a perda que decorreria da execução da ordem de prisão por quatro meses, só por si infamante, agravada pelas condições subumanas de nossos presídios.
Assim, concluindo essa parte, tenho que o decreto de prisão da paciente contraria princípio constitucional, viola direitos fundamentais e ofende duas regras de direito infraconstitucional. [...]

Vimos, dessa maneira, consagrado na jurisprudência do chamado "Tribunal da Cidadania" – aquele que é responsável pela uniformização da interpretação da legislação federal no país – o favorecimento do devedor através da aplicação, ao caso concreto, de direitos fundamentais consagrados na Constituição brasileira.

Recentemente, passados mais de vinte anos da decisão acima mencionada, a Corte Especial do STJ – órgão responsável por uniformizar a interpretação dos órgãos especializados do Tribunal – ao julgar os Embargos de Divergência EREsp. nº 1.874.222, permitiu a penhora do salário do devedor, contrariando em tese o posicionamento antes firmado pela Quarta Turma.

Já quando da decisão proferida nos Embargos de Declaração oferecidos em sede de Agravo Interno no REsp. nº 1.874.222/DF, o voto do Relator, Ministro Raul Araújo, apresentou entendimento que revela nítida flexibilização do princípio do favorecimento do devedor, como é de ver-se do trecho abaixo transcrito:

[...] Assim, conforme consignado na decisão agravada, no caderno processual, verifica-se que o ora agravante busca a penhora de 30% dos rendimentos brutos, aproximadamente em torno de R$8.500,00, recebidos pelo devedor a título de remuneração salarial, para quitação de débito estimado em R$110.000,00 oriundo da execução de cheques. De fato, a jurisprudência desta Corte Superior firmou-se no sentido de que a regra geral da impenhorabilidade dos vencimentos, dos subsídios, dos soldos, dos salários, das remunerações, dos proventos de aposentadoria, das pensões, dos pecúlios e dos montepios, bem como das quantias recebidas por liberalidade de terceiro e destinadas ao sustento do devedor e de sua família, dos ganhos de trabalhador autônomo e dos honorários de profissional liberal, poderá ser excepcionada, nos termos do art. 833, IV, c/c o §2°, do CPC/2015, quando se voltar: I) para o pagamento de prestação alimentícia, de qualquer origem, independentemente do valor da verba remuneratória recebida; e II) para o pagamento de qualquer outra dívida não alimentar, quando os valores recebidos pelo executado forem superiores a 50 salários mínimos mensais, ressalvando-se eventuais particularidades do caso concreto. Porém, em ambas as situações acima citadas, deverá ser preservado percentual capaz de dar guarida à dignidade do devedor e de sua família. [...] (EDcl no AgInt no REsp. 1.874.222-DF. Rel. Min. Raul Araújo. Julgado em 15.02.22).

Embora não conste ainda na Jurisprudência do portal do Superior Tribunal de Justiça, a íntegra da decisão da Corte Especial nos Embargos de Divergência, a notícia foi veiculada pelo *site* de notícias jurídicas *Jota*, uma das mais respeitadas plataformas de conteúdo jurídico.[21]

Tal decisão, prolatada pela maioria dos Ministros, teria confirmado a flexibilização da regra que proíbe a penhora do salário do devedor. O entendimento prevalecente teria sido o de que a medida pode ser determinada em caráter excepcional "desde que preservada a dignidade do devedor".

Conforme determinação do art. 833, IV, do Código de Processo Civil, o salário e outras categorias de sustento do trabalhador são impenhoráveis, não podendo ser usados para o cumprimento de qualquer obrigação. Duas são as exceções previstas no e §2º do mesmo art. 833 e tal proteção não se aplica nos casos de pensão alimentícia ou quando a remuneração do devedor superar o limite de 50 salários-mínimos mensais.

A recente decisão do STJ – julgamento em 19 de abril de 2023 – parece ter permitido que devedores que ganham bem menos do que 50 salários-mínimos venham a ter seus salários penhorados. O caso

---

[21] GUIMARÃES, Arthur. Justiça penhora salário de devedor: entenda os impactos da decisão do STJ. *Jota*, 4 maio 2023. Disponível em: https://www.jota.info/justica-penhora-salario-devedor-entenda-impactos-decisao-stj-04052023?utm_campaign=jota_info__mais_lidas_da_semana_-_06052023. Acesso em: 8 maio 2023.

enfrentado é fundado em dívida com origem em cheques, no valor aproximado de R$110.000,00. O credor teria requerido a penhora de 30% do salário do devedor, cujo valor girava em torno de R$8.500,00. O fundamento seria a existência de precedentes do Tribunal acerca da possibilidade de penhora nas situações em que restasse garantida a dignidade do devedor.

A tese foi acolhida pelo Relator do recurso, Ministro João Otávio de Noronha. Para ele, ainda conforme a veiculação do Portal de Notícias *Jota*, "é possível a relativização da impenhorabilidade, cabendo ao julgador pesar os direitos tanto do devedor quanto do credor e dar a solução 'mais adequada a cada caso, em contraponto a uma aplicação rígida, linear e inflexível do conceito de impenhorabilidade'".[22] Frisou ainda o Relator que "A fixação desse limite de 50 salários mínimos merece críticas, na medida em que se mostra muito destoante da realidade brasileira, tornando o dispositivo praticamente inócuo, além de não traduzir o verdadeiro escopo da impenhorabilidade, que é a manutenção de uma reserva digna para o sustento do devedor e de sua família".

Ressalvou o Ministro que a penhora só deveria ser aplicada "quando restarem inviabilizados outros meios executórios que garantam a efetividade da execução", e desde que "avaliado concretamente o impacto da constrição sobre os rendimentos do executado".

O STJ já havia flexibilizado a regra da impenhorabilidade do salário, ainda quando o CPC não havia estabelecido o teto de 50 salários-mínimos. A aludida decisão, porém, faz valer a relativização da norma mesmo após o limite estabelecido pelo legislador.

Entrevistado pelo Portal *Jota*, o juiz e Professor Fernando Gajardoni, da USP de Ribeirão Preto, asseverou que, conforme o posicionamento do Tribunal, se a remuneração do devedor for menor do que 50 salários-mínimos caberá ao julgador a avaliação sobre se é ou não o caso de penhora. E se no caso concreto, o juiz verificar que a pessoa não precisa de 40, 30 ou 20 salários-mínimos para viver, mas apenas de 10, o restante poderia ser penhorado. Afirmou também Gajardoni que o ideal teria sido o legislador estabelecer um critério objetivo palpável, porém diante da "falta de realidade do legislador",

---

[22] GUIMARÃES, Arthur. Justiça penhora salário de devedor: entenda os impactos da decisão do STJ. *Jota*, 4 maio 2023. Disponível em: https://www.jota.info/justicia/penhora-salario-devedor-entenda-impactos-decisao-stj-04052023?utm_campaign=jota_info__mais_lidas_da_semana_-_06052023. Acesso em: 8 maio 2023.

o STJ teria sido obrigado a proferir tal decisão, que ele classificou como "interpretação proativa".[23]

Para além das regras gerais da hermenêutica jurídica, é consabido que a interpretação da norma deve ser levada a efeito de modo sistemático. Não se deve interpretar um dispositivo legal como o §2º do art. 833 de maneira isolada, sem uma análise das normas do sistema como um todo, em especial as de cunho constitucional. Evocar a dignidade da pessoa do credor no caso em análise parece um argumento retórico que não encontra eco no sistema como um todo, nitidamente voltado à justiça social, inclusive e principalmente no que diz respeito à ordem econômica.

De fato, o art. 170 da Constituição, que estabelece os princípios gerais da atividade econômica, lança suas luzes sobre a construção de uma ordem econômica formada e desenvolvida sob os ditames da justiça social. O legislador infraconstitucional, por sua vez, no art. 833 do CPC, proibiu a penhora do salário e ofereceu exceções que não devem, por óbvio, ser tornadas regras a serem flexibilizadas ao arbítrio do julgador.

A propósito da "interpretação proativa", interessante perceber que os críticos do chamado "ativismo judicial" promovem a distinção entre ambas as expressões condenando este último à categoria de teratologia processual, onde em flagrante inconstitucionalidade o juiz extrapola sua esfera de atuação, acabando por legislar no caso concreto, cometendo usurpação da função legislativa. Já a interpretação proativa seria um dever do juiz com vistas a primar pelo bom andamento do processo, pelo respeito aos direitos fundamentais das partes, garantindo o contraditório, a ampla defesa, a duração razoável do processo, a boa-fé processual, a eficiência, entre outros.[24] A interpretação proativa seria, então, a possibilidade de o magistrado atuar de forma dinâmica no processo.

A negativa de vigência de dispositivo de lei federal, realizada no âmbito de uma interpretação assistemática, parece fugir aos propósitos delineados a uma interpretação proativa.

---

[23] GUIMARÃES, Arthur. Justiça penhora salário de devedor: entenda os impactos da decisão do STJ. *Jota*, 4 maio 2023. Disponível em: https://www.jota.info/justica-penhora-salario-devedor-entenda-impactos-decisao-stj-04052023?utm_campaign=jota_info__mais_lidas_da_semana_-_06052023. Acesso em: 8 maio 2023.

[24] OLIVEIRA, Theodoro Luís Mallmann. Ativismo jurídico ou interpretação proativa? O perigo do juiz legislar no caso concreto. *JusBrasil*, 2018. Disponível em: https://www.jusbrasil.com.br/artigos/ativismo-juridico-ou-interpretacao-proativa-o-perigo-do-juiz-legislar-no-caso-concreto/590406644#:~:text=A%20interpreta%C3%A7%C3%A3o%20jur%C3%ADdica%20proativa%20%C3%A9,processual%2C%20efici%C3%AAncia%2C%20entre%20outros. Acesso em: 3 maio 2023.

Passados quase vinte e cinco anos de judicatura no Superior Tribunal de Justiça, entre a decisão proferida no HC e nesta última prolatada nos Embargos de Divergência, percebe-se uma disparidade na aplicação do princípio do favorecimento do devedor.

E mais do que uma simples mudança de posicionamento, o que vem à tona, ao menos nos dois casos aqui versados, considerando se tratar o STJ de uma Corte que deve tentar uniformizar a interpretação da legislação infraconstitucional, é a necessidade de cuidadosa fundamentação lógica nos julgados e o comprometimento irrefutável com os valores e princípios constitucionais como norte dessa interpretação.

Ainda que surjam novas leis refletindo os anseios de algumas categorias que defendem a liberdade econômica ou uma ordem econômica com menor participação do Estado, o fundamental é que as normas sejam interpretadas em permanente interlocução com o sistema do qual fazem parte.

Esse talvez seja o grande desafio do jurista contemporâneo, em geral envolto em uma multiplicidade de fontes de direito dada a complexidade do ordenamento. No direito civil constitucional, a unidade do sistema é obtida através da força normativa dada às normas constitucionais, que com o advento do constitucionalismo da terceira etapa do Estado moderno, o Estado social, abandonaram sua natureza meramente programática. Da mesma forma, a unidade se dá por intermédio de uma interpretação que consegue ultrapassar o mero formalismo, alcançando e extraindo da Constituição os seus valores fundamentais e os fins a serem aplicados. Elevam-se ao plano constitucional as normas do direito civil, que na Constituição vão buscar seus fundamentos de validade. Daí a primazia da pessoa, norte e vértice da legalidade constitucional e a necessidade de concretização do *favor debitoris*.

Conclusão

Muito há ainda por discutir quanto à necessidade de equilíbrio de forças nas relações de direito privado, porém algumas premissas podem ser estabelecidas nessa busca. As inquietações e reflexões aqui lançadas permitem a apreensão de que o *favor debitoris*, mais do que um princípio de direito processual, é um princípio de direito material. Sim, porque seu fundamental objetivo é o equilíbrio da relação jurídica obrigacional.

Ricardo Lorenzetti defende a ideia do surgimento de contratos em que uma das partes se faz presente como membro de uma categoria de sujeitos, como é o caso dos trabalhadores. Nesta circunstância, a parte mais débil da relação jurídica é credora e não devedora. O trabalhador é credor do seu salário que será pago pelo empregador, na hipótese o devedor. A necessidade de proteger essas categorias de contratantes teria feito nascer um novo *favor*, um novo princípio tutelar apto a promover o equilíbrio da relação: o *favor debilis*. Para Lorenzetti, este seria a evolução do princípio do *favor debitoris* com vistas a exercer a proteção de grupos de contratantes especiais, como os trabalhadores, os locatários e também os consumidores. Explica o autor argentino que a sociedade moderna apresentou muitos devedores fortes e credores débeis. A mudança subjetiva do *favor debitoris* teria iniciado com os contratos de trabalho, se estendendo mais tarde para outros pactos com credores nas mesmas condições. O *favor debitoris* evoluíra então para o *favor debilis*, como uma maneira de adequar aquele princípio às novas demandas.[25]

Necessário mesmo é destacar que, apesar de as vicissitudes históricas terem ampliado a proteção ao contratante vulnerável para situações antes não conhecidas, a visão contemporânea da relação obrigacional, onde a posição de credor e devedor oscila em uma ordem de cooperação tal como preconizado nos estudos de Clóvis do Couto e Silva, permite concluir pela atualidade do *favor debitoris* como princípio, apresentando-se o *favor debilis* como uma de suas vertentes.

A jurisprudência do Superior Tribunal de Justiça tem importância indiscutível e papel definitivo na interpretação das normas infraconstitucionais. Os debates são igualmente imprescindíveis no ambiente democrático do Estado de Direito. Sem eles o sistema permaneceria estático, o que difere de perene. Perene é qualidade do que é contínuo, permanente. O sistema jurídico deve ser perene, porém dinâmico e não infenso a mudanças. Estas, por sua vez, precisam refletir os anseios da sociedade. E se é na fundamentação das decisões judiciais que reside a segurança jurídica, o raciocínio desenvolvido pelo julgador necessita se ambientar nas normas fundamentais do sistema e delas se espraiar. Não o contrário.

A metodologia civil constitucional vem contribuindo para a interação do direito privado com as mudanças sociais. A interpretação das normas de direito privado de acordo com as regras e princípios

---

[25] LORENZETTI, Ricardo. *Consumidores*. Santa Fe: Rubinzal-Culzoni, 2009, p. 15.

insculpidos na Constituição reforça e chancela o projeto constitucional que tem por fundamentos, entre outros, a dignidade da pessoa humana e os valores sociais do trabalho e da livre iniciativa, e possibilita o alcance dos objetivos nele estabelecidos, dentre os quais a construção de uma sociedade pautada na liberdade, na justiça e na solidariedade onde a pobreza seja erradicada e as desigualdades sociais reduzidas.

Essas foram as lições que os autores desta obra coletiva aprenderam com o mestre Paulo Lôbo, que ora se homenageia. O fio condutor das relações jurídicas de direito privado parte da Constituição e a ela retorna. Nenhum desprestígio sofre com tal linha de raciocínio o direito civil. Pelo contrário, ele se eleva à medida que suas normas, buscando validade na Constituição, incidem nas relações jurídicas, que ao final são relações entre pessoas, estas o centro do ordenamento e as protagonistas de um direito com cada vez menos privilégios e mais igualdade material.

Referências

ALVES, José Carlos Moreira. As normas de proteção ao devedor e o *favor debitoris* – do direito romano ao direito latino-americano. *Revista Trimestral de Jurisprudência dos Estados*, São Paulo, v. 15, n. 92, p. 9-61, set. 1991.

ANDRADE, Gustavo Henrique Baptista. *A vulnerabilidade e sua repercussão no superendividamento do consumidor*. 2014. 214 f. Tese (Doutorado em Direito) – Programa de Pós-Graduação em Direito da UFPE, Recife, 2015.

GUIMARÃES, Arthur. Justiça penhora salário de devedor: entenda os impactos da decisão do STJ. *Jota*, 4 maio 2023. Disponível em: https://www.jota.info/justica/penhora-salario-devedor-entenda-impactos-decisao-stj-04052023?utm_campaign=jota_info__mais_lidas_da_semana_-_06052023. Acesso em: 8 maio 2023.

LÔBO, Paulo. *Direito civil*: parte geral. São Paulo: Saraiva, 2009.

LÔBO, Paulo. *Direito civil*: obrigações. São Paulo: Saraiva, 2011.

LÔBO, Paulo. *Direito civil*: obrigações. São Paulo: Saraiva, 2021.

LORENZETTI, Ricardo. *Consumidores*. Santa Fe: Rubinzal-Culzoni, 2009.

PERLINGIERI, Pietro. *Perfis do direito civil*. Rio de Janeiro: Renovar, 2002.

MARQUES, Cláudia Lima. *Contratos no Código de Defesa do Consumidor*. São Paulo: Revista dos Tribunais, 2011.

MARQUES, Cláudia Lima; MIRAGEM, Bruno. *O novo direito privado e a proteção dos vulneráveis*. São Paulo: Revista dos Tribunais, 2012.

MOTA, Maurício Jorge Pereira de. A proteção do devedor decorrente do *favor debitoris* como princípio geral do direito das obrigações no ordenamento jurídico brasileiro. *Revista da Faculdade de Direito de Campos*, Campos dos Goitacazes, v. 7, n. 9, p. 297-377, jul./dez., 2006.

OLIVEIRA, Theodoro Luís Mallmann. Ativismo jurídico ou interpretação proativa? O perigo do juiz legislar no caso concreto. *JusBrasil*, 2018. Disponível em: https://www.jusbrasil.com.br/artigos/ativismo-juridico-ou-interpretacao-proativa-o-perigo-do-juiz-legislar-no-caso-concreto/590406644#:~:text=A%20interpreta%C3%A7%C3%A3o%20jur%C3%ADdica%20proativa%20%C3%A9,processual%2C%20efici%C3%AAncia%2C%20entre%20outros. Acesso em: 3 maio 2023.

SUPERIOR TRIBUNAL DE JUSTIÇA (STJ). *HC 12547-DF*. j. 01.06.2000. Brasília: RSTJ, v. 148, p. 387. Disponível em www.stj.jus.br. Acesso em: 21 abr. 2023.

Informação bibliográfica deste texto, conforme a NBR 6023:2018 da Associação Brasileira de Normas Técnicas (ABNT):

ANDRADE, Gustavo Henrique Baptista. O direito das obrigações na legalidade constitucional e o favorecimento do devedor. *In*: EHRHARDT JÚNIOR, Marcos; LÔBO, Fabíola (Coord.). *Constitucionalização das relações privadas*: fundamentos de interpretação do direito privado brasileiro. Belo Horizonte: Fórum, 2023. p. 239-260. ISBN 978-65-5518-564-5.

DELINEAMENTOS CONCERNENTES À MODULAÇÃO DO CONTEÚDO DA APLICAÇÃO DA BOA-FÉ OBJETIVA AOS CONTRATOS

GERALDO FRAZÃO DE AQUINO JÚNIOR

A sistematização da boa-fé objetiva, de forma que seu conteúdo traduza um conjunto limitado de situações, implica a reconstrução do instituto sem se utilizar de modelações linguísticas muitas vezes inócuas ou apenas referências genéricas ou pontuais, que não se atêm, em profundidade, à sua concepção juspositiva. É verdade que seu amplo espectro axiológico levanta questionamentos atinentes à sua operabilidade no direito, em especial no que se refere a seu papel integrativo no sistema jurídico.

Esse manto axiológico que, muitas vezes, desemboca em concepções metajurídicas da boa-fé, sobre as quais se discorrerá mais adiante, faz com que a boa-fé acabe sendo o abrigo para a proteção contra todas as formas de exercício inadmissível de posições jurídicas, quando, na verdade, deveria ser invocada apenas quando uma dessas posições não se enquadrasse no caso concreto. Essa superutilização da boa-fé objetiva faz com que sejam olvidados princípios outros, espraiados no ordenamento, que se harmonizam com maior perfeição ao centro gravitacional do caso em análise, cuja correta utilização evita o esvaziamento e a hipertrofia da cláusula geral em prol do emprego mais rigoroso dos institutos jurídicos postos à disposição do intérprete.

Nessa linha, os limites da boa-fé objetiva conformam-se no próprio ordenamento jurídico, uma vez que outros princípios restringem o campo de atuação da boa-fé.

A boa-fé deve circunscrever-se a espaço mais preciso em virtude da autonomia que ganharam as diversas noções e conceitos jurídicos que com ela se aproximam ou em que se apoiam. Por possuírem regras específicas, não há necessidade de apelar-se constantemente à boa-fé, evitando-se, dessa forma, sua mitificação e sua utilização exacerbada. No campo material, o recorrente recurso à boa-fé transforma-a em veículo vazio de conteúdo, acarretando, no caso concreto, sua aproximação a conceitos como equidade, ética, moral ou direito natural, que dificultam sua apreensão no âmbito dogmático.

Igualmente relevante torna-se a compreensão dos princípios, dos conceitos jurídicos indeterminados e das cláusulas gerais para o exercício, pelo magistrado, do controle de conteúdo dos contratos, dando-lhes o escopo e o alcance devidos. Em especial, a boa-fé, posta sob cláusula geral, conceito jurídico indeterminado ou princípio, indica um limite imanente do poder de conformação contratual e opera como fundamento autorizador do controle de conteúdo das disposições avençadas. Se, ao analisar o conteúdo do contrato, verificar o juiz que se trata de ajuste manifestamente iníquo, privilegiando uma parte em detrimento da outra, caberá a intervenção na economia contratual para compensar o desequilíbrio e regular o poder de negociação. Utilizar-se da boa-fé objetiva para atingir esse fim significa, também, delimitar seu próprio alcance, a partir de parâmetros que não a deixem com conteúdo vazio ou demasiadamente alargado.

Assim, associar a boa-fé a conceitos metajurídicos corresponde a desconectá-la de suas manifestações concretas, dando-lhe cunho de generalizações abstratas. Nessa linha, a boa-fé é muitas vezes remetida à ética. Essa remissão carreia para a boa-fé a característica de vagueza e conduzem a uma indiferenciação com outras cláusulas. Se se retrocede a Aristóteles, por exemplo, essa remissão conduziria à busca do bem e do correto que forneçam ao homem a orientação prática para o bem viver.[1] Os princípios da ética podem ser descobertos e observados mediante o estudo da natureza essencial do homem e alcançados em seu comportamento cotidiano. As ideias sobre o certo e o errado estariam na própria natureza das coisas. Apenas por meio da educação ética, ou seja, da criação do hábito do comportamento ético com a prática diuturna,

---

[1] ARISTÓTELES. *Ética a Nicômaco*. São Paulo: Martin Claret, 2006, p. 103-127.

do que é deliberado pela reta razão à esfera das ações humanas, pode-se construir um comportamento virtuoso, ou seja, um comportamento justo. A ética da virtude exige o desenvolvimento de hábitos de bem pensar, de saber escolher e de comportar-se adequadamente. Assim, para viver em sociedade, ao homem deve-lhe ser inculcada a virtude. O afastamento da boa-fé da ética dá-se por meio da prática jurisprudencial: uma vez atuando na solução real de casos concretos, apreende-se que o que está em jogo é um fenômeno jurídico e não da consciência.

Associa-se, também, a boa-fé à moral. Enquanto a moral se fundamenta na obediência a costumes e hábitos recebidos, a ética, ao contrário, busca fundamentar as ações morais exclusivamente pela razão.[2] O ser humano só pode praticar uma ação moral devido à capacidade de escolher, e não por instinto, uma vez que a escolha moral agrega o desejo de fazer a coisa certa ao raciocínio sobre tal desiderato. "A moral humana, portanto, é essencialmente ligada à estrutura das escolhas morais, e isso, por sua vez, implica responsabilidade humana".[3]

É notório que a diferença fundamental entre o direito e a moral reside na sanção aplicada pelo direito quando uma norma é descumprida. As regras do direito, por terem caráter obrigatório, impostas pelos poderes competentes de uma sociedade, dão origem a sanções quando são descumpridas, de forma a coagir os homens e a reprimir novos atos da mesma natureza. Por seu turno, as regras da moral, quando descumpridas, ensejam sentimentos de natureza íntima em cada indivíduo, ou seja, arrependimento, vergonha, censura pessoal ou social, mas não possuem o condão de gerar sanções aplicáveis pelo poder público. O direito transcende esse tipo de consciência, daí porque não pode haver uma remissão da boa-fé à moral. Apesar dessa diferença, as normas da moral e do direito se interceptam em variadas situações, não se recusando os influxos que a moral exerce sobre o direito, mesmo que cada qual mantenha seu leque de atuação abrangendo áreas não comuns às duas disciplinas. Ambas possuem existência social e tomam como referência a pessoa, visando alcançar o objetivo do bem comum da sociedade. Historicamente, inclusive, a moral exerceu importante papel na formulação de regras positivas indispensáveis para a formação das primeiras sociedades. Entretanto, apelar-se à moral como meio de legitimar ou de promover o direito corresponde à tentativa de encontrar,

---

[2] MORRISON, Wayne. *Filosofia do direito:* dos Gregos ao Pós-Modernismo. São Paulo: Martins Fontes, 2006, p. 55.
[3] MORRISON, Wayne. *Filosofia do direito:* dos Gregos ao Pós-Modernismo. São Paulo: Martins Fontes, 2006, p. 55.

fora do sistema jurídico, referências e instâncias que deem validade a suas normas, o que descaracterizaria o direito como ciência.

O direito exprime regras dogmaticamente elaboradas aplicáveis a litígios sociais e dotadas de positividade, característica negada à moral. Esta valora a conduta humana, mas falta-lhe a positividade jurídica que lhe propicie a capacidade de atuação cogente na sociedade. A esse respeito, na evolução histórica da boa-fé, permite-se vislumbrar que suas manifestações sempre estiveram associadas à fenomenologia jurídica e não a remissões de ordem moral.

Como expressão da *bona fides* no direito romano, consistia em expediente técnico destinado a fundamentar as decisões pretorianas e, em sua difusão horizontal, no domínio possessório, calcada na crença psicológica de estar atuando em regularidade, não há nada relativo à moral envolvido na questão da usucapião. Posteriormente, com sua diluição, funde-se com a *aequitas*, que possui o sentido de justiça concreta, princípio abstrato de justiça e norteador da atividade judicial. Tal alargamento de concepções, entretanto, não acarretou a eticização do conceito de boa-fé: o direito não foi ocupado por considerações morais, situação que se manteve até sua consagração pelo direito canônico, que ressaltou sua vertente subjetiva, sem retirá-la, todavia, do âmbito restrito das formulações jurídicas. O direito germânico, por seu turno, pôs em relevo a tutela da confiança, e a concepção jusracionalista engendrou direcionar a boa-fé para servir de elemento de reforço ao direito contratual e à razão humana. Em ambos os casos, as concepções estão dissociadas da moral.

Essa mesma realidade mantém-se nas codificações (na francesa, releva-se o elemento subjetivo e, na alemã, o objetivo). Nem a boa-fé subjetiva nem a boa-fé objetiva deixaram flancos abertos à penetração da moral. A necessidade de respeitar determinados vetores da vida social, como a tutela da confiança e a materialidade das situações subjacentes, obedece a determinações emanadas da linguagem jurídica, inserindo-se apenas no campo do direito, não da moral ou da ética, pois as aplicações da boa-fé pertencem ao domínio do juspositivismo, apoiando-se em elementos fornecidos pelo próprio direito, tendo, portanto, natureza jurídica. Por outro lado, note-se que os grandes temas morais e éticos são, hoje, também questões jurídicas: basta pensar nos valores penalmente tutelados e constitucionalmente garantidos. O direito, ao sancionar determinadas ações, termina por aperfeiçoar, em certa medida, a moral, dando-lhe o caráter de cogência. Também nesse ponto, verifica-se que, à boa-fé, deve presidir a ótica jurídica e não fatores que privilegiem elementos a ela estranhos, pois a boa-fé é fenômeno dotado de noção científica e não pode ser equiparada a concepções portadoras de vagueza em campos outros que não o do direito.

A boa-fé é comumente referida como princípio, conceito jurídico indeterminado ou cláusula geral. Justamente para evitar o recurso excessivo à boa-fé, serão tecidas algumas considerações acerca dessa nomenclatura para o aproveitamento mais profícuo de suas potencialidades, em especial no Código Civil, que se utiliza, muitas vezes, de conceitos cujos significados são imprecisos.

No conceito indeterminado, não há comunicação clara quanto ao seu conteúdo, por polissemia, vagueza, ambiguidade, porosidade ou esvaziamento:[4] polissemia quando haja multiplicidade de sentidos; vagueza quando permita uma informação de extensão larga e compreensão escassa; ambiguidade quando puder suscitar diferentes leituras; porosidade quando ocorra uma evolução semântica com todo um percurso onde o sentido do termo se deva encontrar; e esvaziamento quando falte um sentido útil.

Os conceitos indeterminados exigem do intérprete uma reflexão acerca das possibilidades exegéticas, selecionando-se aquela adequada ao caso concreto. Sua utilização depende da análise do fato em exame, de forma que os conceitos indeterminados são complementados com valorações para tornarem-se juridicamente atuantes. Essas referências valorativas não são, contudo, arbitrárias. Seus limites repousam na segurança jurídica, no controle subsequente da valoração (por um tribunal, por exemplo), no próprio limite dogmático do conceito a preencher e na finalidade que levou o ordenamento jurídico a prever a indeterminação.

As cláusulas gerais relacionam-se a previsões abstratas que não são passíveis de definição, não obstante ser possível delinear seus contornos. Não se referem a remissões extrajurídicas, mas possuem natureza previsivo-estatutiva, tendo por objetivo a regulação de comportamentos. Possuem a característica da mobilidade (abrem o sistema jurídico para a consideração de elementos extrajurídicos ou para outras disposições internas ao sistema) em virtude da imprecisão de seus termos: são dotadas de grande abertura semântica, permitindo ao juiz circunscrever, em determinada hipótese legal, um grande conjunto de casos cujas especificidades serão construídas jurisprudencialmente.

---

[4] MENEZES CORDEIRO, António Manuel da Rocha e. *Da boa-fé no direito civil*. Coimbra: Almedina, 2007, p. 1.177.

Fundamentalmente, o que caracteriza a cláusula geral, enquanto técnica legislativa, é o emprego de expressões ou termos vagos no delineamento da *fattispecie* ou a conferência de um mandato (cujo significado pode ser semanticamente impreciso) ao juiz para que concretize as consequências normativas visadas.[5] Por seu turno, o traço individualizador do princípio é consubstanciar uma norma considerada pelo legislador, pela doutrina e pela jurisprudência como fundamento de um conjunto de outras normas e, por isso, os princípios são estruturantes do ordenamento jurídico. Os princípios jurídicos apontam diretrizes que exprimem o caráter racional do ordenamento. As cláusulas gerais não são princípios, embora possam contê-los em seu enunciado, ou permitam sua formulação. Se uma norma contiver um princípio, reenviando ao valor que este exprime, como ocorre com o §242, do BGB, pode-se dizer que esta norma é, simultaneamente, princípio e cláusula geral.[6] A cláusula geral ora pode ser apresentada como sinônimo de princípio, ora com significado mais limitado, representativo de valores cujo conteúdo se concretiza na aplicação da norma que a contém.[7]

No caso dos conceitos jurídicos indeterminados, estes integram a descrição do fato em exame, exaurindo-se a liberdade do aplicador na fixação da premissa e subsumindo-se o fato à norma, sem atividade criadora do direito, mas tão somente interpretação. Nesse caso, como simples enunciação abstrata, o julgador, após efetuar o preenchimento valorativo, já estará apto a julgar de acordo com a consequência previamente estipulada em texto legal. Na cláusula geral, exige-se a concorrência do magistrado para a formulação da norma, devendo averiguar os efeitos incidentes no caso concreto e sua graduação, tendo em conta as soluções propostas pelo próprio sistema. Ou seja, além de preencher o vácuo que corresponde a uma abstração no conteúdo da norma, o juiz deve também fixar a consequência jurídica correlata. Nessa linha, por exemplo, a boa-fé enunciada no art. 51, IV, do CDC, corresponde a um conceito jurídico indeterminado e a do art. 422, do Código Civil, retrata uma cláusula geral de execução contratual. O que distingue a expressão boa-fé, como princípio, cláusula geral ou conceito jurídico indeterminado, é a função por ela exercida no sistema jurídico, daí decorrendo a aplicabilidade a ser concretizada pelo julgador, seja

---

[5] MARTINS-COSTA, Judith. *A boa-fé no direito privado*. São Paulo: Revista dos Tribunais, 2000, p. 306.

[6] Para uma análise aprofundada da questão, remeta-se a MARTINS-COSTA, Judith. *A boa-fé no direito privado*. São Paulo: Revista dos Tribunais, 2000, p. 273-377.

[7] LÔBO, Paulo Luiz Neto. *Teoria Geral das Obrigações*. São Paulo: Saraiva, 2005, p. 78.

utilizando-se da interpretação, seja construindo a solução que o caso requer.

A articulação da boa-fé objetiva com os instrumentos acima descritos deixa transparecer a necessidade de complementação material de seu conteúdo. Como conceito indeterminado, dada a vagueza a ele intrínseca, cabe ao direito decidir seu conteúdo, completando-o com uma série de elementos que lhe deem sentido. Mesmo sendo conceito jurídico indeterminado, a boa-fé objetiva integra a linguagem jurídica e é conceito normativo a ser considerado pelo magistrado como ordenador de comportamentos em uma relação jurídica. Sua concretização judicial implica, de um lado, larga margem de discricionariedade por parte do julgador (cujo escopo será analisado no tópico seguinte), que será evidentemente diminuída à medida que a repetição dos julgados indique pontos de referência que conduzam à complementação do conteúdo da boa-fé objetiva.

Como cláusula geral, a boa-fé objetiva apresenta-se, no Código Civil, nos artigos 113, 187 e 422, ora complementando, ora restringindo, ora regulando o complexo normativo relativo ao domínio obrigacional, abarcando os três tipos de cláusulas antes apontados. Sua intervenção é suscitada em diversas hipóteses, não sendo possível uma formulação genérica de situações típicas. Como já ressaltado, a repetição de julgados permite, também no caso das cláusulas gerais, o estudo das estruturas de decisão que levaram à sua utilização, possibilitando a marcação de valores e pontos de referência capazes de indicar um direcionamento na concretização da boa-fé objetiva.

Nesse novo paradigma, a incompletude deve ser paulatinamente completada pelos seus destinatários utilizando-se da experiência cotidiana para, a partir do recurso a esses instrumentos mais maleáveis, permitir a clarificação dogmática da boa-fé objetiva. Nessa linha, há que se pesquisar o sentido material da boa-fé para delimitar e modular seu conteúdo, buscando os valores aptos a preencher sua indeterminação. Para tal, serão, inicialmente, buscados os conceitos conexos ou próximos ao conceito de boa-fé para justamente apartá-los e obter-se uma primeira ordenação da boa-fé no sistema jurídico, tendo em vista sua redução dogmática. Entre esses conceitos, sobressaem a equidade, os bons costumes, a ordem pública, a culpa, a diligência e a função social e econômica dos direitos.[8]

---

[8] MENEZES CORDEIRO, António Manuel da Rocha e. *Da boa-fé no direito civil*. Coimbra: Almedina, 2007, p. 1.197.

Tanto a noção da *aequitas* como a da *bona fides* chegaram ao *Corpus Iuris Civilis* em sua versão diluída, sofrendo, ainda, influência do direito canônico, que aproximou as duas figuras. A separação não foi conseguida pelos códigos jusracionalistas, principalmente em função da vagueza de seus conteúdos, que mais as associavam do que as afastavam.

A equidade faz apelo à justiça do caso concreto para fundamentar decisões que prescindem do direito estrito, permitindo a correção de injustiças acarretadas pela natureza rígida das regras jurídicas abstratas. Dessa forma, seu conteúdo estaria vinculado à ideia de justiça, remetendo o julgador para a realidade do caso concreto. Em termos do direito vigente, o Código Civil não faz alusão direta ao vocábulo equidade, mas utiliza-se dos termos "equitativamente" e "equitativa" para a ele referir-se nos arts. 413; 479; 738, parágrafo único; 928, parágrafo único; 944, parágrafo único; e 953, parágrafo único. O Código de Processo Civil autoriza o juiz a decidir por equidade nos casos previstos em lei (art. 140, parágrafo único) e o Código de Defesa do Consumidor dispõe que os direitos nele previstos não excluem outros decorrentes de tratados ou convenções internacionais de que o Brasil seja signatário, da legislação interna ordinária, de regulamentos expedidos pelas autoridades administrativas competentes, bem como dos que derivem dos princípios gerais do direito, analogia, costumes e equidade (art. 7º). O CDC também considera nulas as cláusulas contratuais que estabeleçam obrigações consideradas iníquas, abusivas, que coloquem o consumidor em desvantagem exagerada, ou que sejam incompatíveis com a boa-fé ou com a equidade (art. 51, IV).

Essas normas configuram proposições indeterminadas e, portanto, dotadas de vagueza, que se materializam no momento da decisão do caso concreto. Nesse sentido, a equidade ocorre naquelas decisões tomadas à revelia do direito estrito, sendo admitida apenas quando haja permissão legal ou decisão das partes nesse sentido, buscando o consenso. Não obstante guardar certo espaço para o subjetivismo, as decisões por equidade devem possuir um mínimo de objetividade jussocial, considerando os valores integrantes da regulação da vida em sociedade que expressam o que é considerado justo, adequado e conveniente. Legitima-se no âmbito processual pelo arranjo acordado entre as partes para dirimir o conflito. A decisão atém-se, portanto, às características do caso, sem se prender a reflexões generalizantes, e atua sempre que o direito apresentar-se restritivo e revelarem-se, no caso concreto, características que invoquem considerações de valores que permeiam o ambiente social. Daí porque não há que se confundir equidade com boa-fé. A decisão fundamentada nesta última ampara-se no direito estrito, sendo suscetível de controle dogmático. Os argumentos juspositivos calcados na boa-fé são consagrados pela autoridade que o ordenamento lhes imputa, sendo sujeita às regras técnicas que formam o arcabouço jurídico, aspectos que escapam à equidade. Esta é objeto de aplicação apenas em determinados setores e em certas situações, seguindo um modelo diferente do engendrado pela aplicação da boa-fé.

No que concerne aos bons costumes, seus antecedentes históricos não se aproximam dos da boa-fé, mas originam-se dos *boni mores* romanos, havendo nos *Digesta* diversas referências a ocorrências típicas tidas por *contra boni mores*. Seu controle era confiado ao censor, marcando o espaço delimitado entre as normas morais, que os integravam, e as regras jurídicas, que eram de responsabilidade do pretor. É neste último sentido que se situa o âmbito da boa-fé. Com a codificação, os bons costumes, assim como a ordem pública, adentram nos textos normativos. No âmbito do Código Civil brasileiro, os bons costumes são referidos em cinco dispositivos (arts. 13; 122; 187; 1.336, IV; e 1.638, III). A ordem pública também está aludida em cinco dispositivos (arts. 20; 122; 606, parágrafo único; 1.125; e 2.035, parágrafo único). O art. 1º do CDC estatui que o código estabelece normas de proteção e de defesa do consumidor, de ordem pública e de interesse social.

Definir ordem pública e bons costumes não é tarefa fácil, pois não há critério rígido que marque com precisão sua delimitação. Ao revés, flutuam em zonas que, no mais das vezes, intercomunicam-se, pois suas fronteiras não são nítidas. Aferem-se pela mentalidade e sensibilidade médias predominantes em certa época no seio de determinada sociedade e, por isso, são variáveis no tempo e no espaço. Condizem com a ordem pública, por exemplo, as normas que tratam da organização da família, as que protegem os menores, as que estabelecem a ordem de vocação hereditária e a sucessão testamentária, as que organizam política e administrativamente o Estado, os preceitos fundamentais do direito trabalhista, assim como aqueles princípios que o legislador alça à condição de cânone basilar da estrutura social, política e econômica do ordenamento. Visam à garantia do império de determinadas regras jurídicas, impedindo que sua observância seja derrogada por convenção entre as partes.

Os bons costumes, por seu turno, dizem respeito às condições de moralidade social, aí incluídas a moral sexual, a liberdade de culto e o respeito à pessoa humana. São caracteres que se referem a particularidades espaço-temporais e, como tal, são sujeitas a variações em função da época e do lugar.

Do exposto, constatam-se diferenças de fundo entre boa-fé, bons costumes e ordem pública. Enquanto a boa-fé prescreve condutas, intervindo em certas relações, os bons costumes e a ordem pública vedam determinados comportamentos e concretizam-se sem a necessidade da presença de um particular em um dos vértices da relação. Além disso, a boa-fé e os bons costumes possuem origem e evolução distintas, com focos valorativos e sentidos jusculturais diversos, cada qual com conteúdos próprios e inconfundíveis. A ordem pública, por seu turno, abrange regras que não correspondem à boa-fé. Esta normalmente implica regulações supletivas, que não se coadunam com a cogência inerente à ordem pública, embora o conteúdo materialmente heterogêneo desta última possa englobar regras ínsitas à boa-fé. Como já ressaltado, há zonas de sobreposição entre os conceitos, embora mantenham perspectivas próprias.

No tocante à culpa, esta traduz o desvalor ou a reprovação cominada pelo direito em razão de certos comportamentos que transgridam as normas jurídicas. Caracteriza-se pela violação ou pela inobservância de uma regra, produzindo dano a outrem, por negligência, imprudência ou imperícia, ou seja, em razão da falta de cuidado objetivo. Constitui um dos pressupostos da responsabilidade civil. Representa a falta de diligência na observância da norma de conduta, isto é, o desprezo, por parte do agente, do esforço necessário para observá-la, com resultado, não objetivado, mas previsível, desde que o agente se detivesse na consideração das consequências eventuais da sua atitude.[9] Aguiar Dias a associa à moral nos seguintes termos: "A culpa, elemento moral gerador da infração, tem sua noção inapelavelmente jungida ao requisito moral".[10] Anderson Schreiber[11] observa, atualmente, uma nítida objetivação das hipóteses de responsabilidade com culpa presumida, assim como uma tendência em tomar a culpa em sentido objetivo, como desconformidade a um padrão geral e abstrato de comportamento, o que implica o divórcio entre a culpa e sua tradição moral. O agente não é mais considerado culpado por ter agido de forma reprovável no sentido moral, mas por ter deixado de empregar a diligência social média, de modo que o comportamento do agente não é mais avaliado em relação ao que dele se deveria esperar, mas do que se espera do *bonus pater familias*.

---

[9] AGUIAR DIAS, José de. *Da responsabilidade civil*. Rio de Janeiro: Renovar, 2006, p. 149.
[10] AGUIAR DIAS, José de. *Da responsabilidade civil*. Rio de Janeiro: Renovar, 2006, p. 148.
[11] SCHREIBER, Anderson. *Novos paradigmas da responsabilidade civil*: da erosão dos filtros da reparação à diluição dos danos. 5. ed. São Paulo: Atlas, 2013, p. 32-38.

Sempre que sejam violadas regras de conduta derivadas da boa-fé e haja, nesses casos, eventual dever de indenização, aflora a questão da culpa. Os deveres de cuidado advindos da boa-fé objetiva constituem uma obrigação legal específica, enquanto os deveres de cuidado protegidos por normas que previnam danos involuntários emanam de uma obrigação genérica, que remete para o padrão do *bonus pater familias*. No caso da boa-fé subjetiva, que traduz um estado de ignorância desculpável no sentido de que o sujeito, tendo cumprido com os deveres de cuidado impostos pelo caso, ignora determinadas eventualidades, sua ausência, portanto a má-fé implica traços comuns com a culpa, apesar de não serem, evidentemente, idênticas. A culpa tem por escopo tornar possível a imputação delitual de um dano, de modo a fazer funcionar os mecanismos da responsabilidade civil, enquanto a má-fé opera no âmbito da proteção da confiança, sem recorrer à engrenagem relativa ao dever de indenizar. Pode ocorrer o concurso das duas figuras, má-fé e culpa, e, desde que reunidos os pressupostos da responsabilização, acarretar a obrigação de reparar o dano causado no caso concreto. Em outras palavras, a má-fé não requer, como pressuposto, a ocorrência de dano, não ocasionando, por isso, o dever de indenizar. Por seu turno, não há que se indagar sobre a má-fé do agente para fazer operar os mecanismos da responsabilidade civil. Em suma, a má-fé e a culpa operam em planos dogmáticos distintos, com regimes próprios e consequências autônomas, podendo ocorrer a confluência de ambos os institutos quando se concretizem as previsões correspondentes.

A diligência representa o interesse, o zelo ou o cuidado aplicado na execução de uma tarefa, que é exigida no cumprimento das obrigações contratuais, remetendo para o comportamento do bom pai de família. Está intimamente ligada à boa-fé, embora os comportamentos exigidos pela boa-fé não se exauram nesse mister. A boa-fé objetiva possui manancial muito mais vasto do que a simples diligência, operando para complementar a fonte negocial, precisando a prestação e acrescentando-lhe deveres acessórios. Apresentam-se, destarte, a boa-fé objetiva e a diligência, com conteúdos próprios, embora possam atuar conjuntamente.

No que concerne à função social e econômica, o exercício da autonomia privada condiciona-se à utilidade social que a autorregulamentação dos interesses possa representar, com vistas ao bem comum, de forma que os interesses da sociedade se sobrepõem aos do indivíduo. No conflito entre os interesses individuais e os sociais, estes devem prevalecer sobre aqueles, uma vez que a função exclusivamente individual do contrato não se coaduna com a tutela econômico-social deferida pela Constituição Federal.

Esse papel funcionalizador, na teoria contratual, pode ser exercido por meio do princípio da boa-fé objetiva, interpretando-a à luz do princípio conformador da proteção da dignidade, fundado na solidariedade e na plena realização da pessoa humana. A boa-fé objetiva, assim, atua como elemento de conexão axiológica e teleológica entre a legislação civil e a Constituição. A função social e econômica opera entre os polos formados pela autonomia privada e pelos interesses sociais, harmonizando-os e tornando o contrato um espaço de concretização da justiça, em conformidade com os princípios e os valores expressos na matriz constitucional.

A função social e econômica importa na imposição aos contratantes de deveres extracontratuais, socialmente relevantes e tutelados constitucionalmente. É informada pelos princípios constitucionais da dignidade da pessoa humana, do valor social da livre iniciativa, da igualdade substancial e da solidariedade social, impondo às partes o dever de perseguir, ao lado de seus interesses individuais, interesses extracontratuais dignos de tutela jurídica, que se relacionam com o contrato ou são por ele atingidos. Distingue-se, portanto, da boa-fé objetiva. Esta pode atuar como instrumento desse papel funcionalizador, não se confundindo com a própria função econômico-social.

Prosseguindo na análise da redução dogmática da boa-fé, cabe fazer referência às delimitações positivas levadas a cabo pelo princípio da confiança e pelo princípio da materialidade da regulação jurídica.

O princípio da confiança explicita o reconhecimento da proteção dos legítimos interesses daqueles que têm intenção de contratar, salvaguardando suas expectativas contratuais e contribuindo para realizar seus interesses por meio da garantia da segurança do negócio jurídico celebrado (ou em vias de celebração).

Na esfera social, a tutela da confiança ganha relevo, valorizando-se mais a vontade declarada do que a vontade interna, com a finalidade de dar mais segurança e certeza às relações jurídicas contratuais, pois a confiança é a base da ação organizada da sociedade, constituindo princípio imanente a todo o direito e condutor das relações contratuais. Em outras palavras, a proteção da confiança significa acreditar na atuação dos outros parceiros contratuais, o que possui reflexos na atuação de todos, contribuindo para que as condutas na sociedade e no mercado convirjam para o nascimento de expectativas legítimas naqueles em que a confiança é despertada.

Nessa seara, valoriza-se a informação, pois desperta a confiança e minimiza o déficit de conhecimento das partes, o que termina por influenciar decisivamente na conduta negocial, atuando como eixo central das condutas e como fonte jurídica da qual se extraem responsabilidades específicas. O reforço do paradigma da confiança enseja, de fato, a equidade informacional entre os contratantes e a consequente repartição dos riscos inerentes aos negócios, fazendo com que as partes atuem com cooperação, lealdade e transparência, protegendo as expectativas legítimas despertadas e enfatizando o equilíbrio das prestações.

A valorização da confiança vem no sentido de dar preeminência ao movimento de solidarização do direito, valorizando a dimensão social do seu exercício e relativizando as bases voluntaristas e individualistas que marcaram o domínio privatístico. A tutela da confiança impõe o dever de não se comportar de forma lesiva aos interesses e expectativas geradas no outro.

A cooperação entre as partes serve de elo entre os dois prismas da proteção da confiança: de um lado, tutela as expectativas contratuais e a realização dos interesses das partes e, de outro, concretiza o princípio da boa-fé objetiva e os deveres acessórios de conduta. Com efeito, a atuação baseada na confiança admite que sejam imputadas obrigações, mesmo que não tenham sido expressamente estabelecidas. Ressalte-se a observância dos deveres anexos impostos às partes, como os de informação e de transparência, instrumentos por meio dos quais será despertada a confiança da contraparte, proporcionando a equidade informacional entre os contratantes.

Quando se retroage aos ideais de lealdade e de crença que permeavam a ideia de boa-fé, seu significado abrangia confiança, credibilidade e reciprocidade de deveres. A boa-fé consubstanciava, então, a confiança na conduta do outro, alicerce sobre o qual se assentava a estrutura negocial e que era também fonte geradora de direitos e deveres. Essa perspectiva é de fundamental importância para a compreensão da boa-fé objetiva em matéria obrigacional, uma vez que é daí que surge a adstrição ao comportamento, segundo a boa-fé, como regra de comportamento social, necessária ao estabelecimento da confiança geral, induzida ao "alter" ou à coletividade pelo comportamento. No campo das relações comerciais, seu conteúdo refletirá o cumprimento exato dos deveres contratuais assumidos e a necessidade de ter-se em conta, no exercício dos direitos, os interesses da contraparte.

A boa-fé objetiva atua como um bem jurídico operativo dotado de realizabilidade, no qual a confiança fornece as balizas de licitude à sua concreta eficácia como fundamento do ordenamento. Coíbe as condutas que quebrem a expectativa de confiança, tutelando as exigências de probidade e de equilíbrio na conduta das partes, reprimindo o exercício de posições jurídicas violadoras da confiança legitimamente suscitada.

Nessa perspectiva, a boa-fé objetiva e a confiança estão intrinsecamente atadas, pois a boa-fé é pensar no outro e a confiança é a consideração dos interesses legítimos do outro. Essa visão reforça os paradigmas sociais da dogmática do direito privado, contribuindo para alçar a boa-fé e a confiança ao centro principal das preocupações do direito quando se tem em mente o desequilíbrio nas relações contratuais e a proteção dos mais fracos. A confiança, então, está ligada à lealdade contratual e conectada aos deveres anexos, além dos próprios deveres advindos diretamente da relação contratual. A relevância da confiança como elemento essencial está embutida no próprio conceito de boa-fé objetiva consubstanciado na lealdade, na probidade e na correção das relações negociais. Nesse sentido, a confiança é um dos fatores materiais da boa-fé objetiva, embora a proteção da confiança não esgote os vetores que informam a boa-fé. Soma-se à confiança o princípio da materialidade da regulação jurídica, que traduz a vocação do direito para resolver problemas concretos. A confiança, ao conferir previsibilidade e segurança ao tráfego econômico-jurídico, atribui meios jurídicos de formação de um modelo de conduta permeado pela boa-fé objetiva. Assim, a proteção da confiança protege as expectativas legítimas.

Historicamente, coube à boa-fé o papel de combate ao formalismo jurídico, não se atendo a uma rígida submissão às proposições legais, que muitas vezes ignoram os objetivos perseguidos pelo sistema jurídico e as particularidades do caso em exame. A boa-fé surge, então, com funções instrumentais direcionadas a reforçar situações materiais conferidas por outras disposições, a complementar essas disposições instituindo deveres de cuidado, de proteção e de lealdade, e a concretizar essas normas. A complementação de normas, por meio dos deveres anexos, introduz no sistema jurídico a noção de justiça e de equilíbrio que devem nortear as relações jurídicas, integrando o ordenamento e gerando soluções que não seriam possíveis sem sua intervenção, como ficou evidenciado no exercício inadmissível de posições jurídicas. Também atua conferindo ao magistrado o controle do conteúdo das cláusulas contratuais, quando estas afetem o equilíbrio das partes, promovendo uma ponderação dos interesses em jogo com o fito de, atuando como vetor material para o direcionamento de soluções, encontrar respostas em áreas que não possuem regras específicas. Pela vagueza de seu conteúdo, sua aplicabilidade se estende por zonas em que ainda existem carências de soluções dogmáticas.

Por seu caráter marcadamente cultural, a boa-fé direciona o caminhar de diversas soluções: não é um mero instrumento passivo que serve de elo entre o sistema jurídico e os casos a resolver, mas atua enriquecendo a matriz de soluções ofertada pelo ordenamento, materializando o ideal de justiça. Daí porque não se pode divisar, abstratamente, uma solução imposta pela boa-fé que sirva de molde à concreção de problemas de matizes diversos. Apenas diante de uma ordem jurídica específica e de um caso concreto posto a exame, manifestar-se-á o desfecho da questão com o recurso à boa-fé. O recurso à boa-fé objetiva, portanto, deve ser feito de modo a evitar sua utilização em contextos aos quais não se aplica diretamente, uma vez que outros institutos estão mais aptos a fornecer as respostas à solução de determinados casos concretos.

A boa-fé objetiva, como norma comportamental, longe de circunscrever-se a finalidades morais ou éticas, confere à relação jurídica a exigência de um padrão de atuação correta, leal e honesta, caracterizando-se pela multifuncionalidade, sendo, também, norma de responsabilidade, pois, em caso de violação, revela descumprimento contratual e enseja, por conseguinte, a obrigação de indenizar.

É verdade que o conteúdo da boa-fé objetiva não pode ser determinado e fixado em abstrato, mas sua concretização dar-se-á com a consideração dos valores e das diretrizes ditados pelo ordenamento jurídico que vão matizar as exigências que emanam do princípio. Essas exigências coadunam-se com as posições assumidas pelos sujeitos da relação, numa interação que gera a confiança recíproca, criando as expectativas legítimas em razão da avença. Dessa forma, a boa-fé está alinhada ao contexto em que se inserem as relações jurídicas e aos dados circunstanciais de uma dada situação.

O controle do conteúdo é um juízo de razoabilidade acerca dos termos contratuais, sempre sopesando os interesses em jogo, de modo que, em ocorrendo conflito entre os valores do ordenamento jurídico e aqueles objeto das estipulações contratuais que importem desequilíbrios entre as partes, deve-se considerar que a boa-fé objetiva foi violada, pois não foram levados em conta os interesses dos parceiros contratuais. Padrões que não digam com o paradigma da razoabilidade, que deve reger os parâmetros de uma equilibrada composição de interesses, devem ser tidos por abusivos, pois representam uma vantagem unilateral para uma das partes. Nessa visão, a proibição de determinados conteúdos revela a concretização dos ditames da boa-fé, que opera como fundamento normativo à liberdade de fixação do conteúdo contratual, de molde a atender ao equilíbrio, à justiça contratual e à equidade nos quais deve fundar-se o contrato.

Assim, o recurso excessivo à boa-fé objetiva e seu alargamento conceitual seriam podados para que sua utilização se restringisse apenas àquelas situações nas quais outros princípios ou cláusulas não se coadunassem com as especificidades do caso concreto. Assim, evita-se seu esvaziamento e sua hipertrofia em prol do emprego mais preciso dos institutos jurídicos dispostos no ordenamento. Invocada arbitrariamente como justificativa ética ou moral para a fundamentação de decisões, a boa-fé objetiva fica carente de tratamento técnico condizente com suas funções.

Nessa linha, no âmbito da limitação dos direitos subjetivos, sua atuação deve ser restrita aos casos em que não seja confundida com outras figuras de conteúdo similar, tais como o *nemo potest venire contra factum proprium*, a *exceptio doli*, o *tu quoque*, a *suppressio* ou a *surrectio*. Utilizada apenas nos casos em que a solução prática não possa ser atingida por meio de um instituto específico que se molde em sua plenitude ao caso concreto, atua-se no sentido de um uso estritamente técnico e objetivo da boa-fé, em consonância com seu real escopo, evitando-se seu chamamento em razão da existência de uma solução tópica que melhor se adapta ao caso e restringindo-a a um espaço mais preciso.

Assim, tem-se que o conteúdo da boa-fé se revelará a partir da análise do caso concreto, podendo o juiz valer-se dos princípios, dos conceitos jurídicos indeterminados e das cláusulas gerais dispostos pelo ordenamento para exercer esse controle. A observância dos ditames que exsurgem da boa-fé objetiva exige dos magistrados a concretização de sua aplicação por meio dos vetores axiológicos enfeixados pela Constituição Federal. Em particular, a boa-fé objetiva, tomada como princípio, indica um limite imanente do poder de conformação contratual e opera como fundamento autorizador do controle de conteúdo das disposições avençadas, cabendo ao Poder Judiciário intervir corretivamente na economia contratual para regular o ajuste celebrado se o conteúdo do contrato viola as disposições fundamentais do quadro valorativo do ordenamento jurídico.

Referências

AGUIAR DIAS, José de. *Da responsabilidade civil*. Rio de Janeiro: Renovar, 2006.

ARISTÓTELES. *Ética a Nicômaco*. São Paulo: Martin Claret, 2006.

LÔBO, Paulo. *Teoria Geral das Obrigações*. São Paulo: Saraiva, 2005.

MARTINS-COSTA, Judith. *A boa-fé no direito privado*. São Paulo: Revista dos Tribunais, 2000.

MENEZES CORDEIRO, António Manuel da Rocha e. *Da boa-fé no direito civil*. Coimbra: Almedina, 2007.

MORRISON, Wayne. *Filosofia do direito:* dos Gregos ao Pós-Modernismo. São Paulo: Martins Fontes, 2006.

ROPPO, Enzo. *O contrato*. Coimbra: Almedina, 2009.

SCHREIBER, Anderson. *Novos paradigmas da responsabilidade civil:* da erosão dos filtros da reparação à diluição dos danos. 5. ed. São Paulo: Atlas, 2013.

Informação bibliográfica deste texto, conforme a NBR 6023:2018 da Associação Brasileira de Normas Técnicas (ABNT):

AQUINO JÚNIOR, Geraldo Frazão de. Delineamentos concernentes à modulação do conteúdo da aplicação da boa-fé objetiva aos contratos. *In*: EHRHARDT JÚNIOR, Marcos; LÔBO, Fabíola (Coord.). *Constitucionalização das relações privadas*: fundamentos de interpretação do direito privado brasileiro. Belo Horizonte: Fórum, 2023. p. 261-277. ISBN 978-65-5518-564-5.

BOA-FÉ OBJETIVA COMO FUNDAMENTO JURÍDICO DA OBRIGAÇÃO PRÉ-CONTRATUAL

EROULTHS CORTIANO JUNIOR
VIVIAN CARLA DA COSTA

1 Introdução

Dogmaticamente, a figura do contrato é caracterizada como um negócio jurídico bilateral com objeto e sujeitos definidos, pelo menos formado de duas manifestações de vontade – proposta e aceitação –, as quais convergem em um denominador comum, produzindo efeitos jurídicos. Reflexo das codificações oitocentistas é regido pela máxima *pacta sunt servanda*, de modo que, observados os requisitos legais de validade, tem o condão de fazer lei entre as partes, vinculando-as a partir de sua celebração até sua conclusão. É, por excelência, expoente do direito privado moderno, no qual vigora a proteção da propriedade e a supremacia da autonomia privada.

Essa acepção de contrato, estritamente jurídica e cerrada, em que pese muito presente em manuais,[1] mostra-se insuficiente diante das

---

[1] Nesse sentido, podemos citar tanto Varela como Mota Pinto: "O contrato, ou negócio jurídico bilateral, é formado por duas ou mais declarações de vontade, de conteúdo oposto, mas convergente, que se ajustam na sua comum pretensão de produzir resultado jurídico

intensas e constantes transformações socioeconômicas, das quais surgem as mais variadas e complexas relações negociais, consequentemente demandando renovadas respostas jurídicas. Com efeito, a confiança, como pressuposto da ordem jurídica, bem como a boa-fé objetiva, em todas suas roupagens normativas, tornaram-se elementos fundamentais de um novo paradigma contratual, o qual, a partir de uma visão holística e sistêmica, considera o contrato como um processo. Nessa linha, o contrato não mais se restringe à relação jurídica estabelecida a partir do consenso entre proposta e aceitação, o que, a bem da verdade, passa a ser apenas uma de suas etapas, sendo precedida pela fase pré-contratual e sucedida pela pós-contratual, as quais se complementam. Trata-se, aliás, de interpretação ancorada no artigo 422 do Código Civil (CC), o qual dispõe que "[o]s contratantes são obrigados a guardar, assim na conclusão do contrato, como em sua execução, os princípios de probidade e boa-fé".

Entretanto, pela literalidade de tal dispositivo legal, nota-se que não está albergada a fase preparatória, a despeito de sua inquestionável importância no processo contratual, haja vista ser esse o momento em que se desenvolvem as tratativas, acordam-se condições e termos e, sobretudo, criam-se expectativas acerca do negócio a ser firmado. Nesse sentido, a questão que se busca responder no presente artigo é: quais são os fundamentos jurídicos que justificam o surgimento da obrigação pré-contratual, a despeito da ausência de previsão normativa expressa? E, orientando-se pela metodologia hipotético-dedutiva, pretende-se explorar a confiança como pressuposto da ordem jurídica, bem como a sua concretização a partir da boa-fé objetiva, e seus possíveis efeitos jurídicos.

2 A obrigação como processo

Muito mais que uma singela homenagem à obra consagrada do direito civil,[2] o título dado a este tópico, "a obrigação como processo",

---

unitário, embora com um significado para cada parte". MOTA PINTO, Carlos Alberto da. *Teoria geral do direito civil*. 4. ed. Coimbra: Coimbra, 2005, p. 647. "Diz-se contrato o acordo vinculativo, assente sobre duas ou mais declarações de vontade (oferta ou proposta, de um lado; aceitação, do outro), contrapostas, mas perfeitamente harmonizáveis entre si, que visam estabelecer uma composição unitária de interesses". VARELA, João de Matos Antunes. *Das obrigações em geral*. 10. ed. Coimbra: Almedina, 2009, p. 212.

[2] Tese de livre-docência de Clóvis do Couto e Silva, apresentada na Universidade Federal do Rio Grande do Sul, Faculdade de Direito, em 1964.

remete à mudança de perspectiva acerca da relação obrigacional. Tradicionalmente estruturada a partir do vínculo entre dois polos (credor e devedor), cada qual com direitos e deveres respectivamente, tendo como objeto unicamente uma prestação (de dar, fazer ou não fazer), essa acepção representa o paradigma obrigacional da autonomia da vontade presente nos sistemas jurídicos influenciados pelas codificações oitocentistas, refletindo somente uma análise externa da relação obrigacional.[3]

Reflexo das transformações socioeconômicas, o direito, *in casu*, o direito obrigacional, igualmente foi se modificando, emergindo a necessidade de relê-lo, a partir de outras perspectivas, para que pudesse acompanhar as novas relações negociais, cada vez mais complexas. Diante dessa percepção é que Couto e Silva promove verdadeira revolução copernicana no campo das obrigações, ao propor uma nova estrutura obrigacional, dinâmica, teleológica, recíproca, composta por sucessivos atos, os quais intrinsecamente ligados buscam o adimplemento. Em suas palavras, "[o] adimplemento atrai e polariza a obrigação. É o seu fim. O tratamento teleológico permeia toda a obra, e lhe dá unidade. [...]. Como totalidade, a relação obrigacional é um sistema de processos".[4]

Nesse sentido, compreender a relação obrigacional como um processo implica reconhecê-la como composta de diversas fases, planos e vínculos, o que explica uma de suas principais características, que é a complexidade. Conjuntamente, essa estrutura é dotada de dinamicidade,[5] haja vista que, durante o percurso em direção ao adimplemento, podem surgir novos direitos e deveres, tanto para o credor, quanto para o devedor, além daqueles oriundos da relação principal, os quais,

---

[3] "[...] a análise externa, centrada no método tradicional, percebe a relação obrigacional tão-somente como um vínculo estruturado sobre dois pólos (credor e devedor), ligados pelos co-respectivos direitos e deveres. [...]. Porém, não se ocupa em visualizar como tais direitos e deveres se estruturam, muitas vezes em diferentes graus de intensidade; nem como podem, alguns deles, nascer depois de criada a relação, ou como se desenvolvem no tempo; ou como podem parcialmente cessar, ou subsistir, ou modificar-se, consoante as vicissitudes da realidade [...]". MARTINS-COSTA, Judith. *Comentários ao novo Código Civil*. Rio de Janeiro: Forense, 2004. v. V. t. II: Do inadimplemento das obrigações, p. 9.

[4] SILVA, Clóvis do Couto e. *A obrigação como processo*. 1964. reimp. Rio de Janeiro: FGV, 2006, p. 17.

[5] "Como efeito da apreensão da totalidade concreta da relação obrigacional, percebe-se ser ela um vínculo dinâmico pois se movimenta em vista de uma finalidade, desenvolvendo-se em fases distintas, a do nascimento do vínculo, do seu desenvolvimento e adimplemento". MARTINS-COSTA, Judith. *A boa-fé no direito privado*: critério para a sua aplicação. 2. ed. São Paulo: Saraiva, 2018, p. 232.

vale frisar, são todos teologicamente encadeados. Tais concepções promovem uma visão holística da relação obrigacional, ou seja, permitem apreendê-la como um todo, dotado de unidade e coesão, em contraponto a um viés atomístico e estático, produto da mera soma de suas partes.[6] Renova-se, portanto, o paradigma das obrigações.

Não se olvida que a perspectiva da relação obrigacional como processo produziu reflexos diretos sobre o âmbito contratual, com o contrato também passando a ser visto a partir dessa mesma ótica,[7] conduzindo-se à ideia de formação progressiva do contrato,[8] compatível com a complexidade cada vez mais crescente das relações negociais. Em outros termos, conforme Marques elucida, os contratos não envolvem mais somente uma obrigação de prestar, mas também uma obrigação de conduta.[9]

Esse novo modo de pensar encontra guarida na teoria do contato social, resgatada da sociologia e proposta por Couto e Silva no campo jurídico,[10] a qual concentra a origem de todas as espécies de relações

---

[6] "[o] feixe de relações e situações é como todo, não como soma. O conceito, por exemplo, de relação jurídica de compra e venda não é conceito de relação jurídica a que corresponda dívida de prestar a coisa, mais de cuidar da coisa até a entrega, mais de não descurar da proteção jurídica da coisa; e sim de conceito de relação jurídica em que tudo isso é intrínseco". PONTES DE MIRANDA, Francisco Cavalcanti. *Tratado de direito privado*. 3. ed. São Paulo: Revista dos Tribunais, 1984. t. XXVI, p. 283.

[7] "El contrato fue concebido com un comienzo a través del consentimento y un fin, por efecto de alguna causa de extinción; su estúdio se pareció entonces a una fotografia estática. Hoy en día se comienzan con contactos sociales, tratativas, ofertas, consentimento, ejecución extensa, deberes pos contractuales, todo en una secuencia en la que resulta difícil separar etapas; su estúdio se parece más a una película capaz de captar el dinamismo. La duración de las relaciones jurídicas es un fenómeno difundido en la actualidad". LORENZETTI, Ricardo. Teoria sistêmica del contrato. *Revista Cadernos do Programa de Pós-Graduação em Direito PPGDir./UFRGS*, Porto Alegre, v. 1, n. 2, p. 25-49, 2003, p. 40.

[8] "Nem sempre uma relação obrigacional nasce de imediato. Ela pode ser formada progressivamente, num iter negocial que levará até a conclusão do contrato, e pode ser formada por graus, ou escalonadamente. Ambos os fenômenos merecem atenção por potencializarem a complexidade da relação e a incidência da boa-fé objetiva". MARTINS-COSTA, Judith. *Comentários ao novo Código Civil*. Rio de Janeiro: Forense, 2004. v. V. t. II: Do inadimplemento das obrigações, p. 58.

[9] "Esta visão dinâmica e realista do contrato é uma resposta à crise da teoria das fontes dos direitos e obrigações, pois permite observar que as relações contratuais durante toda a sua existência (fase de execução), mais ainda, no seu momento de elaboração (de tratativas) e no seu momento posterior (de pós-eficácia), fazem nascer direitos e deveres outros que os resultantes da obrigação principal. Em outras palavras, o contrato não envolve só a *obrigação de prestar*, mas envolvem também uma *obrigação de conduta*!". MARQUES, Cláudia Lima. *Contratos no Código de Defesa do Consumidor*. 6. ed. São Paulo: Revista dos Tribunais, 2011, p. 217.

[10] "A expressão provém da Sociologia. Sua transposição para a Ciência Jurídica liga-se, originalmente, às tentativas de acomodação dogmática da responsabilidade pré-negocial (*culpa in contrahendo*) e, modo geral, à busca de explicações para o fenômeno da vinculação

obrigacionais sob uma mesma categoria – a do contato social. A partir dela, desdobrar-se-ão outras relações mediante graus de intensidade, sendo a primeira delas, o marco de partida, caracterizando a distância máxima entre sujeitos, a simples convivência em sociedade, o fundamento do dever de não lesar outrem, *neminem laedere*, caminhando, paulatinamente, à celebração de um negócio jurídico, momento, portanto, de proximidade máxima. São conceitos que, aliás, foram bem desenvolvidos por Martins-Costa:

> A proximidade máxima é, nos contatos sociais revestidos de dimensão jurídica, a ocasionada pelo negócio jurídico. Aí há um contato qualificado pela existência de um ato voluntário e por uma forma especial de fides, que é a promessa implícita a todo o contrato de que o pactuado será cumprido. Por sua vez, a proximidade mínima é aquela refletida no vínculo derivado da responsabilidade delitual ou aquiliana, derivada da infração culposa ou dolosa do dever de a ninguém lesar, pois esse vínculo será decorrente de um contato fortuito e em certa medida aleatório, derivado do mero fato da convivência social.[11]

Tais noções remetem a uma análise interna da relação obrigacional, a qual se ocupa da forma como as fases, planos e vínculos se estruturam e como se desenvolvem no tempo, bem como o que efetivamente os interligam.[12] Neste sentido, a confiança, entendida por Frada como pressuposto fundamental da ordem jurídica,[13] bem como a boa-fé, em todas as suas roupagens, mas sobretudo como cláusula geral,[14]

---

obrigacional quando não proveniente de declarações de vontade. Mais tarde – sendo esse o sentido que lhe foi dado por Clóvis do Couto e Silva – desprendeu-se da conotação original, passando a designar figura mais abrangente, capaz de sistematizar todas as fontes de nascimento de direitos e deveres obrigacionais". MARTINS-COSTA, Judith. *A boa-fé no direito privado:* critério para a sua aplicação. 2. ed. São Paulo: Saraiva, 2018, p. 261.

[11] MARTINS-COSTA, Judith. Um aspecto da obrigação de indenizar: notas para uma sistematização dos deveres pré-negociais de proteção no direito civil brasileiro. *Revista dos Tribunais*, São Paulo, v. 867, p. 11-51, jan. 2008, p. 3.

[12] "A análise interna considera o fenômeno obrigacional em sua *totalidade concreta*, isto é, como aquela composta por um dinâmico "todo" de direitos, deveres, faculdades, ônus, expectativas legítimas, etc., finalisticamente interligados ou coligados". MARTINS-COSTA, Judith. *Comentários ao novo Código Civil*. Rio de Janeiro: Forense, 2004. v. V. t. II: Do inadimplemento das obrigações, p. 9.

[13] "[c]abe a qualquer ordem jurídica a missão indeclinável de garantir a confiança dos sujeitos, porque ela constitui um pressuposto fundamental de qualquer coexistência ou cooperação pacíficas, isto é, da paz jurídica". FRADA, Manuel António de Castro Portugal Carneiro da. *Teoria da confiança e responsabilidade civil*. Coimbra: Almedina, 2007, p. 19.

[14] "[...] formulação de uma hipótese legal que, em termos de grande generalidade, abrange e submete a tratamento jurídico todo um domínio de casos". ENGISCH, Karl. *Introdução ao pensamento jurídico*. Tradução de J. Batista Machado. 10. ed. Lisboa: Fundação Calouste Gulbenkian, 2008, p. 229.

ganham principal destaque, haja vista que a primeira, enquanto fundamento, tem o condão de salvaguardar relações jurídicas e regular condutas, a segunda garante o colmatar de arestas no direito positivo, preservando, assim, sua vivacidade. Possibilitam, portanto, de formas distintas, o amoldamento desta estrutura obrigacional às situações concretas e abrem novos caminhos na ordem jurídica. Especialmente no que se refere à obrigação pré-contratual, a confiança e a boa-fé são seus verdadeiros fundamentos jurídicos, de modo que, a despeito da ausência de dispositivo legal expresso, garantem sua força normativa e delimitam seus efeitos jurídicos.

3 Confiança pré-contratual

A fase que precede a formação do contrato carrega consigo a problemática se tem, ou não, vinculabilidade jurídica, haja vista que, justamente por ainda não existir contrato, pode-se pensar que, então, ainda não foram, *ao menos não expressamente*, previstas obrigações. E o fato de o legislador não ter estendido, *ao menos não expressamente*, a esta fase de proteção jurídica sob a égide da boa-fé e da probidade, dispostas no art. 422, do CC, contribui para o mesmo raciocínio, caminhando à equivocada conclusão de que não haveria que se falar em obrigação pré-contratual, tampouco, em caso de seu descumprimento, em responsabilização. No entanto, esta leitura, diminuta e cerrada, não mais se sustenta diante da perspectiva do contrato como processo, a qual, como já exposto, delineia-o como uma série de atos, fases e vínculos, cada qual com características próprias e efeitos jurídicos próprios, mas que se interligam por um fim, o adimplemento obrigacional.

Assim, sujeitos que manifestam interesse em contratar dão o primeiro passo em direção à conclusão do contrato, o qual, a depender da complexidade, poderá ser mais curto, tais como no contrato de adesão, ou mais longo, mas todos precedidos desta fase preparatória.[15] Neste processo, em sua totalidade dinâmica e complexa, há um elo comum:

---

[15] "Embora o fenômeno não se exteriorize, na verdade houve, de lado a lado, cálculo e aquilatação de conveniências recíprocas, não aparecendo simplesmente porque o pequeno valor da transação, ou a sua repetição inúmera, não dão ensejo a qualquer discussão: trata-se de admitir ou de deixar". CHAVES, Antônio. *Responsabilidade pré-contratual*. 2. ed. São Paulo: Lejus, 1997, p. 58.

a confiança na conduta do outro.[16] Aquele que pretende contratar confia que o parceiro negocial não omitirá informações cruciais do objeto contratual em discussão, confia que agirá com a lealdade esperada do homem comum e confia que, na medida em que as negociações avançam, as expectativas criadas aproximam-se cada vez mais de sua concretude. E tanto confia que, de sua frustração injustificada, poderá decorrer efeitos jurídicos. A confiança, portanto, no âmbito contratual, passa de "coadjuvante à protagonista".[17]

Significar a confiança para o direito, contudo, não é tarefa fácil, especialmente em razão do seu alto grau de subjetividade. De sua força normativa, nada se questiona, mas pululam controvérsias acerca de sua natureza jurídica. Há quem a trate como princípio,[18] como modelo jurídico[19] ou, ainda, como pressuposto fundamental da ordem jurídica.[20] Neste sentido, certo de que se debruçar sobre tais distinções demandaria um trabalho próprio com o aprofundamento que lhe é merecido, para fins deste artigo, partir-se-á da ideia de que a confiança é pressuposto do direito, que transcende os interesses individuais. Afinal, antes de norma jurídica, é condição básica da convivência em sociedade, é fato redutor de complexidade social.[21]

---

[16] "CONFIANÇA. Derivado do verbo latino confidere (confiar em, fiar-se), possui o vocábulo, na terminologia jurídica, a acepção de indicar o crédito ou convicção relativa à idoneidade de uma pessoa. Revela, assim, o conceito íntimo à respeito do critério, do caráter e da boa conduta de uma pessoa, em quem, por esta razão, se deposita fé em sua ação ou em seu bom estado de procedimento". SILVA, De Plácido e. *Vocabulário jurídico*. 13. ed. Rio de Janeiro: Forense, 1997, p. 199.

[17] "De coadjuvante à protagonista na seara contratual [...], a confiança experimentou notável expansão dogmática passando a fundamentar a necessidade de respeito à expectativa legítima despertada em alguém por conta do exercício de liberdades positivas titularizadas outrem". CATALAN, Marcos. *A morte da culpa na responsabilidade contratual*. 2. ed. Indaiatuba: Foco, 2019, p. 133.

[18] "El principio de confianza se basa en un deber ético de no defraudar las expectativas suscitadas en otros. [...] Las expectativas deben ser legítimas y fundadas, lo que excluye tanto la confianza ingênua como la temerária. [...] El principio sólo el tronco mismo del contrato, sino también el período anterior y el posterior". REZZÓNICO, Juan Carlos. *Principios fundamentales de los contratos*. Buenos Aires: Astrea, 1999, p. 377.

[19] "A confiança é um fato, é um valor e também uma estrutura normativa, quando considerada como princípio jurídico. Tais dimensões, devidamente enfocadas, formam o modelo jurídico que pode ser identificado pelo nome princípio da confiança, ainda que não se esteja tratando só do princípio, mas também do fato e do valor que são imanentes". BRANCO, Gerson Luiz Carlos. A proteção das expectativas legítimas derivadas das situações de confiança: elementos formadores do princípio da confiança e seus efeitos. *Revista de Direito Privado*, São Paulo, n. 12, ano 3, p. 169-225, out./dez. 2002, p. 180-181.

[20] *Vide* nota de rodapé 14.

[21] "Donde hay confianza hay aumento de posibilidades para la experiencia y la acción, hay un aumento de la complejidad del sistema social y también del número de posibilidades que puden reconciliarse con su estructura, porque la confianza constituye una forma más

Não à toa, emana efeitos sobre diversas áreas do conhecimento para além do direito, tais como para a sociologia, filosofia e política, conforme exemplifica Branco.[22] *In casu*, no âmbito jurídico, sendo a confiança seu fundamento, é, então, capaz de regular conduta,[23] sobretudo no contexto da pré-contratualidade, na medida em que legitima as expectativas criadas pelos pretensos contratantes a depender do grau de intensidade da relação jurídica que está em construção, inobstante a ausência de dispositivo legal.[24] Nota-se, portanto, que na conjuntura da formação progressiva do contrato, a vontade, tal como se defendia as teorias clássicas desde Savigny,[25] não é mais a fonte obrigacional soberana.[26] A bem da verdade, de acordo com Nalin, "[...]

---

efectiva de reducción de la complejidad". LUHMANN, Niklas. *Confianza*. Tradução de Amada Flores. Barcelona: Anthropos, 2005, p. 14.

[22] "O tratamento da confiança como fundamento da própria ordem jurídica não é comum entre os que estudam o fenômeno jurídico. Mas, mesmo não sendo comum, ainda assim é possível encontrar uma miríade de posições diferenciadas, como é regular naquelas áreas em que há fertilidade teórica em torno dos argumentos possíveis. Diante disso, optou-se por apresentar as concepções de três autores que colaboram para os objetivos deste trabalho: Dworkin, Luhmann e Hannah Arendt, que correspondem, respectivamente, a uma visão filosófica, sociológica e política da confiança". BRANCO, Gerson Luiz Carlos. A proteção das expectativas legítimas derivadas das situações de confiança: elementos formadores do princípio da confiança e seus efeitos. *Revista de Direito Privado*, São Paulo, n. 12, ano 3, p. 169-225, out./dez. 2002, p. 173.

[23] "A proteção da confiança concretiza-se, de maneira mais incisiva, na disposição e regulação do comportamento dos indivíduos nos seus mais variados âmbitos de atuação. Observa-se, nesse contexto, uma conjuntura que objetiva promover a estabilização das expectativas dos sujeitos de direito, resguardando posições jurídicas que tenham a sua origem na confiança incutida por meio de uma determinada relação interpessoal". PEREIRA, Fábio Queiroz. *O ressarcimento do dano pré-contratual:* interesse positivo e interesse negativo. São Paulo: Almedina, 2017, p. 124.

[24] "[...] o princípio da confiança gera a obrigação de indenizar na fase pré-contratual quando a situação de proximidade entre os contratantes e o comportamento de um deles em direção à realização do contrato, gera a expectativa de que o contrato futuro será realizado". BRANCO, Gerson Luiz Carlos. A proteção das expectativas legítimas derivadas das situações de confiança: elementos formadores do princípio da confiança e seus efeitos. *Revista de Direito Privado*, São Paulo, n. 12, ano 3, p. 169-225, out./dez. 2002, p. 202.

[25] "[...] a teoria da vontade, que remonta a Savigny, vê a essência do contrato (e, em geral, do negócio jurídico) na vontade criadora das partes, sustentando, em consequência, que ele não deve produzir efeitos quando houver divergência entre a vontade interna e a declarada [...]". NORONHA, Fernando. *O direito dos contratos e seus princípios fundamentais:* autonomia privada, boa-fé, justiça contratual. São Paulo: Saraiva, 1994, p. 86.

[26] "A despeito da prevalência, até os dias de hoje, da dogmática voluntarista assim concebida, a evolução política e econômica da sociedade, desde o final do Século XIX, exigiu a interferência do Estado nas relações privadas, mitigando-se a força vinculante da vontade negocial". TEPEDINO, Gustavo. O papel da vontade na interpretação dos contratos. *Revista Interdisciplinar de Direito da Faculdade de Direito de Valença*, Valença, v. 16, n. 1, p. 173-189, jan./jun. 2018, p. 177.

[a] confiança remete [...] ao pensamento da superação definitiva de um contrato baseado na vontade contratual [...]".[27]

E esta confiança, a qual, dada sua força normativa, tem função primária de regulação de conduta, criando obrigações que vão além de uma relação jurídica contratual individual, com alcance perante a sociedade, é comumente imiscuída com a ideia de boa-fé. Entretanto, conforme esclarecido por Catalan, embora sejam complementares, não se confundem:

> Essa [a boa-fé] alude ao "modo" pelo qual a cooperação deve instrumentalizar-se no processo obrigacional, dentre outras funções a ela consagradas. A confiança, por sua vez, diz respeito à proteção da legítima expectativa criada no *alter* em razão da interação negocial, em razão do exercício das liberdades positivas que ao tocarem o outro tiveram força suficiente para despertar a sua atenção e, às vezes, a sua confiança [...].[28]

Ou seja, a boa-fé, a qual, mais bem definida por Martins-Costa como um *modelo jurídico complexo prescritivo*,[29] haja vista as peculiaridades de sua estrutura normativa, assume múltiplas funções no ordenamento jurídico, tais como a de interpretação dos negócios jurídicos, a de criação de deveres anexos à prestação principal do contrato e a de evitar abusos de direito. E, neste corrente paradigma, no qual a confiança é pressuposto da ordem jurídica, a boa-fé, como mandamento jurídico, tem o condão de concretizá-la.[30] Confiança e boa-fé, portanto, são noções distintas e, consequentemente, produzem efeitos jurídicos distintos. As duas, no entanto, em uma relação simbiótica, fundamentam a obrigação pré-contratual.

---

[27] NALIN, Paulo. *Do contrato:* conceito pós-moderno. 2. ed. Curitiba: Juruá, 2008, p. 158.

[28] CATALAN, Marcos. *A morte da culpa na responsabilidade contratual.* 2. ed. Indaiatuba: Foco, 2019, p. 138.

[29] "A boa-fé configura um *modelo jurídico complexo e prescritivo*. Trata-se de um modelo porque o significado e as eficácias do "comportamento segundo a boa-fé" não resultam de uma norma isolada, mas de uma estrutura normativa que articula, finalisticamente, normas provindas de mais de uma das fontes [...]. E se trata de um *modelo prescritivo* porque, é dotado da possibilidade de impor ações, condutas, vedações, sanções – e não apenas "recomendações" ao aplicador do Direito". MARTINS-COSTA, Judith. *A boa-fé no direito privado:* critério para sua aplicação. 2. ed. São Paulo: Saraiva, 2018, p. 285.

[30] "Fica [...] já assente a realidade da confiança como um dos factores materiais da boa-fé". CORDEIRO, António Menezes. *Da boa-fé no direito civil.* Coimbra: Almedina, 1953, p. 1251.

4 Boa-fé objetiva pré-contratual

Situar a boa-fé no direito, tal como a confiança, é trabalho complexo. Sabe-se, quase de forma clarividente, que se trata de conduta esperada do homem comum no viver em sociedade, em que pese esta noção carregue alto grau de abstração. Assim, cabe ao operador do direito explorá-la, a fim de mitigar os subjetivismos que a permeiam e, assim, garantir segurança jurídica quando é invocada no caso concreto.

De início, portanto, necessária a distinção entre boa-fé objetiva de boa-fé subjetiva a partir de clássica explicação de Venosa: enquanto a subjetiva considera o aspecto psicológico do manifestante ao acreditar que sua conduta é correta, a boa-fé objetiva implica uma regra geral de conduta, a partir dos padrões sociais estabelecidos.[31] E, embora o foco do direito e, particularmente, desta pesquisa, seja a boa-fé objetiva, não se olvida que ambas se correlacionam, haja vista que "[...] é norma que protege a boa-fé subjetiva de outrem".[32]

Feita tal diferenciação, cabe analisar de que forma seria possível conceituar a boa-fé objetiva no direito brasileiro. E, em uma qualificação que melhor se aproxima de uma definição, para Martins-Costa, boa-fé seria um "modelo jurídico complexo e prescritivo",[33] contemplando diversas estruturas normativas no ordenamento – e, fato, a título ilustrativo, o termo aparece cinquenta e seis vezes no código civil, nas mais diversas circunstâncias. Todavia, concepções meramente estruturais se revelam dogmaticamente insuficientes para conceber, em sua plenitude, institutos jurídicos no contexto socioeconômico atual. Por essa razão, percebeu-se um movimento que passou a conceber o direito além de sua estrutura, também a partir de sua função na sociedade. Instaurou-se, assim, uma dupla perspectiva dos institutos jurídicos, a

---

[31] "Na boa-fé subjetiva, o manifestante de vontade crê que sua conduta é correta, tendo em vista o grau de conhecimento que possui de um negócio. Para ele há um estado de consciência ou aspecto psicológico que deve ser considerado. A boa-fé objetiva, por outro lado, tem compreensão diversa. [...] Desse modo, a boa-fé objetiva se traduz de forma mais perceptível com uma regra de conduta, um dever de agir de acordo com determinados padrões sociais estabelecidos e reconhecidos". VENOSA, Sílvio de Salvo. *Direito civil*: responsabilidade civil. 16. ed. São Paulo: Atlas, 2016, p. 430.

[32] TOMASEVICIUS FILHO, Eduardo. *O princípio da boa-fé no direito civil*. São Paulo: Almedina, 2020, p. 89.

[33] *Vide* noda de rodapé 30.

estrutural e a funcional, as quais, complementarmente, garantem plena concepção de um direito em permanente construção.[34]

In casu, a boa-fé, sintetizada na estrutura "aja de boa-fé", é igualmente classificada pela perspectiva funcional, consagrada pela referência no tema, Martins-Costa, em função hermenêutica, integrativa e corretora.[35] No que se refere à vertente *hermenêutica*, é possível tomar a boa-fé como regra interpretativa dos negócios jurídicos, a qual prescreve um mandamento de conduta, especialmente prevista no art. 113, *caput*,[36] reforçada pela Lei da Liberdade Econômica (Lei nº 13.874/2019), a qual inseriu a tal dispositivo o §1º, inciso III.[37] Serve, portanto, "[...] como critério para auxiliar a determinação do significado que a operação contratual revela segundo *uma valoração conduzida à luz da conduta conforma a boa-fé* [...]".[38] Já em sua dimensão *corretora*, a qual pode ser visualizada por duas percepções, tem o condão de nortear comportamentos, servindo como efetivo instrumento de controle de abuso de direitos (*vide* art. 187 do CC[39]), bem como de ajustar o conteúdo do contrato, afastando, exemplificativamente, cláusulas leoninas. Essa função, que pode ser vislumbrada durante todo o *iter* da relação obrigacional, tem grande relevância, haja vista que resguarda o equilíbrio contratual, a depender da natureza do instrumento contratual. Por fim, a função *integrativa*, apreendida do art. 422, do CC,[40] manifesta-se como

---

[34] "O fato jurídico, como qualquer outra entidade, deve ser estudado nos dois perfis que concorrem para individuar sua natureza: a estrutura (como é) e a função (para que serve)". PERLINGIERI, Pietro. *O direito civil na legalidade constitucional*. Tradução de Maria Cristina De Cicco. Rio de Janeiro: Renovar, 2008, p. 642.

[35] "Conquanto impossível – tecnicamente – *definir* a boa-fé objetiva, pode-se, contudo, *indicar*, relacionalmente, as condutas que lhe são conformes [...], bem como *discernir funcionalmente* a sua atuação e a eficácia como (i) fonte geradora de deveres jurídicos de cooperação, informação, proteção e consideração às legítimas expectativas do *alter*, copartícipe da relação obrigacional; (ii) baliza do modo de exercício de posições jurídicas, servindo como via de correção do conteúdo contratual, em certos casos, e como correção ao próprio exercício contratual; e (iii) como cânone hermenêutico dos negócios jurídicos obrigacionais". MARTINS-COSTA, Judith. *A boa-fé no direito privado*: critério para a sua aplicação. 2. ed. São Paulo: Saraiva, 2018, p. 45.

[36] "Os negócios jurídicos devem ser interpretados conforme a boa-fé e os usos do lugar de sua celebração. [...]".

[37] "§1º A interpretação do negócio jurídico deve lhe atribuir o sentido que: [...] III – corresponder à boa-fé [...]".

[38] MARTINS-COSTA, Judith. *A boa-fé no direito privado*: critério para a sua aplicação. 2. ed. São Paulo: Saraiva, 2018, p. 490.

[39] "Também comete ato ilícito o titular de um direito que, ao exercê-lo, excede manifestamente os limites impostos pelo seu fim econômico ou social, pela boa-fé ou pelos bons costumes".

[40] "Os contratantes são obrigados a guardar, assim na conclusão do contrato, como em sua execução, os princípios de probidade e boa-fé".

fonte de deveres anexos e de proteção que orbitam a relação jurídica principal, na tarefa de suprimir lacunas textuais e/ou axiológicas que obstam a finalidade da obrigação, a qual, retoma-se, é seu adimplemento satisfatório.[41] Nesse sentido, sob a égide da teoria da obrigação como processo, cabe classificar essas espécies de deveres, a fim de localizar suas gêneses e seus papéis na relação obrigacional.

De forma pormenorizada, os deveres de prestação compõem o elemento principal da relação obrigacional, materializados em uma obrigação de dar, fazer ou não fazer, os quais originam-se "[...] da manifestação negocial ou da pontual fixação legislativa".[42] Já os deveres anexos, também denominados instrumentais, são aqueles que, devidos tanto pelo devedor, quanto pelo credor, caminham com os deveres de prestação na busca pelo adimplemento pleno da obrigação. Não nascem da manifestação da vontade, mas, sim, da boa-fé, o que lhes confere autonomia à relação principal, produzindo efeitos próprios, podendo ser examinados "[...] durante o curso ou o desenvolvimento da relação jurídica, e, em certos casos, posteriormente ao adimplemento da obrigação principal [...]".[43] São exemplos os deveres de informação, cooperação, assistência e lealdade, os quais, sendo atendidos, alimentam expectativas, resguardando, portanto, a confiança estabelecida entre os sujeitos.

Já os deveres de proteção, caracterizados como sendo "[t]odos aqueles deveres decorrentes do fato jurígeno obrigacional cujo escopo não seja, diretamente, a realização ou a substituição da prestação",[44] por seu turno, não guardam qualquer vínculo com a obrigação principal, mas, a bem da verdade, estão voltados para proteger as partes de eventuais danos que lhe sejam decorrentes – são aqueles igualmente advindos da confiança. Tem, portanto, função auxiliar:

> Nem secundária, nem instrumentalmente, nem de forma anexa podem ser confundidos com os deveres de prestação, pois o interesse que tutelam é outro: não o prestar, mas o interesse de proteção, para que, da

---

[41] "Apenas com o cumprimento das prestações principais e acessórias e a observância dos deveres de proteção, informação e cooperação haveria adimplemento, no sentido pleno do termo". EHRHARDT JÚNIOR, Marcos. *Responsabilidade civil pelo inadimplemento da boa-fé*. 2. ed. Belo Horizonte: Fórum, 2017, p. 175.

[42] MARTINS-COSTA, Judith. *A boa-fé no direito privado*: critério para a sua aplicação. 2. ed. São Paulo: Saraiva, 2018, p. 240.

[43] SILVA, Clóvis do Couto e. *A obrigação como processo*. 1964. reimp. Rio de Janeiro: FGV, 2006, p. 93.

[44] FERREIRA DA SILVA, Jorge Cesa. *A boa-fé e a violação positiva do contrato*. Rio de Janeiro: Renovar, 2002, p. 75.

relação obrigacional, e independentemente da realização da prestação, não resultem danos injustos para a contraparte.[45]

Tanto os deveres anexos quanto os deveres de proteção estão presentes desde o início da relação jurídica obrigacional, inclusive e especialmente na fase pré-contratual, momento em que se iniciam as tratativas, expõem-se interesses e expectativas, todos tutelados não por um instrumento contratual, mas sim pela boa-fé. Analiticamente, esta fase é formada por vários atos jurídicos autônomos que caminham para o mesmo fim,[46] a celebração de um contrato, os quais, um a um, contribuem progressivamente para a formação da relação jurídica contratual, perpassando, desde as negociações propriamente ditas, em que há a manifestação de interesse e troca de informações relevantes, a proposta, a aceitação e, caso necessário, o contrato preliminar – tudo para que se alcance a aquiescência entre as partes e, finalmente, instrumentalize-se o contrato.[47]

Nesse sentido, a despeito de haver autores que defendam uma mudança legislativa do referido artigo 422 do CC,[48] o qual, por sua omissão, é criticado pela doutrina por não abordar expressamente a etapa das negociações,[49] todavia entendemos que nosso sistema jurídico

---

[45] MARTINS-COSTA, Judith. *A boa-fé no direito privado*: critério para a sua aplicação. 2. ed. São Paulo: Saraiva, 2018, p. 244.

[46] "[d]entro dessa fase, os atos realizados são de diversas naturezas, todos ligados por um elemento comum: a instrumentalidade no desenvolvimento da relação contratual". GRECCO, Renato. *O momento da formação do contrato*: das negociações preliminares ao vínculo contratual. São Paulo: Almedina, 2019, p. 29.

[47] "[...] as partes discutem termos e condições do negócio, para procurar um ponto de equilíbrio entre as respectivas posições de interesses e depois para atingir a formulação de um regulamento contratual que satisfaça as exigências de ambas, e por ambas possa ser aceite. Se se consegue chegar a um tal ponto de equilíbrio, a uma tal conjugação dos interesses contrapostos, as negociações conduzem à conclusão do contrato; outras vezes, as negociações falham, e o negócio não se faz, o contrato não se conclui". ROPPO, Enzo. *O contrato*. Tradução de Ana Coimbra e M. Januário C. Gomes. Almedina: Coimbra, 2021, p. 105.

[48] Morais é um dos que sugere uma reforma legislativa do artigo 422 do CC, a qual, nas suas palavras, "[...] possibilita a expressa e ampla proteção, na legislação civil, como cláusula geral, dos deveres anexos ou laterais de conduta, de modo a fazer prevalecer a eticização jurídica. Substituímos 'contratantes' por *partes*, ampliando a incidência do dispositivo, e acrescentamos a referência, expressa, aos deveres anexos (de conduta ou de consideração) [...]". MORAIS, Ezequiel. *A boa-fé objetiva pré-contratual*: deveres anexos de conduta. São Paulo: Thomson Reuters Brasil, 2019, p. 193.

[49] "[...] o artigo 422 se limita ao período que vai da conclusão do contrato até sua execução. Sempre digo que o contrato é um 'processo', no qual há um começo, meio e fim. Temos fases contratuais – fase pré-contratual, contratual propriamente dita e pós-contratual". AZEVEDO, Antônio Junqueira de. Insuficiências, deficiências e desatualização do projeto de Código Civil na questão da boa-fé objetiva nos contratos. *Revista dos Tribunais*, São Paulo, v. 774, p. 11-17, maio 2000, p. 1-2.

como é – repleto de técnicas legislativas, tal como as cláusulas gerais[50] – já vincula, em um exercício hermenêutico sistemático, a obrigação pré-contratual. E sem elevar a boa-fé à panaceia, haja vista o risco de se ultrapassar a linha tênue que guarda com a autonomia privada,[51] igualmente invocada nessa fase das negociações como elemento também indissociável, é certo que o momento pré-contratual, ainda que não esteja protegido pelo vínculo jurídico contratual,[52] já se encontra tutelado pela boa-fé objetiva sob todas as suas dimensões funcionais, as quais devem ser observadas sob pena de responsabilização. Afinal, nas palavras de Fritz, as negociações possuem "[...] normatividade na medida em que impõem aos envolvidos a necessidade de observar diversos deveres de conduta decorrentes diretamente do princípio da boa-fé objetiva [...]".[53]

5 Conclusão

A fase pré-contratual ainda é objeto de recorrente controvérsia no direito brasileiro, haja vista que, em razão da ausência de dispositivo normativo expresso que a preveja, seus contornos e efeitos não são, de pronto, definidos, cabendo à dogmática e à jurisprudência suprimir tal lacuna. Por esse motivo, propôs-se a responder no presente trabalho se há fundamentos jurídicos que permitem falar de vinculabilidade da obrigação pré-contratual, haja vista ser momento indissociável

---

[50] "O recurso à categoria das cláusulas gerais normalmente é empregado para descrever dispositivos que apresentam significados intencionalmente vagos. Esta vagueza semântica (tipicidade mínima) permite mobilidade externa ao sistema através da incorporação de novos princípios até então não pertencentes ao próprio código". EHRHARDT JÚNIOR, Marcos. *Responsabilidade civil pelo inadimplemento da boa-fé*. 2. ed. Belo Horizonte: Fórum, 2017, p. 73.

[51] "[...] os contratos estão sujeitos a três princípios de ordem pública, que se autodelimitam reciprocamente, para manterem uma relação de difícil equilíbrio, em permanente tensão: autonomia privada, boa-fé e justiça contratual". NORONHA, Fernando. *O direito dos contratos e seus princípios fundamentais:* autonomia privada, boa-fé, justiça contratual. São Paulo: Saraiva, 1994, p. 15.

[52] "[...] não é imprescindível, para uma 'condenação' por violação de dever de conduta, nessa seara, o reconhecimento da existência de vínculo contratual. Esse é o ponto nuclear: não se trata de configurar, dogmaticamente e com refinamento, o universo conceitual, e sim de tutelar as pessoas concretamente envolvidas, tenha ou não o vínculo efeito contratual nos moldes clássicos". FACHIN, Luiz Edson. O *aggiornamento* do direito civil brasileiro e a confiança negocial. *Scientia Iuris – Revista do Curso de Mestrado em Direito Negocial da UEL*, Londrina, v. 2/3, p. 14-40, 1998, p. 24.

[53] FRITZ, Karina Nunes. *Boa-fé objetiva na fase pré-contratual:* a responsabilidade pré-contratual por ruptura das negociações. Juruá: Curitiba, 2008, p. 248.

das relações negociais, quando se estabelecem condições, termos e criam expectativas sobre o futuro contrato, sobretudo em um contexto socioeconômico cada vez mais complexo e dinâmico como o atual.

Nessa senda, apurou-se no decorrer da pesquisa, a partir da metodologia jurídica da obrigação como processo, que a relação obrigacional pode ser apreendida como uma sucessão de atos desde o contato social até a efetiva celebração de um negócio jurídico, a qual, por sua vez, é permeada por diversos deveres recíprocos, tendo como elo a confiança na conduta do outro, que nada mais é que o pressuposto da ordem jurídica.

Ato contínuo, traçou os pontos distintivos entre confiança e boa-fé no direito brasileiro, cotejando-os com a pré-contratualidade. Concluiu-se que, muito embora caminhem juntas, ambas com força normativa, não se confundem, pois o âmbito da confiança é mais amplo, é o de fundamento do direito, enquanto a boa-fé, nas mais diversas roupagens normativas, mas sobretudo como cláusula geral, tem o condão de concretizá-la, seja orientando a interpretação de negócios jurídicos, evitando comportamentos contraditórios ao direito ou, ainda, criando deveres paralelos (anexos e de proteção) à obrigação principal. Neste sentido é que se apurou, também, as dimensões funcionais da boa-fé – hermenêutica, corretora e integrativa –, em especial, a integrativa, prevista no art. 422 do CC, a qual tem o condão de criar obrigações de conduta que permeiam as obrigações de prestação, mas que igualmente devem ser cumpridas visando ao adimplemento integral, como forma de suprir lacunas textuais e/ou axiológicas, garantindo, assim, o lugar da obrigação pré-contratual na relação jurídica.

Confirma-se, à guisa de conclusão, a hipótese de que a fase das negociações, embora não prevista expressamente no referido dispositivo legal, encontra-se respaldada juridicamente tanto pelo pressuposto jurídico da confiança, quanto pela cláusula geral da boa-fé objetiva, não sendo necessária qualquer alteração legislativa para que, em caso de inadimplemento da obrigação pré-contratual, haja uma responsabilização jurídica, independente de qualquer vínculo contratual.

Referências

AZEVEDO, Antônio Junqueira de. Insuficiências, deficiências e desatualização do projeto de Código Civil na questão da boa-fé objetiva nos contratos. *Revista dos Tribunais*, São Paulo, v. 774, p. 11-17, maio 2000.

BRANCO, Gerson Luiz Carlos. A proteção das expectativas legítimas derivadas das situações de confiança: elementos formadores do princípio da confiança e seus efeitos. *Revista de Direito Privado*, São Paulo, n. 12, ano 3, p. 169-225, out./dez. 2002.

CATALAN, Marcos. *A morte da culpa na responsabilidade contratual*. 2. ed. Indaiatuba: Foco, 2019.

CHAVES, Antônio. *Responsabilidade pré-contratual*. 2. ed. São Paulo: Lejus, 1997.

CORDEIRO, António Menezes. *Da boa-fé no direito civil*. Coimbra: Almedina, 1953.

EHRHARDT JÚNIOR, Marcos. *Responsabilidade civil pelo inadimplemento da boa-fé*. 2. ed. Belo Horizonte: Fórum, 2017.

ENGISCH, Karl. *Introdução ao pensamento jurídico*. Tradução de J. Batista Machado. 10. ed. Lisboa: Fundação Calouste Gulbenkian, 2008.

FACHIN, Luiz Edson. O *aggiornamento* do direito civil brasileiro e a confiança negocial. *Scientia Iuris – Revista do Curso de Mestrado em Direito Negocial da UEL*, Londrina, v. 2/3, p. 14-40, 1998.

FERREIRA DA SILVA, Jorge Cesa. *A boa-fé e a violação positiva do contrato*. Rio de Janeiro: Renovar, 2002.

FRADA, Manuel António de Castro Portugal Carneiro da. *Teoria da confiança e responsabilidade civil*. Coimbra: Almedina, 2007.

FRITZ, Karina Nunes. *Boa-fé objetiva na fase pré-contratual:* a responsabilidade pré-contratual por ruptura das negociações. Juruá: Curitiba, 2008.

GRECCO, Renato. *O momento da formação do contrato:* das negociações preliminares ao vínculo contratual. São Paulo: Almedina, 2019.

LORENZETTI, Ricardo. Teoria sistêmica del contrato. *Revista Cadernos do Programa de Pós-Graduação em Direito PPGDir./UFRGS*, Porto Alegre, v. 1, n. 2, p. 25-49, 2003.

LUHMANN, Niklas. *Confianza*. Tradução de Amada Flores. Barcelona: Anthropos, 2005.

MARQUES, Cláudia Lima. *Contratos no Código de Defesa do Consumidor*. 6. ed. São Paulo: Revista dos Tribunais, 2011.

MARTINS-COSTA, Judith. *A boa-fé no direito privado:* critério para a sua aplicação. 2. ed. São Paulo: Saraiva, 2018.

MARTINS-COSTA, Judith. *Comentários ao novo Código Civil*. Rio de Janeiro: Forense, 2004. v. V. t. II: Do inadimplemento das obrigações.

MARTINS-COSTA, Judith. Um aspecto da obrigação de indenizar: notas para uma sistematização dos deveres pré-negociais de proteção no direito civil brasileiro. *Revista dos Tribunais*, São Paulo, v. 867, p. 11-51, jan. 2008.

MORAIS, Ezequiel. *A boa-fé objetiva pré-contratual*: deveres anexos de conduta. São Paulo: Thomson Reuters Brasil, 2019.

MOTA PINTO, Carlos Alberto da. *Teoria geral do direito civil*. 4. ed. Coimbra: Coimbra, 2005.

NALIN, Paulo. *Do contrato:* conceito pós-moderno. 2. ed. Curitiba: Juruá, 2008.

NORONHA, Fernando. *O direito dos contratos e seus princípios fundamentais:* autonomia privada, boa-fé, justiça contratual. São Paulo: Saraiva, 1994.

PEREIRA, Fábio Queiroz. *O ressarcimento do dano pré-contratual:* interesse positivo e interesse negativo. São Paulo: Almedina, 2017.

PERLINGIERI, Pietro. *O direito civil na legalidade constitucional.* Tradução de Maria Cristina De Cicco. Rio de Janeiro: Renovar, 2008.

PONTES DE MIRANDA, Francisco Cavalcanti. *Tratado de direito privado.* 3. ed. São Paulo: Revista dos Tribunais, 1984. t. XXVI.

REZZÓNICO, Juan Carlos. *Principios fundamentales de los contratos.* Buenos Aires: Astrea, 1999.

ROPPO, Enzo. *O contrato.* Tradução de Ana Coimbra e M. Januário C. Gomes. Almedina: Coimbra, 2021.

SILVA, Clóvis do Couto e. *A obrigação como processo.* 1964. reimp. Rio de Janeiro: FGV, 2006.

SILVA, De Plácido e. *Vocabulário jurídico.* 13. ed. Rio de Janeiro: Forense, 1997.

TEPEDINO, Gustavo. O papel da vontade na interpretação dos contratos. *Revista Interdisciplinar de Direito da Faculdade de Direito de Valença,* Valença, v. 16, n. 1, p. 173-189, jan./jun. 2018.

TOMASEVICIUS FILHO, Eduardo. *O princípio da boa-fé no direito civil.* São Paulo: Almedina, 2020.

VARELA, João de Matos Antunes. *Das obrigações em geral.* 10. ed. Coimbra: Almedina, 2009.

VENOSA, Sílvio de Salvo. *Direito civil:* responsabilidade civil. 16. ed. São Paulo: Atlas, 2016.

Informação bibliográfica deste texto, conforme a NBR 6023:2018 da Associação Brasileira de Normas Técnicas (ABNT):

CORTIANO JUNIOR, Eroulths; COSTA, Vivian Carla da. Boa-fé objetiva como fundamento jurídico da obrigação pré-contratual. *In:* EHRHARDT JÚNIOR, Marcos; LÔBO, Fabíola (Coord.). *Constitucionalização das relações privadas:* fundamentos de interpretação do direito privado brasileiro. Belo Horizonte: Fórum, 2023. p. 279-295. ISBN 978-65-5518-564-5.

RELAÇÃO OBRIGACIONAL COMO PROCESSO NA CONSTRUÇÃO DO PARADIGMA DOS DEVERES GERAIS DE CONDUTA[1]

MARCOS EHRHARDT JÚNIOR

1 Considerações iniciais: a relação jurídica obrigacional em sua perspectiva tradicional

Partindo da análise do direito desde sua origem no fenômeno social, da interação entre os sujeitos, vislumbra-se a relação jurídica como uma das mais importantes categorias da teoria geral do direito. Entre os tratadistas tradicionais existe uma certa uniformidade na delimitação do conceito de relação jurídica obrigacional, bem caracterizado na lição de Arnaldo Rizzardo (2007, p. 4), que define obrigação como uma relação pela qual "alguém deve cumprir determinada prestação em favor de outrem. Ou se sujeita o devedor a uma determinada prestação em prol do credor".

Para Sílvio Rodrigues (2002, p. 3-4) obrigação é o vínculo de direito pelo qual alguém (sujeito passivo) se propõe a dar, fazer ou

---

[1] Texto adaptado e revisto pelo autor, extraído da obra *Responsabilidade civil pelo inadimplemento da boa-fé*. Belo Horizonte: Fórum, 2017, p. 85-101, para o qual seja permitido remeter o leitor que busca maior aprofundamento.

não fazer qualquer coisa (objeto), em favor de outrem (sujeito ativo). Conservando a mesma orientação, Caio Mário da Silva Pereira (2004, p. 3-4) destaca que "o recurso à etimologia é bom subsídio: obrigação, do latim *ob* + *ligatio*, contém uma ideia de vinculação, de liame, de cerceamento da liberdade de ação, em benefício de pessoa determinada ou determinável".[2]

Os autores citados ressaltam em seus escritos o caráter transitório e econômico da relação, uma vez que seu adimplemento é garantido mediante o patrimônio do devedor, razão pela qual Orlando Gomes (2004, p. 17) sustentava que, encarada em seu conjunto, a relação obrigacional é "um vínculo jurídico entre duas partes, em virtude do qual uma delas fica adstrita a satisfazer uma prestação patrimonial de interesse da outra, que pode exigi-la, se não for cumprida espontaneamente, mediante agressão ao patrimônio do devedor".[3]

Sob este prisma, estudar a relação obrigacional, a partir do seu disciplinamento no Código Civil, significa apenas analisar seus elementos constitutivos, razão pela qual se distinguem o (a) elemento subjetivo, vale dizer, os sujeitos da relação jurídica (sujeito ativo ou credor e sujeito passivo ou devedor); (b) o elemento objetivo ou material, relativo ao seu objeto, que pode ser deduzido numa prestação de fazer, não fazer ou de dar, e o (c) vínculo jurídico, também denominado elemento imaterial, abstrato ou espiritual, que seria justamente o elemento que confere ao credor o direito de exigir do devedor o cumprimento da obrigação (GONÇALVES, 2009, p. 23).

Desse modo, a relação jurídica obrigacional, em sentido amplo, apresenta dupla face: é um elemento ativo do patrimônio do credor e um elemento passivo do patrimônio do devedor. O que permite afirmar que "ao direito corresponde o dever, que tem por objeto a prestação" (LÔBO, 2011b, p. 28-29). Por outro lado, em sentido estrito, tem-se *obrigação* como o dever (dívida) que pode ser exigido pelo credor.

Analisando a relação jurídica obrigacional pela ótica da teoria do fato jurídico, pode-se afirmar que o *direito* subjetivo é aquilo que

---

[2] Prossegue o referido autor destacando a ideia de vinculação presente desde os Romanos: "obligatio est iuris vinculum quo necessitate adstringimur, alicuius solvendae rei, secundum nostrae civitalis iura" (*Institutas*, Livro III, tít. 14).

[3] Para Washington de Barros Monteiro (2003, p. 8), "obrigação é a relação jurídica, de caráter transitório, estabelecida entre devedor e credor e cujo objeto consiste numa prestação pessoal econômica, positiva ou negativa, devida pelo primeiro ao segundo, garantindo-lhe o adimplemento através de seu patrimônio". Já Antunes Varela (1977, p. 58) afirma que "obrigação consiste na relação jurídica por virtude da qual uma pessoa pode exigir, no seu interesse, determinada prestação de uma outra, ficando esta vinculada ao correspondente dever de prestar".

resulta da incidência da norma com a formação do fato jurídico, que deixa um sujeito em relação de vantagem quanto a outro sujeito que, de forma correspectiva, tem um *dever* subjetivo (CATÃO, 2002). Dessa forma, surge um direito subjetivo quando, por exemplo, celebra-se um determinado negócio jurídico que permite ao sujeito satisfazer um interesse juridicamente protegido. Normalmente há, no conteúdo eficacial da relação jurídica, além do direito, a pretensão de um sujeito, que corresponde à obrigação do outro.

Em outras palavras, no direito obrigacional o credor (sujeito ativo) é aquele que tem a faculdade, reconhecida pelo sistema jurídico, de exigir do devedor (sujeito passivo) uma prestação, isto é, a realização de uma conduta, que se manifesta pelo exercício de uma obrigação de dar, fazer ou não fazer.

Dito de outro modo: "pretensão é a posição subjetiva de poder exigir de outrem alguma prestação positiva ou negativa" (PONTES DE MIRANDA, 1972, p. 52);[4] quer dizer, portanto, exigibilidade, ou seja, faculdade de se cobrar de outrem a satisfação de um interesse juridicamente reconhecido e protegido pelo ordenamento.[5]

Pontes de Miranda (1984a, p. 12), preocupado com a precisão dos conceitos, sustenta que "quem deve está em posição de ter o dever de adimplir. Pode não estar obrigado a isso. Então há o dever, e não há obrigação. [...] Crédito sem pretensão é crédito mutilado [...] Existe o crédito, porém não se pode exigir".

Numa relação jurídica obrigacional, não pode existir obrigação sem dívida (dever), que por sua vez não pode ser confundida com a *prestação*, porque esta é o objeto daquela. Vale anotar que o objeto da prestação não é a coisa em si, mas uma *ação* ou *omissão* do devedor, isto é, um dar, fazer ou não fazer.

Do mesmo modo, e considerando os fins do presente trabalho, imperioso distinguir *dívida* de *responsabilidade*.[6] Tem-se a dívida (débito,

---

[4] Razão pela qual Marcos Bernardes de Mello (2007, p. 183) afirma que a pretensão "constitui o grau de exigibilidade do direito (subjetivo) e a obrigação de submissão ao adimplemento".

[5] Vale aqui transcrever advertência de Paulo Lôbo (2011b, p. 50): "A doutrina costuma identificar a relação jurídica obrigacional na exigibilidade da prestação, ou seja, é aquela em que uma parte tem o direito de exigir uma determinada prestação e a outra tem a obrigação de cumpri-la. Mas a exigibilidade é desdobramento ou efeito da relação de crédito e débito, quando o primeiro se converte em pretensão e o segundo em obrigação em sentido estrito [...] Não se pode enxergar a relação obrigacional apenas quando a dívida se convolou em obrigação, ou quando o dever de prestar já é exigível".

[6] O tema da distinção entre dívida x responsabilidade frequentemente é retratado utilizando-se termos sinônimos. Há quem prefira *schuld, debitum, duty* ou *devoir* para se referir

dever) como o correlativo do direito do credor. Desse modo, pode o devedor, pela obrigação, responder com seu patrimônio ou parte dele, já que a responsabilidade não é pessoal, afetando-se apenas o patrimônio do sujeito passivo – e não sua liberdade – para a satisfação da dívida, desde que não se comprometa o mínimo necessário à existência da pessoa humana.[7]

No entanto, a unidade do direito das obrigações não está mais enraizada exclusivamente nos códigos civis, mas também no conjunto de princípios e regras que se elevaram à Constituição, em torno dos quais gravitam os microssistemas jurídicos que tratam das matérias a ele vinculadas (LÔBO, 2011b, p. 18).

Por essa razão, há de se considerar o texto constitucional como ápice conformador da elaboração e aplicação da legislação civil ao propiciar unidade hermenêutica[8] em relação a espaços até então considerados distintos e, por vezes, contrapostos (LÔBO, 2011b, p. 18), o que leva Paulo Luiz Neto Lôbo (2011b, p. 18) às seguintes conclusões:

> Extrai-se da Constituição brasileira, em razão dos valores incorporados em suas normas, que, no plano geral do direito das obrigações convencionais, o paradigma liberal de prevalência do interesse do credor e do antagonismo foi substituído pelo equilíbrio de direitos e deveres entre credor e devedor, não apenas na dimensão formal, da tradição dos juristas, mas, sobretudo, na dimensão da igualdade ou equivalência material, fundado no princípio da solidariedade social.

Considerando o disposto nos parágrafos anteriores, pode-se concluir que o conceito clássico de relação obrigacional[9] se revelou

---

à dívida, enquanto a noção de responsabilidade é apresentada sob a denominação de *haftung, obligatio, liability* ou *engagement*.

[7] Como bem anota Luiz Edson Fachin (2006, p. 280-281), "o mínimo não é referido pela quantidade, e pode muito além do número ou da cifra mensurável. Tal mínimo é valor e não metrificação, [...] não é menos nem é ínfimo. É um conceito apto à construção do razoável e do justo ao caso concreto, aberto, plural e poroso ao mundo contemporâneo".

[8] "Resta evidente que não se pode mais conceber, à luz de tais premissas, que a relação jurídica seja representada por um feixe de obrigações que se projetam reciprocamente entre as partes que compõem a relação jurídica num contexto de colaboração e ainda com ligações externas por conta da necessária obediência à função social do contrato" (CATALAN, 2011, p. 113).

[9] Cristiano Chaves de Farias e Nelson Rosenvald (2009, p. 11) apresentam boa síntese da uniformidade conceitual da relação jurídica obrigacional clássica, a saber: a) caráter transeunte (até mesmo porque não pode haver uma relação obrigacional perpétua, o que implicaria, como se pode extrair do seu conceito, uma verdadeira servidão humana); b) vínculo jurídico entre as partes (através do qual a parte interessada pode exigir da outra, coercitivamente, o adimplemento; c) caráter patrimonial (pois somente o patrimônio do devedor pode ser atingido, afastada a sua responsabilidade pessoal); d) prestação positiva

inadequado e insuficiente para tutelar todas as vicissitudes inerentes à visão solidarista da relação obrigacional, que não mais se limita ao resultado da soma de débito e crédito, devendo abandonar tal posição estática[10] para que o vínculo obrigacional seja visto como um processo de cooperação voltado para determinado fim.

Não se trata de alijar as partes de sua liberdade de ação, mas de conformar o seu comportamento com a dimensão social (NANNI, 2008, p. 297), pois ainda que se sofram alterações pontuais no percurso, não há perda na sua "identidade de base" (BECKER, 2010, p. 365). Dentro dessa perspectiva, "a ideia de que o vínculo obrigacional abriga, além de um débito e de um crédito, vários elementos jurídicos, suscetíveis de tratamento diferenciado e dotados de um sentido global que os transcende" (BECKER, 2010, p. 364-365), conforme será visto no item seguinte.

2 A relação jurídica obrigacional como processo

Como visto, tradicionalmente a relação jurídica obrigacional sempre foi concebida como uma estrutura unitária que se limitava a disciplinar o direito do credor ao cumprimento da prestação, contraposto ao dever do cumprimento da prestação imposto ao devedor, entendimento que, em princípio, não abrange a possibilidade de se vislumbrar em qualquer um dos partícipes da relação obrigacional a posição simultânea de credor e devedor.

Pugnando pelo tratamento da relação obrigacional como um todo, e ressaltando com tal afirmativa toda a complexidade intraobrigacional, Clóvis do Couto e Silva (2006, p. 20) anota que "mesmo adimplido o dever principal, ainda assim pode a relação jurídica perdurar como

---

ou negativa (pode ser uma conduta de dar, fazer ou não fazer). Pugnando por uma releitura da estrutura obrigacional clássica, à luz do princípio da boa-fé objetiva ver Gagliano e Pamplona Filho (2005, p. 75-77).

[10] Gustavo Tepedino, Heloísa Barbosa e Maria Celina Bodin de Moraes (2004, p. 492) anotam que "*ao mesmo* tempo que as escolas do direito civil contemporâneo conclamam a historicidade e a relatividade de seus institutos, a Teoria geral das Obrigações continua a ser tratada, difusamente, da mesma forma acrítica com que se enfrentou o tema na codificação anterior. As obrigações constituir-se-iam, segundo o entendimento tradicional, na mais bem-acabada expressão da racionalidade técnica do direito civil: uma regulação perene, definitiva". Como se verá a seguir, tal orientação não atende às necessidades da contemporaneidade.

fundamento da aquisição (dever de garantia), ou em razão de outro dever secundário independente".

Para o citado autor, os deveres anexos de conduta seriam divididos em deveres dependentes e independentes, sendo a razão do discrímen a verificação de que alguns deles "são susceptíveis de ultrapassar o término da obrigação principal, de terem assim vida própria. Em razão dessa particularidade, podem ser acionados independentemente da prestação principal" (COUTO E SILVA, 2006, p. 96).

Dentro dessa perspectiva, os figurantes da relação jurídica obrigacional devem buscar o *adimplemento satisfatório*, que decorre de múltiplas faculdades e situações que se desenvolvem de modo dinâmico ao longo de todo o *iter* da relação jurídica obrigacional, que passa a ser vista como um conjunto complexo de fases direcionadas a um fim que não se satisfaz apenas com o cumprimento do dever de prestar (HAICAL *apud* MOTA; KLOH, 2011, p. 487).

Partindo-se de tal entendimento, analisa-se o cumprimento contratual pela sua função econômico-social e não apenas pelo objeto principal da obrigação, observando-se que a partir do contato social surgem deveres relacionados à esfera jurídica do outro contratante que variam conforme as peculiaridades da situação, razão pela qual

> os deveres anexos não consistem, portanto, em elementos da relação contratual existentes *ab initio*, em *numerus clausus* e com um conteúdo fixo. A sua concretização depende da verificação de pressupostos variáveis que, à luz do fim do contrato, adquirem essa eficácia. E não só o seu aparecimento: também o seu conteúdo interno, intensidade e duração dependem das circunstâncias atuais. De certo modo, pode-se dizer que existem, potencialmente, desde o início e são atualizados à medida que se vão verificando as situações que põem em perigo a consecução do interesse no contrato. Sua fixação, portanto, somente é possível em um determinado momento temporal e sua existência independe da hipótese de sua violação, extinguindo-se com seu cumprimento ou com sua superação através de uma alteração das circunstâncias que determinaram o seu surgimento, o que os torna sem objeto. (BECKER, 2010, p. 369)

Ensina Clóvis do Couto e Silva (2006, p. 64) que tais deveres gerais independem da vontade dos envolvidos e surgem do contato social já na fase das tratativas, antes da incidência de uma norma jurídica juridicizando o negócio celebrado entre as partes.

Deve-se então analisar a relação jurídica obrigacional em sua totalidade, visualizando-a como um conjunto completo de fases direcionadas a uma finalidade, que mesmo mantendo como cerne o dever de prestar (HAICAL *apud* MOTA; KLOH, 2011, p. 448), não atingirá a sua finalidade somente pelo cumprimento desse dever, pois se passa a considerar a existência de outros deveres exigíveis dos figurantes dessa relação, que também deverão ser observados para que a satisfação seja completa.

Nesta transição de um paradigma estático para um modelo dinâmico da relação obrigacional, é necessária uma releitura da disciplina do direito obrigacional que não pode ser considerado *mero estatuto do credor*, pois, como anota Pietro Perlingieri (2008, p. 212), a obrigação não mais se identifica com o direito ou os direitos do credor, já que cada vez mais se configura como uma relação de cooperação através da qual o sujeito ativo necessita adotar uma postura de *colaboração para o adimplemento*, de modo a superar qualquer concepção de submissão para permitir que o sujeito passivo se veja liberto do vínculo (FARIAS; ROSENVALD, 2009, p. 13). O referido autor prossegue sustentando que

> A incidência constitucional se realiza de vários modos: não apenas na individualização dos conteúdos das cláusulas gerais, como a diligência, a boa-fé, a lealdade, o estado de necessidade, etc., mas sobretudo, na releitura orientada axiologicamente de toda a disciplina em que consiste a relação e, em particular, no controle de valor das ordens de interesses representadas pelo título [...] e na relevância que a peculiaridade deste último tem condições de produzir na estrutura formal da relação. (PERLINGIERI, 2008, p. 211)

Cabe então analisar o plano da eficácia[11] da relação jurídica obrigacional em toda a sua complexidade, identificando direitos e deveres primários, secundários e laterais.

---

[11] Marcos Bernardes de Mello (2003, p. 169) esclarece que "tudo o que se passa no mundo jurídico, sem exceção, é consequência (eficácia) de fato jurídico. Nele nada ocorre sem que haja um fato jurídico em sua origem. Partindo dessa premissa, tem-se a evidência que a relação jurídica é, exclusivamente, efeito de fato jurídico, sendo conceito pertinente ao plano da eficácia". Destaca o autor quatro princípios fundamentais que regem as relações jurídicas, advertindo que a (1) intersubjetividade, (2) a essencialidade do objeto e a (3) correspectividade de direito e dever, pretensão e obrigação, ação e situação de acionado e exceção e situação de excetuado são essenciais, pois a sua ausência compromete a própria existência da relação jurídica. Já o (4) princípio da coextensão de direito, pretensão e ação não seria essencial, porque pode sofrer exceções sem afetar a existência da relação jurídica. Para aprofundamento do tema, consultar Mello (2003, p. 171 e seguintes).

3 A complexidade e a evolução dogmática dos deveres laterais de conduta no plano da eficácia da relação jurídica obrigacional

Os direitos e deveres *primários* da relação jurídica obrigacional constituem seu cerne na medida em que estão relacionados ao núcleo da satisfação dos sujeitos de determinada relação jurídica, permitindo a distinção correta entre os tipos contratuais. Ao seu lado, gravitando numa relação de complementaridade, encontram-se direitos e deveres *secundários*,[12] de caráter acessório da prestação principal. Estes exercem função de garantia da plena realização dos interesses dos figurantes da relação obrigacional (interesse no cumprimento).

Entretanto, como afirmado anteriormente, a relação obrigacional vista como um processo exige a observância de outra espécie de deveres que não estão apenas relacionados ao estrito cumprimento da prestação. Trata-se dos *deveres laterais* ou *anexos*, por vezes denominados na doutrina nacional de *colaterais* (TOMASETTI JUNIOR, 1995, p. 16-17), *instrumentais* (SAVI, 2005, p. 476) ou *fiduciários* (NORONHA, 2010, p. 79-81).

O desenvolvimento de tal categoria deve-se aos trabalhos de Hermann Staub e Heinrich Stoll no enfrentamento de dificuldades que existiam da aplicação do código civil alemão antes da lei de modernização em 2000. Pelas mãos desses dois juristas, surgiu a teoria da *violação positiva do contrato*, relacionada aos deveres de cumprimento, e o desenvolvimento dos *deveres de proteção* na relação jurídica obrigacional, influenciando fortemente toda a construção doutrinária e jurisprudencial na direção da ampliação do conceito de adimplemento obrigacional.

O tratamento dogmático dos deveres laterais de conduta ultrapassou a mera exigência de proteção dos figurantes e do seu patrimônio para exigir um comportamento voltado à obtenção da plena satisfação da obrigação, abrangendo deveres de informação (esclarecimento) e de lealdade, em cuja base de sustentação está a boa-fé.

---

[12] Há quem separe os deveres secundários em diversas espécies, distinguindo os *deveres acessórios* da prestação principal (função de garantia) daqueles *deveres com prestação autônoma* (relativos a uma falha do próprio programa obrigacional), que ainda se subdividiriam em *deveres sucedâneos* (indenização por perdas e danos em virtude de inadimplemento absoluto) ou *deveres coexistentes* com a prestação principal (indenização em virtude de mora). Pelo menos na experiência brasileira, elevar a classificação dos deveres da relação obrigacional a esse nível de refinamento causaria mais transtornos do que vantagens, não se atribuindo nenhuma utilidade, no campo pragmático, à adoção de tais subdivisões (Cf. HAICAL *apud* MOTA; KLOH, 2011, p. 491-492).

O conteúdo dos deveres laterais de proteção está relacionado à exigência de que as partes evitem que sejam infligidos danos mútuos às suas esferas jurídicas. Por sua vez, os deveres laterais de esclarecimento obrigam as partes a se informarem mutuamente de todos os aspectos atinentes ao vínculo, aos quais devem ser somados os deveres de lealdade, impondo a elas a abstenção de qualquer comportamento que possa desequilibrar as prestações, como também a adoção de deveres de atuação positiva para garantir o mesmo objetivo (MENEZES CORDEIRO, 2001, p. 604-607).

Ponto importante para melhor compreensão da questão aqui posta é a distinção entre *deveres de prestação* e *deveres de proteção*, em especial quando se considera que os efeitos jurídicos de tais deveres não se restringem somente aos figurantes da relação obrigacional e por vezes são estendidos a terceiros.[13]

Mesmo que o contrato seja concluído sem nenhuma estipulação em favor de terceiro (pretensão à prestação), reconhece-se ao sujeito estranho à relação obrigacional pretensão à proteção. Como anota Gustavo Luís da Cruz Haical (*apud* MOTA; KLOH, 2011, p. 498), "o dever de prestação ancora-se na existência da relação obrigacional estabelecida, tendo seu suporte fático descrito na lei ou nos usos do tráfico quando estes são modelos jurídicos. Os deveres laterais, ao contrário, não possuem um conteúdo predeterminado, pois derivam da boa-fé objetiva".[14]

Em relação à intensidade da exigibilidade dos deveres que compõem a relação jurídica obrigacional vista como um processo, há de se notar diferenças marcantes entre os deveres de prestação (principais e secundários) e os deveres laterais de proteção, informação e lealdade. Estes não são prefixados em nenhuma espécie contratual, ao contrário

---

[13] SEGURO DE VIDA. PRAZO DE CARÊNCIA. SUICÍDIO NÃO PREMEDITADO. PRINCÍPIO DA BOA-FÉ. APLICABILIDADE DAS SÚMULAS 105/STF E 61/STJ. O planejamento do ato suicida, para fins de fraude contra o seguro, nunca poderá ser presumido. *A boa-fé é sempre pressuposta,* ao passo que a má-fé deve ser comprovada. A despeito da nova previsão legal, estabelecida pelo art. 798 do CC/02, as súmulas 105/STF e 61/STJ permanecem aplicáveis às hipóteses nas quais o segurado comete suicídio. *A interpretação literal e absoluta da norma contida no art. 798 do CC/02 desconsidera importantes aspectos de ordem pública, entre os quais se incluem a necessidade de proteção do beneficiário de contrato de seguro de vida celebrado em conformidade aos princípios da boa-fé objetiva e lealdade contratual* (REsp 959.618/RS, Rel. Ministro SIDNEI BENETI, Rel. p/ Acórdão Ministra NANCY ANDRIGHI, TERCEIRA TURMA, julgado em 7/12/2010, DJe 20/6/2011).

[14] Ao tratar dos contratos com eficácia protetiva para terceiros, Pontes de Miranda (1984a, p. 266) deixava clara sua natureza jurídica de *negócios sem pretensão à prestação,* muito embora reconhecesse que o terceiro seria titular das pretensões de diligência ou proteção. Ele ressaltava que a extensão seria da "eficácia protetiva".

dos deveres principais, que, como visto, definem a natureza e estrutura do vínculo jurídico entre as partes.

Mas não é só. Os deveres laterais são exigíveis durante todo o *iter* da relação obrigacional complexa, desde a fase pré-contratual – quando a relação jurídica entabulada entre as partes e baseada no contato social ainda não apresenta deveres de prestação, baseando-se precipuamente na confiança depositada pelos figurantes na conduta leal e honesta do outro; passando pela fase de execução e desenvolvimento do negócio, e perdurando após esta se extinguir pelo cumprimento dos deveres de prestação, já que se exige na fase pós-contratual que os figurantes assegurem a plena utilidade dos direitos adquiridos.

Tal perspectiva deve ter em conta que a complexidade da relação jurídica obrigacional não se resume à mera soma de seus elementos parcelares.[15] Dito de outro modo: a relação obrigacional vista como processo não é a simples reunião dos fatores que a integrem, pois o "feixe de relações é como todo, e não como soma" (PONTES DE MIRANDA, 1984a, p. 283).[16] Além disso, conforme advertem Cristiano Chaves e Nelson Rosenvald (2009, p. 14):

> [...] a contemporânea concepção da obrigação como processo polarizado ao adimplemento não é capaz de apagar o mérito da teoria dualista. Afinal, mesmo que acertadamente reconhecida como relação jurídica global – sob o ângulo de sua complexidade –, a obrigação ainda é ferida em sua acepção estrita – sob o ângulo de relação simples – como um vínculo que assegura ao credor exigir uma prestação. Se esta é sua essência,

---

[15] Para Mário Luiz Delgado Régis (*apud* FIUZA, 2008, p. 206), "a obrigação deve ser vista não apenas pela soma dos seus elementos constitutivos, mas como um processo, uma série de atos relacionados entre si, que se encadeiam e convergem em direção à satisfação dos interesses recíprocos do credor (em receber) e do devedor (em pagar) culminando com o adimplemento, que é a finalidade última de toda obrigação. O vínculo é apenas uma ordem de cooperação, formadora de uma unidade que não se esgota na soma dos elementos que a compõem. O vínculo passa a ter sentido próprio, diverso do que assumiria se se tratasse de pura soma de suas partes, de um compósito de direitos, deveres e pretensões, obrigações, ações e exceções. Considerado como um todo, o vínculo obrigacional não se altera ou modifica com certas alterações e modificações sofridas pelas partes. Por esse motivo, o adimplemento de um crédito determinado pode não extinguir, ou modificar, a relação jurídica. Em outras palavras, mesmo adimplindo o dever principal, ainda pode a relação jurídica perdurar como fundamento da aquisição (dever de garantia), ou em razão de outro dever secundário independente".

[16] Um exemplo, fornecido pelo próprio Pontes de Miranda, ajudará a esclarecer a afirmação: "[...] O conceito, por exemplo, de relação jurídica compra-e-venda não é conceito de relação jurídica a que corresponda dívida de prestar a coisa, mais de cuidar da coisa até a entrega, mais de não descurar da proteção jurídica da coisa; e sim o conceito de relação jurídica em que tudo isso é intrínseco".

nada melhor do que precisar a dicotomia débito/responsabilidade para compreender o cerne do processo obrigacional.

Para Menezes Cordeiro (2011, p. 586), a complexidade intraobrigacional traduz a ideia de que o vínculo obrigacional abriga "não um simples dever de prestar, simétrico a uma pretensão creditícia, mas antes vários elementos jurídicos dotados de autonomia bastante para, de um conteúdo unitário, fazerem uma realidade composta". Razão pela qual o autor sustenta que na reconstituição do conteúdo desta não se deve "estudar e alinhar os elementos que a componham; antes é de partir do todo para as partes" (MENEZES CORDEIRO, 2001, p. 590).

Por esse motivo, Judith Martins-Costa (2003, p. 8-9) aponta a necessidade de "descer do plano das abstrações ao terreno rico e multiforme do concreto", destacando a necessidade de ultrapassagem do exame puramente externo da relação obrigacional em direção a uma análise interna, vale dizer, centrada na noção de adimplemento (TEPEDINO; BARBOSA; MORAES, 2004, p. 493),[17] aqui compreendido como atuação concreta do programa obrigacional, levando-se em conta a *concretude das circunstâncias nas quais se desenvolve a relação*.

Por tal razão, os deveres derivados da boa-fé ordenam-se, assim, em graus de intensidade, dependendo da categoria dos atos jurídicos a que se ligam (COUTO E SILVA, 2006, p. 37), não sendo possível uma sistematização uniforme ou a elaboração de listas taxativas com descrição precisa de seus conteúdos, tamanha é a sua diversidade (DANTAS JUNIOR, 2008, p. 163).

4 Deveres laterais ou deveres gerais de conduta?

Fica bem evidente, da digressão acima, que a terminologia empregada pelos diversos autores para situar o fenômeno da relação jurídica obrigacional complexa não é unívoca. Ao anotar que toda obrigação recebe seu caráter distintivo através do dever primário de

---

[17] Os autores sustentam que a contemporaneidade requer uma análise "não mais centrada no método tradicional e que percebe a relação obrigacional tão-somente como um vínculo estruturado sobre dois pólos, ligados pelos co-respectivos direitos e deveres, ou seja, voltada para a descrição dos seus elementos constitutivos, visualizados *in abstracto*: os sujeitos (credor e devedor), o objeto (a prestação, o dar, fazer ou não fazer), os requisitos legais e os elementos acidentais, quando ocorrentes" (TEPEDINO; BARBOSA; MORAES, 2004, p. 493).

adimplemento, Paulo Luiz Neto Lôbo sustenta que seu conteúdo total compreende deveres de conduta mais ou menos amplos. Destaca o autor, fazendo referência ao pensamento de Larenz, que existe variada e farta terminologia para definir aqueles deveres que excedem do próprio e estrito dever de prestação, comumente denominados secundários, complementares, acessórios, conexos, laterais ou anexos (LÔBO, 2011b, p. 73).[18]

Se no início da elaboração de tal teoria a concepção clássica desses deveres de conduta só os enxergava como derivados do dever primário de adimplemento e imputáveis apenas ao devedor, a evolução do direito e, em especial, a metodologia do direito civil constitucional que vem sendo empregada em nosso país nas últimas duas décadas, alçou alguns desses deveres ao *status* de *deveres gerais de conduta*, na medida em que se impõem tanto ao devedor quanto ao credor e, em determinadas circunstâncias, a terceiros (LÔBO, 2011b, p. 74).

Sobre este tema, explica Paulo Luiz Neto Lôbo (2011b, p. 74-76) que

> Esses deveres não derivam da relação jurídica obrigacional, e muito menos do dever de adimplemento; estão acima de ambos, tanto como limites externos ou negativos, quanto como limites internos ou positivos. Derivam diretamente dos princípios normativos e irradiam-se sobre a relação jurídica obrigacional e seus efeitos, conformando e determinando, de modo cogente, assim o débito como o crédito. Os deveres gerais de conduta exigem interpretação de seus efeitos e alcances diretamente conjugada aos dos princípios de onde promanam. A compreensão de uns implica a dos outros [...] Os deveres gerais de conduta, ainda que incidam diretamente nas relações obrigacionais, independentemente da manifestação de vontade dos participantes, necessitam de concreção de seu conteúdo, em cada relação, considerados o ambiente social e as dimensões do tempo e do espaço de sua observância ou aplicação. Essa é sua característica, razão por que são insuscetíveis ao processo tradicional de subsunção do fato à norma jurídica.

Para o referido autor, em nosso sistema jurídico, seria possível definir como dever geral de conduta (a) o dever de boa-fé objetiva nas obrigações; (b) o dever de realização da função social das obrigações; (c) o dever de equivalência material das prestações; (d) o dever de equidade; (e) o dever de informar e (f) o dever de cooperar. Trata-se de postura inovadora em nossa experiência jurídica, uma vez que os

---

[18] O autor prefere denominar de "acessórias" as obrigações não autônomas que existem em função da obrigação principal, citando como exemplos a fiança, a garantia de evicção e a responsabilidade por vício do produto ou do serviço (LÔBO, 2011, p. 74).

autores nacionais costumam negar autonomia própria para os deveres de cooperação e informação, situando-os no mesmo espaço da boa-fé.

A categoria dos "deveres gerais de conduta" não foi estruturada para retirar importância da evolução doutrinária que refinou a noção da obrigação como processo, um todo orgânico dividido em deveres principais, secundários e laterais. Apresenta-se, destarte, como mais um passo desse desenvolvimento doutrinário, transcendendo a relação jurídica obrigacional, com reflexos importantes no campo da responsabilidade civil, conforme será tratado mais adiante.

Esta proposta de analisar a relação obrigacional buscando especializar outras categorias além da boa-fé também serve para refletir sobre a onipresença dela nas obras que tratam da matéria. Já se alcançou maturidade para refinar tal categoria, buscando novos desdobramentos no interesse do ótimo adimplemento.

Importante perceber que os deveres gerais de conduta, vinculados diretamente aos princípios, ultrapassam a função estrutural de auxiliares do adimplemento (LEONARDO, 2005, p. 104-105). Ao mesmo tempo, atuam como fonte e baliza de conformação no exercício de distintas posições jurídicas (CATALAN, 2011, p. 141). Afinal, como consequência do marco teórico aqui adotado, pode-se afirmar que "quem contrata não mais contrata tão só o que contrata" (FACHIN, 2008, p. 458), razão pela qual é possível sustentar que "ainda que ignorados pelos contratantes, os deveres sob análise podem assumir dimensão negativa, impedindo a invasão arbitrária da intimidade, ou positiva, ao facilitar, por exemplo, o adimplemento" (CATALAN, 2011, p. 141).

O dever de realização da função social das obrigações atua como limite positivo que conforma todo o tráfego jurídico interparticulares, embora não esteja explicitado no texto de nossa Lei Maior. Exprime o comando de que os interesses individuais devem ser exercidos sem conflito com os interesses sociais, sempre que estes se apresentarem.

Há quem vislumbre em tal dever apenas uma mitigação do clássico princípio da relatividade dos efeitos do contrato, cuja aplicação estaria adstrita a situações em que terceiros estivessem sendo prejudicados pelo que foi pactuado. A função social estaria, neste prisma, relacionada a consequências meramente externas, não surtindo nenhum efeito na relação direta entre os contratantes.[19]

---

[19] Humberto Theodoro Júnior (2003, p. 37-40), que sustenta não ser razoável "suscitar desvio de função social quando a deslealdade de um contratante prejudicar os interesses apenas do outro". A solução para os casos de abuso interindividual ficaria adstrita ao campo da boa-fé objetiva, sendo legitimado para buscar tutela jurídica do Estado apenas o lesado.

Nada obstante, prefere-se filiar à corrente que busca a funcionalização do princípio da solidariedade através do dever de realizar função social do contrato, perspectiva que prescreve compromissos em prol da comunidade, não só impondo limites, mas às vezes restringindo a própria possibilidade de contratar, com reflexos na responsabilidade contratual.[20]

Cada um dos deveres gerais aqui mencionados mereceria, por si só, um estudo específico, o que ultrapassa os objetivos deste trabalho. Buscou-se apenas contribuir para o debate e reflexão em torno de temas fundamentais para um modelo de interpretação que cada vez mais se utiliza de conceitos abertos na busca de fundamentação para o enfrentamento de questões cada vez mais complexas e casuísticas permeiam nosso cotidiano forense.

Referências

ALBUQUERQUE, Fabíola Santos. O princípio da informação à luz do código civil e do código de defesa do consumidor. In: BARROSO, Lucas Abreu (Org.). *Introdução crítica ao código civil*. Rio de Janeiro: Forense, 2006. p. 100-102.

BECKER, Anelise. Elementos para uma teoria unitária da responsabilidade civil. In: NERY JUNIOR, Nelson; NERY, Rosa Maria de Andrade (Orgs.). *Responsabilidade civil*: doutrinas essenciais, teoria geral. São Paulo: Revista dos Tribunais, 2010, v. I. p. 353-372.

CATALAN, Marcos Jorge. *A morte da culpa na responsabilidade contratual*, 2011. 347 f. Tese (Doutorado em Direito) – Faculdade de Direito da Universidade de São Paulo, 2011.

CATÃO, Adrualdo de Lima. Considerações acerca dos conceitos fundamentais da teoria geral do processo: direito subjetivo, pretensão, ação material, pretensão à tutela jurídica e remédio jurídico processual. *Jus Navigandi*, Teresina, ano 7, n. 60, nov. 2002. Disponível em: http://jus2.uol.com.br /doutrina/texto.asp?id=3483. Acesso em: 11 ago. 2009.

COUTO E SILVA, Clóvis V. *A obrigação como processo*. Rio de Janeiro: FGV, 2006.

DANTAS JUNIOR, Aldemiro Rezende. *Teoria dos atos próprios no princípio da boa-fé*. Curitiba: Juruá, 2008.

DELGADO, Mário Luiz; ALVES, Jones Figueiredo (Coords.). *Novo Código Civil*: questões controvertidas. São Paulo: Método, 2003. v. 1 a 5.

FACHIN, Luiz Edson. Contratos na ordem pública do direito contemporâneo. In: TEPEDINO, Gustavo; FACHIN, Luiz Edson (Coords.). *O direito e o tempo*: embates jurídicos e utopias contemporâneas. Rio de Janeiro: Renovar, 2008.

---

[20] Neste sentido, o parágrafo único do art. 2.035 do Código Civil, norma de ordem pública, prescreve que "nenhuma convenção prevalecerá se contrariar preceitos de ordem pública, tais como os estabelecidos por este Código para assegurar a função social da propriedade e dos contratos". Tal dispositivo aplica-se inclusive aos atos jurídicos constituídos antes da entrada em vigor do CC/02, no que concerne aos seus efeitos, produzidos após a vigência deste.

FACHIN, Luiz Edson. *Estatuto jurídico do patrimônio mínimo*. 2. ed. Rio de Janeiro: Renovar, 2006.

FARIAS, Cristiano Chaves de; ROSENVALD, Nelson. *Direito das obrigações*. 4. ed. Rio de Janeiro: Lumen Juris, 2009.

FIUZA, Ricardo. *Código Civil Comentado*. 6. ed. São Paulo: Saraiva, 2008.

GAGLIANO, Pablo Stolze; PAMPLONA FILHO, Rodolfo. *Novo curso de direito civil: Contratos*. São Paulo: Saraiva, 2005. v. IV.

GOMES, Orlando. *Contratos*. Rio de Janeiro: Forense, 2004.

GONÇALVES, Carlos Roberto. *Direito civil brasileiro:* teoria geral das obrigações. 6. ed. São Paulo: Saraiva, 2009. v. II.

LEONARDO, Rodrigo Xavier. A teoria das redes contratuais e a função social dos contratos: reflexões a partir de uma recente decisão do Superior Tribunal de Justiça. *Revista dos Tribunais*, São Paulo, v. 94, n. 832, p. 100-111, fev. 2005.

LÔBO, Paulo Luiz Neto. *Direito civil*: contratos. São Paulo: Saraiva, 2011a.

LÔBO, Paulo Luiz Neto. *Direito civil*: obrigações. São Paulo: Saraiva, 2011b.

MARTINS-COSTA, Judith. v. V, t. I: Do direito das obrigações. Do adimplemento e da extinção das obrigações. *In*: TEIXEIRA, Sálvio de Figueiredo (Coord.) *Comentários ao Novo Código Civil*. Rio de Janeiro: Forense, 2003.

MELLO, Marcos Bernardes de. *Teoria do fato jurídico*: plano da eficácia. São Paulo: Saraiva, 2003.

MELLO, Marcos Bernardes de. *Teoria do fato jurídico*: plano da existência. 14. ed. São Paulo: Saraiva, 2007.

MENEZES CORDEIRO, António Manuel da Rocha. *Da boa-fé no direito civil*. 2. reimp. Coimbra: Almedina, 2001.

MONTEIRO, Washington de Barros. *Curso de direito civil*: parte geral. 39. ed. Atualiz. Ana Cristina de Barros Monteiro Pinto. São Paulo: Saraiva, 2003. v. 1 e v. 4.

MOTA, Maurício; KLOH, Gustavo. *Transformações contemporâneas do direito das obrigações*. Rio de Janeiro: Elsevier, 2011.

NANNI, Giovanni Ettore. (Coord.) *Temas relevantes do direito civil contemporâneo*. São Paulo: Atlas, 2008.

NERY JÚNIOR, Nelson. Contratos no Código Civil. *In*: FRANCIULLI NETTO, Domingos et al. (Coord.). *O novo Código Civil:* estudos em homenagem ao Professor Miguel Reale. São Paulo: LTr, 2003.

NERY JÚNIOR, Nelson; NERY, Rosa Maria de Andrade. *Código Civil* e legislação extravagante. 2. ed. São Paulo: Revista dos Tribunais, 2003.

NERY, Rosa Maria de Andrade (coord.). *Função do direito privado no atual momento histórico*. São Paulo: Revista dos Tribunais, 2006.

NORONHA, Fernando. *Direito das obrigações*. 3. ed. São Paulo: Saraiva, 2010.

PEREIRA, Caio Mário da Silva. *Instituições de direito civil*. 20. ed. Rio de Janeiro: Forense, 2004.

PERLINGIERI, Pietro. *O direito civil na legalidade constitucional*. Edição brasileira organizada por Maria Cristina De Cicco. Rio de Janeiro: Renovar, 2008.

PERLINGIERI, Pietro. *Perfis do direito civil*: introdução ao direito civil constitucional. Trad. Maria Cristina De Cicco. 2. ed. São Paulo: Renovar, 2002.

PONTES DE MIRANDA, Francisco Cavalcanti. *Tratado das Ações*. 2. ed. São Paulo: Revista dos Tribunais, 1972. t. I.

PONTES DE MIRANDA, Francisco Cavalcanti. *Tratado de direito privado*. São Paulo: Revista dos Tribunais, 1958. v. XXV.

PONTES DE MIRANDA, Francisco Cavalcanti. *Tratado de direito privado*: parte geral. atual. Vilson Rodrigues Alves. Campinas: Bookseller, 2000. t. 5.

PONTES DE MIRANDA, Francisco Cavalcanti. *Tratado de direito privado*. São Paulo: Revista dos Tribunais, 1984a. t. XXVI.

PONTES DE MIRANDA, Francisco Cavalcanti. *Tratado de direito privado*. São Paulo: Revista dos Tribunais, 1984b. t. LIII.

RIZZARDO, Arnaldo. *Contratos*. Rio de Janeiro: Forense, 2007.

RODRIGUES, Sílvio. *Direito civil*: dos contratos e das declarações unilaterais da vontade. São Paulo: Saraiva, 2002.

SAVI, Sérgio. Inadimplemento das obrigações, mora e perdas e danos. *In*: TEPEDINO, Gustavo (Coord.). *Obrigações*: estudos na perspectiva civil-constitucional. Rio de Janeiro: Renovar, 2005.

TEPEDINO, Gustavo. (Coord.). *Obrigações*: estudos na perspectiva civil-constitucional. Rio de Janeiro: Renovar, 2005.

TEPEDINO, Gustavo. *Código Civil interpretado*: parte geral e obrigações. Rio de Janeiro: Renovar, 2004. v. 1 e 2.

TEPEDINO, Gustavo; BARBOSA, Heloisa Helena; MORAES, Maria Celina Bondin de. *Código Civil interpretado*: parte geral e obrigações. Rio de Janeiro: Renovar, 2004.

THEODORO JÚNIOR, Humberto. *O contrato e sua Função Social*. Rio de Janeiro: Forense, 2003.

TOMASETTI JUNIOR, Alcides. As relações de consumo em sentido amplo na dogmática das obrigações e dos contratos. *Revista de Direito do Consumidor*, São Paulo, n. 13, p. 12-17, jan./mar. 1995.

VARELA, J. M. Antunes. *Direito das obrigações*. Rio de Janeiro; Forense, 1977.

Informação bibliográfica deste texto, conforme a NBR 6023:2018 da Associação Brasileira de Normas Técnicas (ABNT):

EHRHARDT JÚNIOR, Marcos. Relação obrigacional como processo na construção do paradigma dos deveres gerais de conduta. *In*: EHRHARDT JÚNIOR, Marcos; LÔBO, Fabíola (Coord.). *Constitucionalização das relações privadas*: fundamentos de interpretação do direito privado brasileiro. Belo Horizonte: Fórum, 2023. p. 297-312. ISBN 978-65-5518-564-5.

INCUMPRIMENTO DAS OBRIGAÇÕES[1]

MARCOS CATALAN

Importante parcela da literatura jurídica jusprivatista pautou o estudo das vicissitudes havidas no curso do processo obrigacional tendo por foco a dicotomia *mora e inadimplemento*. Isso se deve, em boa medida, *às* escolhas feitas por Beviláqua, escolhas que acabaram reproduzidas no Código Civil vigente. Os testes aos quais o sistema dual foi submetido demonstraram a sua manifesta insuficiência no adequado tratamento das patologias que afetam o *curso expectado* das relações obrigacionais contratualmente gestadas, e não apenas delas. Prova-o a celebrada tese de Staub,[2] que segue a ser cultuada mesmo após revelar-se supérflua[3] e inconsistente frente às alternativas facultadas pelo Direito pátrio.[4]

Dito isto, nos parece que a investigação das muitas possibilidades envoltas pelo signo incumprimento impõe revolver a figura do adimplemento aqui tratado como a "realização, pelas partes e conforme seus deveres específicos, de todos os interesses envolvidos na relação

---

[1] Informe-se que muitas das notas adiante alinhavadas revisitam algumas das reflexões desenvolvidas por ocasião da pesquisa desenvolvida durante nosso doutoramento, revistas e atualizadas quando da publicação de CATALAN, Marcos. *A morte da culpa na responsabilidade contratual*. 2. ed. Indaiatuba: Foco, 2019, p. 67-89.
[2] STAUB, Hermann. *Le violazioni positive del contratto*. Tradução de Giovanni Varanese. Nápoles: Edizioni Scientifiche Italiane, 2001.
[3] MARTINEZ, Pedro Romano. *Cumprimento defeituoso*: em especial na compra e venda e na empreitada. Almedina: Coimbra, 2001, p. 65-66.
[4] *v.* CATALAN, Marcos. *A morte da culpa na responsabilidade contratual*. 2. ed. Indaiatuba: Foco, 2019, p. 87-89.

obrigacional"[5] por meio de conduta que, em concreto, possa atender à *legítima expectativa* do *accipiens*.[6] Observe-se, pois, que

> toda projeção dogmática elaborada na tentativa de simplificar os moldes delineadores do pagamento, limitando-se a descrevê-lo (a) como ato de entrega, (b) como dar, fazer ou não fazer alguma coisa ou, simplesmente, (c) como o desempenho da prestação devida, além de indolente, por dizer menos do que deve ser dito, é imprecisa, por ter sido colorida tendo em conta apenas a conduta do devedor.[7]

O incumprimento de uma obrigação abarca, portanto, tanto as situações de não realização de direitos creditícios, abrange o adimplemento ruim e, ainda, a inobservância de deveres jurídicos não negociais que usualmente remetem à cooperação, segurança, proteção, cuidado, sigilo, informação, esclarecimento e advertência, embora possam ser pinçados na normatividade que pulsa da solidariedade, da liberdade e da igualdade constitucionalmente previstas no Brasil. Em verdade, abarca o desrespeito a quaisquer dos apontados deveres mesmo que esta ocorra antes ou após a formação do contrato.

Regrado entre os arts. 389 e 393 da codificação civil brasileira, o inadimplemento, na preciosa síntese de Judith Martins-Costa, consiste na "não-realização, imputável, da prestação devida, enquanto devida".[8] A literatura jurídica tem afirmado que a sua identificação haverá de ser promovida em perspectiva objetiva, portanto sem qualquer alusão a circunstâncias com matizes subjetivos[9] e, em nosso sentir, sem que se atribua qualquer relevância à *culpa*.

A coisa prometida pode deixar de existir ou, ainda, de pertencer ao patrimônio do devedor sem ter como ser recuperada. O objeto da prestação pode, ademais, nunca ter integrado o acervo patrimonial

---

[5] SILVA, Jorge Cesa Ferreira da. *A boa-fé e a violação positiva do contrato*. Rio de Janeiro: Renovar, 2007, p. 123.

[6] CASIELLO, Juan José. El pago: concepto y esencia jurídica. *In*: GESUALDI, Dora Mariana (Coord.). *Derecho privado*. Buenos Aires: Hammurabi, 2001, p. 922.

[7] CATALAN, Marcos. *A morte da culpa na responsabilidade contratual*. 2. ed. Indaiatuba: Foco, 2019, p. 68.

[8] MARTINS-COSTA, Judith. *Comentários ao novo código civil*: do inadimplemento das obrigações. Rio de Janeiro: Forense, 2003. v. 5. t. 2. p. 84. MENEZES CORDEIRO, António Manuel da Rocha e. *Direito das obrigações*. Lisboa: Associação Acadêmica da Faculdade de Direito de Lisboa, 1986. v. 2, p. 456-457.

[9] NALIN, Paulo. *Responsabilidade civil*: descumprimento do contrato e dano extrapatrimonial. Curitiba: Juruá, 1996. p. 149-152. PACCHIONI, Giovanni. *Obbligazioni e contratti*: succinto commento al libro quarto del codice civile. Padova: CEDAM, 1950, p. 18-19.

do contratante. Uma obrigação de fazer pode não ganhar concretude e o prometido não fazer pode não ter como ser obstado. A mora pode transformar-se em inadimplemento, quando o tempo seja essencial à satisfação da expectativa creditícia; eis aí seu caráter transformista.[10] Tenho comigo que, a despeito de afirmações apontando que a impossibilidade exoneratória há de ser objetiva,[11] aspectos subjetivos que obstaculizem a conduta do devedor poderão ser-lhe equiparados,[12] como parece apontar, por exemplo, o tratamento jurídico do superendividamento no Brasil.

Referida impossibilidade deve, ainda, ser compreendida em perspectiva sociocultural, pois a leitura naturalista do fenômeno "sacrifica excessivamente"[13] o devedor, situação que parece escapar a moldura do *favor debitoris*. Eis o cenário no qual o comando extraído do artigo 393 do Código Civil deve ser compreendido. A sua configuração, aliás, exige a impossibilidade de desempenho da prestação ou, ao menos, que o interesse do credor no cumprimento se dissipe, à luz da boa-fé objetiva, diante do não desempenho, do que fora prometido, no tempo projetado para o pagamento.

Considerando-se, outrossim, que a inexecução de uma prestação pode ser atribuída à conduta do devedor, ao comportamento do credor ou a evento estranho e não imputável a um ou a outro,[14] esclareça-se que somente se ela puder ser atada à conduta do devedor é que haverá inadimplemento. Caso fruto do mau humor da *Fortuna* haverá impossibilidade, não inadimplemento.

Identificado o inadimplemento, responderá o devedor pelas perdas e danos daí decorrentes, acrescidas de juros e atualização monetária e, caso haja intervenção judicial, dos honorários do advogado do credor. A regra que emana do artigo 389 possui clareza solar. O devido a título de perdas e danos poderá ser antecipado negocialmente, por meio de cláusula penal, cautela que ajuda a lidar tanto com dificuldades probatórias nem sempre de fácil solução como com o desafio de quantificar a reparação em diversas circunstâncias.

---

[10] ASSIS, Araken de. *Resolução do contrato por inadimplemento*. 3. ed. São Paulo: Revista dos Tribunais, 1999, p. 110.
[11] SILVA, Jorge Cesa Ferreira da. *A boa-fé e a violação positiva do contrato*. Rio de Janeiro: Renovar, 2007.
[12] OSTI, Giuseppe. Revisione critica della teoria sulla impossibilità della prestazione, *Rivista di Diritto Civile*, Milano, v. 10, n. 3, p. 209-249, maio/jun. 1918, p. 216-221.
[13] IMO BIANCA, Cesare. *Diritto civile*: l'obbligazione. Milano: Giuffrè, 2006. v. 4, p. 531.
[14] JORGE, Fernando Pessoa. *Ensaio sobre os pressupostos da responsabilidade civil*. Coimbra: Almedina, 1999, p. 27.

Oportuno lembrar, enfim, que os bens do devedor, não apenas nos casos de inadimplemento, mas em quaisquer das modalidades de violação de dever contratual garantem a satisfação da dívida, evidentemente respeitadas as exceções previstas, por exemplo, na Lei do Bem de Família ou, ainda, no Código de Processo Civil e, de modo mais difuso, pinçadas normativamente na ideia de patrimônio mínimo.

Por sua vez, ligada à *memor*,[15] a falhas na memória ou, ainda, à demora, a mora consiste no atraso no pagamento de prestação que possa ser desempenhada, desde que o atraso possa ser, objetivamente, imputado a uma das partes. Se imputável ao acaso, haverá apenas retardo.

Mora haverá, assim, quando fato imputável ao devedor impeça o adimplemento no tempo, e apenas no tempo, de prestação que ainda se revele possível e, desde que siga sendo útil ao titular da posição jurídica creditícia. Também haverá mora quando fato imputável ao credor impeça o adimplemento no tempo devido.

Deve-se anotar que a codificação civil promoveu, no art. 394, o alargamento indevido dos contornos semânticos da mora. A regra codificada,[16] típica jabuticaba, repetindo o conteúdo presente no código Beviláqua,[17] trata como mora hipóteses de cumprimento em lugar diverso do ajustado e, ainda, feito de forma distinta da prevista.[18] A opção legislativa, aceita por importantes autores,[19] ultrapassa limites linguísticos intransponíveis. O legislador não pode se assenhorar da semântica. Um lápis não pode ser denominado cadeira, um morango não pode ser denominado orangotango...

Ao contrário do que ocorre no inadimplemento, a mora poderá ser purgada com o desempenho da prestação postergada no tempo, evidentemente, desde que (a) haja a cumulação do que é devido com os consectários legais ou contratuais correlatos e, ainda, (b) que o interesse do credor alcance o momento do pagamento. A purgação da mora,

---

[15] PONTES DE MIRANDA, Francisco Cavalcanti. *Tratado de Direito privado*: parte especial. 2. ed. Rio de Janeiro: Borsoi, 1958. t. 23, p. 117.

[16] Dispõe o código civil brasileiro: "Art. 394. Considera-se em mora o devedor que não efetuar o pagamento e o credor que não quiser recebê-lo no tempo, lugar e forma que a lei ou a convenção estabelecer".

[17] Artigo 955 do código civil de 1916.

[18] ALVIM, Agostinho. *Da inexecução das obrigações e suas conseqüências*. 4. ed. São Paulo: Saraiva, 1972, p. 11-12.

[19] PENTEADO, Luciano de Camargo. *Efeitos contratuais perante terceiros*. São Paulo: Quarter Latin, 2006, p. 183-184. SILVA, Jorge Cesa Ferreira da. *Inadimplemento das obrigações*: mora, perdas e danos, juros legais, cláusula penal, arras ou sinal. São Paulo: Revista dos Tribunais, 2007, p. 44.

enquanto direito formativo assegurado ao devedor, aliás, é uma de suas características mais peculiares. A mora do credor também poderá ser purgada oferecendo-se para receber o que lhe é devido, nos exatos termos do art. 401 do Código Civil.

A mora é imputável ao credor quando sua conduta retarde o pagamento. A culpa não é um requisito seu. Nos exatos termos do art. 400 da codificação civil, a *mora creditoris* "subtrai o devedor isento de dolo à responsabilidade pela conservação da coisa", obriga-o "a ressarcir as despesas empregadas em conservá-la" e o sujeita "a recebê-la pela estimação mais favorável ao devedor se o seu valor oscilar entre o dia estabelecido para o pagamento e o da sua efetivação". As consequências são pesadas e objetivam fomentar o adimplemento.

A mora do devedor consiste no atraso no desempenho da prestação prometida por fato a ele imputável. E consoante o art. 399 do Código Civil "o devedor em mora responde pela impossibilidade da prestação" mesmo quando resulte "de caso fortuito ou de força maior" havidos durante o atraso, responsabilidade afastada diante da demonstração de que o dano sobreviria se a obrigação tivesse sido desempenhada ou ante a demonstração de que houve atraso, não mora.

É interessante destacar que parte relevante da literatura jurídica pátria defende a necessidade de culpa na composição da *mora debitoris*, leitura equivocada consoante demonstramos outrora[20] mediante prova da equivocada equiparação da culpa à violação de dever de conduta e da incompreensão do papel dos fatores de atribuição na arquitetura jurídica do dever de reparar.[21] Daí que a conformação da mora pressupõe apenas que o atraso esteja atado à conduta do devedor, que ele não tenha motivo legítimo que justifique o não desempenho da prestação,[22] A presença da culpa na mora do credor, como dito, é igualmente supérflua.

---

[20] CATALAN, Marcos. *A morte da culpa na responsabilidade contratual*. 2. ed. Indaiatuba: Foco, 2019.

[21] *v.* RIZZARDO, Arnaldo. *Direito das obrigações*. Rio de Janeiro: Forense, 2000, p. 502. AZEVEDO, Álvaro Villaça. *Teoria geral das obrigações*. 10. ed. São Paulo: Atlas, 2004, p. 223. GOMES, Orlando. *Obrigações*. 9. ed. Atual. Humberto Theodoro Junior. Rio de Janeiro: Forense, 1994, p. 167.

[22] PONTES DE MIRANDA, Francisco Cavalcanti. *Tratado de Direito privado*: parte especial. 2. ed. Rio de Janeiro: Borsoi, 1958. t. 23, p. 122-127.

Cabe dizer, também, que o cumprimento imperfeito,[23] inexato,[24] defeituoso,[25] adimplemento ruim[26] ou insatisfatório[27] consiste noutra modalidade de violação de dever de prestação. Ocorrerá quando o comportamento levado a cabo pelo *solvens*, por ocasião do pagamento, não se ajuste aos pressupostos reclamados, na intersubjetividade da relação, para a produção do efeito satisfativo.[28]

O vácuo legislativo existente não impede a sua caracterização, tendo sido preenchido por sofisticada literatura jurídica que o vê caracterizado quando a prestação é desempenhada[29] sem que alcance a satisfação do *accipiens*.

O cumprimento insatisfatório pressupõe, assim, a incoincidência entre o que foi prometido e o que foi concretamente desempenhado, abarcando aspectos como o lugar do pagamento, o modo ou, ainda, a forma pela qual o cumprimento ganhou existência fenomênica. Em feliz assertiva, Eduardo Busatta anota que, nesses casos, o devedor cumpre, mas não o faz adequadamente por deixar de observar, ponto por ponto, o programa obrigacional.[30]

> A pontualidade [aqui] representa o elemento objetivo [do pagamento] na medida em que traduz a ideia de realizar-se o cumprimento da obrigação ponto por ponto, de modo a que sejam atendidas todas as obrigações e deveres – principais, secundários e (ou) laterais [sic] – estabecidos no programa contratual.[31]

---

[23] ANTUNES VARELA, João de Matos. *Das obrigações em geral*. 7. ed. Coimbra: Almedina, 1997. v. 2, p. 65.

[24] MENEZES CORDEIRO, António Manuel da Rocha e. *Direito das obrigações*. Lisboa: Associação Acadêmica da Faculdade de Direito de Lisboa, 1986. v. 2, p. 440.

[25] ANTUNES VARELA, João de Matos. *Direito das obrigações*. Rio de Janeiro: Forense, 1978. v. 2, p. 163-164.

[26] PONTES DE MIRANDA, Francisco Cavalcanti. *Tratado de Direito privado*. Rio de Janeiro: Borsoi, 1959. t. 26, p. 15.

[27] LÔBO, Paulo. *Teoria geral das obrigações*. São Paulo: Saraiva, 2005, p. 260.

[28] DIEZ-PICAZO, Luis. *Fundamentos del derecho civil patrimonial*: las relaciones obligatorias. 5. ed. Madrid: Civitas, 1996. v. 2, p. 666.

[29] MENEZES CORDEIRO, António Manuel da Rocha e. *Direito das obrigações*. Lisboa: Associação Acadêmica da Faculdade de Direito de Lisboa, 1986. v. 2, p. 440.

[30] BUSATTA, Eduardo Luiz. *Resolução dos contratos e teoria do adimplemento substancial*. São Paulo: Saraiva, 2006.

[31] SILVA, Luis Renato Ferreira da. O inadimplemento contratual na visão de Ruy Rosado: juiz e doutrinador. In: MEGARÉ, Plínio (Org.). *O direito das obrigações na contemporaneidade*. Porto Alegre: LAEL, 2014, p. 305. Curiosamente, o autor trata a pontualidade como princípio, ainda que este não o seja consoante demonstra o estado da arte.

Matizarão a figura sob análise, as hipóteses nas quais o adimplemento, aferido em sua concretude, não atenda à legítima expectativa do credor[32] por conta da incoincidência percebida entre a prestação prometida e aquela que foi efetivamente desempenhada. E desde que a patologia possa ser imputada à conduta do devedor, tal qual ocorre nas demais formas de violação de dever, dará azo a perdas e danos.

No direito brasileiro, além dos vícios do produto e do serviço, os vícios redibitórios, a perda do bem adquirido em razão da evicção, a venda mediante amostras, protótipos ou modelos na entrega de objeto distinto do expectado e, ainda, a venda *ad corpus* e *ad mensuram*, tendo em mente, aqui, as situações nas quais o bem entregue difere, para menos, em área, do que foi negocialmente prometido, são belos exemplos de cumprimento imperfeito e poderiam receber tratamento legal unificado no direito civil pátrio de modo a ampliar a proteção das vítimas e a fortalecer a harmonia interna do Direito; caminho, aliás, que enxergamos como uma manifesta e inafastável possibilidade hermenêutica.[33]

Enfim, diga-se que parte da doutrina exige que o adimplemento ruim provoque danos típicos, danos que não seriam causados pelo inadimplemento ou pela mora,[34] exigência que parece supérflua diante da arquitetura da violação de dever esboçada nestas páginas. O foco da classificação exposta está na conduta, não nas suas consequências. Ademais, a força normativa pinçada na máxima reparação de danos age de forma indireta na defesa da ideia uma vez mais apresentada ao leitor.

Por fim, tendo sido descobertos a menos tempo pela literatura jurídica pátria, há deveres que foram concebidos visando à necessidade de proteção da vida e da incolumidade psicofísica das partes vinculadas à relação obrigacional, de seus bens[35] e, eventualmente, de terceiros tocados por contratos em movimento. Referidos deveres não são fruto da autonomia privada, ainda que possam ser por ela delineados. Ante a sua natureza cogente, injuntiva e marcada pela socialidade, são

---

[32] TEPEDINO, Gustavo; BARBOZA, Heloísa Helena; MORAES, Maria Celina Bodin. *Código civil interpretado*: conforme a constituição da república. Rio de Janeiro: Renovar, 2004. v. 1, p. 693.
[33] CATALAN, Marcos. *A morte da culpa na responsabilidade contratual*. 2. ed. Indaiatuba: Foco, 2019.
[34] COSTA, Mário Júlio de Almeida. *Direito das obrigações*. 6. ed. Coimbra: Almedina, 1994, p. 928. LEITÃO, Luís Manuel Teles de Menezes. *Direito das obrigações*: transmissão e extinção das obrigações, não cumprimento e garantias do crédito. 3. ed. Coimbra: Almedina, 2005. v. 2, p. 265.
[35] GHERSI, Carlos Alberto. *Teoría general de la reparación de daños*. Buenos Aires: Astrea, 1997, p. 206-207.

inegociáveis, ainda que sua ofensa possa ser prevista e modulada por meio de cláusulas penais.

A despeito da recorrente conexão com a boa-fé objetiva delineada no artigo 422 da codificação civil brasileira, sua fonte mais conhecida,[36] emanam de variadas nascentes. O contrato, em cada uma de suas fases, nem sempre os vê pulular, embora saiba que, embora dormentes, são imanentes. Ainda que não possam ser previamente catalogados, isso não impede a sua manifestação patológica. Suas vestes andróginas, em muitas ocasiões, dificultam sua percepção também por conta das muitas formas por meio das quais poderão se apresentar ao mundo.

Ao considerar-se, também, que "quem contrata não mais contrata tão só o que contrata",[37] os deveres aqui explorados poderão assumir dimensão negativa para impedir a invasão arbitrária da intimidade de qualquer um dos contratantes ou um viés explicitamente positivo ao impor, por exemplo, o dever de informar, advertir, esclarecer, aclarar, aconselhar...

Impressiona o número, a quantidade de expressões criadas na tentativa de qualificar os deveres explorados ao longo destas breves páginas. Dentre as mais usuais merecem ser lembradas as alusões a deveres laterais,[38] acessórios,[39] anexos,[40] colaterais,[41] regras secundárias de conduta,[42] deveres instrumentais,[43] deveres fiduciários[44] e deveres

---

[36] STIGLITZ, Rubén. El principio de buena fe. In: GESUALDI, Dora Mariana (Coord.). Derecho privado. Buenos Aires: Hammurabi, 2001, p. 512-513.

[37] FACHIN, Luiz Edson. Contratos na ordem pública do direito contemporâneo. In: TEPEDINO, Gustavo; FACHIN, Luiz Edson (Coord.). O direito e o tempo: embates jurídicos e utopias contemporâneas. Rio de Janeiro: Renovar, 2008, p. 458.

[38] OLIVEIRA, Ubirajara Mach de. A harmonização formal do direito da venda internacional de mercadorias no âmbito da Convenção de Viena de 1980 e o standard da boa-fé, Revista da Faculdade de Direito Ritter dos Reis, Porto Alegre, v. 4, p. 97-124, mar./jul. 2001.

[39] ANTUNES VARELA, João de Matos. Das obrigações em geral. 7. ed. Coimbra: Almedina, 1997. v. 2, p. 130.

[40] SILVA, Jorge Cesa Ferreira da. A boa-fé e a violação positiva do contrato. Rio de Janeiro: Renovar, 2007, p. 75.

[41] TOMASETTI JUNIOR, Alcides. As relações de consumo em sentido amplo na dogmática das obrigações e dos contratos, Revista de Direito do Consumidor, São Paulo, n. 13, p. 12-17, jan./mar. 1995, p. 16-17.

[42] STIGLITZ, Rubén. El principio de buena fe. In: GESUALDI, Dora Mariana (Coord.). Derecho privado. Buenos Aires: Hammurabi, 2001, p. 503-516.

[43] SAVI, Sérgio. Inadimplemento das obrigações, mora e perdas e danos. In: TEPEDINO, Gustavo (Coord.). Obrigações: estudos na perspectiva civil-constitucional. Rio de Janeiro: Renovar, 2005, p. 476.

[44] NORONHA, Fernando. Direito das obrigações. São Paulo: Saraiva, 2004. v. 1, p. 79-81.

gerais de respeito e de diligência.[45] No mundo hispânico são conhecidos como *deveres de seguridade*.[46]

Aludidos deveres ultrapassam a função estrutural e para além de serem auxiliares do adimplemento, produzem efeitos que obrigam o devedor, o credor e, mesmo, a terceiros, reverberando em nível contratual e paracontratual[47] por todo o processo obrigacional, sendo

> exigíveis durante todo o iter da relação obrigacional complexa, desde a fase pré-contratual – quando a relação jurídica entabulada entre as partes e baseada no contato social ainda não apresenta deveres de prestação, baseando-se precipuamente na confiança depositada pelos figurantes na conduta leal e honesta do outro –, passando pela fase de execução e desenvolvimento do negócio e perdurando após esta se extinguir pelo cumprimento dos deveres de prestação, já que se exige na fase pós-contratual que os figurantes assegurem a plena utilidade dos direitos adquiridos.[48]

Registre-se, antes de encerrar estas brevíssimas reflexões, que tais deveres, nitidamente, atuam como fonte e baliza de conformação do exercício de distintas posições jurídicas agindo, assim, como importantes *nudges* a fomentar tanto o cumprimento do contrato como, especialmente, a tutela das pessoas que de alguma forma estejam a ele vinculadas ou sejam por ele alcançadas.

Referências

ALVIM, Agostinho. *Da inexecução das obrigações e suas conseqüências*. 4. ed. São Paulo: Saraiva, 1972.

ANTUNES VARELA, João de Matos. *Das obrigações em geral*. 7. ed. Coimbra: Almedina, 1997. v. 2.

ANTUNES VARELA, João de Matos. *Direito das obrigações*. Rio de Janeiro: Forense, 1978. v. 2.

---

[45] JORGE, Fernando Pessoa. *Ensaio sobre os pressupostos da responsabilidade civil*. Coimbra: Almedina, 1999, p. 71-102.
[46] PICASSO, Sebastián. *La singularidad de la responsabilidad contractual*. Buenos Aires: Abeledo Perrot, 2012.
[47] LEONARDO, Rodrigo Xavier. A teoria das redes contratuais e a função social dos contratos: reflexões a partir de uma recente decisão do Superior Tribunal de Justiça, *Revista dos Tribunais*, São Paulo, v. 94, n. 832, p. 100-111, fev. 2005, p. 104-105.
[48] EHRHARDT JÚNIOR, Marcos. Relação obrigacional como processo na construção do paradigma dos deveres gerais de conduta e suas consequências. *Revista da Faculdade de Direito da UFPR*, Curitiba, n. 47, p. 29-64, 2008, p. 149.

ASSIS, Araken de. *Resolução do contrato por inadimplemento*. 3. ed. São Paulo: Revista dos Tribunais, 1999.

AZEVEDO, Álvaro Villaça. *Teoria geral das obrigações*. 10. ed. São Paulo: Atlas, 2004.

BUSATTA, Eduardo Luiz. *Resolução dos contratos e teoria do adimplemento substancial*. São Paulo: Saraiva, 2006.

CASIELLO, Juan José. El pago: concepto y esencia jurídica. *In*: GESUALDI, Dora Mariana (Coord.). *Derecho privado*. Buenos Aires: Hammurabi, 2001.

CATALAN, Marcos. *A morte da culpa na responsabilidade contratual*. 2. ed. Indaiatuba: Foco, 2019.

COSTA, Mário Júlio de Almeida. *Direito das obrigações*. 6. ed. Coimbra: Almedina, 1994.

DIEZ-PICAZO, Luis. *Fundamentos del derecho civil patrimonial*: las relaciones obligatorias. 5. ed. Madrid: Civitas, 1996. v. 2.

EHRHARDT JÚNIOR, Marcos. Relação obrigacional como processo na construção do paradigma dos deveres gerais de conduta e suas consequências. *Revista da Faculdade de Direito da UFPR*, Curitiba, n. 47, p. 29-64, 2008.

FACHIN, Luiz Edson. Contratos na ordem pública do direito contemporâneo. *In*: TEPEDINO, Gustavo; FACHIN, Luiz Edson (Coord.). *O direito e o tempo*: embates jurídicos e utopias contemporâneas. Rio de Janeiro: Renovar, 2008.

GHERSI, Carlos Alberto. *Teoría general de la reparación de daños*. Buenos Aires: Astrea, 1997.

GOMES, Orlando. *Obrigações*. 9. ed. Atual. Humberto Theodoro Junior. Rio de Janeiro: Forense, 1994.

JORGE, Fernando Pessoa. *Ensaio sobre os pressupostos da responsabilidade civil*. Coimbra: Almedina, 1999.

LEITÃO, Luís Manuel Teles de Menezes. *Direito das obrigações*: transmissão e extinção das obrigações, não cumprimento e garantias do crédito. 3. ed. Coimbra: Almedina, 2005. v. 2.

LEONARDO, Rodrigo Xavier. A teoria das redes contratuais e a função social dos contratos: reflexões a partir de uma recente decisão do Superior Tribunal de Justiça, *Revista dos Tribunais*, São Paulo, v. 94, n. 832, p. 100-111, fev. 2005.

LÔBO, Paulo. *Teoria geral das obrigações*. São Paulo: Saraiva, 2005.

MARTINEZ, Pedro Romano. *Cumprimento defeituoso*: em especial na compra e venda e na empreitada. Almedina: Coimbra, 2001.

MARTINS-COSTA, Judith. *Comentários ao novo código civil*: do inadimplemento das obrigações. Rio de Janeiro: Forense, 2003. v. 5. t. 2.

MASSIMO BIANCA, Cesare. *Diritto civile*: l'obbligazione. Milano: Giuffrè, 2006. v. 4.

MENEZES CORDEIRO, António Manuel da Rocha e. *Direito das obrigações*. Lisboa: Associação Acadêmica da Faculdade de Direito de Lisboa, 1986. v. 2.

NALIN, Paulo. *Responsabilidade civil*: descumprimento do contrato e dano extrapatrimonial. Curitiba: Juruá, 1996.

NORONHA, Fernando. *Direito das obrigações*. São Paulo: Saraiva, 2004. v. 1.

OLIVEIRA, Ubirajara Mach de. A harmonização formal do direito da venda internacional de mercadorias no âmbito da Convenção de Viena de 1980 e o *standard* da boa-fé, *Revista da Faculdade de Direito Ritter dos Reis*, Porto Alegre, v. 4, p. 97-124, mar./jul. 2001.

OSTI, Giuseppe. Revisione critica della teoria sulla impossibilità della prestazione, *Rivista di Diritto Civile*, Milano, v. 10, n. 3, p. 209-249, maio/jun. 1918.

PACCHIONI, Giovanni. *Obbligazioni e contratti*: succinto commento al libro quarto del codice civile. Padova: CEDAM, 1950.

PENTEADO, Luciano de Camargo. *Efeitos contratuais perante terceiros*. São Paulo: Quarter Latin, 2006.

PICASSO, Sebastián. *La singularidad de la responsabilidad contractual*. Buenos Aires: Abeledo Perrot, 2012.

PONTES DE MIRANDA, Francisco Cavalcanti. *Tratado de Direito privado*: parte especial. 2. ed. Rio de Janeiro: Borsoi, 1958. t. 23.

PONTES DE MIRANDA, Francisco Cavalcanti. *Tratado de Direito privado*. Rio de Janeiro: Borsoi, 1959. t. 26.

RIZZARDO, Arnaldo. *Direito das obrigações*. Rio de Janeiro: Forense, 2000.

SAVI, Sérgio. Inadimplemento das obrigações, mora e perdas e danos. *In*: TEPEDINO, Gustavo (Coord.). *Obrigações*: estudos na perspectiva civil-constitucional. Rio de Janeiro: Renovar, 2005.

SILVA, Jorge Cesa Ferreira da. *A boa-fé e a violação positiva do contrato*. Rio de Janeiro: Renovar, 2007.

SILVA, Jorge Cesa Ferreira da. *Inadimplemento das obrigações*: mora, perdas e danos, juros legais, cláusula penal, arras ou sinal. São Paulo: Revista dos Tribunais, 2007.

SILVA, Luis Renato Ferreira da. O inadimplemento contratual na visão de Ruy Rosado: juiz e doutrinador. *In*: MEGARÉ, Plínio (Org.). *O direito das obrigações na contemporaneidade*. Porto Alegre: LAEL, 2014.

STAUB, Hermann. *Le violazioni positive del contratto*. Tradução de Giovanni Varanese. Nápoles: Edizioni Scientifiche Italiane, 2001.

STIGLITZ, Rubén. El principio de buena fe. *In*: GESUALDI, Dora Mariana (Coord.). *Derecho privado*. Buenos Aires: Hammurabi, 2001.

TEPEDINO, Gustavo; BARBOZA, Heloísa Helena; MORAES, Maria Celina Bodin. *Código civil interpretado*: conforme a constituição da república. Rio de Janeiro: Renovar, 2004. v. 1.

TOMASETTI JUNIOR, Alcides. As relações de consumo em sentido amplo na dogmática das obrigações e dos contratos, *Revista de Direito do Consumidor*, São Paulo, n. 13, p. 12-17, jan./mar. 1995.

Informação bibliográfica deste texto, conforme a NBR 6023:2018 da Associação Brasileira de Normas Técnicas (ABNT):

CATALAN, Marcos. Incumprimento das obrigações. *In*: EHRHARDT JÚNIOR, Marcos; LÔBO, Fabíola (Coord.). *Constitucionalização das relações privadas*: fundamentos de interpretação do direito privado brasileiro. Belo Horizonte: Fórum, 2023. p. 313-323. ISBN 978-65-5518-564-5.

ADIMPLEMENTO SUBSTANCIAL E SUA INTERLOCUÇÃO COM A CONSTITUCIONALIZAÇÃO DO DIREITO PRIVADO

FABÍOLA LÔBO

1 Considerações iniciais

O instituto do adimplemento substancial, embora não esteja previsto na legislação civil, se faz presente tanto na jurisprudência, como na doutrina.

Para melhor compreensão do instituto do adimplemento substancial, impõem-se considerações prévias acerca da teoria clássica da relação jurídica obrigacional, assentada nos princípios liberais dos contratos, quais sejam: autonomia da vontade, da força obrigatória dos contratos e da relatividade subjetiva dos efeitos contratuais.

A autonomia da vontade, em sua máxima expressão da liberdade, impunha a condição da não intervenção estatal nas relações privadas. O contrato deveria ser cumprido integralmente, independentemente de qualquer alteração superveniente que alterasse a base negocial.

Os efeitos do contrato são restritos aos sujeitos da relação, na condição de credor e devedor. Aquele com o direito de exigir o cumprimento da obrigação e este com o dever de prestá-la em favor daquele. A finalidade da relação jurídica obrigacional concentra-se no adimplemento, também chamado de cumprimento voluntário da prestação pelo devedor, visando à satisfação do interesse do credor e resultando na extinção da relação entre as partes.

Em sentido contrário, o inadimplemento seria o devedor descumprir com o seu dever de prestar (prestação), quer na modalidade absoluta (inadimplemento) ou relativa (mora), para com o credor. Consequentemente, abre-se para a parte lesada pelo inadimplemento a possibilidade de pedir a resolução do contrato e ao devedor o ônus de suportar as consequências da cláusula resolutiva.

Portanto, na configuração clássica da relação obrigacional só restam duas possibilidades ao devedor, quais sejam: adimplir ou inadimplir. Tal polarização reflete a chamada perspectiva estática e verticalizada da relação obrigacional, no sentido de enxergar e posicionar o devedor, em uma situação de subordinação frente ao credor.

Inobstante a tentativa de intocabilidade desta configuração clássica, alguns novos paradigmas foram paulatinamente sendo incorporados e impactando na própria essência da relação e na forma de interpretação dos negócios jurídicos.

O encastelamento da codificação civil de 1916, lastreado na pretensa construção legislativa autossuficiente para regular as relações privadas, com primazia do princípio da autonomia da vontade, foi perdendo a força frente à crescente intervenção estatal na ordem econômica. Processo que redundou na regulação da ordem econômica, pela Constituição Federal de 1934 (art. 115), impulsionando a chamada constitucionalização do direito privado e demarcando com mais clareza a passagem do Estado Liberal para o Estado Social no direito brasileiro.

O Estado Social é exigente da conformação dos princípios liberais aos princípios sociais (boa-fé objetiva, função social e equivalência material). Como consequência da incidência destes princípios na relação jurídica obrigacional, revela-se um novo contorno, que limita positivamente a autonomia da vontade, com a irradiação dos efeitos, para além das partes, ao mesmo tempo que também busca garantir a manutenção do equilíbrio contratual, na hipótese de quebra da base do negócio.

A adoção da técnica da interpretação do direito privado brasileiro conforme a Constituição Federal decorre do processo de constitucionalização, mediante a aplicação imediata dos princípios constitucionais às relações jurídicas privadas, visando privilegiar os interesses sociais em detrimento dos interesses meramente individuais dos sujeitos. É neste cenário de funcionalização das relações contratuais que a aplicação do instituto do adimplemento substancial se insere.

2 O adimplemento substancial na perspectiva da relação jurídica de cooperação entre as partes

Como dito acima, a relação jurídica foi abalada em sua essência, quando da transição da concepção insular, que lhe era própria, para inserir-se em uma configuração lastreada na generalidade e na cooperação, ou seja, a relação obrigacional abandonou a exclusividade da prestação principal para identificá-la, conjuntamente, com a observância aos deveres gerais de conduta, impostos às partes. Esta perspectiva se extrai da obra clássica *A obrigação como processo*, de Clóvis do Couto e Silva.[1]

Nestes termos, a relação jurídica obrigacional passa a ser vista como um todo, compreendendo a prestação principal e mais os deveres gerais de conduta, entre os quais o dever das partes de agirem em todas as fases da relação em conformidade com os princípios sociais, em especial com o princípio da boa-fé objetiva.

Para o supracitado autor, a relação jurídica deve ser tratada em sua totalidade, nos seguintes termos:

> A relação obrigacional pode ser entendida em sentido amplo ou em sentido estrito. *Lato sensu* abrange todos os direitos, inclusive os formativos, pretensões e ações, deveres (principais e secundários dependentes e independentes), obrigações, exceções, e ainda posições jurídicas. *Stricto sensu* dever-se-á defini-la tomando em consideração os elementos que compõem o crédito e o débito [...].
> A inovação, que permitiu tratar a relação jurídica como uma totalidade, realmente orgânica, veio do conceito do vínculo como uma ordem de cooperação, formadora de uma unidade que não se esgota na soma dos elementos que a compõem.
> Dentro dessa ordem de cooperação, credor e devedor não ocupam mais posições antagônicas, dialéticas e polêmicas. Transformando o status em que se encontravam, tradicionalmente, devedor e credor, abriu-se espaço ao tratamento da relação obrigacional como um todo.
> Se o conjunto não fosse algo de orgânico, diverso dos elementos ou das partes que o formam, o desaparecimento de um desses direitos ou deveres, embora pudesse não modificar o sentido de vínculo, de algum modo alteraria a sua estrutura.[2]

---

[1] SILVA, Clóvis do Couto e. *A obrigação como processo*. São Paulo: José Bushatsky, 1976, p. 7.
[2] Cf. SILVA, Clóvis do Couto e. *A obrigação como processo*. São Paulo: José Bushatsky, 1976, p. 8-9.

Tal arejamento contribuiu para a compreensão da relação jurídica obrigacional, matizada no sentido de coordenação de interesses das partes. Dessa forma, não é mais apenas o interesse do credor que deve ser satisfeito, mas o interesse do devedor também precisa ser levado em consideração.

Este modelo coordenado ou também denominado de horizontalidade dos interesses, a partir da inserção de outros elementos que passam a ser considerados, reduz a ideia clássica de superioridade de credor frente ao devedor. Neste cenário entra em questão a perquirição das razões que motivaram o inadimplemento do devedor. Alie-se a isto o gradativo reconhecimento que a obrigação necessita ser vista como um processo cujas fases se interligam.

Busca-se a perquirição objetiva das causas do inadimplemento do devedor, a partir de fatos, mitigando os efeitos imediatos da cláusula resolutiva, ao tempo que passa a considerar todas as vertentes (principais e acessórias) integrantes da relação obrigacional. Portanto, a aplicação do instituto do adimplemento substancial fortalece a importância de se compreender a relação jurídica obrigacional, dotada de dinamicidade própria, em conformidade com os princípios sociais, a fim de garantir a conservação do contrato.

3 A mitigação da cláusula resolutiva ante o adimplemento substancial

Como sabido, todo contrato bilateral traz ínsita a cláusula resolutiva, expressa (opera de pleno direito) ou tácita (mediante interpelação judicial), cuja materialização se verifica mediante o inadimplemento de uma das partes (art. 474 do CC/2002). A codificação ao tratar da cláusula resolutiva, como uma das modalidades de extinção do contrato, prescreve que: "a parte lesada pelo inadimplemento pode pedir a resolução do contrato, se não preferir exigir-lhe o cumprimento, cabendo, em qualquer dos casos, indenização por perdas e danos" (art. 475).

Na doutrina, Orlando Gomes, ao tratar da resolução dos contratos, afirmava que fazia parte da essência dos contratos sinalagmáticos e comparava "a um remédio concedido à parte prejudicada com o inadimplemento para romper o vínculo contratual". Não obstante, ponderava que o remédio só se justificava quando o não cumprimento tivesse importância considerável.³ "O adimplemento substancial é um adimplemento tão próximo ao resultado final que, tendo-se em vista a conduta das partes, exclui-se o direito de resolução, mas atribui-se um direito de indenização ao credor."⁴

Judith Martins-Costa, acerca do adimplemento substancial afirma que:

> No adimplemento substancial o essencial da prestação foi cumprido, sendo substancialmente satisfeito o interesse do credor que, ao pedir a resolução em virtude de incumprimento que não interfere no proveito que tira da prestação, não exerce interesse considerado digno de tutela jurídica para o drástico efeito resolutório.⁵

Augusto Cézar Lukascheck Prado, acerca da cláusula resolutiva, assim se manifesta:

> a doutrina do adimplemento substancial, em princípio, é aplicada, no âmbito do direito contratual, de forma a impedir o exercício inadmissível de posição jurídica, porquanto veda o exercício do poder formativo resolutivo sem a observância da boa-fé objetiva, inserindo-se, ademais, nas hipóteses de vedação ao manejo de poderes-sanção por faltas insignificantes em que se verifica a desproporcionalidade entre a vantagem auferida pelo titular e o sacrifício imposto pelo exercício a outrem.⁶

Portanto, a resolução contratual nem sempre se afigura como a solução mais adequada, justa e desejada pelas partes, fazendo-se necessária a configuração objetiva do inadimplemento fundamental como requisito para a incidência da cláusula resolutiva e dos efeitos correspondentes. Aspecto esse que enseja a necessidade de ponderar no caso concreto a configuração do inadimplemento fundamental, ao mesmo tempo que afasta os rigores da resolução do contrato decorrente do inadimplemento.

Repise-se que, apesar da falta de exatidão no adimplemento, o interesse do credor foi satisfeito, pois o essencial da prestação foi

---

³ GOMES, Orlando. *Contratos*. 17. ed. Rio de Janeiro: Forense, 1997, p. 171.
⁴ SILVA, Clóvis do Couto. O princípio da boa-fé no direito brasileiro e português. *In*: FRADERA, Vera Maria Jacob de. *O direito privado brasileiro na visão de Clóvis do Couto e Silva*. Porto Alegre: Livraria do Advogado, 1997, p. 45 e 55.
⁵ MARTINS-COSTA, Judith. *Comentários ao Novo Código Civil*. Rio de Janeiro: Forense, 2003, v. V, t. 1, p. 112.
⁶ PRADO, Augusto Cézar Lukascheck. STJ avança na delimitação do adimplemento substancial (parte 2). *Consultor Jurídico*, 18 jun. 2018. Disponível em: https://www.conjur.com.br/2018-jun-18/direito-civil-atual-stj-avanca-delimitacao-adimplemento-substancial-parte.

cumprido. Ao lançar mão do adimplemento substancial, o credor não perderá direito ao restante do crédito. Ao contrário, ele "poderá valer-se de meios menos gravosos e proporcionalmente mais adequados à persecução do crédito remanescente, mas não a extinção do contrato".[7] Entretanto, é importante demarcar que o adimplemento substancial não deve ser "estimulado a ponto de inverter a ordem lógico-jurídica e subjacente aos negócios jurídicos contratuais que considera o integral e regular cumprimento do contrato o meio esperado e extinção das obrigações".[8]

4 Os princípios sociais do contrato como fundamento de aplicação do adimplemento substancial

Enfatiza-se que a aplicação do instituto do adimplemento substancial decorre diretamente do manejo dos princípios sociais do contrato às relações jurídicas privadas.

O Código Civil de 2002, no título destinado ao negócio jurídico, comanda que os negócios jurídicos devem ser interpretados conforme a boa-fé e os usos do lugar de sua celebração (art. 113). Já a normativa voltada às disposições gerais dos contratos é no sentido de que a liberdade contratual será exercida nos limites da função social do contrato (Redação dada pela Lei nº 13.874, de 2019 – art. 421) e os contratantes são obrigados a guardar, assim na conclusão do contrato, como em sua execução, os princípios de probidade e boa-fé (art. 422).

A parte final da codificação, no parágrafo único do art. 2.035, determina que: "nenhuma convenção prevalecerá se contrariar preceitos de ordem pública, tais como os estabelecidos por este Código para assegurar a função social da propriedade e dos contratos." No rol dos princípios previstos no art. 170 da CF/88 há a defesa do consumidor. Por conseguinte, a legislação consumerista é trazida à baila, em particular o art. 4º III,[9] que retrata o intercâmbio com a normativa constitucional.

---

[7] STJ. REsp 1.200.105-AM. Rel. Min. Paulo de Tarso Sanseverino, 3ªT. DJe 27.06.2012.
[8] STJ. REsp 1.581.505. Ministro. Antonio Carlos Ferreira. 4ª Turma, 2016.
[9] CDC – Art. 4º, III - harmonização dos interesses dos participantes das relações de consumo e compatibilização da proteção do consumidor com a necessidade de desenvolvimento econômico e tecnológico, de modo a viabilizar os princípios nos quais se funda a ordem econômica (art. 170, da Constituição Federal), sempre com base na boa-fé e equilíbrio nas relações entre consumidores e fornecedores;

A referência a este arcabouço jurídico é exatamente para demarcar a manutenção dos princípios sociais na legislação brasileira, bem como para ratificar que esta ambiência principiológica é determinante para a aplicação do instituto do adimplemento substancial. Tal consideração se faz necessária para reforçar a importância da aplicação dos princípios às relações jurídicas contratuais, ao mesmo tempo fazer frente aos intentos liberais, insertos na Declaração de Direitos de Liberdade Econômica (Lei nº 13.874/2019).

A lei em comento promoveu inclusão redacional nos artigos 113 e 421 da codificação civil. De clareza indiscutível, a finalidade da lei é a proteção da livre iniciativa e a garantia de livre mercado, com base no livre exercício de atividade econômica, com a garantia da atuação do Estado como agente normativo e regulador, ou seja, a intervenção subsidiária e excepcional do Estado, ou a intervenção mínima estatal sobre o exercício de atividades econômicas prevalecendo para a interpretação do negócio jurídico o sentido que for confirmado pelo comportamento das partes posterior à celebração do negócio (art. 113, §1º, I). Relativamente ao artigo 421, destaque para a dicção do parágrafo único, ao dispor que nas relações civis e empresariais presumem-se paritários e simétricos os contratos (art. 421-A) e respaldado na autonomia da vontade as partes negociantes poderão estabelecer parâmetros objetivos para a interpretação das cláusulas negociais e de seus pressupostos de revisão ou de resolução (art. 421-A, I).

Vê-se a pressão econômica para libertar-se das "amarras estatais", mediante o protagonismo dado à autonomia da vontade, em contraposição ao papel coadjuvante estatal com a consequente premissa da força obrigatória dos contratos civis e empresariais. Apesar da imposição econômica, há de se ter claro que a vigência daquela lei especial não exclui a aplicação das demais bases legais referenciadas anteriormente, pois nenhum daqueles dispositivos foram revogados, o que resulta na interpretação dos contratos realizada em harmonia com o sistema jurídico. Ressalte-se, ainda, a aproximação entre a codificações civil e consumerista, ao menos no que "concerne a seus princípios e fundamentos básicos".[10] Este diálogo se revela principalmente através do parágrafo único do art. 2.035 e do art. 4º III - CC e CDC respectivamente, com o art. 170 da Constituição Federal.

---

[10] LÔBO, Paulo. Princípios sociais dos contratos no Código de Defesa do Consumidor e no novo Código Civil. *Revista de Direito do Consumidor*, São Paulo, n. 42, p. 187-195, abr./jun., 2002, p. 190.

O STF, em julgamento de Ação Direita de Inconstitucionalidade nº 1950-3/SP, enfrentou o sentido dado pela normativa constitucional ao tratar de ordem econômica, resultando no seguinte entendimento:

> é certo que a ordem econômica na Constituição de 1988 define opção por um sistema no qual joga um papel primordial a livre iniciativa. Essa circunstância não legitima, no entanto, a assertiva de que o Estado só intervirá na economia em situações excepcionais.[11]

Linha de compreensão ratificado por Paulo Lôbo:

> O art. 170 da CF/88 é a tutela explícita da ordem econômica e social e estabelece que toda a atividade econômica – e o contrato é o instrumento dela – está submetida aos princípios nele previstos. [...]
> Toda atividade econômica grande ou pequena, que se vale dos contratos para a consecução de suas finalidades, somente poderá ser exercida "conforme os ditames da justiça social" (CF, art. 170). Conformidade não significa apenas limitação externa, mas orientação dos contratos a tais fins. Em outras palavras, a atividade econômica é livre, no Brasil, mas deve ser orientada para realização da justiça social. É neste quadro amplo que se insere o princípio da função social dos contratos.[12]

A função social do contrato pode também ser invocada na perspectiva da solidariedade contratual, ou seja, com base na eficácia interna da função social o contrato deve ser bom e justo para ambos os contratantes.

Mais uma vez renova-se a imprescindibilidade da manutenção e aplicação dos princípios sociais como fundamentos do instituto do adimplemento substancial. A mesma cognição extrai-se do Enunciado nº 361 do CJF: "O adimplemento substancial decorre dos princípios gerais contratuais, de modo a fazer preponderar a função social do contrato e o princípio da boa-fé objetiva, balizando a aplicação do art. 475." Enunciado proposto por Jones Figueiredo Alves, cuja justificativa enfatiza a necessária conservação do negócio jurídico. "Este é celebrado, pois interessa aos contratantes. As partes não contratam almejando que o contrato seja extinto sem o seu cumprimento. A conservação é a regra no sistema".[13]

---

[11] STF. Ação Direta de Inconstitucionalidade 1950-3. São Paulo, publicado em 03/11/2005.
[12] LÔBO, Paulo. *Direito civil*: contratos. 9. ed. São Paulo: Saraiva, 2023. v. 3, p. 63-64.
[13] CONSELHO DA JUSTIÇA FEDERAL. Enunciados, IV Jornada de Direito Civil, 2012. Disponível em: https://www.cjf.jus.br/cjf/corregedoria-da-justica-federal/centro-de-

Portanto, o efeito da cláusula resolutória do contrato, decorrente do inadimplemento contratual, precisa ser apreciado em conformidade com os princípios sociais do contrato. Na maioria das vezes, a resolução não contempla uma decisão justa e nem sempre é a solução esperada pelas partes envolvidas, cuja expectativa é a conservação do contrato.

De acordo com a orientação do STJ, a teoria do adimplemento substancial, "tem por fundamento a cláusula geral do art. 187 do Código Civil, mercê da qual é possível se limitar o exercício de um direito subjetivo que se apresente dissociado da boa-fé objetiva".[14]

> A teoria do substancial adimplemento visa impedir o uso desequilibrado do direito de resolução por parte do credor, preterindo desfazimentos desnecessários em prol da preservação da avença, com vistas à realização dos aludidos princípios. Assim, tendo ocorrido um adimplemento parcial da dívida muito próximo do resultado final daí a expressão "adimplemento substancial", limita-se o direito do credor, pois a resolução direta do contrato mostrar-se-ia um exagero, uma demasia. E o rompimento do pacto não se ajusta às exigências de índole social ou pautadas pela boa-fé. restringir o direito do credor à resolução contratual previsto no artigo 475 do CC/02 (art. 1.092, § único, do CC/16), tendo por fundamento a função de controle do princípio da boa-fé objetiva.[15]

5 A configuração do adimplemento substancial

Após contextualizar o adimplemento substancial inserido no modelo de relação jurídica de cooperação, com a mitigação dos efeitos da cláusula resolutiva e sua aplicação lastreada nos princípios sociais do contrato, pode-se compreendê-lo como um meio de impedir abusos e tutelar os interesses das partes, ao mesmo tempo que assegura a manutenção do contrato.

Paulo Lôbo afirma que: "inverte-se a primazia do inadimplemento para o adimplemento ou satisfação objetiva e essencial do crédito, segundo o princípio da conservação do negócio jurídico".[16]

---

estudos-judiciarios-1/publicacoes-1/jornadas-cej/EnunciadosAprovados-Jornadas-1345.pdf.

[14] STJ. REsp 1200105/AM, Rel. Min. Paulo de Tarso Sanseverino, 3ª T., DJe 27.06.2012.

[15] FERREIRA, Antônio Carlos A interpretação da doutrina do adimplemento substancial (Parte 2). *Consultor Jurídico*, 29 jun. 2015. Disponível em: www.conjur.com.br/2015-jun-29/direito-civil-atual-interpretacao-doutrina-adimplemento-substancial-parte 2.

[16] LÔBO, Paulo. *Direito civil*: obrigações. 6. ed. São Paulo: Saraiva, 2018, p. 217.

Temos então que a aplicação do adimplemento substancial se contrapõe ao sentido de inadimplemento fundamental. Tendo por premissa, para sua aplicação que, embora o pagamento realizado não tenha se dado conforme o esperado, mas na situação concreta, constata-se um pagamento muito próximo do valor total da dívida. Consequentemente, incabível desconsiderar, a satisfação da prestação obtida pela parte credora.

A grande questão é estabelecer no caso concreto o que configurará um adimplemento substancial e afaste o inadimplemento fundamental e vice-versa. Indiscutivelmente, trata-se de um conceito aberto que desafia a doutrina na assunção do protagonismo de estabelecer critérios objetivos e balizadores daquele conteúdo.

A propósito, as contribuições de Anelise Becker:

> Começou-se a cogitar, então, da gravidade do incumprimento para efeitos de outorga da resolução, como forma de proteger a contraparte. E a noção de adimplemento substancial surgiu da inversão do ponto de vista do julgador que, de apreciar a gravidade a partir da inexecução, passou a considerar a execução, a fim de determinar se ela satisfazia em substância a totalidade das obrigações estipuladas, apesar de sua imperfeição. [...]
> O inadimplemento é fundamental quando o essencial da prestação não foi cumprido, pelo que não foram atendidos os interesses do credor, facultando-se lhe a resolução do negócio. Neste caso, esta é legítima porque ele se estará protegendo da possibilidade de adimplindo integralmente, ver-se privado da contraprestação, o que comprometeria a economia do contrato e ensejaria o enriquecimento ilícito do devedor inadimplente. [...]
> O inadimplemento ou o adimplemento inútil são causas de desequilíbrio porque privam uma das partes da contraprestação a que tem direito. Por isso se lhe concede o direito de resolução. Como medido preventiva. Mas, para que haja efetivamente um desequilíbrio, algo que pese na reciprocidade das prestações é necessário que tal inadimplemento seja significativo a ponto de privar substancialmente o credor da prestação a que teria direito.[17]

---

[17] BECKER, Anelise. A doutrina do adimplemento substancial no direito brasileiro e em perspectiva comparativista. *Revista da Faculdade de Direito UFRGS*, Porto Alegre, v. 9, n. 1, p. 60-77, nov. 1993, p. 63.

Vera Maria Jacob de Fradera utiliza-se da Convenção de Viena sobre Contratos de Compra e Venda Internacional de Mercadorias,[18] para fins de caracterização do inadimplemento fundamental:

> Para que se tenha uma compreensão exata do conceito de inadimplemento fundamental, é preciso examiná-lo vinculado a duas outras expressões, quais sejam: prejuízo substancial e imprevisibilidade, critérios utilizados quando se aplica o mencionado conceito [...].
> Ocorrendo inadimplemento, ele será fundamental se disser respeito a uma obrigação fundamental do contrato, e acarretar ao prejudicado, seja ele o comprador ou o vendedor, um prejuízo substancial [...]
> A caracterização de um dano como substancial ou não, dependerá do juiz e da interpretação do caso concreto, mas ligado às expectativas da parte prejudicada, levando em consideração não os sentimentos da parte, sim os termos do contrato.
> A quebra do contrato para uma das partes é fundamental se dela resulta um prejuízo para a outra parte a ponto de privá-la daquilo que podia esperar do contrato, a menos que a parte inadimplente não pudesse prever, e uma pessoa razoável, da mesma espécie e nas mesmas circunstâncias, não tivesse podido prever tal resultado.[19]

Neste sentido, novamente trazemos as considerações de Anelise Becker.

É possível concluir que se fazem necessárias três circunstâncias para que determinado adimplemento possa ser considerado como substancial. A primeira delas é proximidade entre o efetivamente realizado e aquilo que estava previsto no contrato. A segunda, é que a prestação imperfeita satisfaça os interesses do credor. A terceira (questionável se considerar-se o adimplemento substancial apenas sob uma ótica objetivista) refere-se ao esforço, diligência do devedor em adimplir integralmente.[20]

---

[18] BRASIL. Decreto nº 8.327, de 16 de outubro de 2014. Promulga a Convenção das Nações Unidas sobre Contratos de Compra e Venda Internacional de Mercadorias – Uncitral – firmada pela República Federativa do Brasil, em Viena, em 11 de abril de 1980. Art. 25 - A violação ao contrato por uma das partes é considerada como essencial se causar à outra parte prejuízo de tal monta que substancialmente a prive do resultado que poderia esperar do contrato, salvo se a parte infratora não tiver previsto e uma pessoa razoável da mesma condição e nas mesmas circunstâncias não pudesse prever tal resultado.

[19] Cf. FRADERA, Vera Maria Jacob de. O conceito de inadimplemento fundamental do contrato no artigo 25 da lei Internacional sobre vendas, da Convenção de Viena de 1980. *Revista Direito, Estado e Sociedade*, Rio de Janeiro, n. 9, p. 127-145, ago./dez. 1996. Disponível em: www.puc_rio.br/sobrepuc/depto/direito/revista/online.

[20] Cf. BECKER, Anelise. A doutrina do adimplemento substancial no direito brasileiro e em perspectiva comparativista. *Revista da Faculdade de Direito UFRGS*, Porto Alegre, v. 9, n. 1, p. 60-77, nov. 1993, p. 63.

Na mesma direção, Augusto Cézar Lukascheck Prado:

> Há outros critérios traçados pela doutrina nacional para se perquirir a existência ou não do adimplemento substancial, quais sejam: a) o grau de satisfação do interesse do credor, ou seja, a prestação imperfeita deve satisfazer seu interesse; b) a comparação entre o valor da parcela descumprida com o valor do bem ou do contrato; c) o esforço e a diligência do devedor em adimplir integralmente; d) a manutenção do equilíbrio entre as prestações correspectivas; e) a existência de outros remédios capazes de atender ao interesse do credor com efeitos menos gravosos ao devedor; e f) a ponderação entre a utilidade da extinção da relação jurídica obrigacional e o prejuízo que adviria para o devedor e para terceiros a partir da resolução.[21]

Precedentemente,[22] em investigação acerca da temática, debruçamo-nos sobre um julgado de contrato de seguro-saúde, de relatoria do então Ministro Ruy Rosado, que até os dias atuais é referenciado no STJ como paradigmático, ementado e fundamentado, respectivamente, nos seguintes requisitos para a aplicação do adimplemento substancial.

> SEGURO. Inadimplemento da segurada. falta de pagamento da última prestação. Adimplemento substancial. Resolução. A companhia seguradora não pode dar por extinto o contrato de seguro, por falta de pagamento da última prestação do prêmio, por três razões: a) sempre recebeu as prestações com atraso, o que estava, aliás, previsto no contrato, sendo inadmissível que apenas rejeite a prestação quando ocorra o sinistro: b) a segurada cumpriu substancialmente com a sua obrigação, não sendo a sua falta suficiente para extinguir o contrato; c) a resolução do contrato deve ser requerida em juízo, quando será possível avaliar a importância do inadimplemento, suficiente para a extinção do negócio.

> A existência de expectativas legítimas geradas pelo comportamento das partes; b) o pagamento faltante há de ser ínfimo em se considerando o total do negócio; c) deve ser possível a conservação da eficácia do negócio sem prejuízo ao direito do credor de pleitear a quantia devida pelos meios ordinários.[23]

---

[21] PRADO, Augusto Cézar Lukascheck. STJ avança na delimitação do adimplemento substancial (parte 2). *Consultor Jurídico*, 18 jun. 2018. Disponível em: https://www.conjur.com.br/2018-jun-18/direito-civil-atual-stj-avanca-delimitacao-adimplemento-substancial-parte.

[22] ALBUQUERQUE, Fabíola Santos. O instituto do adimplemento substancial e suas repercussões na teoria clássica da relação jurídica obrigacional. *Revista da ESMAPE*, Recife, v. 10, n. 21, p. 181-196, jan./jun. 2005.

[23] STJ. REsp. 76.362-MT. Ministro Ruy Rosado. 4ª T. 1995. Precedente no mesmo sentido. STJ. REsp. 293.722 – SP. Rel. Ministra Nancy Andrighi. 3ª T, 2001.

Exemplificativamente, colacionamos outro julgado, proferido pela mesma Corte, com a linha de fundamentação muito próxima ao do anterior:

> Se a prestação realizada sem proveito para o credor em razão do momento em que verificada configura descumprimento da obrigação – isto é, verdadeiro inadimplemento –, da mesma forma, aquela realizada igualmente sem proveito para o credor em razão do modo como executada deve ser também considerada inadimplemento.[24]

6 Parâmetros objetivos de aplicação e afastamento do adimplemento substancial na jurisprudência

A partir da análise de alguns julgados identificamos como critério qualitativo, aplicáveis na casuística, a configuração da parcela ínfima, "como elemento objetivo para caracterizar o adimplemento substancial associada a óbices criados pelo próprio credor."

Não obstante a tentativa do Superior Tribunal de Justiça de estabelecer uma orientação uniforme e objetiva para a aplicação do adimplemento substancial no sentido que, "o montante já pago pelo devedor deve alcançar patamar considerável em relação à dívida, de forma a não onerar ou penalizar o credor",[25] a divergência permanece, e como exemplo colacionamos o entendimento do TJ-AM, segundo o qual, para aplicação do adimplemento substancial "é necessário o patamar de cumprimento de pelo menos 80% do valor do contrato".[26] Em sentido contrário, o TJ-PA deixou de aplicar o instituto, considerando que: "no caso dos autos não restou configurado o adimplemento substancial, visto que o agravado adimpliu apenas 80% do valor contratado".[27]

Prado, em análise semelhante dos julgados sobre a temática, no âmbito do STJ, também identificou a utilização de outro critério quantitativo, obstativo, da incidência da cláusula resolutiva, referente ao decaimento mínimo e aponta alguns precedentes, consolidado neste parâmetro. São eles:

---

[24] STJ. REsp 1731193/ SP. Relator Ministro Moura Ribeiro 3ª Turma, 2020.
[25] FERREIRA, Antônio Carlos A interpretação da doutrina do adimplemento substancial (Parte 2). *Consultor Jurídico*, 29 jun. 2015. Disponível em: www.conjur.com.br/2015-jun-29/direito-civil-atual-interpretacao-doutrina-adimplemento-substancial-parte 2.
[26] TJ-AM. Ap. Civ. 0624903-40.2015.8.04.0001- (Data de publicação: 03/12/2017)
[27] TJ-PA. Agravo de Instrumento AI 00110327920168140000. Data de publicação: 24/04/2018.

a) atraso na última parcela (REsp 76.362/MT); b) inadimplemento de 2 parcelas (REsp 912.697/GO); c) inadimplemento de valores correspondentes a 20% do valor total do bem (REsp 469.577/SC); d) inadimplemento de 10% do valor total do bem (AgRg no AgREsp 155.885/MS); e e) inadimplemento de 5 parcelas de um total de 36, correspondendo a 14% do total devido (REsp 1.051.270/RS).[28]

Revisando a temática, constatamos uma ampliação nas matérias que foram apreciadas à luz do adimplemento substancial. Afirmativa embasada também nas considerações abaixo:

> É perceptível que houve um alastramento de seu uso (adimplemento substancial) para outras espécies contratuais, o que deve ser objeto de especial atenção pelos agentes econômicos e pelos operadores do Direito. Dentre os casos decididos pelos órgãos colegiados do STJ encontram-se as seguintes modalidades negociais: a) contrato de fornecimento (contrato administrativo) - Resp. 914087-RJ; b) contrato de seguro de automóvel (Resp. 76.362-MT); c) contrato de promessa de compra e venda (Resp. 113.710-SP, Resp. 1.215.289-SP, AgRg no AgResp 13.256-RJ); d) contrato securitário no âmbito da previdência privada com aquisição de cobertura de pecúlio por morte (Resp 877.965-SP); e) contrato de doação com reserva de usufruto (Resp. 656.103-DF); f) alienação fiduciária em garantia (Resp. 1.287.402-PR, Resp. 469.577-SC, Ag Rg no AgResp 204.701-SC, Resp. 272.739-MG); g) contrato de arrendamento mercantil (Resp. 1.200.105-AM, Resp. 1.051.270-RS); h) contrato de compra e venda (Resp. 712.173-RS).[29]

Recentemente, para além das relações contratuais, analisamos a dissertação de mestrado apresentada perante o PPGD/UFAL, cuja proposta central recaía na defesa da "Aplicação da teoria do adimplemento substancial na recuperação judicial da empresa no direito brasileiro".[30]

Apesar da jurisprudência do STJ ter consolidado o entendimento que na fundamentação jurisprudencial do instituto do adimplemento

---

[28] PRADO, Augusto Cézar Lukascheck. STJ avança na delimitação do adimplemento substancial (parte 2). *Consultor Jurídico*, 18 jun. 2018. Disponível em: https://www.conjur.com.br/2018-jun-18/direito-civil-atual-stj-avanca-delimitacao-adimplemento-substancial-parte.

[29] FERREIRA, Antônio Carlos A interpretação da doutrina do adimplemento substancial (Parte 2). *Consultor Jurídico*, 29 jun. 2015. Disponível em: www.conjur.com.br/2015-jun-29/direito-civil-atual-interpretacao-doutrina-adimplemento-substancial-parte 2.

[30] OLIVEIRA, Filipe Nicholas Moreira Cavalcante de. *Aplicação da teoria do adimplemento substancial na recuperação judicial da empresa no direito brasileiro*. 2022. 63 p. Dissertação (Mestrado em Direito) – Programa de Pós-Graduação, da Faculdade de Direito da Universidade Federal de Alagoas, Maceió, 2022.

substancial é frequente sua utilização como instrumento de "realização dos princípios da boa-fé e da função social do contrato",[31] esta consideração é passível de nota crítica, ao tempo que também denota uma contradição da Corte, quando afasta a aplicação do adimplemento substancial, mesmo restando demonstrado, no caso concreto, uma violação aos princípios supramencionados.

Outro aspecto merecedor de crítica é reconhecer o avanço da aplicação do adimplemento substancial mas, no entanto, em temas ainda mais relevantes à sociedade, é afastado. Para ilustrar evocamos o processo de relatoria do Min. Luís Felipe Salomão, pertinente à dívida de alimentos, para quem é cabível aplicar o adimplemento substancial nas relações de família a fim de afastar a prisão civil, com base na seguinte motivação:

> Afasta-se, desta feita, o eventual exercício abusivo do direito pelo credor – a restrição da liberdade individual do devedor de alimentos, diante do descumprimento de uma ínfima parcela pelo executado, quando ainda existirem outros meios mais adequados e eficientes para pôr fim à contenda. Assim, impede-se o uso desequilibrado do direito – com a coerção pessoal – em prol da dignidade humana do alimentante que, de boa-fé, demonstra seu intento de saldar a obrigação, dando concretude ao finalismo ético buscado pelo ordenamento jurídico, impedindo o cerceamento da liberdade em razão de dívida insignificante.

Este posicionamento encontra-se em harmonia com a previsão do art. 139, IV, do Código de Processo Civil de 2015, o qual foi alvo de declaração de constitucionalidade pelo plenário do STF,[32] que prevê a possibilidade do magistrado determinar todas as medidas necessárias para assegurar o cumprimento de ordem judicial, inclusive nas ações que tenham por objeto prestações pecuniárias, a exemplo do confisco da Carteira Nacional de Habilitação, bloqueio de cartão de crédito e apreensão de passaporte. Neste sentido, a Quarta Turma do STJ

---

[31] OLIVEIRA, Filipe Nicholas Moreira Cavalcante de. *Aplicação da teoria do adimplemento substancial na recuperação judicial da empresa no direito brasileiro*. 2022. 63 p. Dissertação (Mestrado em Direito) – Programa de Pós-Graduação, da Faculdade de Direito da Universidade Federal de Alagoas, Maceió, 2022.

[32] JUIZ pode aplicar medidas alternativas para assegurar cumprimento de ordem judicial. STF, 9 fev. 2023. Disponível em: https://portal.stf.jus.br/noticias/verNoticiaDetalhe.asp?idConteudo=502102.

confirmou decisão de segunda instância, relativa à apreensão de passaporte de devedor de alimentos.[33]

Infelizmente, a tese defendida pelo Min. Salomão não prosperou e o entendimento majoritário firmado pela Quarta Turma do Superior Tribunal de Justiça (STJ) foi no sentido contrário:

> A Teoria do Adimplemento Substancial, de aplicação estrita no âmbito do direito contratual, somente nas hipóteses em que a parcela inadimplida revela-se de escassa importância, não tem incidência nos vínculos jurídicos familiares, revelando-se inadequada para solver controvérsias relacionadas a obrigações de natureza alimentar. O colegiado negou habeas corpus a um devedor de pensão alimentícia que contestava a decisão do tribunal estadual de mantê-lo em prisão civil, mesmo após o pagamento parcial da dívida, sob o fundamento que o pagamento parcial da obrigação alimentar não afasta a possibilidade da prisão civil.[34]

O STJ, nos contratos de alienação fiduciária, a partir da verificação na casuística dos requisitos anteriormente mencionados, admitia a incidência do adimplemento substancial. Nesta toada, o julgado assim ementado:

> Alienação Fiduciária. Busca e apreensão. Falta da última prestação. Adimplemento substancial. O cumprimento do contrato de financiamento, com a falta apenas da última prestação, não autoriza o credor a lançar mão da ação de busca e apreensão, em lugar da cobrança da parcela faltante.
> O adimplemento substancial do contrato pelo devedor não autoriza ao credor a propositura de ação para a extinção do contrato, salvo se demonstrada a perda do interesse na continuidade da execução, que não é o caso. [...]. Não atende à exigência da boa-fé objetiva a atitude do credor que desconhece esses fatos e promove a busca e apreensão, com pedido liminar de reintegração de posse.[35]

---

[33] QUARTA Turma confirma apreensão de passaporte de devedor de alimentos que viajava de primeira classe ao exterior *STJ*, 29 jul. 2022. Disponível em: www.stj.jus.br/sites/portalp/Paginas/Comunicacao/Noticias/29072022-Quarta-Turma-confirma-apreensao-de-passaporte-de-devedor-de-alimentos-que-viajava-de-primeira-classe-ao-exterior.aspx.

[34] STJ. HC 439973/MG 2018/0053668-7. Rel. Min. Luís Felipe Salomão. 4ª Turma. Data do Julgamento. 16/08/2018. No mesmo sentido o AgInt no REsp 1698348 / DF Rel. Min. Antônio Carlos Ferreira. 4ª Turma. Data do Julgamento. 14/03/2018.

[35] STJ. REsp 272.739 – MG. Rel. Ministro Ruy Rosado. 4ª T. 01/03/2001. Fundamento que serviu de precedente para o julgamento no TJ-BA e para o TJ-SP TJ-BA - AI 0025377-36.2015.8.05.0000. Relator (a): Des. Moacyr Montenegro Souto, 3ªCC, Publicado em: 21/02/2017 - Ementa: Agravo De Instrumento. Ação de Busca e Apreensão. 1. Cabível a aplicação da Teoria do Adimplemento Substancial do Contrato, ante a quitação de 52 das 60 parcelas contratadas, afigurando-se desproporcional a retomada do bem

Não obstante a linha de orientação adotada no julgado acima, o STJ se distanciou daquele entendimento, optando por privilegiar a interpretação literal do Decreto-Lei nº 911/1969. Tal evidência encontra-se presente nos REsp nº 1255179/RJ,[36] REsp nº 1.622.555-MG[37] e AgInt no REsp nº 1711391/PR,[38] todos correspondendo a ação de busca e apreensão de veículos pelo inadimplemento contratual.

O primeiro recurso retrata o inadimplemento de 1 (uma) das 24 (vinte e quatro) parcelas avençadas. O Min. Moura Ribeiro (voto vencido) julgou favorável ao cabimento do adimplemento substancial, o qual segundo ele "permite a relativização dos efeitos dos contratos quando a resolução do pacto não atender aos princípios da boa-fé objetiva e função social do contrato". Entretanto o Rel. Ministro Ricardo Villas Bôas Cueva afastou a aplicabilidade do adimplemento substancial sob o argumento de que não há na legislação de regência nenhuma restrição à utilização da referida medida judicial, mesmo em hipóteses de inadimplemento meramente parcial da obrigação.

No segundo recurso o comprador deixou de pagar as quatro últimas das 48 prestações pactuadas. Para o Rel. Min. Marco Buzzi (voto vencido) a não aplicação da teoria do adimplemento substancial "representaria violação ao princípio da boa-fé, em razão da desproporcionalidade da medida imposta ao devedor." Em sentido oposto, o voto condutor do Rel. para acórdão Min. Marco Aurélio Bellize:

> A norma regente do contrato de alienação fiduciária em garantia não prevê nenhuma restrição ao uso da ação de busca e apreensão em razão da extensão da mora ou da proporção do inadimplemento. Impor-se ao credor a preterição da ação de busca e apreensão (prevista em lei, segundo a garantia fiduciária a ele conferida) por outra via judicial,

---

discutido quando o inadimplemento não é significativo. Precedentes do STJ e do TJ/BA TJ-SP Apelação nº 0002281-50.2005.8.26.0002. Rel. Des. Orlando Pistoresi. 30ª Câmara de Direito Privado, 21/05/2014. Assim, diante das peculiaridades da hipótese, reconhecido o adimplemento substancial da obrigação assumida pelo devedor fiduciante, o credor fiduciário deve perseguir a integral satisfação da dívida pelas vias próprias, excetuando-se a busca e apreensão do veículo. Em tais condições, não há como afastar-se o reconhecimento de adimplemento substancial.

[36] STJ. REsp 1255179/RJ. Ministro Ricardo Villas Bôas Cueva. 3ªT. Data do Julgamento. 25/08/2015.
[37] STJ. REsp 1.622.555-MG. Rel. Min. Marco Buzzi, Rel. para acórdão Min. Marco Aurélio Bellizze, 2ª Seção do STJ. Julgado em 22/2/2017.
[38] STJ. AgInt no REsp nº 1711391/PR (2017/0299383-1) Relator. Ministro Lázaro Guimarães (Desembargador convocado do TRF 5ª Reg. 4ªT. Data do Julgamento 24/04/2018.

evidentemente menos eficaz, denota absoluto descompasso com o sistema processual e a toda evidência aparta-se da boa-fé contratual.[39]

Deste julgado, a Segunda Seção do STJ firmou o entendimento de que "não se aplica a teoria do adimplemento substancial para a alienação fiduciária regida pelo Decreto-Lei nº 911/1969, conforme se extrai do Informativo de Jurisprudência nº 599 STJ, de 11 de abril de 2017".

No último julgado, a devedora fiduciante havia pagado 91,66% do contrato, mas ante o entendimento supra, a aplicação do adimplemento substancial tornou-se incompatível com o comando do Decreto-Lei nº 911/1969.

Dos três julgados analisados, percebe-se que mesmo diante da cabal comprovação de significativa percentualidade de adimplemento os princípios não foram observados em detrimento da aplicação da lei especial de regência.

José Fernando Simão, em dura e correta crítica, se manifesta contra a linha de entendimento adotada pela 2ª Segunda Sessão do STJ, demonstrando que os fundamentos utilizados na decisão vão de encontro a toda a construção do princípio da boa-fé. E continua afirmando que:

> Resolver um contrato de alienação fiduciária em garantia quase todo cumprido gera um ônus enorme ao devedor que se vê privado do bem e perderá parcela importante dos valores pagos [...]. A cobrança do saldo devedor é o caminho que atende aos princípios dos contratos. O princípio permite nova leitura do texto de lei de maneira a promover sua adequação. Afirmar que a Lei Especial, por ser especial, não sofre os efeitos do princípio da boa-fé, é tese sem fundamento técnico. Lei geral e lei especial se submetem aos princípios dos contratos, ainda que estes não estivessem presentes no texto da lei geral.[40]

Por ocasião do julgamento do Recurso Extraordinário (RE) nº 382928/MG, a discussão acerca da possibilidade de busca e apreensão de bens alienados fiduciariamente foi novamente objeto de debate pela Corte Constitucional. Por maioria dos votos, o Plenário entendeu que as alterações feitas pelas Leis nºs 10.931/2004 e 13.043/2014 no Decreto-Lei nº 911/1969 "conferiram ainda mais efetividade à garantia fiduciária, o

---

[39] STJ. REsp 1.622.555-MG. Rel. Min. Marco Buzzi, Rel. para acórdão Min. Marco Aurélio Bellizze, 2ª Seção do STJ. Julgado em 22/2/2017.

[40] IMÃO, José Fernando. Adimplemento substancial e a nova orientação do STJ - E o poder dos Bancos prevaleceu. *Jornal Carta Forense*, 2 maio 2017. Disponível em: https:// professorsimao.com.br/adimplemento-substancial-e-a-nova-orientacao-do-stj-e-o-poder-dos-bancos-prevaleceu/.

que faculta ao proprietário fiduciário ou ao credor requerer a concessão de liminar de busca e apreensão."

Os fundamentos do julgado foram fixados nos mesmos moldes do julgamento do RE nº 599.698, o qual por sua vez foi aplicado em outras decisões, como no ARE nº 910.574.

Apesar de o recurso em comento não ter *status* de repercussão geral, o ministro Alexandre de Moraes propôs uma tese de julgamento para conferir maior objetividade à orientação definida, fixada nestes termos: "O artigo 3º do Decreto-Lei nº 911/1969 foi recepcionado pela Constituição Federal, sendo igualmente válidas as sucessivas alterações efetuadas no dispositivo".[41]

7 Conclusão

A relação jurídica obrigacional deve ser compreendida na dimensão de uma relação de coordenação de interesses. Dessarte, o inadimplemento da parte precisa ser perquirido objetivamente a fim de evitar abusos, pois a resolução afasta a possibilidade de manutenção do contrato, não traz a justeza contratual esperada e não é a opção mais interessante às partes.

As constantes tentativas liberais matizadas na ampla liberdade econômica e sob o argumento do desenvolvimento da economia nacional desafortunadamente encontraram eco nas Cortes Superiores (STF e STJ), principalmente com o argumento que a Constituição Federal recepcionou o Decreto-Lei nº 911/1969. Todavia, é importante ressaltar a falácia da tese que enxerga a aplicação do adimplemento substancial como um enfraquecimento ou uma deturpação do comando destinado a regulamentar a alienação fiduciária, em particular o cabimento da busca e apreensão, independentemente de qualquer circunstância, visando a uma maior garantia ao credor.

Na verdade, a aplicação do instituto do adimplemento substancial vai de encontro aos interesses econômicos, na medida em que privilegia a aplicação dos princípios da boa-fé, da função social e da conservação dos contratos e ao tempo que evita e coíbe abusos por parte do credor.

A importância e justificativa da aplicação do adimplemento substancial se revela ainda mais intensamente por ocasião dos dados

---

[41] STF. Recurso Extraordinário (RE) 382928. MG. 24/09/2020 https://portal.stf.jus.br/noticias/verNoticiaDetalhe.asp?idConteudo=452316&ori=1.

divulgados pela Federação Brasileira de Bancos. Em 2019, segundo levantamento acerca do número de contratos de financiamento de veículos a pessoas físicas, houve um aumento de 3,5% no 1º trimestre de 2019, na comparação com o mesmo período do ano anterior. O volume de recursos relacionados a esses contratos gira na ordem de R$17,2 bilhões. Ou seja, as vendas de carros e motos financiadas pelos bancos, com maior participação no setor, representam algo em torno de 75% do mercado brasileiro de financiamento. Segundo os analistas do setor, a comercialização de automóveis se sustenta no crédito bancário e fomenta o crescimento econômico. Outro recorte apontado no levantamento foi relativo à renda dos consumidores, e, surpreendentemente, a população de renda média (3 a 6 salários-mínimos) e baixa (até 3 salários-mínimos) concentram a maior parcela de contratos, 40% e 33% respectivamente.[42] Menos de um ano depois, este cenário econômico favorável foi duramente atingido com a pandemia da COVID-19, resultando que boa parte daqueles mesmos consumidores, algo em torno de 450.000 pessoas, foram afetadas diretamente por ações de busca e apreensão em todo Brasil. Situação essa que serviu de motivação para o PL nº 2.513/2020, a fim de impedir, durante a pandemia, apreensão de bem financiado por atraso no pagamento.[43]

A aplicação da lei especial não deve ser interpretada à margem do arcabouço jurídico vigente, que privilegia aqueles princípios e sem o devido diálogo com o parágrafo único do art. 2.035 do CC/2002, o art. 4º III do CDC e o art. 170 da Constituição Federal/88, principalmente porque, na grande maioria são relações consumeristas, o reconhecimento da vulnerabilidade do consumidor é comando de ordem pública. Desse modo, enfatiza-se a relevância da aplicação do adimplemento substancial e assegurar a interpretação contratual com base nos princípios da boa-fé objetiva e função social e em conformidade com a Constituição Federal, particularmente com a compreensão de que a liberdade econômica deve ser conformada positivamente aos influxos decorrentes da constitucionalização do direito privado.

---

[42] NÚMERO de contratos para financiamento de veículos a pessoas físicas cresce 3,5% no 1º trimestre. *Febraban*, 27 jun. 2019. Disponível em: https://portal.febraban.org.br/noticia/3322/pt-br/.

[43] SOUZA, Murilo. Projeto impede, durante a pandemia, apreensão de bem financiado por atraso no pagamento. *Câmara dos Deputados*, 12 maio 2020. Disponível em: https://www.camara.leg.br/noticias/660977-projeto-impede-durante-a-pandemia-apreensao-de-bem-financiado-por-atraso-no-pagamento/.

Referências

ALBUQUERQUE, Fabíola Santos. O instituto do adimplemento substancial e suas repercussões na teoria clássica da relação jurídica obrigacional. *Revista da ESMAPE*, Recife, v. 10, n. 21, p. 181-196, jan./jun. 2005.

BECKER, Anelise. A doutrina do adimplemento substancial no direito brasileiro e em perspectiva comparativista. *Revista da Faculdade de Direito UFRGS*, Porto Alegre, v. 9, n. 1, p. 60-77, nov. 1993.

BRASIL. Decreto nº 8.327, de 16 de outubro de 2014. Promulga a Convenção das Nações Unidas sobre Contratos de Compra e Venda Internacional de Mercadorias – Uncitral.

CONSELHO DA JUSTIÇA FEDERAL. Enunciados, IV Jornada de Direito Civil, 2012. Disponível em: https://www.cjf.jus.br/cjf/corregedoria-da-justica-federal/centro-de-estudos-judiciarios-1/publicacoes-1/jornadas-cej/EnunciadosAprovados-Jornadas-1345.pdf.

FERREIRA, Antônio Carlos A interpretação da doutrina do adimplemento substancial (Parte 2). *Consultor Jurídico*, 29 jun. 2015. Disponível em: www.conjur.com.br/2015-jun-29/direito-civil-atual-interpretacao-doutrina-adimplemento-substancial-parte 2.

FRADERA, Vera Maria Jacob de. O conceito de inadimplemento fundamental do contrato no artigo 25 da lei Internacional sobre vendas, da Convenção de Viena de 1980. *Revista Direito, Estado e Sociedade*, Rio de Janeiro, n. 9, p. 127-145, ago./dez. 1996. Disponível em: www.puc_rio.br/sobrepuc/depto/direito/revista/online.

GOMES, Orlando. *Contratos*. 17. ed. Rio de Janeiro: Forense, 1997.

JUIZ pode aplicar medidas alternativas para assegurar cumprimento de ordem judicial. *STF*, 9 fev. 2023. Disponível em: https://portal.stf.jus.br/noticias/verNoticiaDetalhe.asp?idConteudo=502102.

LÔBO, Paulo. *Direito civil*: contratos. 9. ed. São Paulo: Saraiva, 2023. v. 3.

LÔBO, Paulo. *Direito civil*: obrigações. 6. ed. São Paulo: Saraiva, 2018.

LÔBO, Paulo. Princípios sociais dos contratos no Código de Defesa do Consumidor e no novo Código Civil. *Revista de Direito do Consumidor*, São Paulo, n. 42, p. 187-195, abr./jun., 2002.

MARTINS-COSTA, Judith. *Comentários ao Novo Código Civil*. Rio de Janeiro: Forense, 2003, v. V, t. 1.

NÚMERO de contratos para financiamento de veículos a pessoas físicas cresce 3,5% no 1º trimestre. *Febraban*, 27 jun. 2019. Disponível em: https://portal.febraban.org.br/noticia/3322/pt-br/.

OLIVEIRA, Filipe Nicholas Moreira Cavalcante de. *Aplicação da teoria do adimplemento substancial na recuperação judicial da empresa no direito brasileiro*. 2022. 63 p. Dissertação (Mestrado em Direito) – Programa de Pós-Graduação, da Faculdade de Direito da Universidade Federal de Alagoas, Maceió, 2022.

PRADO, Augusto Cézar Lukascheck. STJ avança na delimitação do adimplemento substancial (parte 2). *Consultor Jurídico*, 18 jun. 2018. Disponível em: https://www.conjur.com.br/2018-jun-18/direito-civil-atual-stj-avanca-delimitacao-adimplemento-substancial-parte.

QUARTA Turma confirma apreensão de passaporte de devedor de alimentos que viajava de primeira classe ao exterior *STJ*, 29 jul. 2022. Disponível em: www.stj.jus.br/sites/portalp/ Paginas/Comunicacao/Noticias/29072022-Quarta-Turma-confirma-apreensao-de-passaporte-de-devedor-de-alimentos-que-viajava-de-primeira-classe-ao-exterior.aspx.

SILVA, Clóvis do Couto e. *A obrigação como processo*. São Paulo: José Bushatsky, 1976.

SILVA, Clóvis do Couto. O princípio da boa-fé no direito brasileiro e português. *In*: FRADERA, Vera Maria Jacob de. *O direito privado brasileiro na visão de Clóvis do Couto e Silva*. Porto Alegre: Livraria do Advogado, 1997.

SIMÃO, José Fernando. Adimplemento substancial e a nova orientação do STJ - E o poder dos Bancos prevaleceu. *Jornal Carta Forense*, 2 maio 2017. Disponível em: https://professorsimao.com.br/adimplemento-substancial-e-a-nova-orientacao-do-stj-e-o-poder-dos-bancos-prevaleceu/.

SOUZA, Murilo. Projeto impede, durante a pandemia, apreensão de bem financiado por atraso no pagamento. *Câmara dos Deputados*, 12 maio 2020. Disponível em: https://www.camara.leg.br/noticias/660977-projeto-impede-durante-a-pandemia-apreensao-de-bem-financiado-por-atraso-no-pagamento/.

STF. Ação Direta de Inconstitucionalidade 1950-3/ São Paulo, publicado em 03/11/2005.

STF. Recurso Extraordinário (RE) 382928. MG. 24/09/2020 Disponível em: https://portal.stf.jus.br/noticias/verNoticiaDetalhe.asp?idConteudo=452316&ori=1.

STJ - REsp 1.581.505. Relator Ministro. Antônio Carlos Ferreira. 4ª Turma, 2016.

STJ REsp 1200105/AM, Rel. Min. Paulo de Tarso Sanseverino, 3ª T., DJe 27.06.2012.

STJ. AgInt no REsp 1698348/DF. Relator. Ministro Antônio Carlos Ferreira. T4 - Quarta Turma. Data do Julgamento. 14/03/2018.

STJ. AgInt no REsp nº 1711391/PR (2017/0299383-1) Rel. Min. Lázaro Guimarães (Desembargador convocado do TRF 5ª Reg. 4ªT. Data do Julgamento 24/04/2018.

STJ. HC 439.973/MG. HABEAS CORPUS 2018/0053668-7. Relator. Ministro Luís Felipe Salomão. T4 - Quarta Turma. Data do Julgamento. 16/08/2018.

STJ. RECURSO ESPECIAL N' 76.362-MT. Ministro Ruy Rosado. 4ª T. 1995.

STJ. REsp 1.622.555-MG. Rel. Min. Marco Buzzi, Rel. para acórdão Min. Marco Aurélio Bellizze, 2ª Seção do STJ. Julgado em 22/2/2017.

STJ. REsp 1255179/RJ. Ministro RICARDO VILLAS BÔAS CUEVA. 3ªT. Data do Julgamento. 25/08/2015.

STJ. REsp 1731193/ SP. Relator. Ministro Moura Ribeiro 3ª Turma, 2020.

STJ. REsp. 293.722 – SP. Rel. Ministra Nancy Andrighi. 3ª T, 2001

TJ-AM. Ap. Civ. 0624903-40.2015.8.04.0001- Data de publicação: 03/12/2017.

TJ-BA. AI 0025377-36.2015.8.05.0000. Relator (a): Des. Moacyr Montenegro Souto, 3ªCC, Publicado em: 21/02/2017.

TJ-PA. Agravo de Instrumento AI 00110327920168140000. (Data de publicação: 24/04/2018).

Informação bibliográfica deste texto, conforme a NBR 6023:2018 da Associação Brasileira de Normas Técnicas (ABNT):

LÔBO, Fabíola. Adimplemento substancial e sua interlocução com a constitucionalização do direito privado. *In*: EHRHARDT JÚNIOR, Marcos; LÔBO, Fabíola (Coord.). *Constitucionalização das relações privadas*: fundamentos de interpretação do direito privado brasileiro. Belo Horizonte: Fórum, 2023. p. 325-347. ISBN 978-65-5518-564-5.

POR UM DIREITO EMPRESARIAL (RE) PERSONALIZADO PARA O SÉCULO XXI

JOSÉ BARROS CORREIA JUNIOR

Introdução

A sociedade humana vive há séculos em um eterno pêndulo entre segurança e liberdade, nunca parando em nenhum dos pontos e nem no equilíbrio dos dois,[1] onde a busca pela segurança pode levar a restrições de liberdade, e a busca por liberdade pode gerar insegurança.

A busca pela segurança em um mundo cada vez mais imprevisível acabou por nos levar a um estado de constante ansiedade, e que a solução para esse dilema não é simples, mas deve passar pela reflexão crítica sobre os valores que norteiam a sociedade e pela busca por formas mais equilibradas de equacionar a relação entre liberdade e segurança.

Isso não ocorre que forma distinta nas relações jurídico-empresariais. Nos últimos anos, viu-se um mundo querendo caminhar para uma redução do Estado em face das relações econômicas, mas sofrendo verdadeira virada de 180º e retornando para a segurança e influência estatal.

---

[1] A ideia é recorrente nas obras de Zygmunt Bauman, mas ganhando destaque em BAUMAN, Zygmunt; DESSAL, Gustavo. *O retorno do pêndulo*: sobre a psicanálise e o futuro do mundo líquido. Rio de Janeiro: Zahar, 2017, *passim*.

Surge, então, a dúvida se o Direito Empresarial contemporâneo segue valores de liberdade, de segurança ou ainda um equilíbrio entre ambos, mas isso só pode ser percebido com um estudo voltando alguns séculos para a compreensão da atualidade.

Ampliação das crenças individuais e a (re)personalização do Direito Empresarial

Seguindo a linha de responsabilidade como princípio, adotada por Hans Jonas,[2] verifica-se que, com o tempo, as crenças sociais passariam também a ser as crenças individuais. A empresa e o Direito Empresarial sofreriam uma revolução paradigmática, colocando o ser humano na posição central também no meio empresarial e não apenas no Direito Civil.

Alguns defendem que, diferentemente da virada de Copérnico sofrida pelo Direito Civil da segunda metade do século XX para cá, no Direito Empresarial as crenças individuais ainda seriam de índole eminentemente liberal e, com isso, seria negada a aplicação dos princípios de ordem social às relações regidas por este ramo jurídico. Isso, infelizmente, se reflete hoje no projeto de Código Comercial (Projeto de Lei nº 487/2013), que tramita no Senado, e nos Enunciados desde a I Jornada de Direito Comercial.[3] O projeto de Código Comercial (analisado na condição de mera doutrina) e os Enunciados do CJF já aprovados demonstram verdadeiro retrocesso das posturas assumidas pelo Direito privado a partir do advento da Carta de 1988.

Pelo contrário, o Judiciário e a doutrina mais contemporânea têm se dirigido à aplicação de um novo fôlego ao Direito Empresarial, tornando-o mais humano, tal qual adotado pelo Direito Civil na teoria da repersonalização. A pergunta que se faria aqui então é: no Direito Empresarial haveria uma personalização ou repersonalização?

Analisando os últimos séculos do Direito Comercial para o atual Direito Empresarial, a resposta é que o processo travado a partir da aplicação da função e Responsabilidade Social da Empresa (RSE) e

---

[2] JONAS, Hans. *O princípio responsabilidade*. Rio de Janeiro: Contraponto, 2007.
[3] BRASIL, Conselho da Justiça Federal. Enunciados da I Jornada de Direito Comercial do CJF. Disponível em: http://www.jf.jus.br/cjf/CEJ-Coedi/Enunciados%20aprovados%20 na%20Jornada%20de%20Direito%20Comercial.pdf/view?searchterm=enunciados%20comercial. Acesso em: 6 dez. 2012.

Constitucionalização do Direito Empresarial seria de repersonalização; todavia, no passado já existiram autores que defenderam uma economia mais humanizada, voltada aos interesses da sociedade. Apesar de ser conhecido e laureado como professor e escritor de Direito Comercial, o português Orlando de Carvalho foi quem primeiro escreveu sobre a teoria da repersonalização do Direito Civil, trazendo há mais de duas décadas a ideia de que o Direito Civil, conhecido como o mais patrimonialista de todos os ramos do Direito, retornasse à sua origem antropocêntrica, repersonalizando todas as suas relações e recolocando o ser humano como o fim de toda relação jurídica.

> A repersonalização do direito civil, ou a polarização da teoria em volta da pessoa, que lá se preconiza, não parte de nenhum *parti-pris* filosófico jusnaturalista ou personalista, mesmo no estilo de Mounier [...] do que se trata é pura e simplesmente de, sem nenhum compromisso com qualquer forma de liberalismo econômico e com qualquer espécie de retorno a um individualismo metafísico, repor o indivíduo e os seus direitos no topo da regulamentação *jure civile*, não apenas como o ator que aí privilegiadamente intervém, mas sobretudo, como o móbil que privilegiadamente explica a característica técnica dessa regulamentação.[4]

Quem primeiro utilizou esta expressão no Brasil sem entrar em maiores detalhes foi Edgar de Godói da Mata-Machado, ao se referir a um processo de personalismo jurídico sofrido pelo Direito Civil, definindo que o bem comum "a ser assegurado pelo direito é um bem de todos e de cada uma das partes – um bem comum de pessoas humanas" voltado à realização de interesses "que tocam aspirações mais concretas e vitais, pois derivam do próprio modo de existência do homem como participante da comunidade".[5] Um efetivo processo de revalorização da pessoa humana concreta.

> O civilista surge como um intelectual crítico, empenhado, não mais na defesa de uma classe, a burguesia, mas da pessoa e dos seus interesses inalienáveis. [...] O processo de mudança é fértil, coma proliferação legislativa, que, se de um lado representa o casuísmo jurídico, por outro atesta a preocupação do político e do jurista com o bem-estar do homem contemporâneo, não o *homo ideologicus* que motivou o direito e o Código Civil da modernidade, mas o *homo privatus*, nas suas carências

---

[4] CARVALHO, Orlando de. *A Teoria Geral da Relação Jurídica*. Coimbra: Centelha, 1981, p. 10.
[5] MATA-MACHADO, Edgar de Godoi da. *Contribuição ao personalismo jurídico*. Belo Horizonte: Del Rey, 2000, p. 234.

e nos anseios de realização dos seus valores supremos – a liberdade, a justiça e o bem comum.[6]

Ao ler a obra de Mata-Machado, Paulo Lôbo escreve sobre a repersonalização do Direito Civil no sentido de demonstrar que a evolução do Estado de ideais liberais para sociais levou também a uma transformação do Direito, partindo de um perfil patrimonialista liberal para repersonalizar as suas relações, humanizando-as novamente conforme feito no *Welfare State*.

> A repersonalização reencontra a trajetória da longa história da emancipação humana, no sentido de repor a pessoa humana como centro do direito civil, passando o patrimônio ao papel de coadjuvante, nem sempre necessário. [...] O desafio que se coloca aos civilistas *é* a capacidade de ver as pessoas em toda sua dimensão ontológica e, por meio dela, seu patrimônio. Impõe-se a materialização dos sujeitos de direitos, que são mais que apenas titulares de bens. A restauração da primazia da pessoa humana, nas relações civis, *é* a condição primeira de adequação do direito *à* realidade e aos fundamentos constitucionais.[7]

O que se verifica é que a repersonalização não tira a importância do patrimônio para o Direito. Pelo contrário, continua sendo importante objeto de estudo e proteção do Direito, bem como verdadeiro instrumento de realização da pessoa, mas de nada adianta a sua proteção sem que se tenha em mente que antes dele virão os seres humanos, as atuais e futuras gerações. Disso se aprofundam ideias como a função social da propriedade, dos contratos e da empresa, sem perder de vista outros princípios como a boa-fé objetiva e o solidarismo jurídico.

> Da erupção do sistema individualista chegou-se à função social. [...] Os contratos, especialmente os de adesão, recebem a presença do interesse público, atento às cláusulas abusivas.
> A plena autonomia ao poder da vontade, a propriedade subsumindo e resumindo todos os direitos e a concepção transpessoal, patriarcal e hierarquizada da família: são valores que realmente não se mantiveram incólumes.[8]

---

[6] Natalino Irti *apud* AMARAL NETO, Francisco. Transformação dos sistemas positivos a descodificação do Direito Civil brasileiro. *Separata da Revista O Direito*, Coimbra, a. 129, v. 1, n. 2, p. 29-51, 1997.

[7] LÔBO, Paulo Luiz Netto. Constitucionalização do Direito Civil. *Revista de Informação Legislativa*, local de publicação, v. 36, n. 141, p. 99-109, jan./mar. 1999, *passim*.

[8] FACHIN, Luiz Edson. *Teoria crítica do Direito Civil*. Rio de Janeiro: Renovar: 2003, p. 321.

A empresa, como atividade econômica organizada, tem como função precípua a circulação de riquezas do país e, consequentemente, o atendimento das necessidades do mercado consumidor, geração de postos de trabalho e de tributos, para que os Estados prestem os seus serviços mais essenciais.

Ocorre que sempre que se usa a expressão repersonalização paira a dúvida se o Direito Privado de fato estaria sendo repersonalizado ou personalizado, uma vez que há séculos vem seguindo uma linha de caráter eminentemente patrimonialista, gerando em muitos a dúvida se o Direito Privado alguma vez já teve o ser humano como objetivo final.

No Direito Civil a expressão repersonalização é larga e hodiernamente utilizada, dado que a maioria entende que este ramo do Direito retorna ao seu passado, reumanizando-se. Porém, no Direito Empresarial, além de não ser recorrente o uso da expressão, ainda hoje no século XXI existem autores que defendem seu caráter patrimonialista, levando a crer que o Direito Empresarial estaria, quando muito, sendo personalizado e não repersonalizado.

Este entendimento cai por terra ao se analisar textos antigos sobre Direito e Economia que defendiam que o fim do comércio seria o ser humano e não o patrimônio, daí crer-se ser plenamente possível o uso da expressão repersonalização do Direito Comercial pela sua transformação em Direito Empresarial. É o que se observa da teoria da *Buona Mercanzía* de São Bernardino de Siena. Bernardino foi um dos maiores expoentes da teoria econômica da Idade Média.

Bernardino de Siena ganhou destaque ao escrever em 1427 a célebre *Pregações Vulgares (Prediche Volgari)*, tida como a "primeira contribuição orgânica sobre a modalidade de funcionamento da economia civil",[9] sempre analisando o tema de forma moderna, mesmo para a época. Segundo Bernardino, existiriam duas espécies de regras morais: agir em consonância com as normas jurídicas em vigor, sancionando o indivíduo que a descumpra; e as vinculadas à natureza interna do sujeito, às suas crenças pessoais de fazer o certo porque é certo. Tais regras deveriam ser simultaneamente aplicadas para que tivessem o efeito por ele desejado. A primeira precisaria apenas de um sistema legal coerente, um Judiciário efetivo e incentivos externos na forma de um capital reputacional. A segunda dependeria da evolução da motivação interna do agente.

---

[9] ZAMAGNI, Stefano. El made in Italy: del negocio medieval a la tecnología industrial. *Revista Valores en la Sociedad Industrial*. local de publicação, Ano XXI, n. 57, p. inicial-final, ago. 2003, p. 10 (tradução livre).

Para Bernardino de Siena, no intuito de propiciar um grande benefício para a sociedade seria necessário minimizar ou neutralizar comportamentos oportunistas que seriam a base de todo o mau funcionamento do mercado. Porém, para ele, isso deveria ser atingido sem que se fornecessem vantagens diretas àqueles que praticassem tais regras, cabendo a sua adesão de forma voluntária e consciente aos valores adotados.[10]

No passado, a usura e o amor ao dinheiro na sociedade da Idade Média eram a raiz de todo o mal, passando o direito canônico a declarar guerra ao comércio, pois na compra e venda seria quase impossível evitar o pecado.[11] Contudo, por volta do século XV, a Igreja reviu alguns conceitos em relação ao comércio. A realidade era que a sociedade não era mais exclusivamente agrícola e a prosperidade das cidades se dava pelo comércio e pela indústria. Por isso, Bernardino adaptou seus textos a essa nova realidade. São Tomás de Aquino, antes dele, já havia trilhado este caminho, afirmando que os comerciantes desempenhavam uma função útil à sociedade, porém sempre condicionando ao fato de que comerciantes não buscassem lucros por amor ao lucro, mas como uma recompensa justa pelo seu esforço.[12]

Um atual exemplo disso seriam as denominadas empresas B (*B corporations* nos EUA ou *onda B* na Espanha). Ao contrário das atividades empresariais convencionais que procuram desenvolver uma atividade lucrativa para proveito do empresário individual, sócios e demais investidores, as empresas B procuram lucrar para investimentos na própria atividade, desenvolvendo a atividade para benefício social, sendo o lucro consequência. A empresa B iria então além da atividade empresarial voltada *à* Responsabilidade Social da Empresa. Ocorre que este meio empresarial ainda *é* uma exceção, porquanto os interessados na empresa procuram exercê-la com o objetivo de lucro, mesmo que levando em conta a RSE.

Por este motivo Bernardino de Siena afirma que a compra e venda não seria a única ocupação que levaria ao pecado, mas que o pecado

---

[10] ZAMAGNI, Stefano. El made in Italy: del negocio medieval a la tecnología industrial. *Revista Valores en la Sociedad Industrial*. local de publicação, Ano XXI, n. 57, p. inicial-final, ago. 2003, p. 10 (tradução livre).

[11] ROOVER, Raymond de. *San Bernardino of Siena and Sant'Antonino of Florence*: The Two Great Economic Thinkers of the Middle Ages. Boston: Harvard Graduate School of Business Administration Soldiers Field, 1967, p. 10.

[12] ROOVER, Raymond de. *San Bernardino of Siena and Sant'Antonino of Florence*: The Two Great Economic Thinkers of the Middle Ages. Boston: Harvard Graduate School of Business Administration Soldiers Field, 1967.

poderia ocorrer também se o sujeito não exercesse corretamente suas funções, não excluindo nem mesmo o episcopado. O comércio, então, não seria um mal em si mesmo. Somente seria visto desta forma em algumas situações, especialmente em práticas ilegais e enganosas.

Por conta disso, Bernardino destaca três categorias de comerciantes socialmente úteis: o primeiro, que seria importador e exportador de produtos escassos em um local e em excesso em outro (*mercantiarum apportatores*); o segundo seriam os armazéns de conservação ou distribuidores varejistas de mercadoria, que a guarda para quando consumidores a desejarem (*mercantiarum conservatores*); e o terceiro seria a indústria por comerciantes ou artesãos que transformavam a matéria-prima (*mercantiarum immutatores seu melioratores*).

Obviamente, isso refletia o comércio daquele período, mas já demonstrava a evolução de um direito canônico que o negava, para autores da Igreja que o admitiam, desde que exercido dentro de padrões éticos. Isso pode ser visto pelo seu 38º sermão, em que destaca algumas considerações sobre a forma de se exercer o comércio e, entre elas, afirma que o bem comum deve ser o objetivo do comércio. O lucro seria legal se o exercício da atividade fosse voltado para o bem.[13] Por conta disso, ele ressalta quatro qualidades necessárias ao comerciante, hoje empresário, no exercício de sua função, a saber: "diligência ou eficiência (*industria*), responsabilidade (*solicitudo*), trabalho (*labores*), e disposição para assumir riscos (*pericula*)".[14]

Como destaca Raymond de Roover, ao referir-se a Bernardino de Siena e suas teorias, "o sermão é um ensaio valioso sobre a ética nos negócios e de alguns dos seus conselhos não é tão desatualizado como se poderia pensar".[15] Vê-se, portanto, que mesmo na Idade Média existiam autores que estudavam o comércio e suas relações voltadas aos interesses não apenas individuais e patrimonialistas, mas também em viés social, preocupando-se com uma boa-fé e ética empresarial (com uma boa mercancia), o que apenas no final do século XX passaria a ser novamente objeto de estudos, através de uma Função e Responsabilidade Social da Empresa. Daí a opção pela repersonalização do Direito Empresarial.

---

[13] *Apud* ZAMAGNI, Stefano. *Libertà positiva, responsabilità, sviluppo*. In: AUTOR. *Epistemología de las Ciencias Sociales*. Buenos Aires: CIAFIC Ediciones, 2005, p. 137.

[14] ROOVER, Raymond de. *San Bernardino of Siena and Sant'Antonino of Florence*: The Two Great Economic Thinkers of the Middle Ages. Boston: Harvard Graduate School of Business Administration Soldiers Field, 1967, p. 13 (tradução livre).

[15] ROOVER, Raymond de. *San Bernardino of Siena and Sant'Antonino of Florence*: The Two Great Economic Thinkers of the Middle Ages. Boston: Harvard Graduate School of Business Administration Soldiers Field, 1967 p. 9 (tradução livre).

Portugal, no século XVII, tinha normas que também poderiam estar relacionadas a uma ética negocial, bem como a um misto de Função e Responsabilidade Social Empresarial, criando um sistema de duras sanções pelo desrespeito à parte contrária do negócio jurídico de empresários entre si e com consumidores. Dispunha o Livro V das Ordenações Filipinas em seus títulos LVII e LVIII, respectivamente, que "se alguma pessoa falsificar alguma mercadoria assim como cera, ou outra qualquer, se a falsidade, que nela fizer, valer um marco de prata, morra por isso. [...] E se valia menos que um marco, seja degradado para sempre para o Brasil"; e "toda pessoa que medir, ou pesar com medidas, ou pesos falsos, se a falsidade, que nisso fizer, valer um marco de prata, morra por isso. E se valer menor que o dito marco, seja degradado para sempre para o Brasil".[16]

Para além do *homo economicus* e do autointeresse

A empresa contemporânea chega a um ponto de conflito (interno e externo): quem deve ser privilegiado, o empresário e os sócios, ou terceiros não investidores? Quais são os seus verdadeiros valores?

Durante quase toda a história do comércio e hoje da empresa, a resposta foi simples: o privilégio deve ser voltado à geração única de riquezas para empresários e investidores, sendo lenta qualquer evolução sobre a matéria. Contudo, por diversas razões, do século XX para o XXI os interesses no mundo foram alterados de forma radical, forçando a revisão da empresa nos estudos voltados à gestão nas respectivas áreas de conhecimento, não podendo mais o Direito Empresarial fechar os olhos para tais mudanças e protelar o início de uma revisão de seus institutos, readequando-os aos princípios constitucionais e às exigências sociais. Estas modificações na empresa devem ser profundas o suficiente para atingir seus próprios valores.

Para que se entenda a necessidade desta revisão de valores, tal qual já realizado por outros ramos próximos do Direito brasileiro, divide-se o objeto deste capítulo em duas linhas teóricas: a do valor do sócio (*shareholder value*) e a do valor dos *stakeholders* (*stakeholder value*).

---

[16] PORTUGAL, Ordenações Filipinas. Livro e títulos sobre os que falsificam mercadorias e sobre os que medem, ou pesam com medidas, ou pesos falsos.

[...] embora a maioria das indústrias pesquisadas atribua ao código de ética uma função reguladora prioritariamente focada em seu público interno, com desdobramentos secundários para clientes e fornecedores, há indícios de que os códigos possam estar gradualmente assumindo a função estratégica de instrumentos para gestão do relacionamento da empresa com um quadro mais amplo de partes interessadas em suas atividades (*stakeholders*).[17]

a) Teoria do valor do sócio ou acionista (*shareholder*)

Durante muito tempo, com destaque ao liberalismo, defendia-se (como muitos ainda defendem) a ideia de que o mercado não precisaria de outra coisa que não liberdade de iniciativa e de concorrência, não sendo necessária a intervenção do Estado. Para que o mercado fosse de fato eficiente, bastaria que se lhe garantisse a liberdade, passando ele a se autorregular.

Isso levou nas últimas décadas ao desenvolvimento de uma ideia de maximização da lucratividade empresarial (*wealth maximization*). Através desta linha de pensamento, a economia tenderia sempre a crescer caso os empresários e administradores voltassem seus interesses unicamente à geração de lucros, passando a uma crescente valorização dos próprios empresários e de sócios em grandes corporações, fazendo com que surgissem cotidianamente novos e maiores investimentos.

Voltada notadamente para os empresários, sócios quotistas ou acionistas em grandes companhias, denominou-se a teoria de valor do sócio ou do acionista (*stockholder* ou *shareholder value*). Por esta teoria, o principal (se não o único) interesse a ser pretendido e protegido pelos administradores das empresas deveria ser o dos investidores. Eles seriam o principal valor da empresa.

Ao administrador caberia a maximização dos lucros da empresa pelo maior tempo possível, valorizando as ações para que acionistas aumentassem exponencialmente a sua lucratividade. Os investidores, com isso, não teriam nenhum dever de fazer com que a sociedade em que investissem se voltasse ao cumprimento de uma responsabilidade social, tal qual defende Milton Friedman, um dos maiores críticos à RSE e da teoria dos *stakeholders*.[18]

---

[17] FIESP-CIESP. Núcleo de ação social. *Responsabilidade social empresarial: panorama e perspectivas na indústria paulista*. São Paulo: NAS, Nov. 2003, p. 25.

[18] Cf. FRIEDMAN, Milton. *Capitalism and Freedom*. Chicago: University of Chicago, 1982.

A empresa seria então exercida de forma a maximizar os interesses dos empresários ou sócios de lucrar, utilizando todas as técnicas gerenciais para isso. Em virtude disso, muitas vezes gestores empresariais não deveriam objetivar os interesses de outros sujeitos relacionados ao negócio que, na verdade, seriam vistos em algumas oportunidades como obstáculos a ser superados no sentido de maximizar os lucros. A interferência do Estado, para os defensores mais radicais da teoria do valor do sócio-acionista, seria privar o mercado da necessária liberdade, do seu poder de decisão em relação aos seus próprios atos, transformando em pública a atividade empresarial e em servidores públicos os empresários e os administradores de empresa.[19]

É a evolução da teoria do valor do sócio-acionista (*shareholder value*) para a teoria do primado do sócio-acionista (*shareholder value primacy*), surgida a partir do crescimento das aquisições hostis (*hostil takeover*) na Inglaterra e nos EUA, na década de 1970. Assim como na prática a evolução acaba colocando o sócio como ponto central do negócio, com o passar do tempo também haveria uma diferença prática entre as categorias de *shareholders*, passando muitos sócios a ser tratados também como obstáculos que devem ser excluídos do negócio ou mesmo desvalorizados. É o que ocorre com os sócios minoritários sem detenção do controle societário em grandes corporações, que apenas recentemente têm conquistado uma maior representatividade dentro das companhias.

Em condição mais moderada da teoria, por *shareholders* seriam tidos os investidores sociais em geral, pequenos e grandes, bem como em uma visão mais contemporânea, o empresário individual. Porém, na prática boa parte das grandes corporações tem dirigido os seus interesses especialmente aos detentores do controle social. Isso acaba gerando um paradoxo, pois os mesmos defensores na não ingerência estatal na economia, pelo abuso do poder, acaba legitimando a interferência do Estado na atividade econômica para assegurar a participação dos pequenos investidores não detentores do controle societário, retirando a atividade empresarial do campo exclusivamente contratual e lançando-o para o institucional, como as grandes sociedades anônimas abertas.

Isso é muito bem destacado por Rubens Requião ao afirmar que o desequilíbrio entre os acionistas majoritários (detentores do poder de controle) e os acionistas minoritários (não detentores do poder de

---

[19] FRIEDMAN, Milton. *Capitalism and Freedom*. Chicago: University of Chicago, 1982, p. 111-114.

controle) levou a uma completa reforma da legislação societária brasileira para a proteção e estímulo àqueles que não controlem a sociedade. Mais do que isso, a moderna atividade empresarial deve acompanhar a evolução dos anseios da sociedade e da economia. Por este motivo, a adoção da teoria da instituição de Hauriou seria a melhor forma de justificar o interesse social e a intervenção do Estado na atividade empresarial, dada a sua atual característica de concentradora de investimentos e interesses sociais, sem perder por completo de vista ainda o seu viés contratual ao regular os interesses dos investidores.[20]

No passado as empresas eram organizadas de forma simples, e o enfrentamento dos problemas era também muito mais fácil do que atualmente.[21] Bastavam como único centro de interesses os acionistas, ou investidores, usando um termo mais abrangente. Os negócios giravam em torno de adquirir matéria-prima, convertê-la em produto e vender ao consumidor, exaurindo completamente a empresa nestas atividades. A produção era linear, e fornecedores entregavam recursos que em sequência eram transformados em produtos pelo empresário e alienados aos consumidores. Os empresários na gestão dos seus negócios preocupavam-se apenas com dois sujeitos: fornecedores e consumidores, porém ainda não nos moldes atuais, pois o investidor era a preocupação central do empresário (fosse ele ou terceiros).

Para o desenvolvimento deste sistema de mercado não se faziam necessárias regras muito elaboradas. Era do senso comum que a empresa existia unicamente para gerar lucros aos empresários e investidores, e sua relação com outros sujeitos era muito restrita, daí a desnecessidade de estudos jurídicos mais profundos e restrições a estas atividades.

Com o passar do tempo a empresa teve de evoluir, fazendo com que os gestores se preocupassem com outros indivíduos além de fornecedores e consumidores. Esta evolução ganha proporções monumentais a partir do século XX, mais precisamente com a 2ª grande guerra. Com o passar do tempo a propriedade começou a ser diluída em vários novos centros de interesses, especialmente com as instituições financeiras incluindo em seu foco de investimentos a modernização empresarial. Passam a ser também figuras de interesse na atividade empresarial, além dos investidores proprietários, fornecedores e consumidores, os trabalhadores e seus sindicatos, indo de uma estrutura linear de interesses para uma estrutura poliédrica, ficando a empresa no centro.[22]

---
[20] Cf. REQUIÃO, Rubens. *Curso de Direito Comercial*. São Paulo: Saraiva, 2003. v. 2, p. 13-15.
[21] FRIEDMAN, Milton. *Capitalism and Freedom*. Chicago: University of Chicago, 1982, p. 5.
[22] FRIEDMAN, Milton. *Capitalism and Freedom*. Chicago: University of Chicago, 1982, p. 6.

A figura do *homo economicus* corresponderia a um perfil em que determinado sujeito, no exercício de sua atividade econômica, teria limites em incluir em seus interesses outras perspectivas além das próprias, desconsiderando, por exemplo, questões como o meio ambiente e as futuras gerações.[23]

Para a teoria do valor *shareholder*, o empresário ter de lidar com interesses de terceiros e valores sociais seria um custo proibitivo ao exercício da empresa, levando à sua ineficiência, a prejuízos econômicos e possível falência. O valor *shareholder* procura privilegiar apenas a eficiência econômica da empresa e a consequente maximização das suas riquezas e dos investidores.

Milton Friedman defende que deixar livre o exercício da empresa (liberdade de iniciativa em sentido absoluto) faria com que a atividade empresarial pelos seus empresários e administradores atendesse de fato à sua verdadeira responsabilidade social, qual seja, de gerar e aumentar lucros, "desde que permaneça dentro das regras do jogo, o que é dizer, se engaja em uma concorrência aberta e livre, sem enganos ou fraude".[24]

Contudo, a própria afirmação demonstra a necessidade de uma mão visível do Estado para garantir o bem-estar social, mas também vedar abusos e fraudes. Em um comparativo aproximado, seria o mesmo que dizer que o ser humano não precisa do Direito Penal, pois, garantida a sua liberdade, ele não cometeria crimes. Na mesma medida Friedman equivoca-se em suas afirmações ao demonstrar desconhecer, além da existência de um Direito coercitivo, seguido de sanções, um Direito promocional capaz de atender às necessidades da RSE.

O certo é que não existiria problema algum em se estudar e apreciar o valor de um acionista para o mercado e para a sociedade que receba ou pretenda receber seus investimentos. A crítica que se faz à teoria do *shareholder value* é que este não pode ser o único valor da empresa contemporânea. Outros sujeitos afetam e são afetados pela atividade empresarial diuturnamente, e o sistema de Estado adotado pelo Brasil não admitiria que estes fossem esquecidos. Destarte, a este valor agregarem-se outros valores.

No Reino Unido, até alguns anos atrás, o sistema de valoração dos interesses empresariais era bem próximo do americano; contudo, hoje está caminhando para ficar mais próximo do parâmetro europeu e japonês de valores empresariais. Os escândalos corporativos, como

---

[23] Cf. FABER, M. *et al*. Homo economicus and homo politicus in ecological economics. *Ecological Economics*, local de publicação, v. 40, n. 3, p. 323-333, March 2002, p. 323-333.

[24] FRIEDMAN, Milton. *Capitalism and Freedom*. Chicago: University of Chicago, 1982, p. 112.

os da WorldCom e da Enron,[25] levaram o Reino Unido a um caminho contrário do *shareholder value*, até a incorporação em seu Direito de valores ligados aos *stakeholders*, ou os mais próximos desta teoria, como se verá adiante. O próprio governo americano começou a repensar seus valores, aprovando a Lei Sarbanes-Oxley em 2002.

O processo de transformação da empresa e a absorção da teoria dos *stakeholders*, infelizmente, não ocorrerão do dia para a noite; dependerá de uma adaptação do seu entendimento e dos principais institutos correlatos, como ocorreu com todas as grandes conquistas da humanidade.

Ihering deixa isso claro ao afirmar que as maiores conquistas na história do Direito, da abolição à liberdade em todos os seus sentidos, só são conquistadas por árdua luta. Para ele, "o direito é como Saturno devorando seus próprios filhos; renovação alguma lhe é possível sem romper com o passado". Conclui que o Direito "será eternamente o porvir".[26] Pietro Perlingieri destaca que a constitucionalização do Direito privado no seu país levou décadas para ser aceita e começar a ser implantada pelo Judiciário italiano.[27]

b) Teoria do valor *stakeholder*

O grande problema em privilegiar exclusivamente os empresários e investidores sem o devido controle acabou por gerar na história da economia mundial uma série de crises econômicas, levando empresários, famílias e nações à falência completa. Dar tamanho poder aos administradores sob o pretexto de privilegiar exclusivamente o

---

[25] O caso Enron Corporation foi uma das maiores fraudes ocorridas no mundo. A empresa americana de energia e comunicação, uma das maiores do mundo, fraudou sua contabilidade para esconder dos investidores um rombo de mais de US$25 bilhões, afirmando por dois anos ter lucros consideráveis, fazendo com que os envolvidos continuassem a lucrar à custa das vítimas da fraude e até mesmo da Arthur Andersen, que fazia suas auditorias. O caso WorldCom, por sua vez, também se referiu a uma grande fraude de outra mega multinacional americana com inflação artificial dos lucros, abalando todo o mercado internacional de investimentos com uma dívida superior a US$30 bilhões, influindo em grandes corporações credoras como o Citigroup, Bank of America e Chase, que amargaram prejuízos bilionários.

[26] IHERING, Rudolf Von. *A luta pelo direito*. eBooksBrasil, 2000, p. 41.

[27] PERLINGIERI, Pietro. A doutrina do Direito Civil na legalidade constitucional. *In*: TEPEDINO, Gustavo (Org.). *Direito Civil contemporâneo*: novos problemas à luz da legalidade constitucional: anais do Congresso Internacional de Direito Civil-Constitucional da Cidade do Rio de Janeiro. São Paulo, Atlas, 2008, p. 6 *et seq*.

empresário e os sócios investidores, sem interferência estatal, também causa problemas aos acionistas que não controlam e não têm o poder de fiscalizar a sociedade.

É certo que sem a devida valorização e segurança jurídica dos *shareholders*, os investimentos tenderiam a desaparecer paulatinamente, até que o mercado viesse a se esgotar e se criasse outra forma de crise econômica e social. Contudo, como mencionado, outros valores devem ser vistos pelo gestor da empresa além da valorização dos sócios e do próprio empresário.

O problema estaria, no entanto, em como identificar os outros valores que se devam agregar à empresa no seu exercício? Quem seriam os detentores de outros interesses a ser protegidos? Privilegiar os interesses externos à empresa iria prejudicá-la? O grande problema dos defensores da teoria do valor *shareholder* está na ideia de separação entre eles e os *stakeholders*, como se não pudessem coexistir, como se não existisse uma área de equilíbrio em que ambos os interesses fossem privilegiados. De fato, existem outros valores além daqueles interesses dos *shareholders*, valores e interesses internos e externos à empresa, os interesses dos *stakeholders*, tão importantes quanto o do próprio empresário e dos investidores, especialmente quando analisada a empresa em longo prazo.

Para tanto, o *stakeholder* seria qualquer grupo ou indivíduo que tenha algum interesse sobre a atividade empresarial, podendo influir ou ser influenciado pelas suas ações e/ou omissões. Isso refletiria a melhor interpretação do texto constitucional em vigor ao eleger seus princípios básicos, protegendo o equilíbrio entre a livre-iniciativa e o bem-estar social.

A Constituição Federal optou por um modelo de capitalismo social, em que princípios individuais e sociais encontrariam guarida no Estado de forma equilibrada. Com isso, a propriedade privada deveria estar equilibrada com a sua função social, bem como a livre-iniciativa e a liberdade de concorrência econômico-empresarial equilibradas com a valorização do trabalho humano, a defesa do meio ambiente e do consumidor.

> O principal mecanismo jurídico utilizado para funcionalizar-se o contrato, parece-me, é o da diminuição da força relativa dos contratos e do dirigismo estatal. [...] Uma das razões pelas quais o ordenamento jurídico tutela o consumidor pela atuação direta do Estado, parece-me, consiste no fato de que, justamente por não inserir a utilidade econômica do contrato numa cadeia produtiva (i.e., em outros contratos), de modo

a diluir seus riscos nesta relação de consumo em outras relações, o consumidor concentra maiores riscos, ou melhor, possui menores possibilidades de diluir seus riscos noutras relações.[28]

Enquanto o liberalismo foi orientado pelo enfrentamento ao absolutismo do Estado, protegendo a propriedade privada e a liberdade do indivíduo, o Estado Social procurou resguardar a justiça social e a igualdade.[29] Isso é facilmente verificado nas Constituições portuguesa e brasileira.

O sistema adotado pela Constituição brasileira é bem próximo daquele adotado pelo Direito português. A Constituição da República Portuguesa de 25 de abril de 1974 previu em seu art. 80 que a organização econômico-social estaria baseada, entre outros, nos princípios da subordinação do poder econômico ao poder político democrático; da coexistência do setor público, do setor privado e do setor cooperativo e social de propriedade dos meios de produção; da liberdade de iniciativa e de organização empresarial no âmbito de uma economia mista; do planejamento democrático do desenvolvimento econômico e social; da participação das organizações representativas dos trabalhadores e das organizações representativas das atividades econômicas na definição das principais medidas econômicas e sociais. O Estado português, portanto, deveria:

> promover o aumento do bem-estar social e econômico e da qualidade de vida das pessoas, em especial das mais desfavorecidas, no quadro de uma estratégia de desenvolvimento sustentável; promover a justiça social, assegurar a igualdade de oportunidades e operar as necessárias correções das desigualdades na distribuição da riqueza e do rendimento, nomeadamente através da política fiscal; [...] orientar o desenvolvimento econômico e social no sentido de um crescimento equilibrado de todos os sectores e regiões e eliminar progressivamente as diferenças econômicas e sociais entre a cidade e o campo; assegurar o funcionamento eficiente dos mercados, de modo a garantir a equilibrada concorrência entre as empresas, a contrariar as formas de organização monopolistas e a reprimir os abusos de posição dominante e outras práticas lesivas do interesse geral; [...] garantir a defesa dos interesses e os direitos dos consumidores; criar os instrumentos jurídicos e técnicos necessários ao planejamento democrático do desenvolvimento econômico e social; e assegurar uma

---

[28] CAVALLI, Cássio. Apontamentos sobre a função social da empresa. In: WALD, Arnoldo (Org.). Doutrinas essenciais de Direito Empresarial. São Paulo: Revista dos Tribunais, 2011, p. 38.

[29] CANOTILHO, José Joaquim Gomes. Direito Constitucional. Coimbra: Almedina, 1993, p. 408.

política científica e tecnológica favorável ao desenvolvimento do país. (art. 81 da Constituição portuguesa)

Por conta disso, o Direito português, dando aplicabilidade aos princípios de sua Constituição, passou a alterar a legislação infraconstitucional para garantir a sua efetividade. O Código de Sociedades Comerciais que dispunha em seu art. 64: "[os] gerentes, administradores ou diretores de uma sociedade devem atuar [...] no interesse da sociedade, tendo em conta os interesses dos sócios e dos trabalhadores", passou após 29.03.2006 a dispor que os administradores sociais terão "deveres de lealdade, no interesse da sociedade, atendendo aos interesses de longo prazo dos sócios e ponderando os interesses dos outros sujeitos relevantes para a sustentabilidade da sociedade, tais como os seus trabalhadores, clientes e credores".

No Reino Unido, como mencionado, houve uma mudança de paradigmas empresariais com a edição da nova Lei das Companhias em 2006. As entidades organizadas locais levaram o país a alterar as regras corporativas para atender à necessidade de uma governança corporativa e aos interesses dos *stakeholders*. A teoria adotada pelo Reino Unido se situa entre a *shareholder value* e a *stakeholder value* puras. Este meio-termo é denominado de teoria do valor iluminado do acionista (*enlightened shareholder value* ou *enlightened managerialism*).

Pela teoria do valor iluminado do acionista ainda se privilegiariam os ganhos dos investidores de forma imediata, porém indo além para atender também aos interesses dos *stakeholders* em longo prazo. Todavia, ao contrário de ser uma terceira via, a teoria do valor iluminado do acionista não contrariaria o valor do *stakeholders*, mas o faria sem se esquecer dos investidores. Estes não deixam de ser *stakeholders*, mas eram tratados como os únicos até bem pouco tempo, daí a necessidade de não serem substituídos e valorizados tanto quanto outros sujeitos interessados. A não valorização de qualquer *stakeholder*, inclusive os investidores, implica caminhar para o desaparecimento gradual da empresa e não para o cumprimento de sua função social.

> Assim, a função social do contrato e, por consequência, da empresa, enquanto centro de confluência de contratos, consiste na busca da preservação de interesses de determinado sujeito (sujeito 'a') na sua relação havida com outro sujeito (relação entre sujeito 'a' e o sujeito 'b'), os quais, para serem preservados, são oponíveis a relações nas quais não é parte (relação entre sujeito 'b' e sujeito 'c', na qual não é parte o sujeito 'a', por exemplo), mas que possuem em comum o fato de serem direcionadas ao mesmo sujeito (sujeito 'b') com a mesma

função econômica (atender a necessidades alheias mediante a produção de bens ou serviços). Decorre dessa intercomunicação entre relações aparentemente isoladas uma gama de deveres de abstenção ou, até mesmo, de ação.[30]

O Direito britânico, também de 2006, modificou sua Lei de Companhias para incluir na seção 172 como dever fundamental do administrador social a promoção do sucesso da empresa, porém atendendo a princípios como o da boa-fé, privilegiando os sócios na sua integralidade, com a devida atenção às consequências das ações empresariais de longo prazo, como os interesses dos trabalhadores da empresa, a necessidade de estimular as relações profissionais com fornecedores, clientes e outros sujeitos, o reflexo da empresa na comunidade e ambiente, a conveniência de a empresa manter uma reputação de nível elevado de exigência quanto ao seu comportamento no mercado e a necessidade de agir corretamente com os sócios. Não apenas os interesses do empresário e dos sócios deverão ser levados em conta pelo administrador, mas também os interesses dos *stakeholders* como fornecedores, consumidores, empregados e a comunidade como um todo.

Para alguns autores a teoria do valor iluminado do acionista apenas protegeria os *stakeholders* quando se atendessem aos interesses primários dos *shareholders*. Menezes Cordeiro defende que

> [...] exigir 'lealdade' no interesse da sociedade e, ainda, atentando aos interesses (a longo prazo) dos sócios, e ponderando os de outros sujeitos, entre os quais os trabalhadores, os clientes e os credores, é permitir deslealdades sucessivas. Quem é 'leal' a todos, particularmente havendo sujeitos em conflito, acaba desleal perante toda a gente.[31]

Isso se verificaria pelo caso inglês Hutton contra West Cork Railway (1883), em que o magistrado julgou que "a lei não diz que não devem ser distribuídos bolos e refrigerantes (aos trabalhadores), mas

---

[30] CAVALLI, Cássio. Apontamentos sobre a função social da empresa. *In*: WALD, Arnoldo (Org.). *Doutrinas essenciais de Direito Empresarial*. São Paulo: Revista dos Tribunais, 2011, p. 41.
[31] CORDEIRO, António Menezes. Os deveres fundamentais dos administradores das sociedades. *In*: PEREIRA, Maria de Lurdes *et al. Jornadas em homenagem ao Professor Doutor Raul Ventura*: a reforma do Código das Sociedades Comerciais. Coimbra: Almedina, 2007, p. 41.

não devem ser distribuídos bolos e refrigerantes exceto quando isso beneficie a empresa".[32]

Para alguns autores, os ingleses definem esta procura de defesa dos interesses dos *stakeholders*, porém com destaque aos *shareholders*; seria uma versão nova da teoria do valor dos sócios, a teoria do valor do sócio ou interesse social iluminado.[33] Mas e em casos de greve, *e. g.*, em que as ações dos trabalhadores não privilegiariam o sócio, como seria possível a aplicação desta teoria? Sendo a greve um direito constitucionalmente garantido, no Brasil seria impossível a sua aplicação, mesmo que de uma forma mais voltada à proteção dos *stakeholders*. A proteção dos *stakeholders* deve fazer parte da função social e da RSE, ainda quando o empresário (individual ou coletivo) e os sócios não sejam privilegiados diretamente. Isso também não importa dizer que ocorrerá a substituição de um abuso do direito por outro, havendo limites até mesmo para a defesa dos *stakeholders*, como no caso de abusividade e ilegalidade da greve declarada pelo Judiciário.

Na verdade, defender uma teoria mista sobre a lei britânica de corporações de 2006 seria o mesmo que não a alterar. Com isso, determinar que os administradores têm o dever de promover o sucesso da empresa, contudo dando a devida importância aos interesses dos *stakeholders* e ao princípio da boa-fé, faz aquele país adotar uma teoria do *stakeholders value* mais forte, conforme esperado pelos próprios empresários locais.[34]

Até mesmo o Direito americano deu início a uma caminhada para a teoria do valor *stakeholder*, notadamente com as crises surgidas a partir do descontrole empresarial quase que completo como com a Enron e a WorldCom, que deram origem à Lei Sarbanes-Oxley. Esta lei, de 30.66.2002, com os nomes do senador e deputado que a propuseram, tem como finalidade a criação de um sistema de controle de auditoria confiável da empresa para o mercado, os investidores, o Estado e toda a sociedade. Seu objetivo é a redução dos riscos dos negócios sobre terceiros que não administrem ou controlem a empresa, tornando-a mais transparente e confiável para todos.

---

[32] SEALY, Len; WORTHINGTON, Sarah. *Cases and materials in Company Law*. Nova York: Oxford University Press, 2013, p. 148 (tradução livre).

[33] SERRA, Catarina. O novo Direito das Sociedades: para uma governação socialmente responsável. *Scientia Iuris*, Londrina, v. 14, p. 155-179, nov. 2010, p. 160 *et seq*.

[34] GAMBLE, Andrew; KELLY, Gavin. Shareholder value and the stakeholder debate in the UK. *Corporate Governance*, local de publicação, v. 9, n. 2, p. 110-116, April 2001.

É possível a convivência entre o mercado e a teoria dos *stakeholders*?

Os críticos da teoria dos *stakeholders* acabam trazendo para o plano político os seus argumentos, utilizando-se das restrições pessoais do leitor. A teoria dos *stakeholders* surgiu, como já mencionado, nos Estados Unidos, e é sabida a restrição do povo americano à política socialista e ao anticapitalismo. Sabendo disso, os críticos se utilizavam destes argumentos para gerar restrições a sua assunção.

Um dos maiores críticos da RSE e da teoria dos *stakeholders* é Milton Friedman. Segundo o autor, minaria os fundamentos da sociedade livre defender que a empresa, através de seus administradores, buscasse cumprir uma eventual responsabilidade social que não fosse o lucro para o empresário e investidores. Para ele a defesa de outros interesses representaria um controle de preços e salários e "uma doutrina fundamentalmente subversiva".[35]

Primeiramente, dizer que a RSE está ligada tão somente ao controle de preços e salários para a redução dos índices inflacionários é um argumento falho, pois tanto empresários como gestores abusam no exercício da empresa, e a responsabilidade social teria como objetivo evitar este abuso, privilegiando interesses maiores que os meramente individuais e atendendo a outros interesses como os dos *stakeholders*. Friedman tece esta crítica ao controle feito pelo governo americano na década de 1960 quanto ao preço do aço.

Todavia, um exemplo marcante de abuso que iria contradizer na mesma moeda o de Milton Friedman foi o ocorrido na crise econômica de 2008 nos EUA. Com a crise em pleno clímax, empresários procuraram o governo americano pedindo socorro para evitar a quebra generalizada, sendo atendidos. Quase que no mesmo momento, administradores foram vistos usando aeronaves pessoais e recebendo grandes bonificações, quando o presidente Obama declarou que se os empresários continuassem a gastar sem limites e a bonificar os administradores, iria supertributar tais bonificações e retirar os investimentos e incentivos feitos pelo governo. Esta reação se deu pelo abuso de empresários e administradores em apenas valorizar interesses individuais, a despeito de terem no momento da crise considerado que o governo teria o dever de auxiliá-los.

---

[35] FRIEDMAN, Milton. *Capitalism and Freedom*. Chicago: University of Chicago, 1982, p. 112-113.

Ademais, ele relaciona liberdade e bem-estar como situações antagônicas, o que não deve ocorrer. Ele usa em seu discurso o conhecido receio americano ao socialismo para justificar a crítica à igualdade e ao bem-estar social, como se fossem políticas exclusivamente socialistas e não pudessem se inserir no processo econômico capitalista.[36] As boas conquistas do liberalismo devem ser enaltecidas, todavia, junto delas (ou logo após) vieram a exploração e a mudança de um centro de poder concentrado no Estado para um centro de poder concentrado no mercado, onde quem manda é o mais forte, o que mais tem, e se corre o risco de a sociedade retornar para um processo de autotutela disfarçada. É o mesmo considerar que se vive em uma sociedade em que o indivíduo vale pelo que tem e não pelo que é de fato, desumanizando o próprio Direito com isso.

O que se verifica de fato é que a teoria dos *stakeholders* representa uma nova visão, uma nova postura à frente do capitalismo, não a assunção de uma política socialista ou mesmo outra forma de contradição ao capitalismo. A sua redução a termos de opção política de esquerda ou direita implica usar os temores sociais como instrumento de convencimento, deixando de lado argumentos mais sólidos para a construção de uma melhor empresa e, por via de consequência, uma melhor sociedade. Mesmo assim, Friedman e defensores de um anarcocapitalismo insistem em críticas infundadas às teorias enfrentadas.

> A visão vem ganhando aceitação generalizada de que os funcionários da empresa e líderes trabalhistas têm uma "responsabilidade social" que vai além de servir o interesse de seus acionistas ou de seus membros. Esta visão mostra um equívoco fundamental do caráter e natureza de uma economia livre.
> Em tal economia, há uma e apenas uma responsabilidade social de negócios para usar seus recursos e se envolver em atividades destinadas a aumentar seus lucros, desde que permaneça dentro das regras do jogo, o que é dizer, se engaja em uma concorrência aberta e livre, sem enganos ou fraude.[37]

Na realidade, a função e a RSE e a teoria dos *stakeholders* não atacam a economia capitalista, mas a transformam numa estrutura econômica e social equilibrada, privilegiando a propriedade privada, inclusive através dos meios de produção livre, adotando em contrapartida princípios

---

[36] FRIEDMAN, Milton. *Capitalism and Freedom*. Chicago: University of Chicago, 1982, p. 5, 13, *passim*.
[37] FRIEDMAN, Milton. *Capitalism and Freedom*. Chicago: University of Chicago, 1982, p. 112.

como a função social da propriedade, do valor social do trabalho, a defesa do consumidor e do meio ambiente.

Aqui o *status quo* econômico no que respeita à estrutura da propriedade e posse dos meios de produção mantém-se inalterado, mas se adota uma *política social* que abrange não apenas medidas de proteção existenciais (o que em língua alemã se chama *Daseinsvorsorge*), mas também a criação de *infra-estruturas sociais* conjugadas com uma política geral de desenvolvimento (o chamado *allgemeine Wachstumsvorsorge*).[38]

Falar-se, então, em função social, seja da propriedade privada, do contrato ou da empresa, não é abstrair da ordem econômica a livre-iniciativa empresarial e a liberdade de concorrência; pelo contrário, é procurar coibir sim o abuso do poder econômico com prejuízo da sociedade na sua integralidade. O mesmo ocorre com a RSE e a teoria dos *stakeholders*. A sua defesa não importa em privilégio demasiado para terceiros em detrimento do empresário e dos investidores, mas em evitar que o ganho econômico seja o único objetivo da empresa e do Direito ao regulá-la.

As teorias da função e responsabilidade social e dos *stakeholders* não irão extinguir o capitalismo; pelo contrário, elas o mantêm, pois estudam o processo econômico não mais em curto prazo, mas em médio e longo prazo. Estas teorias defendem o uso ético da empresa e do capitalismo com uma maior interferência do Direito, seja de forma coercitiva, seja de forma promocional. São teorias inclusivas de outros valores além daqueles relativos aos *shareholders,* e não excludentes da livre-iniciativa, que passa a ser interpretada conforme elas, tal qual fez o art. 421 do Código Civil com os contratos.

Destarte, verifica-se que a partir da segunda metade do século XX o sistema político-econômico (de capitalismo liberal) até então vigente evolui para um sistema de capitalismo social inclusivo de outros interesses além do lucro dos empresários e investidores, elevando a atividade econômica de produção e/ou circulação de bens e/ou serviços a um nível de interesse social. Hoje, para o investidor, tão importante quanto a lucratividade é a imagem da empresa perante todos os atores que sejam influenciados ou influenciem esta atividade.

Essas novas características fazem com que as empresas, em particular as indústrias, percebam seu papel no contexto social, abrindo-se para novas

---

[38] CANOTILHO, José Joaquim Gomes. *Direito Constitucional*. Coimbra: Almedina, 1993, p. 409.

demandas sociais, como o conceito atual de inclusão. Em virtude das mudanças na concepção social da participação das minorias, a questão da inclusão social assume a centralidade na sociedade.[39]

Evolui-se de um sistema de influência da atividade empresarial única e exclusivamente endógena, com o mercado se autorregulando, considerando-se autossuficiente para enfrentar e evitar abusos, fraudes e crises econômicas, para uma empresa de influência também exógena.

Poder-se-ia dizer que a proposta da teoria dos *stakeholders* seria a de nacionalizar a economia e a atividade empresarial e que o viés social da empresa só se perfaz pelo capitalismo *laissez faire*, contudo, nenhuma das duas propostas reflete nem a teoria dos *stakeholders*, muito menos as necessidades da sociedade contemporânea, para enfrentar aquilo que Freeman chamou de períodos turbulentos atuais. Para ele, os gestores devem efetuar mudanças internas e externas à empresa de forma mais eficaz.[40]

As mudanças internas estariam relacionadas aos proprietários (empresários individuais ou sócios em empresários coletivos), consumidores, empregados e fornecedores. A ideia de Freeman não é referir-se à condição interna da empresa em relação ao sujeito, uma vez que obviamente consumidores e fornecedores são interesses externos à empresa, mas sim sob o ponto de vista da mudança de dentro para fora, incluindo, por este motivo, consumidores e fornecedores.

Em relação aos empresários individuais e sócios (proprietários) não se pode mais ter como único fim a ser alcançado o ganho individual com retorno dos investimentos, seja pela valorização de quotas e ações, seja pela percepção de dividendos e pró-labore. "O Chefe Executivo (CEO) que se preocupa apenas com o pagamento de dividendos aos acionistas, ou aumentar o valor de seu patrimônio, por lucro, por ação e os aumentos de preços de ações, é certamente um excelente candidato para o desemprego por meio de aquisições".[41]

Diante dos consumidores os empresários conservadores se preocupam muito mais com questões cosméticas de produtos e serviços do que com a qualidade em si. Isso permite apenas um retorno em curto

---

[39] DARCANCHY, Mara Vidigal. Responsabilidade social da empresa e a constituição. *In*: WALD, Arnoldo (Org.). *Doutrinas essenciais de Direito Empresarial*. São Paulo: Revista dos Tribunais, 2011, v. 1. p. 228-229.

[40] FREEMAN, Robert Edward. *Strategic management*: a stakeholder approach. Boston: Pitman, 1984, p. 8.

[41] FREEMAN, Robert Edward. *Strategic management*: a stakeholder approach. Boston: Pitman, 1984, p. 9 (tradução livre).

prazo pela visão quantitativa da venda de produtos ou serviços, não se sustentando com o passar do tempo e a falta de qualidade destes. Empresários não investem tanto em pesquisas como no passado, preferindo reduzir as inovações tecnológicas (qualidade) pela ênfase principalmente na imagem. Isso é facilmente demonstrado nos EUA, que em curto prazo deixarão de ser a maior economia do mundo, a ser superada pela China.

Esta anunciada queda econômica do padrão de produção americano, seguido por muitos países do mundo, reflete na relação aos empregados, forçando vários empresários a repensar a relação empregador-empregado para uma maior valorização e qualidade do trabalho, humanizando mais esta relação, até então vista de forma eminentemente patrimonialista. É o que a CF/1988 tratou como valorização do trabalho humano. É mudar a relação de trabalho de formato antagônico e beligerante para uma relação simbiótica, de mútua colaboração. Como afirma Eduardo Tomasevicius, "o ser humano não é autossuficiente, o que ensejaria uma interdependência inevitável. A atividade particular de cada ser humano deve harmonizar-se com as atividades dos demais, resultando numa divisão geral do trabalho".[42]

Finalmente, em relação aos fornecedores, empresários e gestores devem entender que a globalização faz com que os interesses a ser atendidos não sejam locais apenas. Nenhum país no mundo pode se considerar autossuficiente, e, relacionando-se com fornecedores do mundo inteiro, deve introjetar a ideia de que questões políticas são hoje tão importantes quanto o relacionamento de preço e qualidade com os fornecedores.

Por outro lado, as mudanças externas estariam ligadas ao(s) governo(s), aos concorrentes, aos grupos de defesa do consumidor, aos grupos de defesa do meio ambiente, aos grupos de defesas especiais e à mídia. Ao contrário das mudanças internas, que são perfeitamente controláveis pelo empresário e gestores, as mudanças externas são imprevisíveis e, dependendo do grau de interferência na empresa e na economia, geram insegurança. "É aquela área obscura do plano empresarial que prevê mudanças regulatórias, o aumento da inflação e das taxas de juros e mudanças na demografia".[43] Apesar de obscuras

---

[42] TOMASEVICIUS FILHO, Eduardo. A função social da empresa. *In*: WALD, Arnoldo (Org.). *Doutrinas essenciais de Direito Empresarial*. São Paulo: Revista dos Tribunais, 2011, p. 46.
[43] FREEMAN, Robert Edward. *Strategic management*: a stakeholder approach. Boston: Pitman, 1984, p. 12 (tradução livre).

à atividade empresarial, quando absorvidas de fato por empresários e gestores, convertem-se em mudanças internas, mais facilmente detectáveis, compreensíveis e aplicáveis na prática empresarial. Todavia, para que as mudanças externas se transformem em internas é necessária uma mudança de paradigmas (conceituais e de técnicas) nas práticas empresariais. Enquanto isso não ocorre, as mudanças e interesses externos são vistos como instrumentos de pressão e crise empresarial.[44]

> Como se vê, a lei reconhece que, no exercício da atividade empresarial, há interesses internos e externos, que devem ser respeitados: não só os das pessoas que contribuem diretamente para o funcionamento da empresa, como os capitalistas e trabalhadores, mas também os interesses da "comunidade" em que ela atua.[45]

Dentre as mudanças externas de maior influência sobre a atividade empresarial está o governo ou os governos. O(s) governo(s) exerce(m) sua influência sobre a atividade empresarial através do Direito, contudo, a depender de cada país que se analise, estas mudanças se tornam mais ou menos críticas. É o que ocorre com os EUA; lá, cada Estado-Membro tem autonomia legislativa muito maior do que a verificada no Brasil, trazendo mais incertezas aos empresários do que aqui. No Brasil, a despeito da competência legislativa concorrente em outras áreas como o Direito Tributário e Econômico (art. 24, inciso I, da CF/1988), a competência para legislar sobre Direito Empresarial, Civil e Trabalhista pertence privativamente à União (art. 22, inciso I, da CF/1988), gerando (ou devendo gerar) mais segurança que em outras localidades.

De qualquer sorte, até mesmo no sistema brasileiro não há um formato monolítico de Estado, sofrendo a empresa múltiplas influências governamentais e em múltiplos níveis. Com isso, cada pessoa e órgão governamental podem gerar pontos de influência sobre a empresa, não só o Legislativo e Executivo, mas também o Judiciário.

Mesmo assim a influência estatal nem sempre é vista com bons olhos por influir sobre a atividade privada. Normalmente isso ocorre até eclodirem crises econômicas, passando os maiores críticos da mão visível do Estado a conclamar a sua ingerência e, muitas vezes, a culpá-lo pela crise, quando na verdade empresário e gestores fecharam os olhos a interesses diversos na gestão empresarial.

---

[44] FREEMAN, Robert Edward. *Strategic management*: a stakeholder approach. Boston: Pitman, 1984, p. 13.
[45] COMPARATO, Fábio Konder. Estado, empresa e função social. *In*: WALD, Arnoldo (Org.). Doutrinas essenciais de direito empresarial. São Paulo: Revista dos Tribunais, 2011, p. 77.

Referências

AMARAL NETO, Francisco. Transformação dos sistemas positivos a descodificação do Direito Civil brasileiro. *Separata da Revista O Direito*, Coimbra, a. 129, v. 1, n. 2, p. 29-51, 1997.

BAUMAN, Zygmunt; DESSAL, Gustavo. *O retorno do pêndulo*: sobre a psicanálise e o futuro do mundo líquido. Rio de Janeiro: Zahar, 2017.

CANOTILHO, José Joaquim Gomes. *Direito Constitucional*. Coimbra: Almedina, 1993.

CARVALHO, Orlando de. *A Teoria Geral da Relação Jurídica*. Coimbra: Centelha, 1981.

CAVALLI, Cássio. Apontamentos sobre a função social da empresa. In: WALD, Arnoldo (Org.). *Doutrinas essenciais de Direito Empresarial*. São Paulo: Revista dos Tribunais, 2011.

COMPARATO, Fábio Konder. Estado, empresa e função social. In: WALD, Arnoldo (Org.). *Doutrinas essenciais de direito empresarial*. São Paulo: Revista dos Tribunais, 2011.

CORDEIRO, António Menezes. Os deveres fundamentais dos administradores das sociedades. In: PEREIRA, Maria de Lurdes *et al*. *Jornadas em homenagem ao Professor Doutor Raul Ventura*: a reforma do Código das Sociedades Comerciais. Coimbra: Almedina, 2007.

DARCANCHY, Mara Vidigal. Responsabilidade social da empresa e a constituição. In: WALD, Arnoldo (Org.). *Doutrinas essenciais de Direito Empresarial*. São Paulo: Revista dos Tribunais, 2011, v. 1.

FABER, M. *et al*. Homo economicus and homo politicus in ecological economics. *Ecological Economics*, local de publicação, v. 40, n. 3, p. 323-333, March 2002.

FACHIN, Luiz Edson. *Teoria crítica do Direito Civil*. Rio de Janeiro: Renovar: 2003.

FIESP-CIESP. Núcleo de ação social. *Responsabilidade social empresarial: panorama e perspectivas na indústria paulista*. São Paulo: NAS, Nov. 2003.

FREEMAN, Robert Edward. *Strategic management*: a stakeholder approach. Boston: Pitman, 1984.

FRIEDMAN, Milton. *Capitalism and Freedom*. Chicago: University of Chicago, 1982.

GAMBLE, Andrew; KELLY, Gavin. Shareholder value and the stakeholder debate in the UK. *Corporate Governance*, local de publicação, v. 9, n. 2, p. 110-116, April 2001.

IHERING, Rudolf Von. *A luta pelo direito*. eBooksBrasil, 2000.

JONAS, Hans. *O princípio responsabilidade*. Rio de Janeiro: Contraponto, 2007.

LÔBO, Paulo Luiz Netto. Constitucionalização do Direito Civil. *Revista de Informação Legislativa*, local de publicação, v. 36, n. 141, p. 99-109, jan./mar. 1999.

MATA-MACHADO, Edgar de Godoi da. *Contribuição ao personalismo jurídico*. Belo Horizonte: Del Rey, 2000.

PERLINGIERI, Pietro. A doutrina do Direito Civil na legalidade constitucional. In: TEPEDINO, Gustavo (Org.). *Direito Civil contemporâneo*: novos problemas à luz da legalidade constitucional: anais do Congresso Internacional de Direito Civil-Constitucional da Cidade do Rio de Janeiro. São Paulo, Atlas, 2008.

REQUIÃO, Rubens. *Curso de Direito Comercial*. São Paulo: Saraiva, 2003. v. 2.

ROOVER, Raymond de. *San Bernardino of Siena and Sant'Antonino of Florence*: The Two Great Economic Thinkers of the Middle Ages. Boston: Harvard Graduate School of Business Administration Soldiers Field, 1967.

SEALY, Len; WORTHINGTON, Sarah. *Cases and materials in Company Law*. Nova York: Oxford University Press, 2013.

SERRA, Catarina. O novo Direito das Sociedades: para uma governação socialmente responsável. *Scientia Iuris*, Londrina, v. 14, p. 155-179, nov. 2010.

TOMASEVICIUS FILHO, Eduardo. A função social da empresa. *In*: WALD, Arnoldo (Org.). *Doutrinas essenciais de Direito Empresarial*. São Paulo: Revista dos Tribunais, 2011.

ZAMAGNI, Stefano. El made in Italy: del negocio medieval a la tecnología industrial. *Revista Valores en la Sociedad Industrial*. local de publicação Ano XXI, n. 57, p. inicial-final, ago. 2003.

ZAMAGNI, Stefano. *Libertà positiva, responsabilità, sviluppo*. *In*: AUTOR. *Epistemología de las Ciencias Sociales*. Buenos Aires: CIAFIC Ediciones, 2005.

Informação bibliográfica deste texto, conforme a NBR 6023:2018 da Associação Brasileira de Normas Técnicas (ABNT):

CORREIA JUNIOR, José Barros. Por um Direito Empresarial (re)personalizado para o século XXI. *In*: EHRHARDT JÚNIOR, Marcos; LÔBO, Fabíola (Coord.). *Constitucionalização das relações privadas*: fundamentos de interpretação do direito privado brasileiro. Belo Horizonte: Fórum, 2023. p. 349-374. ISBN 978-65-5518-564-5.

A SOCIEDADE COMO SUJEITO DE DIREITO NA DEFESA DE DIREITOS DIFUSOS: UMA REFLEXÃO A PARTIR DAS TITULARIDADES

EVERILDA BRANDÃO GUILHERMINO

1 De interesses difusos a direitos difusos

A partir da década de 1970, os Estados passaram a discutir um tema de importância global pelos impactos que produziam em escala planetária e que por isso mesmo exigia a tomada de medidas conjuntas. Era o início do movimento ambientalista, que gerou a Conferência de Estocolmo em 1972 para avaliação dos riscos ecológicos do desenvolvimento econômico e que culminaria com as importantes modificações normativas que desde então vêm surgindo ao redor do mundo.

A temática trouxe consigo uma revolução muito maior, a reavaliação do pertencimento, e como ele pode trazer consequências globais quando tutelado apenas sob o aspecto individual e exclusivista, assim como proposto no modelo liberal burguês. Passou a ser cada vez mais evidente que certos interesses atingem uma escala comunitária e precisam ser tutelados para além do interesse individual ou de grupos determinados.

No direito difuso e sobre os bens difusos, há uma titularidade de um conjunto indeterminado de pessoas, que estabelece um crédito que gera uma obrigação específica para cada pessoa, o dever de preservação e de permissão do acesso às demais pessoas. Quando se pensa na saúde pública, ou no patrimônio histórico, por exemplo, visualiza-se a titularidade difusa ao mesmo tempo que cada particular e o próprio Estado são sujeitos passivos da obrigação de preservação, ou de não violação.

É por esta razão que Paulo Lôbo (2017, p. 104) as identifica como "fontes constitucionais da propriedade", eis que não limitadas ao modelo liberal burguês do Código Civil, promovendo uma concepção mais ampla do que o campo de abrangência do direito das coisas.

>A Constituição não adota um único modelo de propriedade, mas de várias modalidades de titularidades sobre coisas materiais e imateriais, de natureza econômica. Para a Constituição, portanto, a propriedade é plural; em vez de um direito de propriedade têm-se direitos de propriedades de conteúdos e finalidades diversas, ou, como dizia Salvatore Pugliatti (1954, p. 148), estatutos diversos de apropriação de bens, irredutíveis a um único.

O fato é que o final do século XX trouxe uma demanda social ainda não experimentada pelos ordenamentos jurídicos da modernidade, desafiando o modelo individualista da propriedade conforme previsto pelo sistema liberal burguês. São fatos que clamam tutela jurídica ao mesmo tempo pondo na berlinda a estruturação do próprio ordenamento, impondo-lhe uma nova composição em nome da funcionalização crescente dos direitos. Nasceram assim os primeiros estudos sobre o que se chamou inicialmente de interesses difusos.

Foram os estudos de Mauro Cappelletti, Vittorio Denti e Vicenzo Vigoriti, que iniciaram na Itália os estudos sobre o que chamou de *interessi diffusi*, baseado no conceito de interesse legítimo (*interessi legittimi*), uma categoria jurídica que ali recebeu o mesmo grau de importância dos direitos subjetivos, embora julgada em jurisdição administrativa e não judicial. Isso se dava porque no sistema italiano a jurisdição é dividida em duas esferas, uma judicial e outra administrativa, o que não ocorre no Brasil.

A crítica da doutrina se fundou justamente no fato de que algumas demandas produzidas não se enquadravam nem na categoria do direito subjetivo, nem naquela dos interesses legítimos, o que demarcava as teorias adotadas pelos juristas da época, sem que se chegasse a um consenso (COIMBRA, 2015, p. 61).

Em 1961, José Carlos Barbosa Moreira trouxe a temática para o Brasil ao escrever um artigo denominado "A ação popular do direito brasileiro como instrumento de tutela jurisdicional dos chamados 'interesses difusos'". O título já sugere a delimitação do tema: interesses, e não direitos difusos. O estudo não avançou para uma reflexão sobre a consolidação de direitos positivados porque o autor partiu da premissa de que o sistema jurídico foi pensado e construído para tutelar direitos individuais e, portanto, eles estariam fora do ordenamento. Não obstante tal destaque, não se pode negar a vanguarda de sua teoria abrindo portas para novas reflexões no campo do direito:

> Por outro lado, o conjunto dos interessados apresenta contornos fluidos, móveis, esbatidos, a tornar impossível, ou quando menos superlativamente difícil, a individualização exata dos componentes – e a diferenciar o presente caso, por esse aspecto, do segundo a que antes aludimos, no qual a existência da relação-base, perfeitamente caracterizada, delimita melhor a coletividade e lhe dá maior coesão. (MOREIRA, 2014, p. 27)

Desta forma, o estudo se tornou uma crítica relevante ao sistema jurídico, abrindo espaço para mudanças normativas. Ele advertia sobre a existência de demandas que não encontram adequação nesse modelo: as relações difusas, as quais denominou interindividuais, afirmando que "não raro parecem pouco eficazes as armas do arsenal jurídico herdado de outros tempos" (MOREIRA, 2014, p. 25).

Na mesma década e na mesma linha de pensamento, Ada Pelegrini Grinover (2014, p. 40) bradava em artigo doutrinário que "novos conflitos, meta-individuais, esperam solução, na sociedade contemporânea; e exatamente por sua configuração coletiva e de massa são típicos das escolhas políticas e indicam a necessidade de se adotarem novas formas de participação".

O fato é que a categoria dos interesses legítimos acabou sendo utilizada para fundamentar os estudos sobre os direitos difusos, mas ainda sob a denominação de "interesses", mantendo respaldo na doutrina italiana onde a concepção era de que nesta área não havia direitos e sim interesses. Isso porque, para o modelo italiano, no âmbito da Administração Pública os interesses da sociedade não se consolidavam como direitos subjetivos, e por isso eram estranhos ao poder judiciário, julgados por uma justiça administrativa.

Os estudos demoraram a avançar no Brasil porque ao importar a doutrina italiana desconsiderou-se a jurisdição binária ali existente, deixando de julgar tais demandas na jurisdição judicial. Esse equívoco levou a crer que não há direitos porque não se pode pleiteá-los perante um Tribunal Judicial, limitando-se à seara de uma jurisdição administrativa.

Isso retardou o reconhecimento da existência de direitos difusos, e não meros interesses.

Para agravar a situação o legislador costuma usar no Brasil as expressões "direitos" e "interesses" como sinônimos, especialmente no Código de Defesa do Consumidor, primeira legislação a tratar do tema partindo das suas titularidades. O fundamento é que se está no ordenamento é porque há tutela, não importando a denominação (COIMBRA, 2015, p. 62). É justamente a falta de cuidado com o uso das expressões que impede um trato legal mais sistemático sobre o tema.

2 Existência de uma nova titularidade para o ordenamento jurídico: a titularidade de direitos difusos

Pode-se afirmar que a partir do Estado Social os ordenamentos passaram a impor um paradigma coletivo (de forma ampla) na produção de normas, e no Brasil de forma especial a partir da década de 1980, com a positivação dos deveres de solidariedade e de cumprimento da função social.

O fato é que a construção do conceito de coletividade permitiu uma elasticidade em seu conteúdo ao longo da história. Com a revolução industrial o termo coletivo refletia um grupo determinado, a classe de trabalhadores, o que possibilitou a consolidação dos direitos coletivos, que unem sujeitos por uma relação jurídica que lhes serve de base, sendo identificados pela categoria em que são situados. São exemplos a sociedade empresária por ações, as associações, os sindicatos.

Em seguida, com o estabelecimento das democracias e com o fortalecimento da igualdade material, esse grupo coletivo se alargou, deixando de ser determinado, identificado a sociedade como um todo, numa concepção diferente de nação ou povo. Tem-se um sujeito de múltiplas faces. Nesse sentido, o coletivo se pulverizou, identificando-se como a comunidade planetária que traça projetos compartilhados de sustentabilidade, paz mundial, segurança alimentar e igualdade de gênero.

Por questões didáticas, este estudo adota a classificação dos direitos em individuais, coletivos *lato sensu* (sendo espécies o coletivo *stricto sensu* e o individual homogêneo) e difusos, embora outras classificações sejam sugeridas, a exemplo de Rodrigo Coimbra (2015, p. 38), que prefere adotar "transindividual" como gênero, sendo espécies o coletivo e o difuso. A primeira classificação se mostra mais adequada quando se tem a finalidade de assentar topograficamente os direitos difusos como nova categoria, com um trato peculiar sobre o ordenamento. Sua posição como espécie de um gênero maior não permite a ampla visualização da impactante revolução dogmática produzida pelos direitos difusos, uma categoria que rompe com o modelo individualista ainda fortemente registrado no sistema jurídico.

É justamente esse contorno fluido que se verifica em demandas de titularidade difusa surgidas a partir do final do século XX, as quais interessam a um grupo indefinido de pessoas, e que passaram a reclamar uma tutela jurisdicional.

Aqui se adota o conceito de direitos difusos trazido por Ada Pelegrini, ainda que ela os chame de interesses difusos. São os "interesses comuns a uma coletividade de pessoas, que não repousam necessariamente sobre uma relação-base, sobre um vínculo jurídico que as congregue" (GRINOVER, 2014, p. 41). Seguindo na sua linha argumentativa, a autora ainda reconhece a possibilidade de uma proteção constitucional de tais interesses difusos, sem reconhecer, contudo, que haja ali um direito e que este faça nascer uma nova forma de titularidade.

Na concepção dos processualistas, há uma dificuldade em perceber a possibilidade jurídica de uma extensão subjetiva na formação das titularidades para além do direito coletivo originário de vínculos jurídicos de base.

A doutrina de Rodolfo de Camargo Mancuso (2013, p. 28) sustenta que "esses meros interesses ficam, tecnicamente, apartados do cenário jurídico; remanescendo no plano primário da 'existência-utilidade sem terem ascendido ao plano ético-normativo-impositivo'". Seriam eles como "insumos" ou "fatos geradores" de um direito. Ao exemplificar o meio ambiente como emblemático interesse difuso, diz que ele é multitutelado não por um critério de titularidade do valor ou do interesse, e sim na sua relevância social.

Vamos partir do conceito do autor para a expressão "interesse": é uma vantagem de ordem pecuniária ou moral que interliga uma pessoa a um bem da vida, dado o valor que este representa para aquela. Enquanto os interesses se situam no plano fático, os direitos se situam no plano normativo. Interesses geram um querer, mas não permitem que seja ele exigido em juízo. Já o direito gera uma pretensão ao seu titular, que será chamado de sujeito de direito na ordem jurídica (MANCUSO, 2013, p. 26-27).

Na clássica conceituação de Ihering, direito é um interesse juridicamente protegido (*apud* LÔBO, 2017, p. 47). Pois bem, partindo desse conceito, mostra-se contraditório na seara da teoria da norma que um interesse se faça constar no plano normativo, determinando ações ou omissões, mas não seja um direito, bem como que não o ligue a um titular. Seria afirmar que algo está na norma, mas não é dotado de cogência e exigibilidade, pois ninguém é seu titular e assim não pode ser exigível. Algo impensável, certamente.

Felizmente é possível verificar como a atual doutrina do processo civil já vem abrindo o campo de visão para aceitar a correta denominação. Hermes Zaneti Jr. (2016, p. 6-7) é partidário deste entendimento ao afirmar que o equívoco no uso das expressões se dá por uma absorção inadequada do termo italiano:

> o termo "interesses" é expressão equívoca, seja porque não existe diferença prática entre direitos e interesses, seja porque os direitos difusos e coletivos foram constitucionalmente garantidos (v.g., Título II, Capítulo I, da CF/88). Ao que parece, deu-se mera transposição da doutrina italiana, um italianismo decorrente da expressão "*interessi legitimi*" e que granjeou espaço na doutrina nacional e, infelizmente, gerou tal fenômeno não desejado.

Se há uma relação jurídica, há um sujeito que titulariza um direito. A dificuldade talvez esteja em abandonar a clássica concepção de sujeito de direito ligado a um direito subjetivo, ou seja, aquela que mais representou o sistema jurídico burguês, aquela onde o sujeito é formal e individualizado.

> Centro de todo o sistema era o indivíduo formal e individualmente livre, formal e individualmente igual, formal e individualmente pacífico – investido do exercício de direitos subjetivos, legitimando o prejuízo acarretado a quem de outro direito subjetivo não fosse titular, ainda que o prejuízo se refletisse sobre meros interesses ou até sobre interesses juridicamente qualificados. (GRINOVER, 2014, p. 41)

Em suas reflexões Stefano Rodotà adverte que a aceitação de que por longo tempo o modelo proprietário propôs o molde da noção geral de direito subjetivo não pode levar ao equívoco de se acreditar que isto estabeleceu limites que não podem ser avançados pela tutela jurídica.

> L'insistenza sul fato che la proprietà, per lungo tempo, há costituido la situazione forte per eccelenza, il calco adoperato per modellare la stessa nozione generale di diritto soggetivo, non deve tuttavia esser fonte di un nuovo equivoco, inducendo a credere che per quella via siano stati purê fissati i limiti oltre i quali la tutela giuridica non pùo andare. (RODOTÀ, 2013, p. 43)

Enquanto o ordenamento pátrio não os reconheceu como bens juridicamente relevantes, eram realmente somente interesses difusos. E mesmo quando foram jurisdicizados outra barreira se impôs, comprometendo a efetividade de sua tutela: só encontraram um meio de defesa, através do que os processualistas chamaram de "corpos intermediários", que nada mais são do que os grupos de pessoas associadas em prol do bem comum. Sólida doutrina e jurisprudência negaram ao cidadão comum a legitimidade para agir. É este o ponto que este estudo pretende esclarecer.

3 A sociedade como sujeito de direito titular de direitos difusos

Toda a base teórica que legitima a titularidade processual em relação a um direito material nasce a partir da construção da concepção jurídica de sujeito de direito e de direito subjetivo.

> O caminho até aqui traçado, enfim, chega ao ponto em que todos esses pressupostos históricos e teóricos indicados cristalizaram-se no ordenamento jurídico e no sistema de direito privado que se consolidou após a Revolução Francesa e deram azo a uma nova concepção da pessoa como sujeito de direito. (MACHADO, 2016, p. 12)

Grande influência nesse posicionamento teve a teoria de Savigny, que definiu o direito como o poder de um indivíduo, cuja vontade reina nesses limites de poder. Para o autor, a ideia primitiva de pessoa, ou seja, de sujeito de direito, deve coincidir com a ideia de homem. Tal concepção trouxe a carga ideológica fundante para a elaboração dos códigos liberais da era moderna. Segundo Rodrigo Xavier Leonardo (2010, p. 552), "a dita equivalência entre pessoa, sujeito de direito e capacidade projetava na dogmática jurídica, mediante sofisticados conceitos gerais e abstratos, o ideal de uma sociedade criada em nome e em favor do homem burguês europeu [...]".

O paradigma da complexidade, construído na modernidade por Edgar Morin, desafia o direito a ir além dos sistemas simples. É preciso pensar os institutos a partir da sua complexidade, como os clássicos sujeitos de direito. Aliás, tal categoria se mostra insuficiente para o correto tratamento legal da tutela dos direitos difusos. Quando o princípio da função social passou a conformar os direitos individuais, "sublinhou a existência de deveres jurídicos mesmo no âmbito de situações jurídicas classicamente vistas como ativas, a justificar a referência à complexidade" (SOUZA, 2015, p. 8) Como bem acentua Pietro Barcelona (1996, p. 81), quanto mais complexo o sistema mais diferenciado ele é, "capaz de hacer frente al máximo nível de indeterminación de las possibilidades presentes en el ambiente".

Agora, com a consagração de direitos difusos, a sociedade passa a ser titular de direitos, transferindo-se para o polo ativo da relação jurídica na qualidade de credor da obrigação jurídica cujo sujeito passivo é o indivíduo cujo dever é preservar o bem comum de titularidade daquele, inaugurando uma situação subjetiva complexa ainda não experimentada em ordenamentos anteriores.

Ressalta Rodrigo Xavier Leonardo (2010, p. 556) que as necessidades do ordenamento jurídico moderno estão muito distantes daquelas sobre as quais Savigny escreveu, sendo o contexto de hoje detentor de "uma complexidade técnica e uma diversidade de valores absorvidos pelo ordenamento jurídico que denunciam a insuficiência de uma acrítica reprodução do pensamento pandectística do século XIX na doutrina brasileira do século XXI." Nesse sentido, qualquer limitação do sujeito de direito a uma pessoa determinada mostra-se equivocada, guardando um sentido histórico ultrapassado.

A primeira solução, defendida por Antônio Gidi e Hermes Zaneti Jr. aponta para um alargamento do conceito de sujeito de direito, de modo que este possa ser elastecido para ir além do direito individual e "abarcar posições jurídicas judicializáveis". Para eles há um direito subjetivo *prima facie* a ser identificado pelo judiciário no caso concreto.

Diz Antônio Gidi (2004, p. 28-29) que há um erro em se classificar antecipadamente um fato como pertencente ao direito coletivo, difuso ou individual homogêneo, isso porque do acontecimento de um mesmo fato podem originar-se pretensões difusas, coletivas ou individuais homogêneas, ainda que não estejam baseadas no mesmo ramo de direito material. Corretamente aponta o autor que "el derecho subjetivo material tiene uma existência dogmática y es posible analizarlo y clasificarlo independentemente del derecho procesal."

Essa ampliação do conceito se daria com o "direito subjetivo coletivo", por ser mais técnico e preciso atribuir ao grupo a titularidade de direito coletivo (GIDI, 2004, p. 30). Segundo o autor, os direitos supraindividuais (difusos e coletivos) são uma categoria autônoma de direito subjetivo, cujos titulares são uma comunidade ou uma coletividade. Segundo Rodrigo Coimbra (2015, p. 65), seria "uma incongruência, pois a noção de direito subjetivo foi idealizada tendo em mente exclusivamente a tutela de indivíduos. E ampliar demais o conceito de direito subjetivo, como tem ocorrido, descaracteriza-o." Por ter sido criada para tutelar um direito individual da pessoa, a categoria denominada "direito subjetivo" se mostra insuficiente para tutelar adequadamente um direito que ultrapasse esse círculo de exclusividade. E é a limitação conceitual dessa categoria que impede os processualistas clássicos de reconhecer a jurisdicização dos interesses difusos, e por isso chamando-os de interesses e não de direitos.

A posição de co-titularidade não é estranha ao direito. Nos direitos reais, tem-se o exemplo do condomínio, onde todos os titulares têm um direito pleno sobre a coisa comum (indivisa), inclusive com interesse de agir processualmente na defesa do direito comum, com benefícios que irão beneficiar a todos, ainda que os demais não participem do litígio. Não se fraciona o direito, que é exercido em sua plenitude por cada titular.

A diferença entre a co-titularidade no direito real e no direito difuso é a possibilidade de determinação da quantidade de titulares no primeiro caso, o que não é possível no segundo. Contudo, esse é um limite imposto apenas pela visão individualista do direito, o que pode ser removido diante da perspectiva de um direito difuso que remodela os conceitos jurídicos elementares historicamente impostos ao pertencimento.

A presença de um direito subjetivo não é elemento imprescindível da relação jurídica, pois é possível a presença de um sujeito de direito não personificado que busca a tutela de um direito, o qual compartilha de forma plural e não excludente. Tal possibilidade encontra lastro nas reflexões de Pontes de Miranda (2012, p. 63) quando assim se expressa:

> [...] porém a relação pode ser tal que no direito não esteja direito *subjetivo*: há direitos que têm sujeito ativo, como todos os direitos, se bem que sejam da classe daqueles que podem ser invocados como próprios do sujeito; e.g. o direito que tem o "público" (quer dizer: todos os habitantes e passantes) de visitar museus abertos ao público.

O mesmo autor, ao analisar a categoria dos sujeitos de direito, afasta a classificação entre direitos unissubjetivos e de subjetividade multiplicável, preferindo falar de "relações exclusivas e de relações não-exclusivas". Essa classificação fornece uma compreensão mais adequada sobre uma titularidade de origem constitucional que vem romper com a marca do individualismo existente no instituto da propriedade, conceituada pelo próprio Pontes como "o domínio ou qualquer direito patrimonial" (MIRANDA, 2012, p. 65-66).

Por ser o conceito de sujeito de direito mais amplo que o conceito de pessoa, seu conteúdo tem trazido cada vez mais possibilidades no ordenamento jurídico brasileiro. Desde o primeiro alargamento conceitual que permitiu a aceitação da pessoa jurídica como sujeito de direitos, muitos outros se agregaram ao Direito, a exemplo do nascituro, dos animais, do espólio. Neste aspecto, se as futuras gerações já são consideradas um sujeito direito, a presente geração também pode sê-lo, possibilitando de forma concreta e presente a tutela dos bens difusos que deixarão para os que hão de vir.

4 A legitimidade processual do cidadão na proteção de direitos difusos

Hoje, com a base constitucional que positiva os direitos difusos, não há mais possibilidade de seu enquadramento como meros interesses. Existem direitos e existe uma titularidade jurídica, de ordem constitucional, e por isso um poder de agir.

Esse titular é a sociedade, erigida constitucionalmente ao patamar de sujeito de direito, um novo ente não personificado que impõe uma nova concepção processual a partir de um modelo particular de titularidade.

O desafio é perceber que essa titularidade difusa traz um modelo próprio de legitimidade processual. Enquanto nas demandas coletivas *stricto sensu* há sempre um representante, aqui a sociedade permite uma presentação no campo processual, na pessoa de cada cidadão. E afastando-se a necessidade de qualquer intermediário, será ele quem poderá buscar diretamente a proteção do que é seu em exercício comum com a sociedade.

A titularidade individualista tradicionalmente foi a tônica do direito civil e do processo civil. Neste último diploma legal, o titular da ação é sempre o titular individualizado do direito. Isso se dá porque os processualistas trabalharam o processo, e não o direito material, porque não imaginam como o sujeito da ação pode não ser o titular exclusivo do direito.

É a partir desta ótica que para os processualistas tornou-se difícil a compreensão de um sujeito de direito que não possa compor um dos polos do processo pela sua natureza fluida, indeterminada, invisível.

Esse modelo foge do liberal burguês da era moderna. No processo judicial envolvendo uma titularidade difusa a dificuldade estaria numa suposta ausência de contraditório, por não haver no processo um sujeito identificado que sofrerá as consequências da norma aplicada na sentença.

Toda dificuldade está na recusa em perceber que o parâmetro da complexidade desafia o direito a ir além dos clássicos sujeitos de direito. Essa titularidade difusa traz um sujeito de direito diferente, não personalizado, a sociedade, sem uma face identificada de imediato, mas que pode ser "presentada" por cada cidadão que busca a tutela jurídica para a proteção do que lhe pertence em comum com as demais pessoas que a compõem.

Acrescenta-se por força constitucional mais um sujeito de direito não personificado ao rol já estabelecido no ordenamento jurídico, ao lado de entes como o nascituro, o espólio, o condomínio ou as gerações futuras.

Como a própria ideia de direitos difusos, nos moldes concebidos hoje, é muito recente na história, o modelo individualista do processo não encontrava a correta adequação entre sujeito e objetivo que iriam compor a lide em tal matéria. Por este motivo, a saída encontrada na contemporaneidade foi a criação de mecanismos de substituição processual para a garantia de direitos difusos através do instituto que permite uma "representação" da sociedade por órgãos exponenciais.

Não deve existir dificuldade em perceber que o cidadão não age como representante, tal qual se dá com o Ministério Público. O cidadão "presenta" a sociedade quando age na defesa dos direitos em que esta seja titular, fundando-se aí a sua legitimidade processual. A limitação trazida pela tutela dos direitos coletivos, em sentido amplo, está no fato de que trata de uma coletividade sem face, mas identificado como o "interesse coletivo" (o mercado, por exemplo, é uma coletividade sem face). Registra-se também o receio dessa valorização social pela experiência negativa de regimes totalitários, a exemplo da ideia nazista de "nação alemã" que legitimou os atos de Hitler.

No Brasil, tem-se uma democracia participativa, e não somente representativa, elemento fundante que legitima a atuação direta do cidadão na defesa dos direitos difusos que compõem os pilares da *res publica*.

Quando se tem no mesmo centro de observação jurídica a existência de uma tutela individual e uma difusa, a solução só será possível no caso concreto considerando a relação complexa estabelecida.

Neste estudo, a sociedade é tratada como um sujeito *sui generis*, não personificado, convivendo com o sujeito individualizado, como bem demonstra Pontes de Miranda (2013, p. 17): "Existem uma memoria, uma attenção, uma logica e um ideal collectivos, como há na sociedade um organismo sui-generis, e existem, outrossim, memoria, attenção e logica individuaes, constituindo o eu, ou o que, sob o senso moderno da expressão, chamamos espirito."

Como bem adverte André Roque (2009, p. 155), há que se enfatizar sempre que nenhuma interpretação do devido processo legal pode se transformar num obstáculo para se realizar a tutela dos direitos difusos. Diz o autor, ao tratar do tema da legitimidade processual nos microssistemas de ações coletivas que "ao contrário do que ocorre no processo individual, o *devido processo legal coletivo* não impõe a citação ou mesmo a participação formal de todos os interessados, mas sim que seus interesses sejam representados de forma adequada." E essa representação se adequa perfeitamente aos direitos difusos, onde se dá na individualização da sociedade em cada cidadão, uma titularidade trazida pelo direito material que impõe uma adequação do direito processual.

Aguardar uma regra processual específica do direito processo civil como condição para dar efetividade a um direito difuso é deixar na obscuridade os anseios mais profundos de uma sociedade, além de uma flagrante violação constitucional por já estarem eles jurisdicionados.

Caso a sociedade tenha que aguardar sempre a criação de um intermediário com legitimidade para atuar na defesa de direitos que são difusos (hoje o Ministério Público exerce esse papel), grandes violações de bens e direitos se darão sem que haja a devida ação preventiva ou repressiva. "O antigo ideal da iniciativa processual monopolística centralizada nas mãos de um único sujeito, a quem o direito subjetivo 'pertence', se revela impotente diante de direitos que pertencem, ao mesmo tempo, a todos e a ninguém" (CAPPELLETTI, 1977, p. 4).

A consolidação de um direito no campo material é que permite a tutela do direito ali declarado. Sendo o processo um instrumento e não um fim, não serão as limitações da lei processual, ou em muitos momentos, do seu intérprete, que inibirão a efetiva tutela jurisdicional de um direito consagrado no campo material. Como bem acentua Rodrigo Coimbra (2015, p. 47), "a legislação processual tem apenas o dever de instituir 'técnicas processuais' que sejam capazes de viabilizar a obtenção da tutela prometida pelo direito material".

A ação processual de natureza híbrida, embora proposta por um indivíduo, onde o acolhimento do pedido formulado pelo autor necessariamente beneficia a sociedade, é um desafio para o direito brasileiro, e pode ser vencido.

Afirma Hermes Zaneti Jr. (2016, p. 8) que a instrumentalidade existe para fornecer o instrumento hábil para a defesa de direitos, mas "A autonomia do direito de ação, nesse sentido, é primordial para que sob a égide de 'preconceitos' de direito material, ou interpretações 'fixas' não se evite a apreciação pelo Poder Judiciário da lesão ou ameaça ao direito afirmado pelo autor."

A clássica visão da composição processual, criada para um modelo onde só os direitos individuais eram tutelados, estabelecendo posições pré-determinadas para autor e réu, concebidos apenas como sujeitos individuais, é que precisa ser adaptada para a correta proteção do direito material, especialmente quando sua origem é constitucional.

O direito brasileiro segue o modelo italiano ao exigir que haja coincidência entre a legitimação para a causa e a titularidade da relação jurídica material discutida no processo, isto por força do art. 6º do CPC brasileiro de 1973 e do art. 81 do Codice de Procedura Civile italiano (ARRUDA ALVIN, *apud* MOREIRA, 2014, p. 26).

Somente a correta compreensão da categoria "sujeito de direito", de modo a integrar as nuances de um titular indeterminado, invisível e, portanto, difuso, é que trará por reflexo a revolução necessária no conceito de legitimação para agir no campo processual. O ponto de partida é que este sujeito não precisa ser determinado porque não há necessidade de ser. Não há razão para se manter preso a um conceito rígido do passado, impedindo o avanço da tutela jurídica na era contemporânea. A ciência jurídica tem uma missão maior.

Referências

BARCELONA, Pietro. *El Individualismo Propietario*. Madri: Trotta, 1996.

CAPPELLETTI, Mauro. Formações sociais e interesses coletivos diante da justiça civil. *Revista de Processo*, São Paulo, v. 2, n. 5, p. 128-159, jan./mar. 1977.

COIMBRA, Rodrigo. *Efetivação dos direitos com objeto difuso*. São Paulo: LTR, 2015.

GIDI, Antônio. Derechos Difusos, Colectivos e Individuales Homogéneos. *In*: GIDI, Antônio; MAC-GREGOR, Eduardo Ferrer (Coords.). *La tutela de los derechos difusos, colectivos e individuales homogéneos*: hacia un código modelo para iberoamérica. 2. ed. Porrúa México: México, 2004.

GRINOVER, Ada Pelegrini. A tutela jurisdicional dos interesses difusos. *In:* GRINOVER, Ada Pellegrini *et al.* (Orgs.). *Processo coletivo*: do surgimento à atualidade. São Paulo: Revista dos Tribunais, 2014.

LEONARDO, Rodrigo Xavier. Sujeito de Direito e Capacidade: contribuição para uma revisão da teoria geral do direito civil à luz do pensamento de Marcos Bernardes de

Melo. *In:* DIDIER, Fredie; EHRHARDT JÚNIOR, Marcos (Orgs.). *Revisitando a teoria do fato jurídico*: homenagem a Marcos Bernardes de Mello. Saraiva: São Paulo, 2010.

LÔBO, Paulo. *Direito civil*: coisas. São Paulo: Saraiva, 2017. v. 4.

MACHADO, Diego Carvalho. Do sujeito de direito à pessoa humana: reflexões sobre subjetividade jurídica, teoria do direito civil e tutela da pessoa. *RJLB – Revista Jurídica Luso-Brasileira*, Lisboa, ano 2, n. 4, p. 415-475, 2016. Disponível em: https://www.cidp.pt/revistas/rjlb/2016/4/2016_04_0415_0475.pdf. Acesso em: 26 dez. 2016.

MANCUSO, Rodolfo de Camargo. *Interesses difusos*: conceito e legitimação para agir. São Paulo: Revista dos Tribunais, 2013.

MOREIRA, José Carlos Barbosa. A ação popular do direito brasileiro como instrumento de tutela jurisdicional dos chamados "interesses difusos". *In:* GRINOVER, Ada Pellegrini *et al.* (Org.). *Processo coletivo*: do surgimento à atualidade. São Paulo: Revista dos Tribunais, 2014.

PONTES DE MIRANDA, Francisco Cavalcanti. À Margem do Direito. *Civilistica. com*, Rio de Janeiro, a. 2, n. 4, p. 1-67, out./dez. 2013. Disponível em: http://civilistica.com/a-margem-do-direito-estudo-de-psicologia-juridica/. Acesso em: 20 out. 2016.

PONTES DE MIRANDA, Francisco Cavalcanti. *Tratado de Direito Privado*. São Paulo: Revista dos Tribunais, 2012. Parte Especial, t. XI.

RODOTÀ, Stefano. *Il Terrible Diritto*: studi sulla proprietà privata e i beni comuni. 3. ed. Bologna: Il Mulino, 2013.

ROQUE, Andre Vasconcelos. O que significa representatividade adequada? Um estudo de Direito Comparado. *Revista Eletrônica de Direito Processual*, Rio de Janeiro, v. IV, Ano 3, p. 171-198, jul./dez. 2009. Disponível em: file:///C:/Users/Patr%C3%ADcia%20Falc%C3%A3o/Downloads/21625-69335-1-PB.pdf. Acesso em: 26 dez. 2016.

SOUZA, Eduardo Nunes de. Situações jurídicas subjetivas: aspectos controversos. *Civilística.com*, Rio de Janeiro: a. 4, n. 1, p. 1-26, 2015. Disponível em: http://civilistica.com/situacoes-juridicas-subjetivas-aspectos-controversos/. Acesso em: 26 dez. 2016.

ZANETI JÚNIOR, Hermes. Direitos Coletivos *Lato Sensu*: a definição conceitual dos direitos difusos, dos direitos coletivos stricto sensu e dos direitos individuais homogêneos. *Academia Brasileira de Direito processual Civil*. Disponível em: http://www.abdpc.org.br/abdpc/artigos / Hermes %20Zaneti % 20Jr (2) % 20% 20formatado.pdf. Acesso em: 14 nov. 2016.

Informação bibliográfica deste texto, conforme a NBR 6023:2018 da Associação Brasileira de Normas Técnicas (ABNT):

GUILHERMINO, Everilda Brandão. A sociedade como sujeito de direito na defesa de direitos difusos: uma reflexão a partir das titularidades. In: EHRHARDT JÚNIOR, Marcos; LÔBO, Fabíola (Coord.). *Constitucionalização das relações privadas*: fundamentos de interpretação do direito privado brasileiro. Belo Horizonte: Fórum, 2023. p. 375-388. ISBN 978-65-5518-564-5.

A ASSOCIAÇÃO CIVIL E A REALIZAÇÃO DE DIREITOS FUNDAMENTAIS: NOVOS RUMOS PARA O ACESSO AOS BENS COMUNS?

TATIANE GONÇALVES MIRANDA GOLDHAR

Introdução

Os indivíduos se organizam em grupo quando precisam realizar suas necessidades básicas e existenciais. A história demonstrou que a força da coletividade, dos interesses grupais e comuns, quando organizada e coesa, alcança resultados poderosos que levam a transformações sociais, culturais e políticas.

É justamente pelo fato de o Brasil ainda ser um país de tantas disparidades e desigualdades que centenas de movimentos associativos despontam nas últimas décadas, como veremos a seguir. A força associativa é convidada a desenvolver-se e ampliar-se quando um povo precisa romper com velhos paradigmas e modificar leis, crenças e direitos. Se há novos direitos e perspectivas que oxigenam as leis e condutas mais humanas, tal conquista se deve grande parte aos movimentos associativos. Por isso, quanto mais uma nação se desenvolve, em maior quantidade são as associações civis sem fins lucrativos que nela desponta.

Nesse contexto, é que se pretende convidar o leitor a analisar algumas transformações pelas quais tem passado a associação civil no Brasil, e as consequências que o agigantamento das associações tem causado no âmbito interno das relações entre associados, mas, sobretudo, destacar como elas têm se revelado um poderoso instrumento de realização de direitos fundamentais individuais e voltados ao bem comum.

No presente trabalho o termo associativismo será utilizado como para designar os movimentos associativos que envolvem as ações individuais coletivizadas e agrupadas no âmbito da sociedade civil, com o objetivo de defender interesses específicos.

Apresentar-se-ão breves linhas sobre a importância das associações e dos movimentos associativos, para a efetivação de direitos individuais fundamentais e os novos caminhos que se apresentam na sociedade que convidam a associação a ir além da proteção de direitos individuais para alcançar o acesso ao bem comum para além dos associados.

Nesse diapasão, convida-se o leitor a examinar, à luz dos princípios constitucionais, a nova responsabilidade civil das associações civis diante das necessidades sociais da atualidade.

1 A associação civil, movimentos associativos e a construção de novos espaços sociais

Para se compreender a importância das associações civis na materialização do Estado Democrático de Direito, sobretudo pós-1988, como relevante instrumento de realização de direitos fundamentais, vale relembrar o que eram essas entidades em seu surgimento.

As associações civis já experimentaram vários formatos e finalidades ao longo dos períodos da história, pois ostentaram caráter cultural no período clássico romano; religioso, na Idade Média; comercial, no período das Grandes Navegações e da expansão comercial; refletiu forte ideal político no período Absolutista, contra a opressão de um estado imperialista, sendo praticamente sufocadas; no período Iluminista voltam a ter um papel relevante para a burguesia e para os intelectuais que buscam participação política nos destinos da sociedade e, no momento pós-Revolução Industrial, as associações são eficientes para a garantia e defesa de direitos individuais com forte repercussão nas relações de trabalho e de comércio.[1]

---

[1] WIEACKER, Franz. *História do direito privado moderno*. Tradução de Antônio Manuel Hespanha. 3. ed. Lisboa: Fundação Calouste Gulbekian, 2004, p. 289.

É nesse ponto que se percebe a importância das associações civis como um local de realização de interesses individuais os quais, nessa época, estavam intimamente ligados com interesses opostos aos do Estado e, quando as associações não tratavam de questões ligadas ao comércio e trabalho entre os membros e a sociedade, voltava-se para a reivindicação e estabelecimento de limites da atuação estatal na esfera privada e disciplinamento das liberdades humanas, sob a bandeira da liberdade, igualdade, fraternidade.[2]

As relações associativas começaram, pois, a existir e se desenvolver através de contratos entre os indivíduos participantes e se consolidou como um instrumento de veiculação e garantia da propriedade, de legitimação das trocas comerciais, refletindo assim o império da liberdade e autonomia individuais, cuja maior expressão se deu no exercício do direito de propriedade. Nessa época as associações civis refletiam interesses meramente individuais e ligados a categorias muito específicas da sociedade, sobretudo intelectuais, comerciantes e religiosos satisfazendo direitos que muitas vezes comprometiam e até violavam outros direitos de cidadãos que não estavam associados.

Vilar de Macedo nos informa que "a necessidade de associação é um fenômeno conatural do ser humano, decorrente de sua própria natureza"[3] e seu surgimento confunde-se como já afirmado com o próprio aparecimento da humanidade, tendo, porém, suas características definidas somente na Era Moderna.

Mas a função e a responsabilidade social da associação civil começaram a modificar desde o advento da Constituição Federal de 1988.

No Brasil, desde a década de 1990, assiste-se a um aumento vertiginoso de criação de associações civil sem fins lucrativos, sendo mais de 291.000 entidades contabilizadas em 2017 e essa expressiva densidade associativa, envolvida no ideário de luta por direitos e cidadania, tem se mostrado altamente eficaz como instrumento de afirmação de direitos individuais com repercussão social muito positiva.[4]

---

[2] GOLDHAR, Tatiane Gonçalves Miranda. *Direito fundamental à associação e a exclusão do associado*. 2009. 151 p. Dissertação (Mestrado em Direito) – Programa de Pós-Graduação em Direito, Universidade Federal de Pernambuco, Recife, 2009, p. 26.
[3] MACEDO, Manuel Vilar de. *As associações no direito civil*. Coimbra: Coimbra, 2007, p. 1.
[4] A pesquisa Fundações Privadas e Associações sem Fins Lucrativos no Brasil (FASFIL 2010), realizada pelos órgãos governamentais Instituto Brasileiro de Geografia e Estatística (IBGE) e Instituto de Pesquisa Econômica Aplicada (IPEA) e lançada em dezembro, atualizou o número de associações sem fins lucrativos e fundações privadas existentes no Brasil: 290.692. Destas, apenas 7.664 são fundações, e o restante - 283.028 - são associações sem fins lucrativos. PESQUISA indica existir 290 mil associações e fundações no Brasil.

Colhe-se do IBGE – Instituto Brasileiro de Geografia e Estatísticas – que, em 2016, das quase 291 mil associações e fundações existentes, 292 (0,1%) atuavam com habitação, na área de saúde (2,1% - 6.029), na cultura (12,7% - 36.921), na educação e com pesquisas (6,1% - 17.664). Já na assistência social (10,5% - 30414), meio ambiente (0,8% - 2.242) e defesa de direitos (14,6% - 42.463).

Já em 2019, fazendo uma atualização do estudo de 2016, a pesquisa do IBGE revela que foram identificadas 526,8 mil entidades sem fins lucrativos, dentro do universo de 5,5 milhões de organizações ativas no CEMPRE (Cadastro Central de Empresas).[5]

Apesar do expressivo número de associações nesse esse período, o estudo mais recente revela que houve uma queda do número de associações no Brasil, conforme podemos observar abaixo:[6]

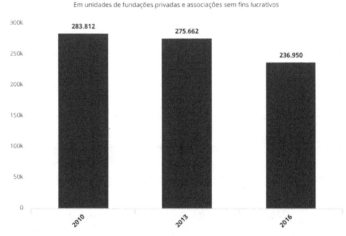

Fonte: IBGE

Federação Nacional dos Empregados em Instituições Beneficentes, Religiosas e Filantrópicas, 2 jan. 2023. Disponível em: https://fenatibref.org.br/posts/pesquisa-indica-existir-290-mil-associacoes-e-fundacoes-no-brasil#:~:text=Das%20quase%20291%20mil%20associa%C3%A7%C3%B5es,%2C6%25%20%2D%2042.463). Acesso em: 8 maio 2023.

[5] PESQUISA detalha perfil das fundações sociais e associações brasileiras. *Nexo*, 8 maio 2019. Disponível em: https://nexo.is/blog/pesquisa-detalha-perfil-das-fundacoes-sociais-e-associacoes-brasileiras/ Acesso em: 7 maio 2023.

[6] NÚMERO de ONGs e associações no Brasil cai 16,5% entre 2010 e 2016, diz IBGE. *G1*, 5 abr. 2019. Disponível em: https://g1.globo.com/economia/noticia/2019/04/05/numero-de-ongs-e-associacoes-no-brasil-cai-165percent-entre-2010-e-2016-diz-ibge.ghtml Acesso em: 7 maio 2023.

Apesar da diminuição do número de associações sem fins lucrativos num determinado período, o Brasil ainda registra um grande número de entidades porque elas são fundamentais para o exercício de direitos e para a realização a cidadania do brasileiro, nos mais variados setores conforme se observa nesse estudo de 2016 feito pelo IBGE.

Não há dúvidas que associações e fundações fazem parte do contexto democrático no Brasil e dos movimentos sociais, influenciando agendas públicas e criando novos projetos de interesse dos cidadãos.

O movimento associativo brasileiro se desenvolve para uma dimensão política do associativismo, com objetivo de transformação a realidade social e normativa, através da reivindicação de direitos, da defesa da autonomia organizacional dos movimentos em relação ao Estado e a defesa de formas públicas de apresentação das demandas e de negociação com o Estado.

Rachel Stazin, ao tratar sobre associações, afirma que:

> A recente multiplicação de organizações que servem como instrumento, a par de reunir pessoas com interesse comum e que podem funcionar como instrumento de pressão na defesa desses interesses específicos, torna a análise do fenômeno relevante. Se a razão da constituição dessas organizações é do ponto de vista da sociologia, encarada como forma de mediar as relações entre pessoas, entre indivíduos e Estado, o ordenamento jurídico deve dar-lhes disciplina adequada. Afinal se tais organizações visam a reunir pessoas com interesses que podem ser de categorias ou profissões, religiosos, políticos, busca de tutela de direitos coletivos como os de consumidores, de idosos, de crianças e adolescentes, de portadores de deficiência físicas, artísticos, culturais, científicos, pios, beneficentes, seria inadequado dar-lhes tratamento igual ao que se prevê para as organizações de fins econômicos.[7]

Nas últimas décadas, a associação civil se revela como um eficaz recurso para equalizar as mais variadas relações assimétricas de poder que despontam numa sociedade tão desigual quanto à brasileira e conquista espaços de discussão e voz ativa para uma camada social por vezes à margem de políticas públicas e sociais de primeira ordem.

As associações civis mudam a sociedade civil e permitem que pessoas marginalizadas pelos interesses sociais e estatais dominantes, tais como indivíduos deficientes com problemas de saúde, pretos, pobres, índios, imigrantes, mulheres vítimas de violência, crianças e jovens em

---

[7] STAZIN, Rachel. Associações e sociedades. *Revista de Direito Mercantil, Industrial, Econômico e Financeiro*, São Paulo, n. 128, ano 4, p. 15-26, out./dez. 2002, p. 15.

condições de vulnerabilidade, pessoas vulneráveis e hipossuficientes em determinadas relações jurídicas e comerciais e tantos outros setores alcancem seus direitos e tenham seus interesses atendidos pela sociedade e pelo Estado.

É justamente para fortalecer os interesses individuais isolados, porém homogêneos e marginalizados pelo Estado que surgem as associações civis, reformatando a importância dos arranjos participativos avulsos e descentralizados, organizando-se e atomizando-os para emprestar à pessoa a força da luta agrupada com vistas à consecução de fins iguais a pessoas em situações iguais.

Carlos Euzineia e Marta Zorzal e Silva destacam, portanto, a importância pedagógica do associativismo:

> Nesta perspectiva, os arranjos de participação, quando podem contar com uma estrutura associativa preexistente aos novos arranjos participativos, podem incidir positivamente sobre a cultura política local, fortalecendo as características da cultura associativa e gerando novos elementos democratizantes. Neste sentido, a ação pedagógica do associativismo parece operar na lógica de politização de seus membros e de democratização das instituições de governo.[8]

A cultura do associativismo, tão presente no Brasil, é muito bem-vinda em países em desenvolvimento por conta dessa função pedagógica expressiva que ela assume e que politiza indivíduos, chama atenção para suas lutas individuais muitas vezes inaudíveis e invisíveis e, por fim, contribui para a democratização das instituições públicas e privadas, com repercussão direta no sistema jurídico do país que passa a assegurar direitos dos associados frente ao Estado e políticas públicas que realmente abarquem os interesses mais marginalizados dos indivíduos.[9]

Os movimentos associativos revelam um grande poder de ativismo civil, pois em todos os setores, eles têm demonstrado impactos diretos sobre propostas de políticas públicas elaboradas com a efetiva participação social.

Por isso é inegável o papel social e político das entidades associativas que têm sido capazes de transformar a realidade de milhares

---

[8] CARLOS, Euzineia et al. Associativismo, participação e políticas *públicas*. *Política & Sociedade*, Florianópolis, v. 5, n. 9, p. 163-194, 2006, p. 3.

[9] CARLOS, Euzineia et al. Associativismo, participação e políticas *públicas*. *Política & Sociedade*, Florianópolis, v. 5, n. 9, p. 163-194, 2006, p. 5.

de pessoas na luta pela defesa de direitos individual e socialmente relevantes.

2 A associação civil e a vinculação a direitos fundamentais para garantia de direitos dos associados

A Constituição Federal, alinhada com o Pacto São José da Costa Rica – Convenção Americana sobre Direitos Humanos de 1969 (artigo 16º) – consagra o direito à liberdade de associação, no art. 5º, XVII afirmando que "é plena a liberdade de associação para fins lícitos, vedada a de caráter paramilitar", garantindo ao cidadão o direito de criar uma entidade com personalidade jurídica e capacidade para realizar atos em nome próprio e sob sua responsabilidade, desde que os fins sejam lícitos.

O Código Civil, no art. 44, I, dispõe que a natureza jurídica das associações é de pessoa jurídica de direito privado e preconiza que sua personalidade apenas é adquirida com o registro do estatuto no registro civil de pessoas jurídicas, desde que ela não tenha por destino ou função prática de atividade ilícita ou contrária ou nociva ao bem público, à segurança do Estado e da coletividade, à ordem pública ou social, à moral e aos bons costumes.

As associações são criadas no Brasil sem interferências políticas diante do consagrado princípio da livre iniciativa, que se extrai da expressão "fins não econômicos" quando o legislador indica sua finalidade, no art. 53, *caput*, do Código Civil. É dizer: elas podem desempenhar atividade econômica, mas não podem ter como fim a obtenção de lucro, conforme destaca o Enunciado nº 534, IV Jornada de Direito Civil.

É coesa a relação entre os associados, mas não há direitos e obrigações recíprocos, diversamente do que acontece nas sociedades; por exemplo, o vínculo existe entre associado e associação e não entre os integrantes. Todavia, todos os associados devem estar comprometidos com a consecução da finalidade da entidade delineada no estatuto social, seu documento constituinte e regulador.

Tão cara foi a conquista dos movimentos associativos, que têm como corolário o direito de reunião e expressão, que recentemente o Supremo Tribunal Federal suspendeu investigação determinada pelo Ministro da Justiça e Segurança Pública em desfavor de 579 servidores, participantes do movimento dito antifascista.[10] Com essa decisão o STF reforça que todas as pessoas têm o direito de se associarem, de aderir a qualquer associação, em decorrência dos princípios da dignidade humana, liberdade e autonomia de vontade, não podendo o Estado criar empecilhos prévios nem posteriores para sua constituição e registro, a não ser que o Estatuto viole outro direito fundamental ou que veicule finalidade ilícita.

Do mesmo modo, todas as pessoas têm plena liberdade de não se associarem e nem serem obrigadas a permanecer associadas, não podendo haver discriminação nos critérios de ingresso ou de permanência na associação civil, nem ônus demasiados que indiretamente inviabilizem o exercício do direito associativo.[11]

Outro aspecto do direito à liberdade de associação é que o associado tem o direito fundamental também de se desligar da entidade voluntária e incondicionalmente. A exclusão do associado por parte da entidade somente é admissível havendo justa causa, reconhecida em procedimento que assegure direito de defesa e recurso, conforme estabelecido no estatuto, na linha do que preconiza o art. 57, do

---

[10] Não se pode conceber que uma associação seja tolhida da possibilidade de ser reunir, pois como afirmou o Supremo Tribunal Federal é da essência de tais entidades a possibilidade de realizar reuniões "MEDIDA CAUTELAR NA ARGUIÇÃO DE DESCUMPRIMENTO FUNDAMENTAL. ATIVIDADE DE INTELIGÊNCIA DO MINISTÉRIO DA JUSTIÇA E SEGURANÇA PÚBLICA. PRODUÇÃO E DISSEMINAÇÃO DE DOSSIÊ COM INFORMAÇÕES DE SERVIDORES FEDERAIS E ESTADUAIS INTEGRANTES DE MOVIMENTO ANTIFASCISMO E DE PROFESSORES UNIVERSITÁRIOS. DESVIO DE FINALIDADE. LIBERDADE DE EXPRESSÃO, REUNIÃO E ASSOCIAÇÃO. MEDIDA CAUTELAR DEFERIDA [...] Benza Deus a imprensa livre do meu País! Benza Deus que temos ainda um Poder Judiciário que toma conhecimento disso e que dá a importância devida à garantia da democracia, no sentido de se verificar do que se trata aqui, o que é e qual a resposta constitucional a ser dada" (STF. ADPF 722. Relatora Ministra Cármen Lúcia. DJe. 22.10.2020).

[11] O Superior Tribunal de Justiça reconheceu a tutela das diversas formas de família no seio das associações "RECURSO ESPECIAL. DIREITO CIVIL E CONSTITUCIONAL. CLUBE SOCIAL. PROIBIÇÃO DE FREQUÊNCIA. EX-COMPANHEIRO. ISONOMIA. VIOLAÇÃO. UNIÃO ESTÁVEL. COMPROVAÇÃO. EQUIPARAÇÃO A EX-CÔNJUGE. EFICÁCIA HORIZONTAL DOS DIREITOS FUNDAMENTAIS. PRINCÍPIOS DA DIGNIDADE DA PESSOA HUMANA E DA IGUALDADE MATERIAL. 1. Recurso especial interposto contra acórdão publicado na vigência do Código de Processo Civil de 2015 (Enunciados Administrativos nºs 2 e 3/STJ). 2. O espaço de autonomia privada garantido pela Constituição às associações não está imune à incidência dos princípios constitucionais que asseguram o respeito aos direitos fundamentais de seus associados e de terceiros (RE nº 201.819-8). 3. A recusa de associação, no caso um clube esportivo, baseada exclusivamente em cláusula protetiva apenas a ex-cônjuge de sócio proprietário de título, excluindo o benefício a ex-companheiro, viola a isonomia e a proteção constitucional de todas as entidades familiares, tais como o casamento, a união estável e as famílias monoparentais. 4. Recurso especial não provido" (STJ. REsp Nº 1.713.426 - PR (2017/0307936-5). Relator Ministro Ricardo Villas Bôas Cueva - DJe: 07/06/2019).

Código Civil, de modo a garantir ao associado o direito fundamental ao contraditório e da ampla defesa.

O processo de constitucionalização do direito privado trouxe novos paradigmas para as relações privatistas e nos convida, há mais de duas décadas, a uma releitura das regras estatutárias, neste caso, confeccionadas no âmbito das associações civis, a fim de quem elas, tanto materialmente (critérios de ingresso, permanência etc.) quando processualmente (direito de ouvir, ser ouvido, de apresentar defesa administrativa etc.) não violem direitos fundamentais dos associados.

Não se trata de abandonar os princípios clássicos desse ramo, mas sim de reinterpretá-los à luz da Constituição de 1988, dentro de um contexto de socialização do direito civil, em que o patrimônio perde sua importância fundamental para dar lugar ao aspecto social e humano das relações interpessoais.[12]

Todavia, o agigantamento e aperfeiçoamento das associações civis revelou um lado bastante obscuro, que é o silencioso aumento do poder disciplinar em face dos associados, exercido sem muito controle e limites por seus dirigentes, tornando-se por vezes arbitrário. A partir do processo que analisou algumas regras do estatuto da União Brasileira de Compositores – UBC pelo Supremo Tribunal Federal (RE nº 201.819/RJ), chegou-se à conclusão de que as regras estatutárias que disciplinavam as possíveis penalidades não estavam garantindo ao associado o devido processo legal no âmbito interno das associações, em desacordo com o art. 57 do Código Civil:

> O art. 57 do Código Civil veicula de forma inédita nas associações civis a necessidade de instalação de um procedimento interno disciplinar, onde será averiguada a justa causa motivadora das expulsões, para assegurar o direito de defesa e de recurso no caso de exclusão do associado. Reputa-se inegável relevância ao sobredito dispositivo pela sua potencialidade inovadora no sentido de operar significativas modificações, evitando conflitos judiciais na vida das associações civis.[13]

A alteração promovida pela Lei nº 11.127/2005 no art. 57 do Código Civil inaugurou um novo momento para as relações associativas, pois garantiu o direito fundamental ao devido processo legal pela

---

[12] GOLDHAR, Tatiane Gonçalves Miranda. *Direito fundamental à associação e a exclusão do associado*. 2009. 151 p. Dissertação (Mestrado em Direito) – Programa de Pós-Graduação em Direito, Universidade Federal de Pernambuco, Recife, 2009, p. 88.
[13] *Ob. Cit.* p. 112.

inserção do procedimento para exclusão do associado. A necessidade de provar "justa causa" para expulsão de membro já existia de modo que a inovação, em 2005, residiu na previsão de um procedimento para assegurar o direito de defesa ao associado e a necessidade de se fundamentar a decisão de exclusão de associado.[14]

Desde 2005, a associação tem o dever de observância dos direitos de contraditório e da ampla defesa dos associados em decorrência da nova ordem civil-constitucional. Essa mudança foi muito importante para as entidades associativas porque o aumento expressivo de associações no Brasil, ainda sujeita os associados a regras e procedimentos abusivos e deslocados da proteção constitucional.

A tendência a que se assiste para as associações é, além da realização dos direitos individuais de seus associados, preocupar-se com a realização do bem comum, ou seja, dos interesses sociais para além daqueles que estão disciplinados nos estatutos associativos, conforme discorreremos a seguir.

3 A associação civil e a realização de direitos fundamentais coletivos através do acesso aos bens comuns

A associação civil está adquirindo a cada dia novos contornos.

A Lei de Ação Civil Pública – Lei nº 7.347/1985 –, em 2014, foi alterada para incluir as associações como entes com legitimidade para defesa de direitos individuais homogêneos e difusos nos processos judiciais desde que satisfaça os seguintes requisitos (art. 5º, inciso V): a) estarem constituídas há mais de um ano (2007) e b) possuírem, entre suas finalidades institucionais, a proteção ao patrimônio público e social, ao meio ambiente, ao consumidor, à ordem econômica, à livre concorrência, aos direitos de grupos raciais, étnicos ou religiosos ou ao patrimônio artístico, estético, histórico, turístico e paisagístico.

A 3ª Turma do Superior Tribunal de Justiça (STJ), em decisão unânime, reconheceu a representatividade de associações e entidades civis que defendem os interesses da sociedade na Justiça nas chamadas ações coletivas, numa causa de autoria do Instituto Defesa Coletiva (IDC),

---

[14] GOLDHAR, Tatiane Gonçalves Miranda. *Direito fundamental à associação e a exclusão do associado*. 2009. 151 p. Dissertação (Mestrado em Direito) – Programa de Pós-Graduação em Direito, Universidade Federal de Pernambuco, Recife, 2009, p. 114.

que buscava a declaração de abusividade na cobrança, em contratos de financiamento de veículos, de encargos denominados "promotoria de venda", "taxa de gravame eletrônico" e "taxa de serviços de terceiros".[15]

Com essa decisão do STJ, as associações, independentemente de aprovação assemblear prévia, e através da substituição processual já podem pleitear, em nome próprio, direitos pertencentes a outras pessoas, por meio do ajuizamento de ações coletivas ou ações civis públicas, com efeitos sobre todas as pessoas, não importando o lugar onde elas vivam, ou se são associadas ou não à entidade que entrou com a ação na Justiça.

Trata-se de um marco na tutela de direitos coletivos e que eleva muito a importâncias das associações que agora possuem legitimidade para defesa dos direitos difusos, coletivos e individuais homogêneos, independentemente de autorização expressa dos associados.[16]

Atualmente, e segundo entendimentos do STF e STJ, a associação, quando ajuíza ação na defesa dos interesses de seus associados, atua como representante processual e, por isso, é necessária autorização individual ou assemblear dos associados (legitimidade ordinária, conforme art. 5º, XXI da CRFB/88). Todavia, se atua na defesa de direitos difusos, coletivos ou individuais homogêneos, assim o faz como substituta processual e não precisa dessa autorização (legitimidade extraordinária, conforme art. 5º, LXX, b da CRFB/88).

Além disso, o STJ, no tocante à execução de julgados coletivos, decidiu que "em Ação Civil Pública proposta por associação, na condição de substituta processual de consumidores, possuem legitimidade para a liquidação e execução da sentença todos os beneficiados pela procedência do pedido, independentemente de serem filiados à associação promovente".[17]

Neste ponto, e desde 2021, com essas duas decisões a associação civil reforça seu papel como instrumento de efetivação de direitos fundamentais indo muito além dos interesses particulares, ou seja, alcança pessoas além de seus vínculos estatutários.

Rodrigo de Oliveira Kaufmann critica a recente decisão do STJ e adverte:

---

[15] STJ - REsp: 1800726 MG 2018/0054195-0, Relator: Ministra NANCY ANDRIGHI, Data de Julgamento: 02/04/2019, T3 - TERCEIRA TURMA, Data de Publicação: DJe 04/04/2019 REVPRO vol. 294 p. 477.

[16] Informativo 476, do STJ.

[17] STJ - REsp: 1800726 MG 2018/0054195-0, Relator: Ministra NANCY ANDRIGHI, Data de Julgamento: 02/04/2019, T3 - TERCEIRA TURMA, Data de Publicação: DJe 04/04/2019 REVPRO vol. 294 p. 477.

A jurisprudência do STJ traz enorme desequilíbrio ao regime constitucional de exercício das ações coletivas já que estrutura esse modelo na base do incentivo de um "franco atirador" que somente tem a ganhar com o ajuizamento de sucessivas ações civis públicas, sem qualquer vinculação a um regime de responsabilidades. A demonstração desse nefasto efeito é fácil, uma vez que basta a observação imparcial do que está a acontecer no campo do direito do consumidor.

Se qualquer pessoa pode se beneficiar da ação de uma associação, essa associação não tem a obrigação de se institucionalizar, de buscar associados, de responder internamente por suas ações, de se submeter a uma decisão técnico-estratégica tomada por seus associados.[18]

Sustenta-se que a decisão desconsidera o vínculo associativo concreto que se forma entre a legitimidade para representação de seus filiados e esses mesmos filiados que marcam a identidade substancial da associação civil.[19] A tese firmada pelo STF atualmente é que é "desnecessária a autorização expressa dos associados, a relação nominal destes, bem como a comprovação de filiação prévia, para a cobrança de valores pretéritos de título judicial decorrente de mandado de segurança coletivo impetrado por entidade associativa de caráter civil".[20]

Em meio a tantas mudanças de entendimento, o fato é que a associação civil alcança reconhecimento público de que pode assegurar direitos comuns, com repercussão no direito ao acesso a bens comuns. Nesse passo, a entidade associativa passa a ter responsabilidade de viabilizar ou instrumentalizar o acesso aos bens comuns?

Vale registrar que bens comuns são aqueles aos quais todos os brasileiros, à luz do princípio da dignidade da pessoa humana, devem ter acesso, como saúde, educação, habitação, assistência social, trabalho, cultura, lazer, como elementos propulsores e imanentes à condição de pessoa humana com vida digna e plena.

Em recente estudo, Gustavo Tepedino adverte que a Constituição de 1988 apresenta claramente o direito de acesso aos bens comuns nos seguintes dispositivos:

---

[18] KAUFMANN, Rodrigo de Oliveira. Novo capítulo no tema das associações autoras de ações coletivas. *Consultor Jurídico*, 22 ago. 2020. Disponível em: https://www.conjur.com.br/2022-ago-20/observatorio-constitucional-capitulo-tema-associacoes-autoras-acoes-coletivas Acesso em: 7 maio 2023.

[19] O STF - ARE nº 1.382.624.

[20] STF reafirma jurisprudência sobre alcance de mandado de segurança impetrado por associações. *STF*, 5 jan. 2021. https://portal.stf.jus.br/noticias/verNoticiaDetalhe.asp?idConteudo=458130&ori Acesso em: 8 maio 2023.

[...] no artigo 196, que prevê o "acesso universal e igualitário às ações e serviços" para "promoção, proteção ministrado com base no princípio da "igualdade de condições para o acesso" e para todos "o pleno exercício dos direitos culturais e acesso às fontes da cultura nacional, e apoiará e incentivará a valorização e a difusão das manifestações que se institui o Fundo de Combate e Erradicação da Pobreza com o objetivo de "viabilizar a todos os brasileiros acesso a níveis dignos de subsistência".[21]

Gustavo Tepedino cita dois julgados do STJ[22] em que se desenvolveu a ideia subjacente à teoria dos bens comuns, os quais são entendidos como bens de acesso universal, sem titularidade proprietária, como a água, por exemplo, e o acesso à internet porque vem a ser mais do que um recurso facultativo, porquanto na era de relações jurídicas virtuais, numa sociedade digital, o acesso à internet de qualidade torna-se uma necessidade e o bem comum de impostergável reconhecimento e garantia, sob pena de alijar o cidadão dos processos produtivos e do conhecimento.[23]

Segundo o doutrinador, "da água ao conhecimento, dos alimentos à gestão dos espaços urbanos, da proteção ao meio ambiente à tutela da saúde, augura-se que os bens comuns possam fortalecer o feixe de poderes pessoais que configuram precondições necessárias à efetiva participação no processo democrático".[24]

A associação civil assume um papel de relevância porque hoje tem legitimidade processual (ação civil pública, mandado de segurança coletivo etc.) para lutar pelo acesso aos bens comuns, com efeitos amplos, já que através dela é possível garantir aos indivíduos, associados ou não, o acesso a bens que sem ela não seria possível.

O tema "acesso aos bens" ainda é alvissareiro e Paulo Lôbo defende a necessidade de regulação do mercado e de intervenção legislativa no sentido de efetivação crescente do acesso das pessoas aos bens da vida essenciais à existência da pessoa nas suas várias

---

[21] TEPEDINO, Gustavo. Direitos fundamentais e acesso aos bens: entram em cena os Commons. *Revista Brasileira de Direito Civil*, Belo Horizonte, v. 15, p. 11-14, jan./mar. 2018, p. 10.

[22] STJ. 3ª T. REsp nº 1.616.038/RS. Rel. Min. Nancy Andrighi. Julg. em 27.9.2016 e STJ. 2ª T. REsp nº 1.135.807/RS. Rel. Min. Herman Benjamin. Julg. em 15.4.2010.

[23] Rodotà defende a necessidade de se transformar a internet num bem comum e também em um direito fundamental da pessoa humana, em texto traduzido e citado por Everilda Guilhermino Brandão.

[24] TEPEDINO, Gustavo. Direitos fundamentais e acesso aos bens: entram em cena os Commons. *Revista Brasileira de Direito Civil*, Belo Horizonte, v. 15, p. 11-14, jan./mar. 2018, p. 13.

dimensões.[25] Como a tutela do bem comum ainda não tem espaço na política estatal, urge viabilizar a participação do cidadão na proteção do bem comum, especialmente quando o Estado é negligente nesse sentido, o que pode ser efetivado através da associação civil.

Everilda Brandão, ao pesquisar a teoria das titularidades, fazendo uma releitura do conceito de propriedade e de bens do Direito Civil, esclarece que bem comum "é o que pertence a todos e a nenhum exclusivamente, cuja experiência de pertencimento está no compartilhamento, estando ele ligado a uma titularidade difusa. Ele inaugura uma lógica não proprietária e é administrado pelo princípio da solidariedade."[26]

O estudo da teoria dos bens comuns e a possibilidade de que entidades privadas como a associação civil sejam elementos de realização, de busca ao acesso a esses bens, somente é possível a partir de uma releitura da função da associação civil perante a sociedade e do redimensionamento de sua responsabilidade social à luz dos paradigmas da solidariedade, da fraternidade e da igualdade. Através de tais princípios constitucionais, as entidades privadas devem se somar na consecução de fins sociais e comuns.

A força do coletivo, atomizada na associação civil, não apenas pode alcançar para os associados o acesso aos novos bens que garantem o pleno desenvolvimento do ser humano, mas sobretudo lutar pela efetivação do direito de acesso aos bens comuns, e, mais, vão além dos direitos meramente individuais somados; a força dessa voz coletiva alcança pessoas que não estão necessariamente associadas e por isso há uma grande repercussão na efetivação desses novos direitos e acesso aos bens através das associações civis.

Conclusão

As associações civis cumpriram seu papel na história, nas mais variadas experiências culturais, todavia, quando a Constituição estimula todos os cidadãos a viver em solidariedade, realizar a fraternidade como princípio do sistema jurídico e proclama a igualdade, na medida das desigualdades dos indivíduos, percebe-se um novo chamamento feito

---

[25] LÔBO, Paulo. *Direito civil*: coisas. São Paulo: Saraiva, 2017. v. 4, p. 3.
[26] GUILHERMINO, Everilda Brandão. *A tutela das multititularidades*: repensando os limites do direito de propriedade. Rio de Janeiro: Lumen Juris, 2018, p. 81.

às associações civis: o da realização de interesses comuns para cuidar dos bens comuns.

As mais recentes decisões dos Tribunais Superiores vêm regulando a legitimação processual das associações civis, num claro reconhecimento de sua força como veículo catalisador e propulsor de interesses difusos e coletivos, para além da histórica luta por interesses de categoria meramente particularistas.

Elas estão em sintonia direta com os postulados valorativos presentes no art. 3º, inciso I da CF, que trata dos objetivos da República brasileira, que endossam a missão democrática do Brasil em ser "uma democracia requintadamente estruturada para garantir ao País a melhor qualidade de vida política, econômico-social e fraternal."[27]

Conclui-se, portanto, que a associação civil desponta como um instrumento vocacionado a realizar na sociedade os objetivos constitucionais e universais imanentes aos princípios da fraternidade e da solidariedade, momento em que soçobra seu viés individualista que a estruturou durante séculos.[28]

O tema demanda aprofundamento porque a função e a responsabilidade social da associação civil tem sido ressignificada nos últimos anos pela jurisprudência e, nos desdobramentos atuais de uma sociedade complexa e carente de recursos comuns relevantes para todos, ela pode ser repensada, à luz dos princípios da fraternidade, igualdade e solidariedade para veicular interesses e direitos fundamentais coletivos, culminando assim no acesso a bens relevantes para todos em sociedade.

Não se pode negar o impacto que essas decisões têm trazido para as associações. Esse novo papel que se alinha com a ideia de uma nova função social das entidades civis associativas, abre caminhos para novas responsabilidades dos movimentos associativos.

Elas podem realizar direitos fundamentais que vão além do indivíduo associado e podem viabilizar, através de suas lutas e sua força, o acesso a bens e direitos comuns, beneficiando assim uma quantidade maior de indivíduos independentemente de estarem associados ou não.

---

[27] BRITTO, Carlos Ayres. *O humanismo como categoria constitucional*. Belo Horizonte: Fórum, 2016, p. 111.

[28] Nesse ponto, Clara Machado destaca a relação existente entre solidariedade e fraternidade: "o Princípio da solidariedade é corolário da Fraternidade e abrange o dever de assistência recíproca entre as pessoas e nas relações privadas, marcado pelo reconhecimento e responsabilidade em relação àqueles que se encontram em condição de vulnerabilidade". JABORANDY, Clara Cardoso Machado. A efetivação de direitos fundamentais transindividuais e o princípio jurídico da fraternidade. In: MACHADO, Carlos Augusto Alcântara; JABORANDY, Clara Cardoso Machado; BARZOTO, Luciene Cardoso. *Direito e fraternidade*. Aracaju: EDUNIT, 2018, p. 70.

Referências

BRITTO, Carlos Ayres. *O humanismo como categoria constitucional*. Belo Horizonte: Fórum, 2016.

CARLOS, Euzineia et al. Associativismo, participação e políticas *públicas*. *Política & Sociedade*, Florianópolis,, v. 5, n. 9, p. 163-194, 2006.

GOLDHAR, Tatiane Gonçalves Miranda. *Direito fundamental à associação e a exclusão do associado*. 2009. 151 p. Dissertação (Mestrado em Direito) – Programa de Pós-Graduação em Direito, Universidade Federal de Pernambuco, Recife, 2009.

GUILHERMINO, Everilda Brandão. *A tutela das multititularidades*: repensando os limites do direito de propriedade. Rio de Janeiro: Lumen Juris, 2018.

JABORANDY, Clara Cardoso Machado. A efetivação de direitos fundamentais transindividuais e o princípio jurídico da fraternidade. *In*: MACHADO, Carlos Augusto Alcântara; JABORANDY, Clara Cardoso Machado; BARZOTO, Luciene Cardoso. *Direito e fraternidade*. Aracaju: EDUNIT, 2018.

KAUFMANN, Rodrigo de Oliveira. Novo capítulo no tema das associações autoras de ações coletivas. *Consultor Jurídico*, 22 ago. 2020. Disponível em: https://www.conjur.com.br/2022-ago-20/observatorio-constitucional-capitulo-tema-associacoes-autoras-acoes-coletivas Acesso em: 7 maio 2023.

LÔBO, Paulo. *Direito civil*: coisas. São Paulo: Saraiva, 2017. v. 4.

MACEDO, Manuel Vilar de. *As associações no direito civil*. Coimbra: Coimbra, 2007.

NASCIMENTO, Artur Gustavo Azevedo do; PINHEIRO, Rodolfo Ferreira; DA SILVA, Rogerio Luiz Nery. O direito de associação: um instrumento de efetivação dos direitos fundamentais. *Revista Brasileira de Direito Civil em Perspectiva*, [s. l.], v. 8, n. 1, p. 59-75, 2022.

NÚMERO de ONGs e associações no Brasil cai 16,5% entre 2010 e 2016, diz IBGE. *G1*, 5 abr. 2019. Disponível em: https://g1.globo.com/economia/noticia/2019/04/05/numero-de-ongs-e-associacoes-no-brasil-cai-165percent-entre-2010-e-2016-diz-ibge.ghtml Acesso em: 7 maio 2023.

PESQUISA detalha perfil das fundações sociais e associações brasileiras. *Nexo*, 8 maio 2019. Disponível em: https://nexo.is/blog/pesquisa-detalha-perfil-das-fundacoes-sociais-e-associacoes-brasileiras/ Acesso em: 7 maio 2023.

PESQUISA indica existir 290 mil associações e fundações no Brasil. *Federação Nacional dos Empregados em Instituições Beneficentes, Religiosas e Filantrópicas*, 2 jan. 2023. Disponível em: https://fenatibref.org.br/posts/pesquisa-indica-existir-290-mil-associacoes-e-fundacoes-no-brasil#:~:text=Das%20quase%20291%20mil%20associa%C3%A7%C3%B5es,%2C6%25%20%2D%2042.463). Acesso em: 8 maio 2023.

STAZIN, Rachel. Associações e sociedades. *Revista de Direito Mercantil, Industrial, Econômico e Financeiro*, São Paulo, n. 128, ano 41, p. 15-26, out./dez. 2002.

STF reafirma jurisprudência sobre alcance de mandado de segurança impetrado por associações. *STF*, 5 jan. 2021. https://portal.stf.jus.br/noticias/verNoticiaDetalhe.asp?idConteudo=458130&ori Acesso em: 8 maio 2023.

TEPEDINO, Gustavo. Direitos fundamentais e acesso aos bens: entram em cena os Commons. *Revista Brasileira de Direito Civil*, Belo Horizonte, v. 15, p. 11-14, jan./mar. 2018.

WIEACKER, Franz. *História do direito privado moderno*. Tradução de Antônio Manuel Hespanha. 3. ed. Lisboa: Fundação Calouste Gulbekian, 2004.

Informação bibliográfica deste texto, conforme a NBR 6023:2018 da Associação Brasileira de Normas Técnicas (ABNT):

GOLDHAR, Tatiane Gonçalves Miranda. A associação civil e a realização de direitos fundamentais: novos rumos para o acesso aos bens comuns? *In*: EHRHARDT JÚNIOR, Marcos; LÔBO, Fabíola (Coord.). *Constitucionalização das relações privadas*: fundamentos de interpretação do direito privado brasileiro. Belo Horizonte: Fórum, 2023. p. 389-405. ISBN 978-65-5518-564-5.

HERANÇA DIGITAL: A TRANSMISSIBILIDADE DOS BENS DIGITAIS E A POSSÍVEL VIOLAÇÃO DO DIREITO À PRIVACIDADE – DESAFIOS DA COMPLEXIDADE CONTEMPORÂNEA

BÁRBARA SAUZEM DA SILVA

SIMONE TASSINARI CARDOSO FLEISCHMANN

1 Introdução

A Era Digital trouxe a possibilidade de se armazenar em meio virtual diversos registros da vida humana, como fotos, músicas, documentários, dentre outros que tradicionalmente ocupavam locais privados, como gavetas, cofres e caixinhas cuidadosamente decoradas embaixo das camas. Indivíduos, paulatinamente, migraram de sua vida física para o ambiente virtual, onde a comunicação através das redes sociais passou a ser o principal meio de contato de muitos.

Nos últimos vinte anos houve um grande avanço tecnológico, a internet passou a ser usada por grande parte da população mundial. A pandemia de COVID-19 intensificou este processo. Pessoas passaram a interagir, externar seus pensamentos, compartilhar seus momentos, adquirir bens corpóreos e incorpóreos, expor e dividir seus dados – de forma consciente ou em total ignorância – com setores privados e outros usuários.

Apesar de a tecnologia ser uma excelente ferramenta de auxílio para a população mundial, não se pode olvidar que o uso das redes traz diversos obstáculos para seus usuários, tornando-se muitas vezes problemas que necessitam do meio jurídico para resolvê-los.

Desse modo, a presente pesquisa pretende compreender como a nominada "herança digital"[1] vem sendo tratada pelo ordenamento jurídico brasileiro, analisando a problemática da transmissão dos bens digitais e a possibilidade, ou não, de violação do direito à privacidade do *de cujus* e mesmo de quem com ele interagiu durante o uso da plataforma *online*, procurando identificar se existe, na cadeia de custódia destas informações, alguma medida simples com grande impacto jurídico possível de ser realizada em curto prazo.

Sabe-se que o direito à privacidade e o direito à herança são direitos fundamentais, devendo ser respeitados e não violados. No entanto, no conflito entre esses direitos, cabe ao ordenamento jurídico encontrar meios para que não se lesione absolutamente um deles em virtude de outro, e que ambos possam, em alguma medida, ser preservados.

A ausência de testamento ou de documentos escolhidos nas próprias plataformas que informem o destino dos bens digitais pode levar à necessidade de acesso na esfera de privacidade do *de cujus*, em que as redes sociais estão inseridas no acervo hereditário digital. Sabe-se que quem contrata acesso às plataformas tem a justa expectativa de que guardem conteúdos de uso totalmente particular do falecido – mediante senhas de acesso – e também de terceiros que interagem com ele.

Neste cenário, indaga-se quanto ao destino dos bens digitais que não possuem valor econômico, apenas um valor afetivo, ou informacional. Qual seria o destino destes, se fazem parte do acervo digital do falecido e, em princípio, podem ter efeitos econômicos reflexos? A ausência de legislação específica sobre o assunto e a impossibilidade de aplicar o direito sucessório para demandas que não envolvem questões meramente patrimoniais trazem à luz questionamentos significativos sobre os limites e a colisão dos direitos fundamentais envolvidos.

---

[1] Preferimos a utilização do termo bens digitais. Entretanto, apesar de considerar a amplitude de uso do termo no texto, mantemos para fins de compreensão.

2 A transmissibilidade dos bens digitais

2.1 A natureza dos bens e a fase "um" dos temas de herança digital

Tradicionalmente, o ordenamento jurídico reconheceu dois tipos de bens, os bens móveis e os bens imóveis (nos primeiros incluídos os semoventes). O direito patrimonial, em sua origem, caracterizava-se pela supremacia do direito acerca de uma propriedade exclusiva e absoluta, sendo estes bens, corpóreos móveis ou imóveis (ARONNE, 2005, p. 124-127). Entretanto, como adverte Paulo Lôbo, "a propriedade é um conceito dependente de vários contextos históricos e das vicissitudes por que passou" (2021, p. 96). Alberto Trabucchi (2017) leciona que os bens são coisas qualificadas pelo interesse humano, cabendo proteção jurídica, podendo ser materiais ou imateriais. Desse modo, o autor explica que:

> [...] o conceito de bem coincide, portanto, com uma qualificação jurídica do que pode ser objeto de interesse humano; deve sempre se referir a uma coisa como parte do mundo. Nesse sentido, o que não é apenas o que faz parte do mundo exterior e sensível, o que ocupa um espaço ou atua nos sentidos (sólido, líquido, aeriforme e flúor ou energia como a eletricidade, são todos res corporales), mas também tudo o que tem vida apenas no mundo espiritual, como a criação inventiva e a ideia do trabalho artístico ou técnico. (TRABUCCHI, 2017, p. 672)

No direito português, o Código Civil trabalha com a noção de bens como coisas, sendo o termo "bem" usado em relação aos elementos patrimoniais mais vastos (MOTA PINTO, 1989, p. 339-351). Thatiane Rabelo Gonçalves destaca que "como regime de bens; para corresponder a coisas incorpóreas, os chamados bens imateriais; e para assumir conotações valorativas mais amplas do que a mera *res*, como bens humanos ou bens da personalidade" (GONÇALVES, 2019).

O direito dos bens imateriais foi, então, construído fora do Código Civil (LGL\2002\400), em microssistemas: o Código de Defesa do Consumidor (Lei 8.078/91), ao considerar como produtos também os bens imateriais; a Lei de Propriedade Industrial (Lei 9.279/96 (LGL\1996\56), que trata das invenções, patentes, marcas e desenhos industriais; a Lei de Direito Autoral (Lei 9.610/98(LGL\1998\78)); a Lei de Defesa da Concorrência (Lei 12.529/11 (LGL\2011\4796)), que trata dos segredos comerciais e do know-how; a Lei do Software, Lei 9.609/98 (LGL\1998\77) (), que dispõe sobre a proteção da propriedade intelectual de programa de computador; a Lei de Proteção de Cultivares (Lei 9.456/97 (LGL\1997\66)), que regula os direitos relativos à propriedade intelectual referente ao direto de cultivar. (GONÇALVES, 2019, p. 3)

No entanto, indaga-se quanto aos bens incorpóreos, se será possível aplicar os institutos previstos no Código Civil aos bens imateriais. Nas palavras de Denis Mazeaud (2016, p. 8) "o direito dos bens deve ser repensado como um direito moderno, dinâmico e, ao mesmo tempo, um direito vivo". De acordo com Bruno Miragem (2021, p. 350), bens incorpóreos, são bens móveis, que de acordo com o Código Civil, "são suscetíveis de movimento próprio, ou de remoção por força alheia, sem alteração da substância ou da destinação econômico-social", sendo estes os bens relacionados à tecnologia, como *software*, aplicações de internet, valores mobiliários, dentre outros. De outro modo, para Romais Boffa, os bens incorpóreos não são bens imóveis, nem móveis:

> Eles não são imóveis, pois não correspondem a uma porção de um terreno. Eles também não são móveis, pois não podem ser movidos de um lugar a outro. Um valor mobiliário ou uma obra do espírito não se aproximam mais de um terreno do que de um tapete. Assim, a noção de bem incorpóreo se desconecta de toda qualificação mobiliária, que não contribui em nada. Na realidade, a adaptação do direito das garantias (reais) e dos procedimentos civis de execução aos bens incorpóreos tem conduzido o legislador a criar novos institutos, que se adequem às especificidades do imaterial. O Livro II do Código Civil deve levar em conta essa singularidade. (BOFFA, 2016, p. 51)

Desse modo, para o autor os bens incorpóreos são os bens desprovidos de matéria (BOFFA, 2016). Verifica-se que uma das características dos bens imateriais é a dificuldade de identificar onde estes estão situados, como um *software as service* que foi customizado em uma *cloud*. Os economistas denominam essa característica dos bens imateriais como "a espacialidade, no sentido em que desrespeitam a distância física, sendo possível que, ao mesmo tempo e com custo zero, sejam difundidos a qualquer distância" (GONÇALVES, 2019, p. 4). Os bens incorpóreos são bens que não desaparecem quando são consumidos, podendo ser utilizados para uma infinidade de propósitos e isso não altera a originalidade do bem (GONÇALVES, 2019).

Assim, uma pessoa pode ter acesso "a um *digital asset* disponibilizado em plataformas como Netflix, Spotify, Scribd, Microsoft Office 365", no mesmo momento que outro sujeito, não havendo custo adicional ao titular daquele bem por ter mais um usuário

(GONÇALVES, 2019, p. 4). A discussão sobre os bens digitais e a sua regulamentação vem crescendo de forma globalizada. Os *digital assets* ou *digital property*,[2] são expressões utilizadas para referir-se a arquivos eletrônicos, onde os usuários possuem interesse e – ou – direitos. Verifica-se que nos Estados Unidos, a *Uniform Law Comission* (ULC) apresentou uma proposta legislativa denominada *Uniform Fiduciary Access to Digital Assets Act* (*UFADAA*) "revisada em 2015 – *Revised Uniform Fiduciary Access to Digital Act* (*RUFADAA*) – que dispõe sobre o tratamento de bens digitais" (GONÇALVES, 2019, p. 5).

Desse modo, o denominado patrimônio digital é composto, principalmente, por arquivos em nuvem, que podem ser adquiridos ou armazenados através de serviços *online*, como *bitcoins*, milhas, domínios de Internet, canais no YouTube, contas nas Redes Sociais, *games* etc. Parte do patrimônio digital é composto por bens digitais de valor econômico apreciável. No entanto, há bens, como fotos, vídeos, *e-mails*, *playlists*, entre outros, que apesar de não possuírem valor econômico, não deixam de ter valor extrapatrimonial para seus titulares.

Para Ana Carolina Brochado Teixeira e Lívia Teixeira Leal (2021, p. 345-358), os bens digitais podem ser passíveis ou não de valoração econômica e merecem identificação a partir de três caracterizações: (i) bens digitais existenciais; (ii) bens digitais patrimoniais e (iii) bens digitais híbridos, devendo-se observar o enquadramento nessas categorias, a partir da função em que operam em uma determinada relação jurídica. Neste aspecto, pode-se citar como exemplo o Instagram, uma Rede Social de compartilhamento de imagens, que se tornou uma ferramenta de negócios, possibilitando que seus usuários utilizem a rede monetizando seus perfis. Faticamente, os provedores de internet acabam caracterizando-se como os maiores controladores do *digital assets*; isso acontece porque "arquivos armazenados virtualmente têm sua transmissão regida exclusivamente por termos de serviços que se diferem de acordo com o provedor" (GONÇALVES, 2019, p. 5).

Tem-se que a propriedade exclusiva dá espaço para a acessibilidade, ou seja, o direito de ter acesso [...] e aqui, tem relevante o sentido de acesso à conexão de internet (LÔBO, 2021, p. 34). E porque

---

[2] Para exemplificar o tema, tem-se: "Digital assets are increasingly important in modern society. They are used for an expanding variety of purposes, including as means of payment for goods and services or to represent other things or rights, and in growing volumes. Cryptoassets, smart contracts, distributed ledger technology and associated technology have broadened the ways in which digital assets can be created, accessed, used and transferred. Such technological development is set only to continue." Disponível em: https://www.lawcom.gov.uk/project/digital-assets/. Acesso em: 10 mar. 2022.

não se afirmar o direito aos acessos que a vida digital propicia. "Daí a necessidade de regulação de mercado e de intervenção legislativa no sentido de efetivação crescente do acesso das pessoas aos bens da vida" (LÔBO, 2021, p. 34).

2.2 Transmissibilidade dos bens digitais: a fase "dois" dos temas de herança digital

Verifica-se que a discussão da transmissão dos bens digitais ganhou força diante de um caso ocorrido na Alemanha, em que os pais de uma adolescente de 15 anos, falecida em um acidente no metrô de Berlim, em 2012, ajuizaram ação contra o Facebook, diante do impedimento de acessar a conta da filha, que teria sido transformada em memorial. Ocorre que as circunstâncias da morte não estavam esclarecidas, havendo suspeita de suicídio e de *bullying* no colégio (FRITZ; MENDES, 2019).

Os pais pretendiam acessar a conta da filha para encontrar indícios que ajudassem a compreender a(s) causa(s) prováveis do seu falecimento, buscando investigar se tratava-se de suicídio ou de acidente. O esclarecimento acerca da morte da menina era extremamente importante para a defesa dos pais em processo judicial de reparação, movido pelo condutor do transporte público, em que pleiteava danos morais pelo abalo emocional sofrido em decorrência do envolvimento no suposto suicídio (FRITZ; MENDES, 2019).

A conta da filha no Facebook foi bloqueada com a tentativa de acesso dos pais, pois o conteúdo compartilhado pela falecida permanecia visível em seu perfil, mas ninguém poderia acessar o conteúdo de comunicação pessoal privada da conta, conversas e fotos por ela armazenadas. A alegação do Facebook é de que a transformação da página em memorial veda o acesso de qualquer pessoa, a fim de proteger não apenas os direitos do usuário falecido, mas de terceiros que possam ter tido contato com ele (FRITZ; MENDES, 2019).

O caso foi julgado pelo Tribunal de Berlin Landesgercht, reconhecendo-se o direito dos pais ao acesso à conta da adolescente. No entanto, o Facebook recorreu e o segundo grau reviu a decisão. O argumento central foi a ausência de "clareza jurídica" acerca da transmissibilidade de bens de conteúdo personalíssimo, além de que o acesso ao conteúdo digital violaria o sigilo das comunicações, conforme a legislação alemã.

Houve recurso ao Bundesgerichtshof. O recurso foi provido e a decisão do segundo grau foi reformada, reconhecendo-se o direito sucessório dos pais de ter acesso à conta da filha, além de todo conteúdo lá armazenado. Assim, o contrato de uso de plataforma digital, celebrado entre a menina e o Facebook, é transmitido aos herdeiros por força do princípio da sucessão universal que vigora no mundo digital, da mesma forma que no mundo analógico. Importante mencionar que o Tribunal reconheceu apenas o chamado direito de acesso passivo à conta, sendo autorizada apenas a visualização do conteúdo armazenado, sem a possibilidade de continuar a utilizar a conta (FRITZ; MENDES, 2019).

Desse modo, a Alemanha passou a seguir a linha de que, caso o titular da conta não queira que ocorra a transmissão da conta aos herdeiros, deve, em vida, por testamento ou outro documento, comprovar a inequívoca, vedando expressamente o acesso dos herdeiros, afastando a hereditariedade do acervo digital, diante da autonomia privada. Desse modo, para a corte alemã o reconhecimento do direito sucessório à chamada herança digital não afronta os direitos de personalidade *post mortem* do falecido,[3] nem de terceiros.

> No testamento de bens digitais podemos deixar instruções claras sobre o destino de nossos bens digitais: nossas senhas de acesso aos *sites, e-mails* e redes sociais; um inventário prévio de nosso patrimônio digital; e até mesmo os contatos que os sucessores devam realizar para acessar a esse patrimônio, tais como os endereços eletrônicos, telefones de contato de alguma empresa contratada previamente para inventariar todo o nosso acervo digital. (LARA, 2019, p. 92)

No Brasil, duas são as principais correntes que lidam com a sucessão *post mortem* de bens digitais, a da transmissibilidade e a da intransmissibilidade. Os defensores desta entendem que nem todos os bens são passíveis de transmissão; sendo assim, somente os bens com característica patrimonial, valor econômico, estariam sujeitos a transmissão para seus herdeiros, como os *bitcoins*, acervo de música, livros etc. (TERRA; OLIVA; MEDOM, 2021). Nas palavras de Augusto e Oliveira:

---

[3] Sabe-se que o termo é impreciso, em face das discussões acerca da extinção da personalidade civil com a morte. Entretanto, trata-se de um uso corriqueiro da expressão, para fins de projeção *post mortem* da personalidade que existiu enquanto vivo estava.

No ordenamento jurídico pátrio não há óbice para se permitir a transferência de arquivos digitais como patrimônio, sobretudo quando advindos de relações jurídicas com valor econômico. A possibilidade de se incluir esse conteúdo no acervo hereditário viabiliza, inclusive, que seja transmitido o acervo cultural do falecido aos seus herdeiros, como forma de materializar a continuidade do saber e preservar a identidade de um determinado sujeito dentro do seu contexto social. (2015, p. 12)

Dessa forma, a problemática surge quando os bens, além de valor econômico, passam a ter valor existencial. Isso se dá diante da possibilidade de haver bens unicamente dotados de caráter afetivo, relacionados ao conteúdo de personalidade, e bens que possuem ao mesmo tempo apreciação moral. Fotos, vídeos e mensagens de usuários com a família e amigos são – tradicionalmente – bens de valor afetivo, e não de valor econômico, conectando-se estes com os direitos de personalidade (OLIVEIRA, 2002, p. 21).

Assim, os bens de valor afetivo,[4] por exemplo, não seriam transmissíveis porque violariam o direito de privacidade e intimidade do falecido, e, ainda, o titular do acervo digital não poderia, em vida, optar por futura destinação de seu patrimônio para eventuais herdeiros, pois não trataria apenas do direito de personalidade do proprietário do bem digital, mas também de terceiros (TEIXEIRA; LEAL, 2021).

Apesar disso, é importante destacar que a doutrina que defende a impossibilidade da passagem dos bens não a apresenta como intransmissibilidade total do acervo digital, mas constrói uma intransmissibilidade parcial, pois acaba defendendo que pode haver transmissão de bens, desde que não violem os direitos de personalidade e privacidade do *de cujus* e terceiros (LACERDA, 2021).

De outro modo, tem-se a corrente da transmissibilidade, que é a corrente semelhante a da resposta dada pelo ordenamento jurídico alemão, ao caso narrado anteriormente, em que todo o conteúdo que integra o patrimônio digital é passível de compor a herança, salvo disposição expressa em vida do titular em sentido contrário.

Neste sentido, os bens digitais patrimoniais deveriam ser transmitidos pelo direito de *saisine* aos herdeiros do titular morto, como

---

[4] Sobre este tema, vide, por todos, BURILLE, C.; SOUZA, G. V. A sucessão *causa mortis* dos bens digitais personalíssimos e os tribunais brasileiros: uma análise à luz do teste da proporcionalidade. *In*: GAVIÃO FILHO Anizio Pires; PAULO Lucas Moreschi. (Org.). *Constitucionalismo, direitos fundamentais, proporcionalidade e argumentação*. 1. ed. São Paulo: Dialética, 2022, v. 1, p. 1-292.

as milhas aéreas,[5] *bitcoins*. No entanto, tem uma problemática quanto às bibliotecas, musicotecas digitais, por exemplo (LACERDA, 2021). Trata-se de um novo tipo de "comércio", que precisa ou não incluir a sucessão. Aqui, cabe checar se estes ativos devem ser considerados de caráter patrimonial. A discussão cinge-se à natureza do direito, se de titularidade ou de acesso. De acordo com Karine Nunes Fritz e Laura Mendes:

> Em pesquisa realizada recentemente pela empresa YouGov sobre o que as pessoas gostariam de fazer com suas redes sociais após a morte, constatou-se que 26% das pessoas planejam transferir o seu perfil para pessoas queridas, 67% querem que os perfis sejam excluídos e apenas 7% gostariam que os perfis continuassem indefinidamente na rede. (FRITZ, MENDES, 2019, p. 527)

Há uma síntese possível das posições da doutrina que pode ser identificada nos seguintes termos: os bens digitais existenciais não seriam dignos de ser sucedidos pelos familiares, ressalvada a manifestação de vontade expressa nesse sentido, pelo próprio titular em vida. No entanto, em situações excepcionais, mesmo sem o consentimento dado em vida pelo morto, deve ser possível o acesso a estes bens, quando houver para tanto uma justa razão, devendo o Poder Judiciário avaliar a melhor forma de conciliar os interesses em jogo (LACERDA, 2021). Entretanto, no Brasil há uma insegurança jurídica quanto à transmissão de bens digitais, uma vez que não se tem regulamentação específica quanto à aplicação das regras clássicas de sucessão à integralidade do que se chamou de herança digital. Ao que parece, tanto a primeira fase, que trata do reconhecimento dos bens digitais, quanto a segunda, que trata da identificação da patrimonialidade ou não dos bens, ainda não parecem ser suficientes ao enfrentamento das questões atinentes à sucessão.

---

[5] Embora não tenha sido este o entendimento da decisão do STJ sobre o tema no REsp nº 1.878.651: que entendeu pelo cancelamento dos pontos após o falecimento do titular.

3 O direito à herança e o direito à privacidade: possível colisão entre direitos fundamentais

3.1 Da chamada a herança digital e sua possibilidade de tutela

A herança é um instituto do direito sucessório garantido constitucionalmente e consagrado juntamente com os direitos fundamentais, através do artigo 5º, inciso XXX, da Constituição Federal (MADALENO, 2020). Em decorrência da *saisine*,[6] a sucessão é aberta a partir do momento da morte do *de cujus*, sendo seu patrimônio transferido de forma imediata para os herdeiros legítimos e testamentários, tendo cada um sua parte do quinhão assegurado, guardada as devidas proporções (DIAS, 2019).

> [...] o conjunto de direitos e obrigações que são transmitidos em razão da morte de uma pessoa. Pelo princípio da *Saisine* os bens deixados pelo morto são transmitidos imediatamente aos seus sucessores, inicialmente independe de aceite, se diz que o próprio defunto transmitiu ao sucessor o domínio e a posse da herança, conforme art. 1.784, do Código Civil Brasileiro: "Aberta a sucessão, a herança transmite-se, desde logo, aos herdeiros legítimos e testamentários". (LARA, 2019, p. 35)

Desse modo, verifica-se a grande importância da herança para o ordenamento jurídico pátrio, estando presente no rol dos Direitos Fundamentais. Karina Nunes Fritz e Laura Ferreira Mendes entendem que "ainda não se tem a cultura de decidir ainda em vida o que será feito com todo o conteúdo produzido e armazenado nas redes sociais e em outras plataformas digitais amplamente utilizadas após a morte" (FRITZ; MENDES, 2019, p. 190). Verifica-se que não há nenhuma lei ou tratamento consolidado em relação à transmissibilidade dos bens digitais que determine a destinação desses bens.

Entretanto, há tempos se tenta aprovar Projetos de Lei que possam regulamentar acerca da herança digital no Brasil, como é o caso do Projeto de Lei nº 4.847, de 2012, de autoria do Deputado Federal Marçal Filho, do PMDB (arquivado), em que previa alterações no Código Civil, com o acréscimo dos artigos 1.797-A a 1.797-C, que

---

[6] Aqui cabe o questionamento se o sistema jurídico brasileiro efetivamente obedece aos efeitos da *saisine* para além do texto normativo. Para isso, recomenda-se a leitura do texto de BUCAR, Daniel. Existe *droit de saisine* no sistema sucessório brasileiro. *In*: TEIXEIRA, Ana Carolina Brochado; NEVARES, Ana Luiza Maia. *Direito das sucessões*. Indaiatuba: Foco, 2022. p. 1-22.

pretendem estabelecer o conceito de herança digital como "o conteúdo intangível do falecido, tudo que possível guardar ou acumular em espaço virtual, nas condições seguintes: I – senhas; II – redes sociais; III – contas da internet; IV – qualquer bem ou serviço virtual e digital de titularidade do falecido" (BRASIL, 2012).[7]

Ainda, o supracitado projeto de lei estabelece que a herança digital, que não tenha sido testada, será transmitida aos herdeiros legítimos, cabendo a estes "I – definir o destino das contas do falecido; a) transformá-las em memorial; b) apagar todos os dados do usuário; c) remover a conta do antigo usuário" (BRASIL, 2012). No entanto, a problemática desse Projeto de Lei, é que o legislado preferiu garantir maior peso à herança do que ao direito à privacidade do *de cujus*.

Tem-se, ainda, o Projeto de Lei nº 7.742, de 2017, que foi arquivado. O referido projeto previa alterações no Marco Civil da Internet. Mencionava o Projeto de Lei que, "os provedores de aplicações de internet devem excluir as respectivas contas de usuários brasileiros mortos imediatamente após a comprovação do óbito" (BRASIL, 2017), no entanto, "a exclusão dependerá de requerimento aos provedores de aplicações de internet, em formulário próprio, do cônjuge, companheiro ou parente" (BRASIL, 2017).

Observa-se que, novamente, o legislador atribuiu aos herdeiros do falecido o poder de decisão a respeito da herança digital, havendo uma possível violação do direito à privacidade do *de cujus*, e uma preponderância do direito sucessório. Apesar da dificuldade da aprovação de projetos de lei que regulamentem a herança digital, tem-se, recentemente, a aprovação em uma das fases, do Projeto de Lei nº 5.820, de 2019, que, no dia 16.12.2021, teve redação final aprovada, pelo Senado Federal. O referido projeto de lei dará nova redação ao art. 1.881 da Lei nº 10.406, de 2002, que institui o Código Civil:

> Art. 1.881. Toda pessoa capaz de testar poderá, mediante instrumento particular, fazer disposições especiais sobre o seu enterro, bem como destinar até 10% (dez por cento) de seu patrimônio, observado no momento da abertura da sucessão, a certas e determinadas ou indeterminadas pessoas, assim como legar móveis, imóveis, roupas, joias entre outros bens corpóreos e incorpóreos.
> §1º A disposição de vontade pode ser escrita com subscrição ao final, ou ainda assinada por meio eletrônico, valendo-se de certificação digital,

---

[7] Independente de concordar ou não com o conteúdo jurídico deles, os projetos são de extrema importância para o sistema pátrio.

dispensando-se a presença de testemunhas e sempre registrando a data de efetivação do ato.

§2º A disposição de vontade também pode ser gravada em sistema digital de som e imagem, devendo haver nitidez e clareza nas imagens e nos sons, existir a declaração da data de realização do ato, bem como registrar a presença de duas testemunhas, exigidas caso exista cunho patrimonial na declaração.

§3º A mídia deverá ser gravada em formato compatível com os programas computadorizados de leitura existentes na data da efetivação do ato, contendo a declaração do interessado de que no vídeo consta seu codicilo, apresentando também sua qualificação completa e das testemunhas que acompanham o ato, caso haja necessidade da presença dessas.

§4º Para a herança digital, entendendo-se essa como vídeos, fotos, livros, senhas de redes sociais, e outros elementos armazenados exclusivamente na rede mundial de computadores, em nuvem, o codicilo em vídeo dispensa a presença das testemunhas para sua validade.

§5º Na gravação realizada para fim descrito neste dispositivo, todos os requisitos apresentados têm que ser cumpridos, sob pena de nulidade do ato, devendo o interessado se expressar de modo claro e objetivo, valendo-se da fala e vernáculo Português, podendo a pessoa com deficiência utilizar também a Língua Brasileira de Sinais (LIBRAS) ou de qualquer maneira de comunicação oficial, compatível com a limitação que apresenta.

Desse modo, o Projeto de Lei nº 5.820, de 2019, altera e regulamenta a realização do codicilo através de meios digitais, além de trazer o conceito de herança digital, em seu parágrafo §4º, onde prevê que herança digital são os "vídeos, fotos, livros, senhas de redes sociais, e outros elementos armazenados exclusivamente na rede mundial de computadores, em nuvem". Um importante avanço legislativo para a sociedade, mas que está longe de regrar a matéria com a complexidade que exige.

De outro modo, é importante mencionar acerca da transmissão dos bens digitais, que apesar da popularidade que encontrou o termo "herança digital" nos debates jurídicos pátrios, ainda há lacuna quanto à natureza, à avaliação, à modalidade de direito (se de titularidade ou de acesso) e também quanto à transmissão destes. No sistema sucessório, sabe-se que nem todos os bens, direitos e obrigações transferem-se com a morte do autor da herança. Há exclusão dos direitos personalíssimos, que têm como exemplo o direito à privacidade. Estes direitos são intransmissíveis e não incluem a herança por força da lei, de sua natureza ou em razão de convenção (CARVALHO, 2017).

Observa-se, assim, um possível conflito entre os direitos fundamentais, em que o direito à herança violaria o direito à privacidade do *de cujus*, caso os bens digitais de valor afetivo sejam transferidos imediatamente aos herdeiros. E neste aspecto Lilian Edwards leciona que:

> [...] a noção de que os mortos têm o direito de manter seus segredos após a morte e que isso pode respaldar os direitos (se houver) da família ou herdeiros para acessar ou tomar posse de seus perfis em redes sociais, registros, etc., após a morte. Este argumento é particularmente interessante para (a) ilustrar conflitos entre direitos de propriedade e os direitos de privacidade e (b) aumentar as diferenças cruciais entre os sistemas jurídicos, sendo que, há de se discutir se direitos "pessoais" do *de cujus* sobreviverão à morte ou não. (EDWARDS, 2011, p. 37)

Assim, na grande maioria dos casos, os bens digitais estão diretamente relacionados à personalidade do indivíduo, e neste aspecto o Direito brasileiro não autoriza a transmissão dos direitos de personalidade.

3.2 O direito à privacidade e o direito à herança: uma mudança no formulário de contratação com alto impacto jurídico sucessório

Conforme analisado na presente pesquisa, é de se destacar o conflito existente entre o direito à privacidade e o direito à herança, no que tange à impossibilidade de cisão nos meios digitais. Os referidos direitos entram em colisão no momento em que herdeiros legítimos – ou testamentários – almejam tomar posse dos bens digitais do *de cujus*, e não é possível cindir os bens de valor econômico e os de caráter existencial simplesmente e, ainda, os de caráter personalíssimos, como é o caso das plataformas monetizáveis. Há, no mínimo, quatro centros de complexidade a serem debatidos: (i) a transmissibilidade dos bens patrimoniais, (ii) a dificuldade relacionada aos bens de caráter patrimonial de acesso, (iii) a regulação dos bens existenciais que impede sua transmissão (mas a inseparabilidade dos bens patrimoniais) e, ainda, (iv) a existência dos bens afetivos e dos personalíssimos (do falecido e de terceiros).

Estes centros de discussão encontram complexidade no momento em que há opções em vida pelo titular e, mais ainda, no seu silêncio. Essa é uma das problemáticas levadas em conta pelo judiciário, onde herdeiros buscam o acesso aos bens digitais do *de cujus*, mas há a possibilidade de que – se este vivo fosse – não desejasse que *post mortem* suas interações virtuais pessoais pudessem ser acessadas por seus herdeiros. Segundo Ribeiro (2016), deve ser resguardada a privacidade pelos provedores de internet.

> Evidencia-se que na hipótese do evento morte, não se pode tratar da imediata substituição de titularidade do patrimônio digital sem afetar ou até violar a dignidade e igualmente os direitos da personalidade do autor da herança, em particular os seus direitos à intimidade e à privacidade. (SARLET, 2015, p. 28)

Entretanto, sabe-se que, por característica, nenhum direito fundamental é absoluto e há de se investir esforços na sua ponderação, a fim de que nenhum deles seja completamente sobrepujado por outro (ALEXY, 2011).

> Ambos os direitos são fundamentais, tanto no aspecto formal quanto no material, porque além de estarem presentes na nossa Constituição Federal, o conteúdo deles está intrinsecamente ligado aos valores de nossa sociedade, então são direitos essenciais. Como não há hierarquia entre eles, deverá ser utilizada a técnica da ponderação, sendo que o que se busca não é dizer que um destes direitos sempre deverá estar acima do outro, a ideia é que analisando a questão da privacidade e o direito de herdar dos sucessores, possamos estabelecer qual princípio deveria prevalecer sobre o outro neste caso. (MAGALHÃES, 2018, p. 59)

Guilherme Silva (2009) dispõe que é altíssima a possibilidade de ocorrência de conflitos de normas constitucionais diante da diversidade ideológica presente no Estado Democrático de Direito. Neste sentido, afirma o autor:

> Haverá colisão sempre que a Constituição protege simultaneamente dois valores em contradição concreta, ou ainda, sempre que a esfera de proteção de um determinado direito for constitucionalmente protegida de modo a intersectar a esfera de outro direito igualmente fundamental e constitucional. Para solucionar este impasse surge a técnica da ponderação. (SILVA, 2009, p. 243)

Desse modo, observa-se que a probabilidade de haver colisão entre os direitos fundamentais, é extremamente alta. Segundo Ingo Sarlet (2015), é totalmente possível que haja limitação, na colisão entre direitos fundamentais, mesmo que não esteja autorizado pela

Constituição Federal. Isso se dá diante da possibilidade de restringir esses direitos, a fim de garantir que outros direitos constitucionais se mantenham intactos. Orienta Ingo Sarlet que "as limitações impostas a estes direitos deverão observar, por sua vez, outros limites, que têm sido designados de limites dos limites" (SARLET, 2015, p. 407). Neste sentido, deve ser considerada a limitação de certos direitos fundamentais sem que haja a arbitrariedade.

Analisando-se o entendimento de – limite aos limites – tem-se que é dever jurídico a proteção do núcleo essencial dos direitos fundamentais, não admitindo que se esgote tal limitação diante de outro direito fundamental. Pois é necessário que se resguarde o núcleo essencial dos direitos fundamentais, sendo o núcleo a base de um direito, e, sem este, não haveria qualquer eficácia de direito, não o podendo considerar como um direito fundamental (SARLET, 2015).

No tocante ao direito à herança, essa possui relação direta com o patrimônio, uma vez que se refere a todas as relações jurídicas patrimoniais realizadas pelo *de cujus* ao longo de sua vida, que serão sucedidos aos seus herdeiros. De outro modo, o direito à intimidade está ligado à percepção pessoal de cada indivíduo e, dessa forma, torna-se essencial para a vida humana, valorando o núcleo do indivíduo, e, portanto, anseia de maior proteção jurídica (MAGALHÃES, 2018). Nas palavras da autora Lívia Teixeira Leal:

> [...] não há transmissão *post mortem* dos direitos da personalidade no direito brasileiro, e sim a tutela de um centro de interesses relacionado à personalidade, considerada valor, que pode se operar até mesmo em face de uma violação perpetrada pelos familiares do *de cujus*. Vale dizer: os dados pessoais dos usuários falecidos não são transferidos aos herdeiros, na medida em que se referem a aspecto existencial do *de cujus*. (LEAL, 2018, p. 194)

Destaca-se assim que, "o elemento fundamental do direito à intimidade, manifestação primordial do direito à vida privada, é a exigibilidade de respeito ao isolamento de cada ser humano, que não pretende que certos aspectos de sua vida cheguem ao conhecimento de terceiros" (STOLZE; PAMPLONA FILHO, 2020, p. 18).

Assim, na ausência de manifestação do falecido, ainda em vida, acerca da destinação de seu acervo digital que não é dotado de valor econômico, deverá o ordenamento jurídico interpretar que o falecido não possuía interesse que tais bens digitais fossem acessados pelos herdeiros, uma vez que pode haver informações pessoais que podem acarretar dano irreparável para a sua memória, não podendo este se dar ao direito de resposta.

Neste sentido, este texto propõe a necessidade da existência explícita de manifestação de vontade com relação aos acessos *post mortem*. Se é fato que a adesão às plataformas e *assets* está condicionada ao preenchimento de uma sucessão de permissões e declarações de vontade vinculadas ao conteúdo, extensão e tratamento de dados, a existência de um campo obrigatório com decisões sobre futuro dos dados *post mortem* resolve de modo rápido e não oneroso. Se hoje algumas plataformas já apresentam a possibilidade de contato herdeiro e outras opções *post mortem* (como é o caso dos memoriais), tornar esta opção elemento obrigatório para esta modalidade de contratação minimiza a colisão de direitos, pois obriga o titular à manifestação explícita de vontade. Aqui, mais um exemplo da função social nas relações jurídicas a impor limites – deveres socialmente relevantes e tutelados constitucionalmente (LÔBO, 2021a, 48).

Desta forma, a análise de cada caso concreto, com intervenção do judicial, restaria destinada aos casos efetivamente omissos. A regra tornar-se-ia declaração do destino dos dados para após a morte.

4 Notas conclusivas

Com o avanço tecnológico, a sociedade transformou-se de maneira significativa, alterando a forma como as pessoas se relacionam, se comunicam, guardam suas memórias etc. O acesso virtual passou a fazer parte da vida das pessoas, através do uso de celulares, computadores e *tablets*.

Desse modo, a classificação dos bens também se alterou, sendo que passou a se falar de patrimônio digital, reconhecendo os bens digitais como tudo aquilo que se coloca na internet, como fotos, mensagens, músicas, transações financeiras. No entanto, o gerenciamento *post mortem* dos bens digitais é extremamente importante, pois é uma realidade cada vez mais constante dentro do âmbito jurídico.

Analisou-se no presente trabalho que os bens digitais podem ser dotados de valor econômico ou valor existencial ou afetivo, restando evidente que estes compõem o conjunto de bens juridicamente protegidos do *de cujus*, podendo ser elencados no rol dos bens que serão transmitidos aos herdeiros, ou não.

Quanto aos bens digitais de valor econômico, estes devem ser transmitidos através do princípio da *saisine*, segundo as regras do direito sucessório brasileiro. Entretanto, a problemática da pesquisa se deu diante da transmissão de bens digitais de valor existencial ou afetivo, que também fazem parte do acervo hereditário do falecido, mas que – em regra – não estariam abrigados na sucessão tradicional. Aqui, a transmissão desses bens pode vir a violar o direito à privacidade, mas pode ser necessária, em alguma medida, para dar efetividade, inclusive, à tutela patrimonial. Neste caso, pode-se estar diante da colisão de direitos fundamentais. Neste aspecto, é possível identificar quatro centros de complexidade a serem debatidos: (i) a transmissibilidade dos bens patrimoniais, (ii) a dificuldade relacionada aos bens de caráter patrimonial de acesso, (iii) a regulação dos bens existenciais que impede sua transmissão (mas a inseparabilidade dos bens patrimoniais) e iv) a existência dos bens afetivos e dos personalíssimos (do falecido e de terceiros).

Assim, observando-se conflito entre dois direitos fundamentais, o direito à privacidade e o direito à herança, verifica-se que ambos estão tutelados constitucionalmente, portanto, recomenda-se fazer uso da técnica de ponderação, a fim de resguardar em maior grau possível, ambos os direitos. E, em situação de colisão, ultimar-se ao princípio da proporcionalidade, em suas três densificações (adequação, necessidade e proporcionalidade em sentido estrito). Para pretender atender à proporcionalidade, pretende-se que os provedores e operadores e controladores de dados, no momento da contratação, tornem obrigatória a manifestação de vontade com relação ao destino dos seus dados pessoais no *post mortem*. Embora medida simples, uma vez que já existente na maioria dos controladores ou fornecedores de *assets*, tem altíssimo grau de impacto sucessório, sendo capaz de reduzir conflitos jurídicos corriqueiros e deixar às expensas do Poder Judiciário somente os casos de silêncio com relação a eles. É fato que medidas como esta densificam o que Paulo Lôbo denomina de regulação de mercado e medidas de intervenção legislativas no sentido de efetivação crescente do acesso das pessoas aos bens da vida (LÔBO, 2021, p. 34).

E, se não for possível a medida anterior, concluiu-se que é a análise tópica que viabiliza melhor compreensão e aplicação jurídica. Neste caso, podem-se interpretar como direitos passíveis de restrições, um perante o outro. E, recomenda-se, ainda, na modalidade como indicada no texto, a preservação do núcleo essencial desses direitos fundamentais.

Referências

ALEXY, Robert. *Teoria dos direitos fundamentais*. Tradução de Virgílio Afonso da Silva. 2. ed. São Paulo: Malheiros, 2011. Tradução da 5ª edição alemã de Theorie der Grundrechte.

ALMEIDA, Juliana Evangelista de. A categoria dos direitos da personalidade. *Âmbito Jurídico*, 2010. Disponível em: https://ambitojuridico.com.br/cadernos/direito-civil/a-categoria-dos-direitos-da- personalidade. Acesso em: 4 nov. 2021.

ARONNE, Ricardo. *Código Civil anotado*. São Paulo: IOB Thompson: 2005.

AUGUSTO, N. C.; OLIVEIRA, R. N. M. A possibilidade jurídica da transmissão de bens digitais "causa mortis" em relação aos direitos personalíssimos do "de cujus". *In*: CONGRESSO INTERNACIONAL DE DIREITO E CONTEMPORANEIDADE: MÍDIAS E DIREITOS DA SOCIEDADE EM REDE, 2015, Santa Maria. *Anais...*, Santa Maria, 2015. Disponível em: http://coral.ufsm.br/congressodireito/anais/2015/6-16.pdf. Acesso em: 13 set. 2022.

BERTASSO, Bruno de Matos. *Bens digitais em serviços de computação em nuvem e o direito de sucessão*. 2015. 67. p. Monografia (Graduação em Ciências da Computação) – Universidade de Brasília, Brasília, 2015. Disponível em: https://bdm.unb.br/bitstream/10483/11139/1/2015_BrunodeMatosBertasso.pdf. Acesso em: 4 nov. 2021.

BOFFA, Romain. Quel avenir pour la notion de bien? *In*: BOFFA, Romain (direction scientifique). *L'avenir du droit des biens*. Actes du colloque orgisé à Lille le 7 mars 2014. Lextenso éditions, 2016.

BRASIL. *Constituição da República Federativa do Brasil de 1988*. Disponível em: http://www.planalto.gov.br/ccivil_03/constituicao/constituicao.htm. Acesso em: 10 nov. 2021.

BRASIL. *Lei nº 10.406, de 10 de janeiro de 2002*. Institui o Código Civil. Disponível em: https://www.planalto.gov.br/ccivil_03/leis/2002/l10406compilada.htm. Acesso em: 4 jul. 2023.

BRASIL. *Projeto de Lei nº 5.820, de 2019*. Dá nova redação ao art. 1.881 da Lei nº 10.406, de 2002, que institui o Código Civil. Disponível em: https://www.camara.leg.br/proposicoesWeb/prop_mostrarintegra?codteor=1829027&filename=PL%205820/2019. Acesso em: 4 jul. 2023.

BRASIL. *Lei nº 9.610, de 1998*. Altera, atualiza e consolida a legislação sobre direitos autorais e dá outras providências. Disponível em: http://www.planalto.gov.br/ccivil_03/leis/l9610.htm. Acesso em: 5 nov. 2021.

BRASIL. *Projeto de Lei nº 4.847, de 2012*. Acrescenta o Capítulo II-A e os arts. 1.797-A a 1.797-C à Lei nº 10.406, de 10 de janeiro de 2002. Disponível em: https://www.camara.leg.br/proposicoesWeb/prop_mostrarintegra?codteor=1049733&filename=PL%204847/2012. Acesso em: 4 jul. 2023.

BRASIL. *Projeto de Lei nº 7.742, de 2017*. Acrescenta o art. 10-A à Lei nº 12.965, de 23 de abril de 2014 (Marco Civil da Internet), a fim de dispor sobre a destinação das contas de aplicações de internet após a morte de seu titular. Disponível em: https://www.camara.leg.br/proposicoesWeb/prop_mostrarintegra;jsessionid=B986551945456FC8BFF70BF127DE9CA5.proposicoesWebExterno2?codteor=1566694&filename=Avulso+-PL+7742/2017#:~:text=Para%20 evitar%20essa%20indesej%C3%A1vel%20situa%C3%A7%C3%A3o,pelo%20prazo%20 de%20um%20ano%2C. Acesso em: 4 jul. 2023.

BURILLE, C.; SOUZA, G. V. A sucessão *causa mortis* dos bens digitais personalíssimos e os tribunais brasileiros: uma análise à luz do teste da proporcionalidade. *In*: GAVIÃO FILHO Anizio Pires; PAULO Lucas Moreschi. (Org.). *Constitucionalismo, direitos fundamentais, proporcionalidade e argumentação.* 1. ed. São Paulo: Dialética, 2022, v. 1, p. 1-292.

CARVALHO, Luis Paulo Vieira de. *Direito das Sucessões.* 3. ed. São Paulo: Atlas, 2017.

DIAS, Maria Berenice. *Manual das sucessões.* 6. ed. rev., ampl. e atual. Salvador: JusPodivm, 2019.

EDWARDS, Lilian. Role and responsibility of the internet intermediaries in the field of copyright and related rights. *Report Commissioned by the World Intellectual Property Organization.* Geneva, 2011. Disponível em: https://www.wipo.int/export/sites/www/ copyright/en/doc/role_and_responsibility_ of_the_internet. Acesso em: 16 out. 2021.

EDWARDS, Lilian; HARBINJA, Edina. Protecting Post-mortem Privacy: reconsidering the privacy interests of the deceased in a digital world. Cardozo Arts & Entertainment Law Journal, v. 32, n. 1, 2013. Disponível em: https://papers.ssrn.com/sol3/papers. cfm?abstract_id=2267388. Acesso em: 16 out. 2021.

FRITZ, Karina Nunes; MENDES, Laura S. Ferreira. Case report. Corte Alemã reconhece a transmissibilidade da herança digital. *Revista de Direito Univille.* v. 15, n. 85. jan./fev. 2019. p. 190. Disponível em: https://www.google.com/ url?sa=t&rct=j&q=&esrc=s&source=web&cd=&ved=2ahUKEwin0qae67rAhUgILkGHWb-vBkIQFjADegQIAhAB&url=https%3A%2F%2Frevistas.unifacs.br%2Findex.php%2Fredu% 2Farticle%2Fdownload%2F5951%2F3721&usg=AOvVaw3kdzMmtVmi0uEzIpv0yWs8C. Acesso em: 10 fev. 2022.

GETSCHKO, Demi. Internet, Mudança ou Transformação?. *Pesquisa sobre o Uso das TICs no Brasil*, p. 49-52, 2008. Disponível em: https://www.cetic.br/media/docs/publicacoes/2/ tic-2008.pdf. Aceso em: 6 nov. 2021.

GIOTTI, Giancarlo Barth; MASCARELLO, Ana Lúcia de Camargo. *Herança digital.* 5º Simpósio de Sustentabilidade e Contemporaneidade nas Ciências Sociais, 2017.

GONÇALVES, Thatiane Rabelo. Novos bens: a realidade dos bens imateriais no direito privado. *Revista de Direito Privado*, São Paulo, v. 100/2019, p. 19-37, jul./ago. 2019.

LACERDA, Bruno Torquato Zampier. *Bens digitais.* 2. ed. Indaiatuba: Foco, 2021.

LARA, Moisés Fagundes. *Herança digital.* Porto Alegre: Clube dos Autores, 2019.

LEAL, Livia Teixeira. A internet e a morte do usuário: a necessária superação do paradigma da herança digital. *Revista Brasileira de Direito Civil – RBDCIVIL*, Belo Horizonte, v. 16, p. 181-197, abr./jun. 2018.

LIMA, Isabela Rocha. *Herança digital*: direitos sucessórios de bens armazenados virtualmente. 2013. 57 p. Monografia (Faculdade de Direito) – Universidade de Brasília, Brasília, 2013.

LÔBO, Paulo. *Direito civil*: coisas. São Paulo: Saraiva, 2021.

LÔBO, Paulo. *Direito civil*: sucessões. São Paulo: Saraiva, 2021a.

MADALENO, Rolf. *Sucessão Legítima.* 2. ed. São Paulo: Forense, 2020.

MAGALHÃES, Thalita Abadia de Oliveira. *A possibilidade de acesso aos dados privados no perfil do Facebook de usuário falecido*: colisão entre o direito à privacidade e o direito à herança. 2018, 72 p. Monografia – (Graduação em Direito) – Universidade Federal de Uberlândia, Uberlândia, 2018.

MAZEAUD, Denis. L'avenir du droit des biens: rapport introductif. *In*: BOFFA, Romain (directions cientifique). *L'avenir du droit des biens*. Actes du colloque orgisé à Lille le 7 mars 2014. Lextenso éditions, 2016.

MIRAGEM, Bruno. *Teoria geral do Direito Civil*. Rio de Janeiro: Forense, 2021.

MOTA-PINTO, Carlos Alberto da. *Teoria do Direito Civil*. 4. ed. Portugal: Coimbra, 1989.

OLIVEIRA, José Sebastião de. *Fundamentos constitucionais do direito de família*. São Paulo: Revista dos Tribunais, 2002.

PEREIRA, Gustavo Santos Gomes. *Herança digital no Brasil*: o projeto de Lei nº 4.099/2012 e seus possíveis impactos sobre a defesa póstuma dos direitos da personalidade. Rio de Janeiro: Lumen Juris, 2018.

PINHEIRO, Patrícia Peck. *Direito digital aplicado*. 2. ed. rev., atual e ampl. São Paulo: Revista dos Tribunais, 2016.

RIBEIRO, Desirée Prati. *A herança digital e o conflito entre o direito* à *sucessão dos herdeiros e o direito* à *privacidade do* de cujus. 2016. 52 p. Monografia (Graduação em Direito) – Universidade Federal de Santa Maria, Santa Maria, 2016.

SARLET, Ingo Wolfgang. *A eficácia dos direitos fundamentais*: uma teoria geral dos direitos fundamentais na perspectiva constitucional. 12. ed. Porto Alegre: Livraria do Advogado, 2015.

SHERRY, Kristina. What Happens to Our Facebook Accounts When We Die?: Probate Versus Policy and the Fate of Social-Media Assets Postmortem. *Pepperdine Law Review*. v. 40 Issue 1, 2012. Disponível em: https://digitalcommons.pepperdine.edu/plr/vol40/iss1/5/. Acesso em: 16 out. 2021.

SILVA, Guilherme. A técnica da ponderação: uma (re) leitura a partir da colisão de princípios fundamentais na tutela aquiliana dos direitos de personalidade. *In*: SALÃO DE INICIAÇÃO CIENTÍFICA PUCRS, X, 2009. *Anais...* Porto Alegre: EdiPUCRS, 2009. Disponível em: http://www.pucrs.br/edipucrs/XSalaoIC/Ciencias_Sociais_Aplicadas/Direito/ 71247- GUILHERMEAUGUSTOPINTODASILVA.pdf. Acesso em: 13 out. 2021.

STELLS, Manuel. *A galáxia da internet*: reflexões sobre a internet, os negócios e a sociedade. Rio de Janeiro: Zahar, 2003.

STOLZE, Pablo; PAMPLONA FILHO, Rodolfo. *Manual de direito civil*. 4. ed. São Paulo: Saraiva Educação, 2020.

TEIXEIRA, Ana Carolina Brochado; LEAL, Lívia Teixeira. Tutela jurídica dos bens digitais ante os regimes de bens comunheiros. *In*: EHRHARDT JR, Marcos; CATALAN, Marcos; MALHEIROS, Pablo. *Direito civil e tecnologia*. Belo Horizonte: Fórum, 2021. p. 345-358.

TERRA, Aline Miranda Valverde Terra; OLIVA, Milena Donato; MEDOM, Felipe. Acervo Digital: controvérsias quanto à sucessão *causa mortis*. *In*: TEIXEIRA, Ana Carolina Brochado; LEAL, Lívia Teixeira (Coords.). *Herança digital*. Indaiatuba: Foco, 2021.

TRABUCCHI, Alberto. *Istituzioni di Diritto Civile*. Padova: CEDAM, 1992.

Informação bibliográfica deste texto, conforme a NBR 6023:2018 da Associação Brasileira de Normas Técnicas (ABNT):

SILVA, Bárbara Sauzem da; FLEISCHMANN, Simone Tassinari Cardoso. Herança digital: a transmissibilidade dos bens digitais e a possível violação do direito à privacidade – desafios da complexidade contemporânea. *In*: EHRHARDT JÚNIOR, Marcos; LÔBO, Fabíola (Coord.). *Constitucionalização das relações privadas*: fundamentos de interpretação do direito privado brasileiro. Belo Horizonte: Fórum, 2023. p. 407-427. ISBN 978-65-5518-564-5.

SOBRE OS AUTORES

Bárbara Sauzem da Silva
Mestranda em Direito com Ênfase em Civil e Empresarial pela Universidade Federal do Rio Grande do Sul. Pós-Graduanda em Direito de Família e Sucessões pela Fundação Escola Superior do Ministério Público (FMP). Graduada em Direito pela Pontifícia Universidade Católica do Rio Grande do Sul (PUCRS). Integrante do Grupo de Pesquisa Gestão Integrada da Segurança Pública (GESEG - PUCRS), coordenado pela professora Clarice Beatriz da Costa Söhngen. Foi bolsista de Iniciação Científica (CNPq) na Escola de Direito da PUCRS, vinculada ao Programa Institucional de Bolsas de Iniciação Científica - BPA/PUCRS, onde se dedicou a pesquisar a respeito do plágio em trabalhos científicos. Integrante do Grupo de Pesquisa em Direito das Famílias, Sucessões e Mediação (UFRGS) (CNPq), coordenado pela Professora Doutora Simone Tassinari Cardoso Fleischmann, onde se dedica aos estudos a respeito da multiparentalidade e socioafetividade. Integrante, também, do Grupo de Estudos sobre Temas Atuais do Direito das Famílias (PUCRS), coordenado pelo Professor Doutor Daniel Ustárroz. Membra do Instituto Brasileiro de Direito de Família (IBDFAM). Integrante da Comissão Jovem Ibedermano.

Camila Sampaio Galvão
Mestranda em Direito Privado pela Universidade Federal de Pernambuco. Pós-Graduada em Direito de Família e sucessões pelo Instituto Imadec. Advogada.

Carlos Henrique Félix Dantas
Doutorando em Direito Civil pela Universidade do Estado do Rio de Janeiro (UERJ). Mestre em Direito pela Faculdade de Direito do Recife da Universidade Federal de Pernambuco (FDR/UFPE). Graduado em Direito pela Universidade Católica de Pernambuco (Unicap). Pesquisador dos Grupos Constitucionalização das Relações Privadas (Conrep/CNPq/UFPE), Cebid Jusbiomed – Grupo de Pesquisa em Bioética, Biodireito e Direito Médico (CNPq/UNEB) e Proteção do Ser Humano na Era da Biopolítica (UERJ/CNPq). Associado ao Instituto Brasileiro de Direito de Família (IBDFam). Advogado. *E-mail*: carloshenriquefd@hotmail.com

Catarina Almeida de Oliveira
Doutora em Direito Civil pela UFPE. Professora de Direito Civil na UNICAP. Integrante do grupo de pesquisa CONREP.

Dimitre Braga Soares de Carvalho
Pós-Doutor em Direito Civil pelo PPGD/UFPE. Professor Adjunto da Universidade Federal do Rio Grande do Norte – UFRN e da UNIFACISA. Membro do Grupo de Pesquisas CONREP – Constitucionalização das Relações Privadas – UFPE. Advogado e parecerista.

Elaine Buarque
Mestre e Doutora em Direito pela UFPE. Bolsista CAPES com período sanduíche na Università di Camerino. Professora universitária licenciada. Membro do Instituto Brasileiro de Direito Civil e do Instituto Brasileiro de Responsabilidade Civil. Pesquisadora do CNPQ - Grupo de Constitucionalização do Direito Civil.

Eroulths Cortiano Junior
Professor da Faculdade de Direito da UPFR. Doutor em Direito pela UFPR. Pós-Doutor em Direito pela Università di Torino e pela Università Mediterranea di Reggio Calabria. Associado ao IBDCONT, IBDCIVIL, IBDFAM, IBERJ e IAP-PR. Advogado em Curitiba-PR. *E-mail:* ecortiano@cpc.adv.br

Everilda Brandão Guilhermino
Advogada. Mestre e Doutora em Direito Civil (UFPE). Professora de Direito Civil em cursos de pós-graduação (UFPE). Membro do grupo de pesquisa Constitucionalização das Relações Privadas (CONREP-UFPE).

Geraldo Frazão de Aquino Júnior
Doutor em Direito pela Universidade Federal de Pernambuco – UFPE. Graduado e Mestre em Direito e em Engenharia Elétrica pela Universidade Federal de Pernambuco – UFPE.

Fabíola Lôbo
Professora Titular de Direito Civil – Faculdade de Direito da Universidade Federal de Pernambuco. Professora dos Cursos de Pós-Graduação da FD da UFPE. Colíder do Grupo de Pesquisa Constitucionalização das Relações Privadas.

Gustavo Henrique Baptista Andrade
Pós-Doutor pela UERJ, com imersão de pesquisa no Instituto Max-Planck de Hamburgo, Alemanha. Mestre e Doutor pela UFPE. Professor de Direito Civil da Faculdade Frassinetti do Recife-FAFIRE. Professor nas Especializações de Direito de Família, Direito Municipal e Direito Médico da Universidade Católica de Pernambuco – UNICAP. Professor da Especialização em Direito de Família da UFPE. Pesquisador. Procurador do Município do Recife. Atual Presidente do IBDFAM-PE.

Hilbert Melo Soares Pinto
Doutorando em Direito Privado pela Universidade Federal de Pernambuco. Mestre em Direito pela Universidade Federal de Sergipe. Professor de Direito Civil e Processual Civil no Centro Universitário Maurício de Nassau.

José Barros Correia Junior
Doutor em Constitucionalização das Relações Privadas pela Faculdade de Direito de Recife/UFPE. Mestre em Direito Privado pela Faculdade de Direito de Recife/UFPE. Professor dos cursos de graduação e mestrado da Faculdade de Direito de Alagoas/UFAL. Advogado militante.

Karina Barbosa Franco
Mestre em Direito pela UFAL. Professora Universitária. Membro do IBDFAM e IBDCIVIL. Advogada na área de famílias e sucessões. Membro da Comissão de Ensino Jurídico da OAB/AL. Pesquisadora do Grupo de Pesquisa Constitucionalização das Relações Privadas (CONREP/UFPE).

Luciana Brasileiro
Advogada. Professora. Doutora em Direito Privado pela Universidade Federal de Pernambuco. Pesquisadora do grupo de pesquisas Constitucionalização das relações privadas, da UFPE. *E-mail*: lucianabrasileiroadv@gmail.com

Manuel Camelo Ferreira da Silva Netto
Doutorando em Direito Civil pela Universidade do Estado do Rio de Janeiro (UERJ). Mestre em Direito Privado pela Universidade Federal de Pernambuco (UFPE). Graduado em Direito pela Universidade Católica de Pernambuco (UNICAP). Advogado. Mediador Humanista. Pesquisador dos Grupos de Pesquisa Constitucionalização das Relações Privadas (CONREP/UFPE/CNPq) e Proteção do Ser Humano na Era da Biopolítica (UERJ/CNPq). Membro da Comissão de Diversidade Sexual e de Gênero da Ordem dos Advogados do Brasil – Seccional Pernambuco (CDSG/OAB-PE). *E-mail*: manuelcamelo2012@hotmail.com

Marcos Catalan
Doutor *summa cum laude* pela Faculdade do Largo do São Francisco. Mestre em Direito pela Universidade Estadual de Londrina. Professor no PPG em Direito e Sociedade da Universidade LaSalle. Estágio pós-doutoral no Mediterranea International Center for Human Rights Research (2020-2021). Visiting Scholar no Istituto Universitario di Architettura di Venezia (2015-2016). Estágio pós-doutoral na Facultat de Dret de la Universitat de Barcelona (2015-2016). Professor visitante na Faculdade de Direito da Universidade da República, Uruguai, na Universidade de Granada, Espanha, na Universidade de Córdoba, Argentina e na Universidade de Huánuco, Peru. Editor da *Revista Eletrônica Direito e Sociedade*. Cofundador da Rede de Pesquisas Agendas de Direito Civil Constitucional. Advogado.

Maria Carla G. Moutinho
Doutoranda e Mestre em Direito pela UFPE. Assessora Jurídica do TJPE. Professora da Escola da Magistratura de Pernambuco – ESMAPE.

Maria Rita de Holanda
Doutora em Direito Civil pela UFPE. Pós-Doutora pela *Universidad de Sevilla*. Professora Adjunta I da Universidade Católica de Pernambuco. Pesquisadora do Grupo de pesquisa CONREP – Constitucionalização das Relações Privadas da UFPE. Advogada. Pós-Doutoranda do *Programme in New Technologies and law in Mediterranea International Center for Human Rights Research*.

Patrícia Ferreira Rocha
Doutoranda na Universidade do Minho. Mestre pela UFPE. Advogada e professora de Direito das Famílias e Sucessões. Pesquisadora do CONREP/UFPE. Diretora acadêmica do IBDFAM/AL. Membro da Comissão Nacional de Família e Sucessões da ABA. E-mail: patriciarochamcz@hotmail.com

Paulo Lôbo
Doutor em Direito pela USP. Professor Emérito da UFAL. Ex-Conselheiro do CNJ. Autor, entre outras obras, de *Coleção de Direito Civil* em 6 volumes.

Tatiane Gonçalves Miranda Goldhar
Advogada. Mestra em Direito pela Universidade Federal de Pernambuco. Especialista em Processo Civil. Professora Universitária de Graduação e Pós-Graduação. Membro do IBDFAM Sergipe e Nacional. Presidente da Comissão de Alienação Parental do IBDFAM/SE. Ex-Conselheira Federal da Ordem dos Advogados do Brasil. *Coach* pelo Instituto Brasileiro de *Coaching* – IBC. PNL Praticioner pelo Instituto ELSERVER. Formada pela Dale Carnegie. Facilitadora de Justiça Restaurativa pelo convênio da Universidade Federal de Sergipe, OABSE e Tribunal de Justiça do Estado de Sergipe.

Simone Tassinari Cardoso Fleischmann
Professora da graduação, mestrado e doutorado UFRGS. Mediadora, Advogada e Parecerista. Coordenadora do Grupo de Pesquisa Direito das Famílias, Sucessões e Mediação (UFRGS) (CNPq). Membro do IBDFam RS, membro da Comissão de Direito Sucessório IBDFam.

Vivian Carla da Costa
Mestranda em Direito das Relações Sociais pela UFPR. Membro do Grupo Virada de Copérnico e da Comissão de Responsabilidade Civil da OAB/PR. Associada do Instituto Brasileiro Contratual (IBDCONT). Sócia do Costa & Costa Advogados em Curitiba/PR. *E-mail*: vivian@costaecostaadvocacia.com.br

Esta obra foi composta em fonte Palatino Linotype, corpo 10
e impressa em papel Offset 75g (miolo) e Supremo 250g (capa)
pela Artes Gráficas Formato.